블록과 로봇 코딩

강경인 저

오성미디어

머리말

현재 사회에서는 4차 산업혁명이 급속하게 일어나고 있다. 4차 산업혁명의 가장 중요한 키워드는 코딩(coding)과 이라고 말할 수 있다. 코딩을 위해서 우선으로 선행되어야 하는 사항은 알고리즘(algorithm)이다. 알고리즘의 아주 간단한 사전적 의미는 연산, 연산방식, 셈법, 풀이법을 의미한다. 즉 문제를 해결하는 세부적인 절차들을 의미한다. 초등학교 때 배우는 사칙연산을 하는 방법을 설명한 것도 알고리즘이 될 수 있다. 4차 산업혁명 시대에서 가장 중요한 개념이 무엇일까? 인공지능(AI : Artificial Intelligence), 로봇(robot), 사물인터넷(IoT : Internet of Things), 빅 데이터(big data), 이동통신(mobile communication), 자율주행 자동차(autonomous car) 등 많은 단어가 떠 오른다. 이러한 단어들을 위한 공통적인 개념은 알고리즘이라 할 수 있겠다. 좋은 알고리즘을 개발하는 것은 수많은 노력과 시간이 필요하며 깊은 사고력과 창의력의 결과물이라 할 수 있다. 4차 산업혁명은 기존의 정보기술을 바탕으로 공학, 자연과학, 인문과학 및 사회과학이 융합하는 특징을 가지며 인공지능, 로봇, 사물인터넷, 빅 데이터 등이 서로 상관관계를 가지면서 발전하는 형태를 가진다.

이 책은 일상생활에서 사용되고 있는 다양한 코딩과 알고리즘들을 학습하고 분석함으로써 코딩과 알고리즘에 대한 기본적인 이해와 함께 추가로 논리적인 사고력과 창의력을 배양하는 데 목적을 두고 저술되었다.

이 책은 먼저 4차 산업혁명, 알고리즘과 코딩, 정보기술의 근간이 되는 정보통신시스템, 이동통신시스템을 설명하며 마지막으로 다양한 코딩 연습을 위해서 기본적인 블록 코딩과 로봇 코딩에 대하여 설명한다.

이 책을 통해서 학습하는 독자들의 무궁한 발전을 기원하며, 이 책의 출판을 위해 노력해주신 모든 분에게 고마움을 보내고 출판의 기쁨을 함께 나누고자 한다.

2021년 유난히 맑고 따스한 어느 날

목 차

제1장 4차 산업혁명

현재 사회에서는 4차 산업혁명(the fourth industrial revolution)이 급속하게 일어나고 있다. 4차 산업혁명의 가장 중요한 키워드는 코딩(coding)과 프로그래밍(programming)이라고 말할 수 있다. 코딩과 프로그래밍은 같은 용어라고 생각하면 된다. 코딩을 위해서 우선으로 선행되어야 하는 사항이 바로 알고리즘(algorithm)이다. 어떤 문제를 해결하는 단계적 절차인 알고리즘은 새로운 문제 해결을 위한 아이디어이며 이 아이디어를 실제로 컴퓨터상에서 구현하기 위해서 코딩과 프로그래밍이 필요하다. 알고리즘의 아주 간단한 사전적 의미는 연산, 연산방식, 셈법, 풀이법을 의미한다. 즉 문제를 해결하는 세부적인 절차들을 의미한다. 초등학교 때 배우는 사칙연산을 하는 방법도 알고리즘이 될 수 있다. 실제로 우리는 일상생활에서 다양한 알고리즘을 사용하며 살아가고 있다. 일상생활에서 발생할 수 있는 새로운 문제를 해결하기 위해 우리는 스스로 많은 알고리즘을 개발하며 생활하는 것이다. 알고리즘은 우리 주위에서 멀리 있지 않고 아주 가까이 존재하고 있으며 우리가 스스로 알고리즘이라고 인지하지 못하고 생활하고 있다.

4차 산업혁명은 초연결(hyperconnectivity)과 초지능(superintelligence)의 특성을 가지기 때문에 사회에 미치는 파급 효과는 상당히 크다. 4차 산업혁명 시대에서 가장 중요한 개념이 무엇일까? 인공지능(AI : Artificial Intelligence), 로봇(robot), 사물인터넷(IoT : Internet of Things), 빅 데이터(big data), 이동통신(mobile communication), 자율주행자동차(autonomous car) 등 많은 단어가 떠 오른다. 이러한 단어들을 위한 공통적인 개념은 알고리즘이라 할 수 있겠다. 좋은 알고리즘을 개발하는 것은 수많은 노력과 시간이 필요하며 깊은 사고력과 창의력의 결과물이라 할 수 있다. 4차 산업혁명은 기존의 정보통신기술(ICT : Information Communication Technology)을 바탕으로 공학, 자연과학, 인문과학 및 사회과학이 융합하는 특징을 가지며 인공지능, 로봇, 사물인터넷, 빅 데이터 등이 서로 상관관계를 가지면서 발전하는 형태를 가진다.

4차 산업혁명은 증기기관 기반의 기계화 혁명인 1차 산업혁명, 전기 에너지 기반의 대량 생산 혁명인, 2차 산업혁명, 컴퓨터와 인터넷 기반의 정보화시대인 3차 산업혁명을 거쳐 오늘날 서로 다른 다양한 분야를 통합 발전시키기 위해 융합이라는 가치를 가지고 모든 산업 분야에 걸쳐 사용되고 있는 양상이다. 4차 산업혁명의 핵심인 코딩 교육의 폭넓은 관심과 집중은 우리나라뿐만 아니라 세계적으로 확대되고 있다. 우리나라도 지금은 초등학교부터 학생들의 사고력과 창의력을 배양하기 위해서 코딩 수업을 진행하고 있다.

세계는 현재 다양한 기술들과 개념들이 융합하여 새로운 형태를 창조하는 방향으로 진화하고 있다. 정보통신기술을 바탕으로 인공지능 로봇(robot), 사물인터넷(IoT : Internet of Things), 빅 데이터(big data), 이동통신(mobile communication)이 결합하는 현상이 급속하게 진행되고 있다. 앞에서 언급한 기술들이 서로 융합하여 새로운 분야를 개척하는 것 중에서도 가장 획기적인 발전과 성공을 이루고 있는 분야가 자율주행 자동차이다. 자율주행 자동차는 단순히 자동차라는 개념보다는 인공지능과 로봇이 결합하는 인공지능 로봇(Artificial Intelligence Robot)이라는 개념을 가지는 것이 중요하다. 아마도 가까운 미래에는 인공지능 로봇이 우리들의 삶게 깊숙이 들어와 많은 것들을 변화시키게 될 것이다. 현재에도 인공지능과 로봇은 많은 분야에서 우리들의 삶을 변화시키고 있다.

위에서 언급한 인공지능, 로봇, 사물인터넷, 빅 데이터 등에 대해 살펴보기로 하자. 넓은 의미에서의 이해를 위해서 자율주행 자동차를 기준으로 설명하자. 자율주행 자동차를 한 마디로 설명하면 스스로 움직이는 자동차 즉 사람의 개입이 거의 없는 또는 최소한의 사람의 제어로서 스스로 목적지를 찾아가는 자동차를 말하는 것이다. 여기서 사람의 개입이 없는 또는 제어가 없다는 것은 좀 더 깊이 살펴볼 필요가 있다. 사람이 자동차가 움직이는 것을 손으로 제어하지 않는다는 것이지 전혀 자동차의 움직임에 대해 아무런 일도 하지 않는다는 것은 아니다. 자동차가 어떠한 목적지로 움직임을 시작하는 명령을 내리는 것은 기본적으로 필요하다. 즉 목적지에 대해 화면을 통해 입력한다거나 아니면 음성인식 기능을 이용해 입력하는 것은 필요하다고 할 수 있다. 기본적으로 자율주행 자동차는 자율주행을 수행할 수 있는 하드웨어가 있어야 하며 또한 하드웨어를 제어할 수 있는 소프트웨어가 필요하다. 크게 보면 하드웨어를 제어할 수 있는 소프트웨어에 대한 개념이 코딩이라고 생각할 수 있다. 목적의식을 가지고 무언가를 수행하는 필요한 절차 즉 알고리즘을 컴퓨터가 이해할 수 있는 프로그래밍 언어의 명령으로 변환하여 실제로 명령어들의 모임을 만드는 것을 말한다. 프로그래밍과 코딩은 유사하게 사용되지만 구분하자면 코딩보다는 프로그래밍이 좀 더 세부적이며 폭넓은 작업을 추가하는 것을 의미하기도 한다. 하지만 실제로 구분해서 사용하지는 않는다.

자율주행 자동차에서 움직임을 직접 판단하는 것은 인공지능, 인공지능에 의해 직접 움직이며 움직임에 대한 다양한 정보를 취득하는 것은 로봇, 여러 가지 판단을 위해 정보를 제공하는 것은 빅 데이터, 다양한 정보를 포함한 빅 데이터를 서로 통신하는 대상은 사물인터넷 기술을 사용하여 상호연결 되는 사물이며 움직이면서 사물인터넷을 가능하게 해 주는 기술은 이동통신 기술 등을 말한다. 이동통신 기술은 바로 요즘 많이 유행하고 있는 5세대 이동통신 기술(5th Generation Mobile Telecommunication) 등을 말한다. 따라서 자율주행 자동차를 위해서 4차 산업혁명의 핵심 기술인 인공지능, 로봇, 사물인터넷, 빅 데이터 및 정보통신기술 등이 다양하고 복잡하게 융합되어 발전되어지고 있다. 인공지능, 로봇, 사물인터넷과 빅 데이터에서 가장 중요한 부분은 단연 인공지능이다. 우리 사람으로 비유하자면 인공지능은 인간의 뇌와 같은 것이다. 인간의 뇌는 시각, 청각, 촉각 등의 감각 기관을 통해 들어오는 정보를 활용하여 판단하는 기능을 하며 판단하는 기능은 구조화되어 있는 시스템을 말한다.

휴대폰을 단순히 사용하는 사람들이 휴대폰을 직접 만들거나 만드는 방법을 이해할 필요는 없다. 그렇지만 목적에 따라 단순히 휴대폰을 사용하는 방법과 달리 휴대폰을 동작시키는 코딩을 직접 사용할 수 있고 이해한다는 것은 4차 산업혁명 시대에는 특별한 의미가 있다. 이와 마찬가지로 우리가 단순히 로봇을 사용하는 사용자가 될 것인지 아니면 로봇을 직접 만들고 코딩하는 제작자가 될 것인지는 아주 분명한 차이가 있으며 로봇을 직접 코딩하는 일을 종사하기 위해서는 사고력과 창의력 배양이 너무나도 중요한 요소가 될 것이다. 앞으로 진행될 알고리즘과 코딩을 통해서 4차 산업혁명을 대비하는 자세를 가지는 것이 필요하며 이를 위한 기본적인 과정이 코딩을 통한 사고력 증진이라는 것은 말할 필요가 없는 부분이다.

4차 산업혁명 시대에 필요한 직업군에 대해 살펴보자. 가장 먼저 코딩과 직접적으로 연관이 있는 프로그래밍 분야가 있다. 프로그래밍 분야는 프로그램을 작성하고 모의 실험하는 업무로서 개발 특성에 따라 앱 개발자, 웹 개발자, 게임 개발자, 통신 프로그램 개발자, 가상현실 개발자, 인공지능 개발자, 빅 데이터 개발자 등으로 분류할 수 있다. 시스템과 서버 네트워크 분야는 컴퓨터 및 통신장비에 관한 업무와 시스템에 맞게 설계하고 관리하는 업무로서 시스템 개발자, 네트워크 개발자, 데이터베이스 개발자, 클라우드 개발자 등이 있다. 정보보안 분야는 외부 위협으로부터 보호하는 업무, 정보보안 정책 수립, 시스템에 대한 접근 및 운영을 통제하는 업무를 수행하며 해킹 보안 전문가, 디지털 포렌식 전문가, 보안관제 전문가, 컴퓨터 보안 전문가, 서버&네트워크 보안 전문가, 침해 대응 전문가, 보안솔루션 전문가, 사물인터넷 전문가 등이 있다.

제2장 알고리즘과 코딩

일상적으로 문제를 해결하는 세부적인 절차를 말하는 알고리즘은 활용 분야에 따라 약간의 의미가 변화하기도 한다. 알고리즘은 어려운 용어처럼 보이지만 실상은 우리 생활에 밀접하게 관련되어 있으며 평소 우리가 매일 생활에서 다양한 알고리즘을 사용하고 있지만 크게 인식하지 못하고 생활하는 실정이다. 간단하게 말하자면 아침에 일어나서 하는 양치질 방법과 세수하는 방법도 어쩌면 간단한 알고리즘이라고 할 수 있다. 양치질과 세수를 효율적으로 할 수 있는 자신만의 방법을 가지는 데 이 방법이 바로 자신의 다른 사람들과 차별화되는 알고리즘이라고 생각할 수도 있다. 물론 기술이라는 단어를 떠 올리면 알고리즘은 좀 더 복잡한 양상을 보이기도 한다. 정보통신 분야뿐만 아니라 여러 가지 학문 분야를 공부하다 보면 알고리즘이라는 말이 상당히 많이 나온다. 일반적으로 알고리즘을 다소 복잡한 수학적인 공식을 통해 나타내기도 한다. 물론 아주 간단한 수학적인 공식을 통해 표현하기도 한다. 그러나 대부분 이러한 수학적 공식은 상당히 깊이가 있어 수학적 지식 없이는 이해하기가 어려운 것처럼 보이기도 한다. 그렇지만 이러한 수학적 공식에는 우리가 미처 이해하지 못한 오해와 진실이 숨어있다.

우리 대부분은 초등학교 때부터 수학을 배우면서 수학 공식을 단순히 암기해야 하는 것으로 알고 또한 그렇게 행하여 왔다. 그 이유로 인해 수학을 생각하면 공식 암기, 지겨운 과목, 싫은 과목이라는 생각이 든다. 그렇지만 실제로는 학자들이 수학적 공식을 만든 근본적인 이유는 어떤 내용을 단순히 말로만 표현하고 설명하기에는 너무 내용이 길고 사용이 불편하고 이해하기 어렵다는 이유로 사람들이 간단히 사용하며 이해하기 쉽도록 수학적 도구를 사용하여 표현하게 되었다. 따라서 수학은 수학 공식을 이해하고 분석함으로써 논리적이고 창의적인 사고를 가능하게 하고 수학 공식을 활용해서 어떤 문제를 해결하는 방법을 제공한다.

간단한 수학적 공식의 예를 들어보자. 우리가 전기회로를 배우는 과정에서 가장 먼저 만나게 되는 옴의 법칙(ohm's laws)이 있다. 옴의 법칙을 단순히 수학적으로 표현하면 전류 = (전압 / 저항) 즉 전류는 단순히 전압 또는 전위차를 저항으로 나눈 것이라고 표현할 수 있다. 옴의 법칙을 이해하고 분석하지 못한 상태에서의 수학적인 의미는 옴의 법칙을 충분히 설명하지 못한다. 실제 옴의 법칙을 수학적 공식이 아니라 단순히 말로서 표현해 보면 옴의 법칙은 실험법칙으로서 어떤 소자에 흐르는 전류는 그

소자에 걸리는 전압 또는 전위차에 비례하고 그 소자의 저항에 반비례한다. 서로 비례한다는 것은 한쪽이 커질 때 다른 한쪽도 같이 커지고 작아질 때는 같이 작아지고 서로 반비례한다는 것은 커질 때는 작아지고 작아질 때는 커진다는 것을 의미한다. 따라서 전류의 크기를 조절하는 인자는 두 가지 즉 소자에 걸리는 전위차와 소자의 저항이 되는 것이다. 모든 전기회로의 기능은 전류의 크기와 흐르는 방향에 의해서 결정됨으로 결국 전기회로의 기능은 소자의 전위차와 저항으로 제어된다는 것이다. 아무리 간단한 수학적 공식이라도 그 속에는 여러 가지 뜻이 담겨 있을 수 있다. 옴의 법칙은 설명한 바와 같이 아주 많은 의미를 내포하고 있다. 따라서 옴의 법칙을 진정으로 이해하고 분석하는 것은 단순히 수학적 공식을 암기하는 것이 아니라 수학적 공식에 내포된 의미를 완전히 이해하는 것이라 할 수 있다.

알고리즘의 아주 간단한 사전적 의미는 연산, 연산방식, 셈법, 풀이법을 의미한다. 따라서 초등학교 때 배우는 사칙연산을 하는 방법을 설명한 것도 알고리즘이 될 수 있다. 그렇지만 정보통신 분야에서 우리가 배우고자 하는 알고리즘은 대부분 컴퓨터 프로그램 또는 통신 프로그램과 컴퓨터 하드웨어 또는 통신 하드웨어와 관련된 내용일 것이다.

우리는 일반적으로 새로운 통신 시스템 개발을 위해 알고리즘 작성, 프로그램 작성, 하드웨어 제작 순으로 작업을 진행한다. 따라서 알고리즘은 어떠한 프로그램을 작성하기 위해 특정한 목적을 위해 사전에 작성되는 일반적인 글 또는 수식으로써 표현되는 형태를 가진다. 알고리즘이 작성되면 각자 자신 있는 또는 목적에 맞는 다양한 컴퓨터 언어를 통해 프로그램을 작성하면 된다.

위에서 설명한 일반적인 알고리즘에 대해 정리하면 다음과 같다.

① 일상생활에서 일어나는 문제를 해결하기 위한 절차나 방법을 말한다. 일반적으로 수학과 컴퓨터 및 통신 분야 등 다양한 분야에서 사용되는 용어이다.

② 수학에서 사용하는 알고리즘은 덧셈하는 과정을 단계적으로 분류하여 설명해 놓은 것을 말한다. 예를 들면 123에 321을 더하는 덧셈을 모르는 사람에게 설명하기 위해서 하나하나 단계를 거쳐서 결과 444를 도출해 내는 과정을 말한다. 추가하여 결과를 도출해 내는 과정인 알고리즘을 컴퓨터에서 사용 가능한 컴퓨터 언어로 표현하는 것을 프로그램이라 한다.

③ 컴퓨터나 통신 등에서 사용되는 알고리즘은 필요한 결과물을 얻기 위해 여러 가지 단계로 나누어 체계적으로 수행하는 과정을 말한다.

④ 알고리즘과 수학의 만남은 알고리즘과 수학의 공식을 상호연결해서 설명할 수도

있다. 어떤 결과를 도출하기 위한 단계적 과정들을 함축적으로 표현해 놓은 것을 수학적인 공식이라고 할 수 있다. 따라서 우리는 수학 공식을 단순히 암기하여 사용할 것이 아니라 수학 공식 안에 숨어있는 문제 해결의 단계적 과정들을 이해하게 되면 자연히 문제의 결과를 얻을 수 있다.

⑤ 회로 이론에서 유명한 옴의 법칙을 수학적 공식 I = V/R과 이것을 소자에 흐르는 전류는 소자에 걸리는 전위차에 비례하고 소자의 저항에 반비례한다고 생각하는 차이점을 잘 이해하면 될 것 같다.

알고리즘에 대한 또 다른 표현 방법인 프로그램은 다양한 형식을 사용하여 표현한다. 알고리즘은 일반적인 표현의 방법이지만 프로그램은 특정한 형식의 표현을 사용하고 있다. 프로그램의 종류는 아주 많다. 우리가 컴퓨터에서 일반적으로 가장 많이 사용하는 C 언어도 프로그램이다.

통신 프로그램이던지 일반적인 프로그램인지 상관없이 누구나 프로그램을 작성하려고 한다면 알고리즘에 대한 기본 개념과 내용을 이해하고 있어야 한다. 우리가 처음 알고리즘을 통해 프로그램을 작성하는 경우는 제대로 작성된 알고리즘의 토대 위에서 프로그램을 작성하는 것이 아니라 단지 실행만 가능한 프로그램 작성에 집중한다. 하지만 같은 결과를 가지는 프로그램이라고 할지라도 공학적인 측면 즉 시스템 측면에서 살펴보면 상당한 차이를 발견할 수 있다. 우리가 좋은 프로그램을 작성하기 위해서는 좋은 알고리즘에 대한 작성이 필요하다. 좋은 프로그램 또는 좋은 알고리즘을 평가할 때 우리는 일반적으로 데이터의 메모리 사용량과 데이터 처리 속도 문제를 많이 고려한다. 좋은 알고리즘과 프로그램이 되기 위해서는 단순히 실행만 가능한 프로그램 형태가 아니라 여러 가지 성능을 고려하는 철저한 분석이 선행되어야 한다. 또한 프로그램이 실제로 작성된 후 어디에 사용되며 또한 필요한 시기에 수정이 쉬운지에 대한 필요성도 생각해야 한다. 추가로 모든 프로그램 작성 후 하드웨어와의 상관관계 등도 고려해야 한다.

정보통신을 학습하다 보면 똑같은 수행 결과를 얻는 다양한 방법들을 만나게 된다. 이러한 다양한 방법들이 바꾸어 말하면 다양한 알고리즘이 되어질 수 있고 또한 다양한 프로그램으로 동작할 수도 있다. 따라서 현재의 시대를 살아가면서 새로운 것을 개발하는 모든 행위를 알고리즘 개발이라고 생각할 수 있다. 현재의 시스템에 대한 정확한 분석과 이해를 통해 더 향상된 시스템 개발에 대한 사고들이 결국 새로운 알고리즘 개발로 표현될 수 있는 것이다.

일상생활에서 일어날 수 있는 간단한 경우를 가지고 알고리즘에 대해 좀 더 깊게 살펴보자. 먼저 간단하게 어떤 장소에서 배가 고파 빵을 찾아 먹기 위해서는 여러분은 어떤 과정을 거쳐 빵을 먹게 되는지를 표현해 보자. 첫째 자신이 직접 빵을 찾아 먹는 방법, 둘째 옆에 있는 사람에게 부탁해서 빵을 가져오게 해서
빵을 먹는 방법과 셋째 미리 만들어진 로봇을 활용해 로봇에게 빵을 가져오게 해서 빵을 마시는 방법에 대해 생각해 보자. 세 가지 방식의 공통점과 차이점에 대해 간단하게 비교해 보도록 하자.

첫 번째는 자신이 직접 빵을 찾아 먹는 방법은 빵이 있는 또는 빵을 파는 장소를 알고 있다면 빵이 있는 장소로 이동한 후 빵을 먹으면 되지만 빵이 있는 장소를 알고 있지 않다면 빵이 있는 곳을 직접 찾거나 빵이 있는 위치를 알고 있는 누군가에게 물어보고 장소로 이동한 후 빵을 먹는 방법이 있다. 추가로 빵이 있는 장소를 찾는 효율성에 대해 고려해야 한다. 또한 빵이 있는 위치가 나의 위치로부터 가장 가까운 곳인지 아니면 멀리 있는지에 따라 여러 가지 경우로 나누어지게 된다. 이러한 문제에 대해서는 이후에 좀 더 세부적으로 살펴보는 시간을 갖도록 하자.

두 번째는 주변 사람에게 부탁해서 빵을 가져오게 해서 빵을 먹는 방법으로 내가 빵이 있는 위치를 알고 있다면 부탁하는 사람에게 빵이 있는 위치를 알려주고 빵을 가져오도록 부탁하면 되지만 내가 빵이 있는 위치를 모른다면 내가 빵의 위치를 알아본 다음 부탁하는 사람에게 빵이 있는 위치를 알려주는 방법과 부탁하는 사람이 스스로 빵이 있는 위치를 찾아 일을 수행하는 방법이 있다. 이 방법은 빵을 가져오는 주체가 사람으로서 사람이 판단하는 것으로서 복잡한 양상을 가지지는 않는다. 그렇지만 빵을 가져오는 주체가 어른, 청소년, 미취학 아동 등에 따라 상황이 바뀌게 된다.

세 번째 방법은 로봇을 활용해 빵을 가져오게 한 다음 빵을 먹는 방법이다. 이 방식은 우리가 직접 알고리즘을 개발하며 로봇을 설계하고 코딩을 통해서 로봇을 만들어서 목적을 달성하는 방식이다. 만들어진 로봇의 기능과 성능에 따라 여러 가지 수행 방법론이 차이가 나게 된다. 우리가 가장 중요하게 생각해야 할 부분이 알고리즘과 코딩 부분이다. 만약 사람과 아주 유사하게 판단하고 움직이는 로봇이라면 두 번째 방법과 어느 정도 유사하게 수행할 수 있을 것이다. 두 번째 방법과 비교하여 로봇이 일을 수행하는 능력에 따라 마치 어른, 청소년, 미취학 아동이 일을 수행하는 방법과 유사하게 동작할 것이다. 이것은 로봇의 기능적 설계, 알고리즘 및 코딩과 밀접으로 연관되어 로봇의 수행 성능이 결정될 것이다.

코딩(coding)이란 일반적으로 정의하면 부호화하는 것을 말하며 코딩의 반대 의미로는 디코딩(decoding)이 있다. 코딩을 우리나라 말로 부호화라고 하는 것은 쉽게 말하자

면 특정한 집단이 이해할 수 있는 형태로 변환하는 것을 말한다. 컴퓨터 쪽에서는 당연하게 컴퓨터 프로그래밍을 의미한다. 컴퓨터 프로그래밍은 사람이 컴퓨터를 활용하기 위해서 컴퓨터를 제어하기 위해서 컴퓨터가 이해할 수 있는 언어로 표현하는 것을 말한다. 컴퓨터 언어는 C언어, 파이선, 자바 등이 많이 사용되고 있다.

휴대폰을 단순히 사용하는 사람들이 휴대폰을 직접 만들거나 만드는 방법을 이해할 필요는 없다. 그렇지만 목적에 따라 단순히 휴대폰을 사용하는 방법과 달리 휴대폰을 동작시키는 코딩을 직접 사용할 수 있고 이해한다는 것은 4차 산업혁명 시대에서는 특별한 의미가 있다. 이와 마찬가지로 우리가 단순히 로봇을 사용하는 사용자가 될 것인지 아니면 로봇을 직접 만들고 코딩하는 제작자가 될 것인지는 아주 분명한 차이가 있으며 로봇을 직접 코딩하는 일을 종사하기 위해서는 사고력과 창의력 배양이 너무나도 중요한 요소가 될 것이다. 앞으로 진행될 알고리즘과 코딩을 통해서 4차 산업혁명을 대비하는 능력을 키우는 것이 필요하며 이를 위한 기본적인 과정이 알고리즘과 코딩을 통한 사고력과 창의력 증진이라는 것은 말할 필요가 없는 부분이다.

제3장 정보통신

4차 산업혁명은 정보기술의 기초 위에서 인공지능, 로봇, 사물인터넷과 빅 데이터 등이 융합하는 것이다. 정보기술의 핵심은 정보통신이라고 말할 수 있다. 요즘 우리 주위를 둘러보면 다양한 형태의 정보통신을 만나게 된다. 아마도 일상생활에서 정보통신 없이는 사회생활이 거의 불가능하다고 할 수 있다. 현재, 여러분에게 정보통신의 대표주자인 휴대폰이 없다면 과연 생활이 어떻게 변하게 될까 상상만 해도 불편하기 그지없는 심심한 하루하루가 될지도 모른다. 이렇듯 우리 생활 속에는 이미 정보통신이 알게 모르게 깊숙이 자리 잡게 되었으며 다른 사람들과 밀접한 상호관계를 유지하는 밑거름이 되었다.

정보통신을 한마디로 정의하면 어떻게 될까 자신이 생각하는 정보통신이란 무엇일까 정보통신이 나에게 미치는 영향은 어떤 것이 있을까 궁금함이 자꾸만 더해진다. 정보통신은 멀티미디어 정보를 터미널을 사용해 전송매체를 통해서 정확, 신속, 편리, 저비용 등의 목적을 가지고 송신하고 수신하는 것을 의미한다. 정보는 저장의 의미에서는 데이터를 말하며 전송의 의미에서는 신호를 말한다. 터미널에 저장되어있는 데이터를 전송매체를 통해 전송하기 위해서는 신호변환장치를 통해서 신호로 변환시켜야 한다. 또한 전송매체를 통해 전송되어 오는 신호를 터미널에 저장하기 위해서는 신호변환장치를 통해서 데이터로 변환시켜야 한다. 신호는 전자기파에 데이터를 싣는 형태를 가지게 된다.

정보통신은 말 그대로 정보를 주고받는 것을 말한다. 넓은 의미로는 일상적으로 하는 대화나 손짓, 몸짓도 정보통신이라 할 수 있겠지만 우리가 배우고자 하는 정보통신은 기계적인 것을 이용해서 즉 통신 터미널(communication terminal)을 통해서 정보를 주고받는 것을 의미한다. 정보란 우리에게 유익함, 편리함과 일상의 즐거움 등을 줄 수 있는 것들이라 할 수 있겠다. 이러한 정보는 문자(text), 소리(sound), 영상(image) 등으로 구성되어 있다. 따라서 정보통신을 좀 더 구체적으로 정의해 보면 다양한 정보미디어 즉 문자, 소리, 정지영상(still image)과 동영상(moving image) 등으로 이루어진 정보를 송신 원(transmitter source)에서 수신 원(receiver source)으로 전송매체(transmission medium)를 통해서 정확하고 신속하게 또한 편리하게 주고받는 것을 말한다. 정보통신시스템은 정보통신을 위해 필요한 각종 기계적인 장치 즉 하드웨어 장치와 하드웨어 장치를 구동시키는 소프트웨어 등을 포함하는 모든 것들을 말한다.

따라서 정보통신시스템을 배운다는 의미는 정보통신을 위해 필요한 하드웨어와 소프트웨어뿐만 아니라 정보의 전송을 위한 운영 절차 등을 배운다는 것을 말한다.

3.1 정보통신시스템

정보통신시스템은 가장 기본적으로 송신 원(transmitter source), 수신 원(receiver source)과 전송매체(transmission media)로 구성되어 있다. 일반적으로 하나의 통신 터미널(communication terminal) 관점에서 고려하면 송신원과 수신 원은 하나의 통신 터미널 안에서 쌍으로 존재한다.

전송매체는 트위스티드 페어 케이블(twisted pair cable), 동축 케이블(coaxial cable), 광케이블(optical cable) 등과 같은 유선 전송매체와 라디오파(radio wave), 마이크로파(microwave)와 통신위성 마이크로파(communication satellite microwave) 등과 같은 무선 전송매체로 나눈다.

정보통신시스템을 좀 더 체계적으로 분류해 보면 정보처리시스템과 정보전송시스템으로 분류할 수 있다. 일반적으로 정보처리시스템은 정보를 목적에 맞게 처리하거나 저장하고 정보전송시스템은 정보처리시스템에 의해서 저장되고 처리된 정보를 신속하고 정확하게 전송하는 기능을 담당한다. 정보처리시스템은 기억장치 및 입출력 장치 등으로 이루어지며 정보전송시스템은 데이터 단말 장치(DTE : Data Terminal Equipment), 데이터 전송 장치(DCE : Data Circuit-terminating Equipment)와 통신제어장치(CCE : Communication Control Equipment) 메인 컴퓨터(main computer) 등으로 이루어진다.

정보통신시스템에 포함되는 이동통신시스템도 정보처리시스템과 정보전송시스템으로 구성되며 세부적으로는 이동 터미널(mobile terminal), 기지국(BS : Base Station), 이동 교환국(MSC : Mobile Switching Center)과 메인 컴퓨터(main computer) 등으로 구성된다.

1) DTE

DTE(Data Terminal Equipment)는 영어 의미 그대로 데이터 터미널 장비 또는 데이터 단말기 장비라고 하며 일반적으로 사용자 단말기를 가리킨다. 사용자 단말기란 우리가 일상생활에서 사용하고 있는 휴대폰, 컴퓨터 등을 말한다. 정보통신의 서비스 관점에서 고려하면 전송매체(transmission media) 즉 전송선로의 양 끝에 위치하며, 기본적으로 다음과 같은 네 가지 기능 즉 데이터 입력 기능, 데이터 송신 기능, 데이터 수신 기능, 데이터 출력 기능을 수행한다. 우리가 일상생활에서 가장 많이 사용하고 있는 컴퓨터와 휴대폰을 통해서 각각의 기능에 대해 간략하게 설명하면 다음과 같다.

(1) 데이터 입력 기능

데이터 송신 또는 데이터 정보처리 DTE 사용자가 직접적으로 데이터 입력 장치 즉 키보드, 마우스, 단말기 버튼, 화면 터치 기능, 음성인식 기능, 화면 문자 쓰기 기능 등을 이용하여 DTE에 각종 데이터를 입력할 수 있는 기능을 말한다. 요즘 휴대폰에 사용되고 있는 화면 터치 기능, 음성인식 기능 등은 최근에 적용된 기술들로 사용자들에게 상당한 편리함을 제공하고 있다. 사용자의 편리성을 추구하는 현상이 요즈음 정보통신 분야의 중요한 목적 중의 하나도 대두되는 실정이다.

(2) 데이터 송신 기능

데이터 송신 DTE 사용자가 DTE의 데이터 입력 기능을 통해서 입력한 데이터나 DTE 저장장치에 저장되는 각종 데이터를 적당하고 정해진 방법으로 전처리한 이후 전송매체를 통해 데이터 수신 DTE 사용자에게 송신할 수 있게 하는 기능이다. 물론 앞으로 우리가 학습할 내용이지만 데이터 송신 DTE 사용자와 데이터 수신 DTE 사용자가 직접적으로 통신하는 경우는 거의 드물고 실제로는 중간에 다양한 통신제어시스템을 통해서 통신하게 된다. 데이터 송신 기능은 당연히 송신기가 수행하며 일반적으로 데이터를 전송하기 위해서 발진(oscillation), 증폭(amplification), 변조(modulation), 재증폭(re-amplification) 등의 과정을 거쳐 송신 안테나를 통해서 송신하게 된다. 나중에 학습하겠지만 발진, 증폭, 변조에 대해서 간단히 살펴보도록 하자. 여기서 발진이란 정보를 전송하는 신호인 반송파(carrier frequency)를 생성시키는 과정을 말하며 증폭은 크기가 작은 반송파나 전송 중에 약해진 반송파를 크기를 크게 하는 과정을 말하며 변조란 어떤 신호를 특정한 목적에 따라 다른 형태의 신호로 변화시키는 과정을 말한다.

(3) 데이터 수신 기능

데이터 송신 또는 데이터 정보처리 DTE 사용자가 직접적으로 데이터 입력 장치 즉 키보드, 마우스, 단말기 버튼, 화면 터치 기능, 음성인식 기능, 화면 문자 쓰기 기능 등을 이용해 DTE에 각종 데이터를 입력하는 기능을 말한다. 요즘 휴대폰에 사용되고 있는 화면 터치 기능, 음성인식 기능 등은 최근에 적용된 기술들로 사용자들에게 상당한 편리함을 제공하고 있다. 사용자의 편리성을 추구하는 현상이 요즈음 정보통신 분야의 중요한 목적 중의 하나도 대두되는 실정이다. 데이터 송신 DTE 사용자가 DTE의 데이터 입력 기능을 통해서 입력한 데이터나 DTE 저장장치에 저장되는 각종 데이터를 적당하고 정해진 방법으로 전처리한 이후 전송매체를 통해 전송한 데이터를 수신안테나를 통해서 데이터를 수신한 후 다양한 후처리 과정을 통해서 데이터 수신 DTE 사용자가 데이터를 수신할 수 있게 하는 기능이다. 데이터 수신 기능은 수신기가 수행하며 일반적으로 데이터를 수신하기 위해서 증폭, 주파수변환(frequency transform), 국부발진(local oscillation), 복조(demodulation) 등의 과정을 거쳐 수신 안테나를 통해서 송신하게 된다. 역시 나중에 학습하겠지만 주파수변환, 국부발진, 복조에 대해서 간단히 살펴보도록 하자. 여기서 주파수변환은 어떤 주파수 영역을 가지는 신호를 특별한 목적을 위해서 다른 주파수 영역을 가지는 신호로 변환시키는 것을 말하고 국부발진이란 주파수변환과 함께 송신기에서 생성된 신호인 반송파(carrier frequency)에서 원래 데이터를 생성시킬 목적으로 반송파를 제거하는 과정을 말하며 복조란 어떤 신호를 특정한 목적에 따라 다른 형태의 신호로 변화시키는 과정인 변조의 반대과정을 의미한다. 즉 다른 형태의 신호로 변환된 것을 원래의 신호로 복원하는 과정을 말한다.

(4) 데이터 출력 기능

수신된 데이터 또는 일반 사용자가 자체적으로 처리한 데이터를 DTE에 출력할 수 있도록 하는 기능을 말한다. 요즘 휴대폰에 사용되고 있는 화면 터치 기능이나 음성인식 기능에 의해 바로 휴대폰 화면에 출력되는 형태는 사용자의 편리성을 극대화한 기능으로 일반화되고 있다.

2) DCE

DCE(Data Circuit-terminating Equipment)란 데이터 전송 장치로서 송신 DTE부터 CCE와 CCE부터 수신 DTE까지의 전송 회선과 전송 장비를 말하는 것이다. 데이터의 전송 회선에는 우리가 앞으로 학습하게 될 유선 전송매체인 이중나선 케이블(twisted pair cable), 동축 케이블(coaxial cable), 광섬유 케이블(optical fiber cable)과 무선 전송매체인 방송 통신회선, 마이크로파 통신회선, 위성 통신회선, 이동 통신회선 등이 사용된다. 그리고 DTE를 전송선로에 접속시키기 위한 전송 장비로는 주로 모뎀(MODEM : Modulator & Demodulator)과 DSU(Digital Service Unit)가 사용된다.

모뎀과 DSU는 한마디로 표현하면 신호변환장치이다. 신호변환장치란 데이터를 신호로 또는 신호를 데이터로 변환시켜주는 장치이다. 정보통신시스템을 수행하는 과정에서 데이터를 신호로 또는 신호를 데이터로 변환시켜야 하는 경우는 아주 다양하게 존재한다. 앞으로 데이터와 신호에 대한 개념을 학습하겠지만 간단히 설명하면 저장의 개념에서는 데이터로 표현하고 전송의 개념에서는 신호로 표현한다. 즉 하나의 DTE의 저장장치에 저장되는 데이터를 또 다른 DTE에게 전송하기 위해서는 데이터를 신호로 변환시켜야 할 필요가 있고 전송받은 신호를 저장장치에 저장하기 위해서는 데이터로 변환시켜야 할 필요가 있다.

모뎀은 DTE 또는 메인 컴퓨터에서 발생한 디지털 데이터를 아날로그 신호로 변환(modulation)하여 전송선로에 실어주고, 반대로 전송선로를 통해 들어오는 아날로그 신호를 디지털 데이터로 복원(demodulation)하여 데이터 단말기 장치나 메인 컴퓨터로 보내는 기능을 한다. 또한 아날로그 데이터를 아날로그 신호로 또는 아날로그 신호를 아날로그 데이터로 변환시켜주는 형태도 모뎀의 일종이라고 할 수 있다. 한편, DSU는 디지털 데이터를 디지털 신호로 또는 디지털 신호를 디지털 데이터로 변환시켜주는 형태와 아날로그 데이터를 디지털 신호로 또는 디지털 신호를 아날로그 데이터로 변환시켜주는 형태가 있다. 모뎀과 DSU에 대한 세부적인 내용은 좀 더 복잡하고 다양한 형태를 가지고 있다.

3) DTE와 DCE 인터페이스

DTE와 DCE에 대한 내용은 앞에서 간략하게 설명했다. 이번에는 DTE와 DCE 각각에 대한 내용이 아니라 정상적인 정보통신을 위해서 DTE와 DCE 사이에 요구되는 사항 즉 DTE와 DCE 인터페이스(interface) 또는 접속 규격에 대해 고찰해 보기로 하자.

컴퓨터나 터미널 등의 DTE가 만들어낸 정보를 보다 먼 거리의 상대에게 전달하기 위해서는 정보를 다른 형태의 신호로 변환하여야 한다. 그리고 이 신호 변환의 역할을 담당하는 기기를 DCE라 하며, 그 대표적인 예가 모뎀이라는 사실에 대해서는 지금까지 언급되었던 사항이다. 그러나 정보를 정확하게 잘 전달하기 위해서는 또 다른 기술이 요구된다. 먼저 DTE와 DCE가 서로 잘 조화되어 동작하여야만 할 것이다. 그러기 위해서는 DTE와 DCE 간에 미리 정의된 인터페이스(interface) 또는 접속 규격이 요구된다. 세계 시장에는 여러 제조업자가 생산한 수많은 종류의 DTE나 DCE가 나와 있다. 그런데 만일 이들 DTE난 DCE 간을 상호 연결하기 위한 접속 규격이 정의되어 있지 않다면 이들을 접속하는데 상당한 혼란이 야기될 것이다. 따라서 이를 막기 위해 현재 국제적 표준 기구들인 ITU-T(CCITT), ISO, EIA(Electronics Industrial Association) 등에서는 DTE와 DCE 사이의 접속 규격에 관한 표준들을 제정, 권고하고 있다.

4) CCE

CCE(Communication Control Equipment)는 통신제어장치로서 정보통신시스템에서 아주 중요한 역할을 담당하고 있는 장치이다. 이전에는 통신제어장치와 메인컴퓨터를 구분하지 않고 주로 메인컴퓨터로만 구분되었다. 그렇지만 정보통신시스템에 관련된 기능과 역할이 다양화되고 복잡해지면서 메인컴퓨터의 역할과 기능 중에서 일정부분을 분담하는 통신제어장치에 대한 필요성이 대두되었다. 이러한 통신제어장치는 일반적으로 메인컴퓨터 앞쪽에 설치되어 메인컴퓨터의 기능을 보조하고 분담하여 정보통신시스템의 기능적인 효율성을 증대시키는 기능을 수행한다. 통신제어장치는 역할과 기능에 따라 FEP(Front End Processor), BEP(Back End Processor), CCP(Communication Control Processor) 등이 있다. 여기서 FEP는 일반적으로 메인컴퓨터와 보조기억장치 사이에 위치하며 메인컴퓨터가 데이터를 처리하기 전에 필요한 모든 작업을 가공 처리 함으로써 메인컴퓨터가 필요한 작업에 더 많은 시간을 할당할 수 있도록 보조하는 기능을 수행하고 BEP는 대규모의 데이터베이스 처리나 파일관리 등의 기능을 수행하며 CCP는 직접적인 프로그램 제어 기능을 수행하게 된다.

CCE의 일반적이고도 중요한 기능은 메인 컴퓨터와 DCE 사이에 위치하여 DCE로 부터 들어오는 데이터에 오류가 있는지를 조사하고, 메인 컴퓨터의 처리 속도와 DCE의 전송 속도를 맞추어 주는 기능을 수행한다. 또한, 메인 컴퓨터의 처리 방식에 맞추기 위해 직렬(serial) 데이터를 병렬(parallel) 형태로 바꾸어 주는 역할도 수행한다.

5) 메인 컴퓨터

통신을 위한 모든 기능을 제어하고 관리하는 일을 수행한다. 이전에는 메인 컴퓨터가 CCE의 기능을 포함하여 수행하기도 하였지만, 통신을 위한 장비의 다양해지고 많은 제어 기능들의 추가로 인해서 기능을 일정부분을 CCE가 대신하게 되었다.

3.2 정보통신 용어

전송매체를 통해 정보를 전송하기 위해서는 먼저 몇 가지 용어에 대해 정확하게 정의할 필요가 있다. 데이터(data), 정보(information), 신호(signal), 신호변환장치(signal transform device) 및 전자기파(electromagnetic wave)에 대해서 정확하게 이해하는 것은 통신을 이해하기 위한 필수적인 조건이라 할 수 있다. 또한 추가로 주파수(frequency), 대역(band), 대역폭(bandwidth), 주파수 자원(frequency resource)과 채널(channel) 등에 대한 이해도 필요하다.

일반적으로 사람들은 데이터(data)와 정보(information)를 특별히 구분하지 않고 사용하고 있다. 실제로 일상생활에서 데이터통신과 정보통신을 별로 구분하지 않는 것과 비슷하다고 할 수 있다. 그렇지만 데이터와 정보는 약간의 차이점이 존재한다. 데이터란 가공 처리되지 않은 단순한 기록을 말하며, 넓은 뜻으로 실세계에 존재하는 모든 사물, 상황의 상태를 의미한다. 한편 정보는 데이터를 가공 처리하여 특정 상황에 맞게 정리하여 의미와 가치를 가지는 기록을 의미한다. 예를 들면 도자기를 가마에 굽는 요령과 온도 등은 일반 사람들에게는 대부분 유용하고 가치 있는 내용이 아닐 것이다. 그렇지만 도자기에 관심이 있는 사람들과 도자기를 전공하는 사람들에게는 매우 유용하고 가치 있는 내용이 될 것이다. 결과적으로 도자기에 대한 지식은 일반인들에게는 그저 데이터일 뿐이지만 도자기를 전공하는 사람들에게는 매우 유용하고 가치 있는 정보가 되는 것이다. 위에서 설명한 바와 같이 데이터와 정보의 차이점은 데이터와 정보를 사용하는 사람에 따라서 단순한 데이터가 될 수도 있고 아니면 유용한 정보가 될 수도 있다. 가공 처리는 데이터를 사용하는 사람이 자신의 사용 목적에 알맞게 변환시켜 유용한 정보로 만드는 과정을 말한다. 한편 이후에 이 책에서 실제로 데이터와 정보에 대해서 논의될 때는 데이터와 정보를 구분하지 않고 사용할 것이다. 일반적으로 정보라는 개념을 가지면서 용어는 데이터로 사용하는 것이 일반적이다. 데이터의 형태에는 저장의 의미에서 아날로그 데이터(analog data)와 디지털 데이터(digital data)가 있다. 데이터와 신호(signal)를 구분하는 주요한 요소는 데이터는 저장의 개념이고 신호는 전송의 개념을 사용한다. 데이터의 형태에는 아날로그 데이터(analog data)와 디지털 데이터(digital data)의 두 가지 형태가 존재한다. 그리고 이와 같은 데이터를 전송하고자 할 때는 신호의 형태로 변환시켜야 하는데, 신호의 형태 역시 아날로그 신호(analog signal)와 디지털 신호(digital signal)의 두 가지가 존재한다.

신호변환장치는 터미널에 저장되는 데이터를 전송하기 위해 신호로 변환하거나 전송매체를 통해 전송되어 오는 신호를 터미널에 저장하기 위해 데이터로 변환시켜주는 장치이다. 부호화(encoding)란 디지털 데이터 또는 아날로그 데이터를 부호기(encoder)를 통해 디지털 신호로 변환하는 것을 말하며, 부호화된 디지털 신호를 복호기(decoder)에서 다시 원래의 데이터 형태로 복원하는 것을 복호화(decoding)라 한다. 부호기와 복호기를 합쳐서 코덱(CODEC : COder & DECoder)이라 부른다. 변조(modulation)란 디지털 데이터 또는 아날로그 데이터를 변조기(modulator)를 통하여 아날로그 신호로 변환하는 것을 말하며, 변조된 아날로그 신호를 복조기(demodulator)에서 다시 원래의 데이터 형태로 복원하는 것을 복조(demodulation)라 한다. 이들을 합쳐서 모뎀(MODEM : MOdulator & DEModulator)이라 부른다.

데이터 전송의 핵심 요소인 주파수와 전자기파 개념에 대해 세부적으로 살펴보기로 하자.

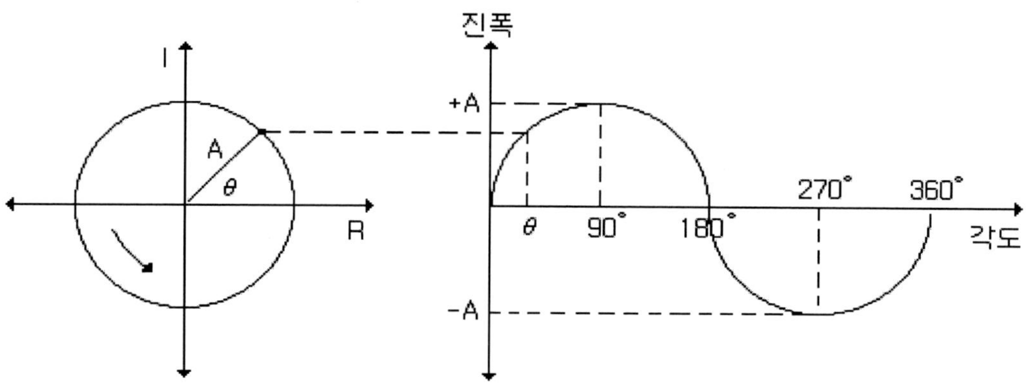

그림 3.1 사인파의 구성

그림 3.1에서는 사인파의 구성 원리를 표현하였다. 사인파는 파형을 수학적으로 분석하기 위해 가장 보편적으로 이용된 삼각함수이다. 왜냐하면 사인파는 파동 형태로 표현되며, 다양한 수학적 표현이 가능하기 때문이다. 대표적인 교류로써 정현파라고도 표현되며 크기, 위상, 및 주기를 갖는다. 이때 크기를 진폭이라고 하며 일반적으로 최대 진폭을 지칭한다. 또한 위상은 사인파가 시작에서부터 얼마나 이동했는지를 나타낸다. 한 번 변화하기 시작해서 다시 원상태가 되기까지를 1 사이클(cycle)이라고 하는데, 그 때까지 소요된 시간을 주기라고 하며, 이의 역수인 주파수는 1초 동안의 회전수로써 그 단위로 헤르츠(Hz)를 사용한다. 사인파의 기본적인 형태는 $A\sin(\omega t+\theta)$ 이다. 이때 ω는 각속도 또는 각 주파수라고 부르며, 360도의 라디안 표기법인 2π에 주파수 f를 곱

한 값으로 사인파가 얼마나 빨리 회전하는가를 나타낸다. 따라서 ω는 $2\pi f$가 된다.

정현파(sine wave)는 시간에 따라 전압의 크기가 변하는 교류전압을 표기할 때 일반적으로 사용하며 일반적인 형식은 다음과 같다.

$v(t) = V_m \sin(\omega t + \alpha)$, $(-1 \leq \sin\omega t \leq 1)$

여기서, V_m는 정현파 교류 전압의 최대값, $\omega = 2\pi f$ $(rad/\sec)$는 각속도(angular velocity) 또는 각 주파수(angular frequency), $f = \frac{1}{T}$는 주파수(frequency), T는 주기(period), α는 위상(phasor)이다.

정현파를 표현하는 수식에 대한 설명은 다음과 같다.

① 1 사이클(cycle) : 전압 또는 전류가 시간에 따라 변화하다 다시 원상태로 될 때까지의 기간이다.

② 주파수(frequency) : 1[sec] 동안의 반복되는 사이클 수를 말한다.

③ 정현파에서는 공간각에 상관없이 1 사이클의 각을 2π $[rad]$로 정의하고 이것을 기준으로 표시되는 각을 전기 각(electrical angle)이라고 한다.

④ 주파수가 f [Hz]인 경우, 1[sec] 동안에 변화하는 전기 각은 $2\pi f$ $[rad]$이며, 이는 각속도(angular velocity) 또는 각 주파수(angular frequency)라 부르고 ω로 표시한다.

⑤ $\omega = 2\pi f$ $[rad]$, $f = \frac{1}{T}$ $[Hz]$, $T = \frac{1}{f}$ $[\sec]$

⑥ 주기 T : 2π $[rad]$ 변화하는데(1 cycle 동안) 걸리는 시간

⑦ 파장 λ : 주기적 변화를 거리의 관점에서 고찰할 때, 1 사이클의 주파수에 해당하는 길이를 파장, 즉 1주기 간에 정현파 교류가 전파되는 거리를 파장(wave length)이라 하고 λ로 표시한다. 파장은 빛의 속도에 비례하고 주파수에 반비례한다.

⑧ 위상 α : 사인파의 시작 위치를 나타낸다.

한편, 우리가 통신에서 정보를 전달하기 위해 사용하는 전파 또는 전자기파는 기본적으로 여러 가지 종류의 주파수를 가지는 정현파들의 모임이라고 할 수 있다. 전파는 3000GHz 이하 주파수의 전자기파(전자파)로서 전자파는 주파수가 높아짐에 따라 성질이 크게 변화하므로 유사한 성질을 갖는 주파수 범위를 묶어 주파수대로 정하여 각각 명칭을 붙이고 있다. 전파의 주파수대는 장파, 중파, 중단파, 단파, 초단파, 극초단파, 마이크로파, 밀리파, 준 밀리파 등으로 구분한다. 지상 약 100Km에 있는 전리층과 약 200Km에 있는 전리층이 반사경의 역할을 함으로 둥근 지구상에서 지구 반대편까지 무선통신이 가능하게 된다. HF(High Frequency), MF(Medium Frequency), LF(Low

Frequency), VLF(Very Low Frequency) 등은 전리층에서 반사가 되므로 원거리 통신에 사용되며 VHF(Very High Frequency), UHF(Ultra High Frequency), SHF(Super High Frequency) 등은 전리층을 뚫고 지나갈 수 있으므로 위성통신 등에 사용된다. 아마추어 무선에서는 1.9MHz부터 23GHz까지의 주파수와 송신전력이 지정되어 있다.

3.3 정보통신망

우리가 일상생활에서 가장 많이 사용하고 있는 통신 시스템은 휴대폰, PC, 일반전화기, 인터넷전화기 등이다. 이러한 통신시스템들은 통신망들을 통해서 연결되어 사용자들이 신속, 정확, 편리하게 통신할 수 있도록 한다. 우리에게 익숙한 통신 시스템과는 달리 통신망에 대한 개념은 다소 어려워 보인다. 먼저 우리가 사용하고 있는 정보통신망에 대해서 개략적으로 살펴보고자 한다.

정보통신망은 일반적으로 데이터를 전달하는 방식과 전달하는 구조에 따라 교환통신망(switched communication network)과 방송통신망(broadcast communication network)으로 분류된다.

교환통신망(switched communication network)은 일반적으로 상호 연결된 노드(교환기)들의 모임으로 구성된다. 송신 단말기에서 통신망으로 전송된 데이터는 여러 개의 노드를 거쳐 최종 수신 단말기에 전달된다. 그림 3.2에는 일반적인 교환통신망에 대해 표현하였다. 교환통신망의 구성요소는 단말기, 노드와 회선(링크)으로 구성되어 있다. 단말기는 컴퓨터, 터미널, 전화와 통신장치 등을 말하며 일반적으로 일 대 일 방식으로 노드에 연결되어 있으며 노드는 전송 및 데이터 교환의 역할을 하는 메인 노드와 단순히 연결 기능만 갖는 중간 노드로 분류된다. 한편, 회선은 노드와 노드를 연결하며 일반적으로 다중화된 링크를 사용한다.

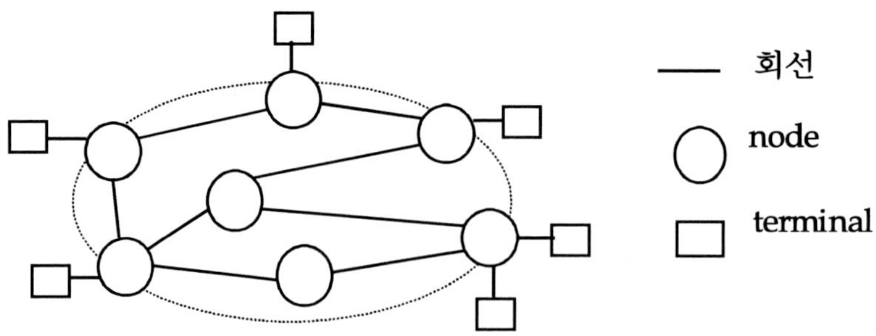

그림 3.2 교환통신망

하나의 노드에서 다른 노드로 데이터를 교환하는 방법에 따라 회선교환망, 메시지교환망, 패킷 교환망으로 분류된다. 노드와 단말기 간의 링크는 전용선으로 일반적으로 일 대 일 링크를 사용하며, 노드와 노드 사이의 링크는 다중화된 링크를 사용한다. 노드는 단말기를 통신망에 접속시켜 주는 기능, 노드와 노드를 접속시켜 주는 기능, 단말기 사이에서 데이터의 전송 및 수신 기능을 수행한다.

방송통신망(Broadcast Communication Network)은 중간에 교환 노드 없이 단말기들이 통신 매체를 공유하여 데이터를 송수신하는 방식으로 구성된다. 방송통신망은 통신 매체를 공유하기 때문에, 통신로 상에 존재하는 여러 개의 전송 데이터 중 매체 액세스 제어(MAC : Medium Access Control) 기술을 이용하여 자신의 데이터를 선택하여 수신하여야 한다. 단말기 간의 데이터 전송율과 거리에 따라 패킷라디오 망, 인공위성망, 로컬 망으로 분류된다. 그림 3.3에는 다양한 방송통신망 구조에 대해 표현하였다.

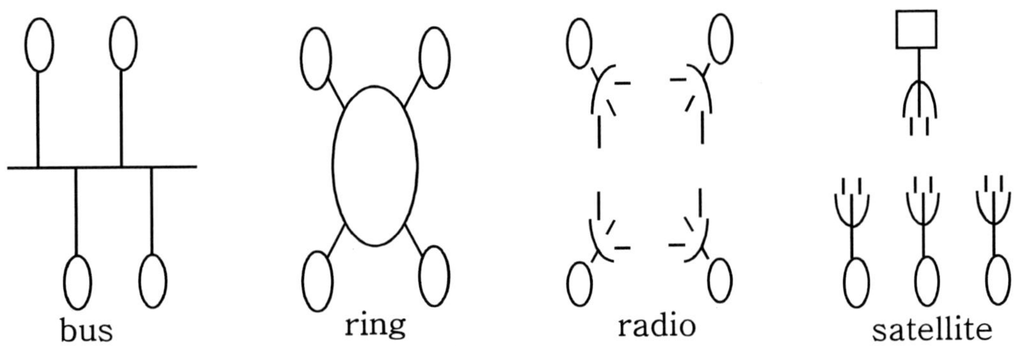

그림 3.3 다양한 방송통신망

패킷라디오 망에서 단말기는 안테나를 통해 패킷을 송수신하고 모든 단말기는 동일 채널을 사용하여 하나의 단말기에서 모든 다른 단말기로 직접 방송하게 된다. 패킷(packet)이란 전송 데이터를 정해진 길이로 분리한 것에 상대방 번지 등을 나타내는 헤더를 붙인 통신 전송 단위를 말하며 프레임(frame)의 개념과 유사하다. 인공위성망에서 단말기는 안테나를 통해 패킷을 송수신하고 모든 단말기는 동일 채널을 사용하는 것은 패킷라디오 망과 같다. 그러나 패킷을 단말기 사이에 직접 송수신하지 않고 인공위성의 중계를 통해 송신과 수신 한다는 점이 다르다. 로컬 망은 단일 건물이나 몇 개의 건물군과 같은 작은 지역에 한정된 통신망을 말한다.

3.4 교환통신망

교환통신망은 노드에서 다른 노드로 데이터를 교환하는 방법에 따라 회선교환망, 메시지교환망, 패킷교환 망으로 분류된다. 회선교환망, 메시지교환망, 패킷교환 망에 대해 세부적으로 살펴보자. 교환통신망은 단말기들이 직접적으로 통신하지 않고 교환기능을 수행하는 교환기 즉 노드들을 통해서 통신하는 방식이다. 교환통신망은 하나의 노드가 아니라 여러 개의 노드가 상호 연결되는 복잡한 구조를 가진다. 데이터는 송신 단말기에서 출발해서 여러 개의 노드를 거쳐 수신 단말기에 도착하게 된다.

데이터 전송 필요성이 급증하면서 데이터의 교환이 필요해지고 중요한 문제로 대두되었으며 교환 방식은 동일기종 또는 이 기종 단말기 간의 지리적 분산 상태를 공유하기 위해 물리적인 전송매체를 통한 상호 연결한 방식을 사용하며 전용회선을 사용하면 비효율적이기 때문에 공유의 개념으로서 교환기를 이용하게 되었다.

1) 회선교환망

음성 교환기가 취하고 있는 기본적인 교환 방식인 회선교환(circuit switching)은 정보 전송의 필요성이 생겼을 때, 상대방을 호출하여 연결하고 정보 전송이 종료될 때까지 이 물리적인 연결은 계속된다. 물론 정보 전송이 끝나면 이 물리적 연결은 해제된다. 그러나 한 가지 문제점은 일단 물리적 연결이 이루어진 후 그 회선은 다른 사람과 공유하지 못하고 배타적으로 연결된 두 사람 사이 외에는 이용이 불가능하다. 즉, 경로를 구성하는 링크의 집합을 회선이라고 하는 데 회선교환방식에서는 송·수신 간의 통신회선을 독점한다. 이 방식의 장점은 경로 설정시간 외의 지연이 발생하지 않는다는 점과 고정된 정보 전송율로 전송이 가능하기에 연속적인 데이터나 사용 시간이 긴 경우에 유리하다는 점 등을 들 수 있다. 단점으로는 독점된 회선은 배타적으로 사용하기 때문에 전체적으로 보면 비효율적이며 어느 정도의 지연이 허용되는 전송에는 부적합하다는 점을 들 수 있다.

회선교환은 송신 단말기와 수신 단말기 사이에 데이터를 전송하기 전에 먼저 노드를 통해 물리적으로 연결이 되어야 한다. 따라서 두 단말기 간의 전용 통신로로 한 채널이 설정된 상태에서 데이터를 교환하게 되므로 다량의 데이터를 전송하거나 지속적인 통신하고자 하는 경우 효과적인 방법이다. 아날로그 데이터 교환에 적절하다.

회선교환에 의한 통신은 다음과 같이 3단계로 이루어진다.

① 회선 설립(circuit establishment)
② 데이터 전송(data transfer)
③ 회선 해체(circuit disconnect)

첫 번째 단계인 회선 설립 단계에서는 송신 단말기가 데이터의 전송을 요구하게 되면 교환기(노드)는 전송 링크 상에서 사용되지 않는 회선이 있으면 그 회선을 통하여 다음 교환기로 연결시켜 준다. 그러나 사용되지 않는 회선이 없으면 송신 단말기에게 연결할 수 없다는 신호를 보내게 된다. 전화의 경우에는 통화 중 신호를 보낼 것이다. 이러한 방식으로 여러 개의 교환기를 거쳐 최종 수신 단말기까지 연결된다. 이것은 우리가 전화 수화기를 들어 상대방 전화번호를 다이얼링하고, 상대방이 전화를 받음으로써 두 통화자 사이에 하나의 전용회선이 설립되는 것과 같은 개념이다. 이와 같이 설정된 회선은 사용 여부에 관계없이 점유되어 있는 것이기 때문에 다른 데이터의 전송을 위해 사용할 수 없다. 이것은 우리가 전화 통화 중에 누군가 초인종을 눌러서 통화를 잠시 중단하고 문을 열어 주러 나갔을 경우에도 그 전화는 사용 중이기 때문에 다른 사람이 그 전화번호로 전화를 하게 되면 통화 중 신호를 듣게 되는 경우에 해당한다.

두 번째 단계인 데이터 전송 단계에서는 첫 번째 단계에서 연결된 전송로를 통해 송신 단말기에서 수신 단말기로 데이터가 전송된다. 이것은 두 통화 사이에 용건을 주고받는 경우에 해당된다.

세 번째 단계인 회선 해체 단계에서는 모든 데이터의 전송이 끝나고 두 단말기 중에서 한 단말기가 회선 연결 해제를 위한 신호를 보냄으로써 연결은 해제된다. 이것은 두 통화자 사이에 모든 대화가 끝나고 둘 중에 한 사람이 전화를 끊는 것에 해당한다.

회선교환은 송수신 단말기가 모두 데이터 교환을 위해 동시에 이용 가능해야 하며, 채널은 데이터가 전송되지 않는 경우도 접속이 유지되므로 비효율적일 수도 있다. 회선 교환 방식은 최초에 음성 통신을 위하여 개발되었으며 현재는 널리 사용되고 있는 전화 시스템이 대표적인 예가 된다. 그림 3.4에는 회선교환 절차에 대해 개략적으로 표현하였다.

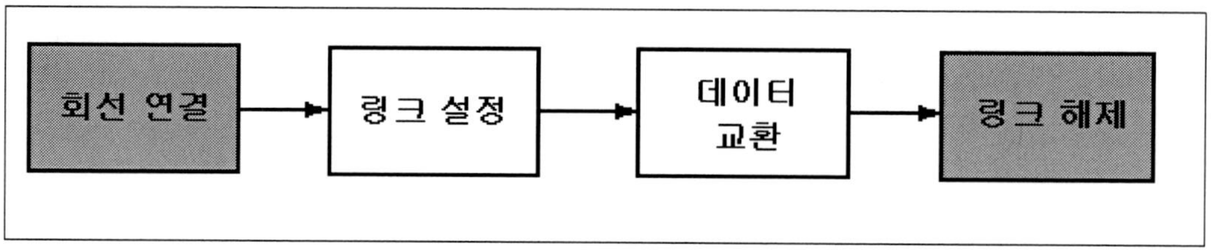

그림 3.4 회선교환의 절차

2) 메시지교환망

메시지교환(message switching)은 회선교환이 갖는 비효율적인 측면을 개선한 방식이다. 메시지 교환 방식이란 하나의 메시지 단위로 축적-전달(store-and-forward) 방식에 의해 데이터를 교환하는 방식이다. 축적-전달이란 각 노드에서 전체 메시지를 수신하여 저장한 후, 다음 노드로 가는 링크가 비어 있으면 그 노드로 메시지를 전송하는 방식을 말한다. 이와 같은 메시지 교환 방식은 회선 교환 방식과는 달리 두 단말기 간의 전용선을 확정할 필요가 없으나, 상대 단말기의 주소를 첨부하여 전송하여야 한다.

메시지라는 논리적 데이터 단위로 전송하는 방식으로 메시지에는 수신 측의 주소가 포함된 헤더를 보유한다. 노드에서 노드로 전달되어 수신 측에 해당하는 단말기로 전송되며 이때 교환 노드는 임시의 저장 장소를 보유한다. 각 노드는 모든 메시지를 수신하는 시간지연과 전송을 기다리는 대기지연 시간을 소요한다. 즉, 메시지교환에서는 전송되는 데이터를 교환기가 수신하고 필요하면 저장하였다가 이를 다시 적절한 경로를 통해 전달하는 '축적 후 전송(store-and-forward)' 방식을 사용한다.

메시지교환은 단순히 메시지를 전달하는 것이 목적이기 때문에 빠른 응답시간이 필요한 대화 형 서비스에는 적합하지 않다. 이러한 특성으로 인해 네트워크가 과부하가 걸려도 데이터를 버리는 것이 아니라 전송할 수 있을 때까지 데이터를 저장하므로 지연만 점점 커지게 된다.

광범위한 지역에 걸친 효율적인 통신을 위해서는 회선 교환방식이나 메시지 교환방식보다 뛰어난 방식이 요구된다. 이를 위해 다음에 소개할 패킷 교환방식이 제안되었다. 이 방식은 메시지 교환의 일종으로 메시지를 패킷이라는 더 작은 단위로 나누어 전송속도를 향상시키면서, 동시에 자원을 효율적으로 사용하고자 하는 것이다.

메시지 교환 방식은 디지털 데이터 교환에 적절하며, 그 예로서 전보 전자우편(e-mail), 컴퓨터 파일 등이 있다. 메시지 교환 방식은 회선교환 방식과 비교해서 다음과 같은 장점을 갖는다. 첫 번째는 두 단말기가 동시에 사용가능한 상태일 필요가 없기 때문에 회선 효율성이 좋다. 두 번째는 축적 교환 방식을 사용하므로 한 개의 메시지를 여러 목적지로 보낼 수 있다. 세 번째는 메시지에 주소가 있으므로 재전송이 가능함으로써 오류에 대비할 수 있다. 네 번째는 축적 교환 방식을 사용하므로 전송대기 중인 여러 메시지 중에서 우선순위를 결정할 수 있다. 그러나 메시지 교환 방식은 지연시간이 길어 실시간 통신 및 대화 식 통신에는 부적합하다는 단점을 가지고 있다. 현재는 이와 같은 메시지 교환 방식의 단점을 개선한 패킷 교환 방식의 등장으로 거의 사용되지 않고 있다.

3) 패킷교환 망

패킷 교환(packet switching)을 이용한 대표적인 통신망으로는 ARPANet과 TYMNet이 있다. 1960년대 말 미국 정부는 컴퓨터가 교육과 국방 연구에 지대한 영향을 끼친다는 것을 깨닫고 미국 국방성 산하의 ARPA(The Advanced Research Projects Agency)라는 단체를 중심으로 ARPANet이라는 컴퓨터 네트워크를 구성하기로 결정했다. 이러한 ARPANet은 1969년 최초로 4개 지역(UCLA, UCSB, 유타 주립대학, 스탠포드 연구센터)을 중심으로 구성되었으며, 최초의 패킷 교환 방식을 이용한 컴퓨터 통신망이다. 이어서 1970년대에는 패킷 교환 기술의 본격적인 상용화가 추진되어 미국에서는 TYMNet과 같은 상용 컴퓨터 통신망들이 등장하였다. 이 TYMNet은 1968년 하와이 대학에서 실험을 시작한 무선 패킷 교환 네트워크인 ALOHA(Additive Links Online Hawaii Area)시스템이 개선되어 1975년에 서비스를 개시한 미국 민간 기준의 패킷 교환 데이터 통신망이다.

이러한 패킷 교환 방식은 현재도 원거리 컴퓨터 통신망에서 널리 사용되고 있다. 패킷 교환망의 대표적인 기능은 다음과 같다. 첫 번째는 각 패킷을 네트워크를 통해서 노드에서 노드로 보내기 위해 경로를 배정하는 기능이다. 두 번째는 트래픽(traffic)의 양을 효율적이고 안정되도록 통제하는 트래픽 제어 기능이다. 세 번째는 접속되는 단말기들의 타격을 경감시키기 위한 오류 제어 기능이다. 다음으로는 패킷 처리 방식에 대해서 먼저 알아보고, 패킷 교환망의 대표적인 기능 세 가지에 대해서 자세히 알아보기로 한다.

패킷 처리 방식은 전체 데이터를 일정한 크기의 데이터 블록으로 나누어 정해진 형식에 따라 전송하는 방식으로 목적지 주소에 따라 통신경로가 선택된다. 일반적으로 교환기에서 소요되는 지연이 없는 방식으로 빠른 응답시간이 요구되는 응용에 적합하다. 링크의 효율적인 사용과 신뢰성이 높은 교환방식이기 때문에 과부하시 지연은 발생해도 송신 자체의 거부는 발생하지 않는다. 동시에 여러 사용자에게 전송이 가능하며 패킷 구조의 변환장치를 이용해 이 기종 단말기 간의 통신도 가능하다. 패킷 교환 방식은 데이터 전용 교환방식으로 대역폭의 효율적인 이용이라는 요구를 충족시킬 수 있고 교환기 자체의 비용 또한 현저하게 낮출 수 있다. 또한 패킷에 우선순위를 부과할 수 있으며 동일한 패킷을 여러 사용자에게 동시에 전송할 수 있다. 교환 행위는 컴퓨터 메모리의 어떤 부분에 있는 데이터를 다른 메모리 위치로 움직이는 컴퓨터 명령어에 의해 수행되므로 패킷교환 방식은 소프트웨어에 의한 교환이라고 볼 수 있다. 그림 3.5에는 일반적인 패킷교환 망에 대해서 표현하였다.

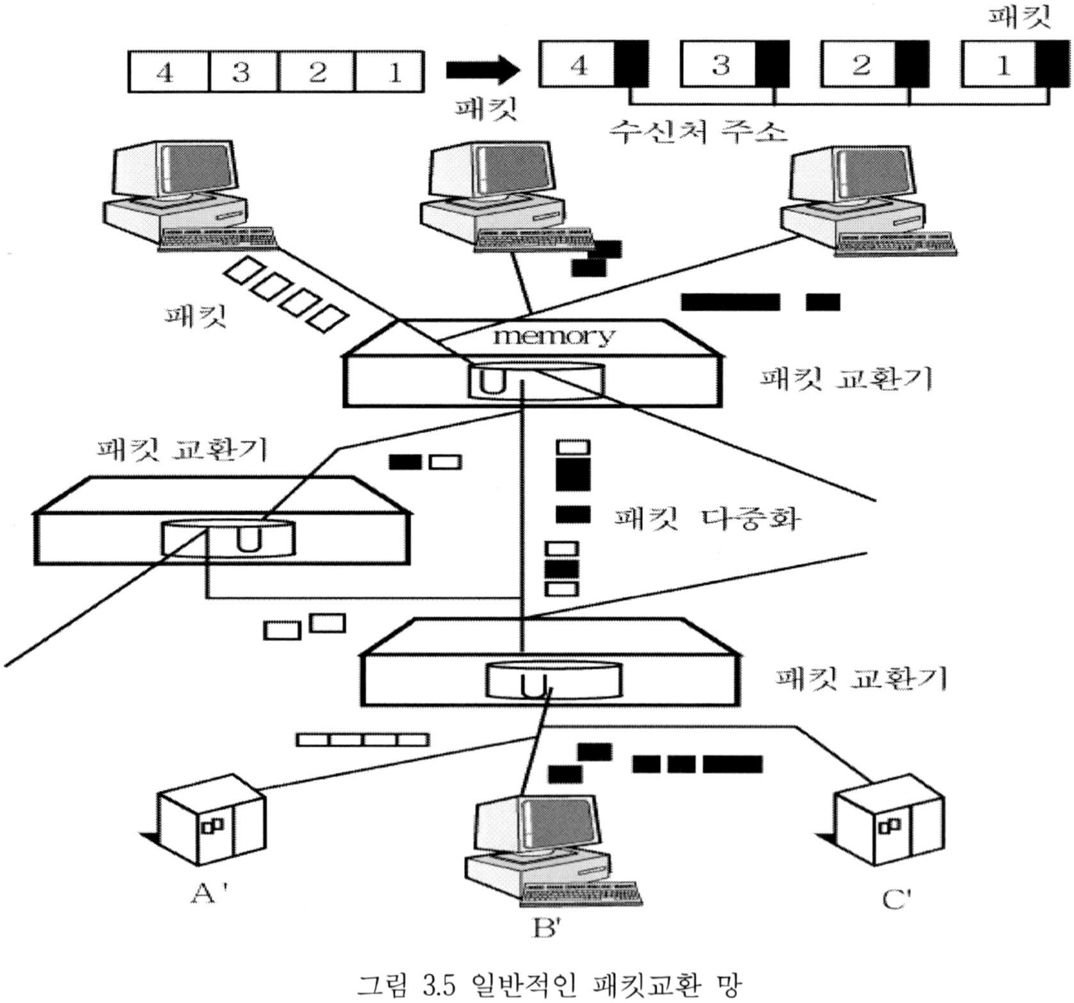

그림 3.5 일반적인 패킷교환 망

패킷 교환 방식은 세 가지 방식 중에서 가장 우수한 방식으로서, 메시지 교환이 갖는 장점을 그대로 유지하면서 대화 형 데이터 통신에 적합하도록 개발된 효율적인 방식이다. 패킷 교환 방식은 축적-전달 방식을 사용한다는 측면에서는 메시지 교환 방식과 동일하다. 그러나 메시지 교환 방식은 하나의 메시지 단위로 데이터를 전송하는 반면에 패킷 교환 방식은 메시지를 일정한 크기의 패킷(packet) 단위로 나누어서 전송한다는 측면이 근본적인 차이점이다. 패킷이란 전송 데이터를 정해진 길이로 분리한 것에 상대방 번지 등을 나타내는 헤더를 붙인 통신 전송 단위를 말한다. 일반적으로 패킷의 최대 길이는 제한되어 있는데, 메시지가 이 최대 패킷 길이보다 긴 경우에만 여러 개의 패킷으로 나누어지게 된다. 이와 같은 패킷의 처리 방식에는 데이터 그램(datagram) 방식과 가상 회선(virtual circuit) 방식이 있다.

데이터 그램 방식은 비 연결형 접속 방식으로 메시지 교환 방식과 마찬가지로 패킷을 전송하기 전에 경로를 미리 설정할 필요가 없다. 따라서 각 패킷이 목적지로 가기 위한 경로 배정이 독립적으로 이루어지는데, 이와 같이 독립적으로 취급되는 각 패킷을 데이터 그램이라 한다. 각 패킷은 독립적으로 처리되기 때문에 각 패킷은 각기 다른 경로로 전송되어 순서대로 수신되지는 않는다. 따라서 목적지 노드는 패킷들의 순서를 재구성하는 기능을 가져야 한다. 이와 같은 데이터 그램 방식은 비 연결 접속 방식을 사용하므로 패킷들을 전송하기 위한 시간이 단축되고, 경로가 지정되어 있지 않으므로 복잡한 통신망을 피해 경로설정이 가능하다는 장점을 가지고 있다.

데이터 그램 방식은 가상회선과는 달리, 노드의 부하를 고려해서 패킷을 받은 각 노드가 그 상황에서 최적의 경로를 설정한다. 데이터 그램 방식은 상황에 따라 새롭게 경로가 결정되므로 네트워크 내에서 장애가 발생했을 때도 호를 재 성립할 필요가 없다는 장점이 있다. 즉, 데이터 그램은 매 패킷마다 주소를 넣어 패킷을 구성하는 방식으로 데이터 전송 전에 경로를 미리 확보해야 하며 회선도 공유할 수 있다. 이때, 패킷은 순차적으로 전송된다.

가상 회선 방식은 연결형 접속 방식으로 회선 교환 방식과 마찬가지로 패킷을 전송하기 전에 논리적인 연결 설정이 이루어져야 한다. 이 논리적인 연결은 회선 교환 망과 유사하게 경로가 고정되기 때문에 가상 회선이라 부른다. 경로 설정은 연결 설정 시 한 번만 이루어지기 때문에 연결이 설정된 다음에 각 패킷은 최종 목적지를 찾아가기 위해서 헤더에 가상 회선을 식별할 수 있는 번호만 가지고 있으면 된다. 따라서 각 패킷은 모두 같은 경로로 전송되기 때문에 순서대로 수신된다는 장점을 가지고 있다.

정보 전송을 시작할 때 우선 두 지점 사이에 논리적인 전송로를 설정하고 이후에는 매 패킷마다 송수신자의 주소를 넣지 않고 그 논리적 전송로의 번호만으로 전송을 행하는 방식으로 링크의 상황에 따라 적절히 전송되며 효율적인 경로를 제공한다. 그러나 패킷의 재조립이 요구된다. 가상 회선은 통신을 행할 때마다 새로운 통신 경로를 설정/해제하는 교환 가상 회선(SVC : Switched Virtual Circuit)과 통신할 상대방에 따라 고정된 통신경로를 미리 설정하는 고정 가상 회선(PVC : Permanent Virtual Circuit)으로 구분된다. 또한 하나의 물리회선에 여러 개의 가상 회선을 구성하는 것이 가능하다.

3.5 방송통신망

방송통신망(Broadcast Communication Network)은 중간에 교환 노드 없이 단말기들이 통신 매체를 공유하여 데이터를 송수신하는 방식으로 구성된다. 단말기 간의 데이터 전송 율과 거리에 따라 패킷라디오 망, 인공위성 망, 로컬 망으로 분류된다. 교환통신망(switched communication network)이 교환기를 통해서 단말기들이 서로 통신하는 방식인 반면에 방송통신망(broadcast communication network)은 중간에 교환기 없이 단말기들이 서로 직접 통신 매체를 공유하여 데이터를 송수신하는 방식이다. 따라서 방송통신망은 교환통신망에 비해 구조는 비교적 간단하기도 하지만 부가적으로 복잡한 기술들이 필요하다. 방송통신망은 통신 매체를 공유하기 때문에, 통신 로 상에 존재하는 여러 개의 전송 데이터 중 MAC(Medium Access Control) 기술을 이용하여 자신의 데이터를 선택하여 수신하여야 한다. 이러한 MAC 기술에 대해서는 이후에 논의하기로 하자. 방송통신망은 단말기 간의 데이터 전송 율과 전송 거리에 따라 패킷라디오 망, 인공위성 망, 로컬 망으로 분류된다. 다음 절에는 패킷라디오 망, 인공위성 망, 로컬 망에 대해 상세하게 설명한다.

1) 패킷 라디오 망

패킷 라디오 망(packet radio network)의 구조는 크게 집중형망(centralized network)과 분산형망(distributed network)으로 분류된다. 집중형망은 중앙 제어기가 전송 순서의 권한을 전담하고 모든 노드를 관리하는 네트워크를 말한다. 이러한 형태의 네트워크에서 각 노드들은 반드시 중앙 제어기를 통해서만 상대 노드들과 통신이 가능하다.

이와 같은 집중 형 시스템의 대표적인 예로는 ALOHA(Additive Links Online Hawaii Area)-Net이 있다. 분산형망은 중앙 제어기가 없고 통신을 원하는 노드는 상대 노드와 직접적으로 통신이 가능한 네트워크를 말한다. 이러한 형태의 네트워크에서 노드들은 각자가 패킷 라디오망의 MAC 프로토콜을 이용하여 전송 순서를 결정하게 된다. 이와 같은 분산 형 시스템의 대표적인 예로는 MP-Net이 있다.

모든 방송통신망에서는 한 번에 단지 하나의 단말기만이 공유된 전송 매체를 통하여 패킷을 전송할 수 있도록 제어하는 액세스 제어(access control) 기술을 필요로 한다. 따라서 패킷 라디오 망과 같은 다중 액세스 망에서는 MAC 프로토콜이 필요하게 된다. 패킷 라디오 망에서 사용되는 주요한 매체 액세스 기법은 경쟁(contention) 기법이다. 경쟁 기법이란 중앙 통제가 없어 모든 단말기들이 공유된 전송 매체를 먼저 점유하여 패킷을 전송하기 위해서 경쟁하는 기법을 말한다. 패킷 라디오 망에서 사용되는 대표적인 경쟁 프로토콜의 종류에는 ALOHA(Additive Links Online Hawaii Area) 프로토콜, 슬롯(Slotted) ALOHA 프로토콜, CSMA(Carrier Sense Multiple Access) 프로토콜 등이 있다.

ALOHA 시스템은 1970년 하와이 대학 연구팀에 의해 개발된 최초의 경쟁 기법 패킷 라디오 망으로서 여러 섬에 분산되어 있는 사용자들에게 중앙 컴퓨터의 이용을 쉽고 값싸게 제공하기 위해 설계된 것이다.

ALOHA의 전송 기법은 다음과 같다. 첫 번째, 송신 단말기는 원하는 단말기로 패킷을 전송한다. 두 번째, 송신 단말기는 패킷을 전송한 다음 일정한 시간 동안 수신 단말기의 응답을 기다린다. 세 번째, 수신 단말기는 정확한 패킷을 받으면 ACK(acknowledgement)를 송신 단말기로 전송하고, 잡음이나 패킷간의 충돌(두 패킷이 서로 부딪혀 데이터가 파괴되는 현상)로 인해 정확하지 않은 패킷을 받으면 무시하고 응답을 하지 않는다. 네 번째, 송신 단말기는 수신 단말기로부터 ACK를 받으면 그 다음 패킷을 전송하지만, 일정한 시간이 지나도 응답이 오지 않으면 동일한 패킷을 재전송한다. 동일한 패킷을 재전송한 다음에 또 응답이 없으면 전송을 포기한다.

이와 같이 ALOHA는 단순하다는 장점을 가지고 있으나, 부하가 증가할수록 충돌의 횟수가 늘어나기 때문에 채널의 최대 이용률은 18% 정도 밖에 안 된다는 단점을 가지고 있다.

슬롯(Slotted) ALOHA는 최대 이용률이 18%인 ALOHA를 개선한 프로토콜이다. 슬롯 ALOHA의 전송 기법은 ALOHA와 유사하지만, 채널을 시간 슬롯(slot)으로 나누어 각 단말기는 할당된 시간 슬롯의 경계에서만 패킷을 전송한다는 차이점을 가지고 있다.

따라서 이와 같은 방법으로 패킷의 충돌 횟수를 줄여 채널의 최대 이용률을 37%로 증가시켰다. ALOHA와 마찬가지로 슬롯 ALOHA도 이용률이 별로 좋지 않음을 알 수 있다.

CSMA(Carrier Sense Multiple Access) 방식은 전송을 원하는 단말기가 패킷을 전송하기 전에 전송매체를 살펴서 사용 여부를 판단하여 전송을 시도하는 방식을 말한다.

CSMA 방식의 전송 기법은 다음과 같다. 첫 번째, 전송을 원하는 단말기는 패킷을 전송하기 전에 전송매체를 살핀다. 두 번째, 전송 매체를 다른 단말기가 사용하고 있으면 일정한 시간만큼 기다린 다음 다시 시도한다. 세 번째, 전송 매체가 사용 중이 아니면 전송을 시작한다. 그러나 이 때, 둘 이상의 단말기가 동시에 전송 매체를 살펴서 사용 중이 아니라고 판단하여 동시에 전송하면 충돌이 발생하게 된다. 네 번째, 송신 단말기는 얼마의 시간 동안 ACK를 받지 못하면 동일한 패킷을 재 전송한다.

CSMA를 사용했을 때의 최대 이용률은 ALOHA나 슬롯 ALOHA의 경우보다 훨씬 크다. 이 때 최대 이용률은 전파지연시간과 패킷의 길이에 따라 달라진다. 다시 말해, 패킷의 길이가 길고 전파지연시간이 짧을수록 이용률은 높아지게 된다.

2) 인공위성 망

인공위성 망(Satellite Network)에서 모든 단말기들은 인공위성의 중계를 거쳐 데이터 송수신하게 된다. 각 단말기는 인공위성에 데이터를 전송하고 인공위성은 그 데이터를 다른 단말기로 재 전송하게 된다. 인공위성 망의 통신과정을 간단하게 설명하면 다음과 같다. 송신 단말기가 업-링크(up-link) 주파수대를 사용하여 인공위성으로 신호를 전송하면, 인공위성은 그 신호를 수신하고 다운-링크(down-link) 주파수대를 사용하여 수신 단말기로 내려 보낸다. 다운-링크로 보내지는 신호는 그 신호가 도달하는 지역 내에 있는 모든 단말기들에 의해 수신된다. 그 신호는 음성, 영상, 데이터, 텔레비전 비디오 신호일 수 있다.

인공위성의 장점은 다음과 같다. 첫 번째, 인공위성은 매우 큰 전송 용량을 갖고 있다. 위성은 Giga-Hz 수준의 넓은 대역폭을 사용하기 때문에 수천 개까지의 음성 급 채널을 지원할 수 있다. 두 번째, 인공위성은 서비스할 수 있는 지역이 대단히 광범위하다. 따라서 세계를 대상으로 사업을 하는 조직체에게는 매우 유용할 수 있다. 세 번째, 신호를 전송하는 비용은 지구상의 두 단말기 간의 거리와는 무관하다. 두 단말기 사이의 거리가 100미터 떨어진 곳인지 수 천 킬로미터 떨어진 곳인지에 상관없이 동일한 인공위성에 의해서 서비스가 제공된다면 송신 비용은 동일하다. 네 번째, 비용적인 측면에서 다수의 물리적 전송 선로와 교환기를 사용하는 지상 교환망보다 훨씬 저렴하다.

인공위성의 장점은 다음과 같다. 첫 번째, 단말기와 위성간의 거리는 멀리 떨어져 있으므로 전파지연시간이 크므로 데이터 전송이 느려지게 된다. 따라서 인공위성 망에서는 가능한 재 전송을 줄여야 한다. 두 번째, 폭풍우와 같은 고르지 못한 날씨가 인공위성에 의해서 전송되는 신호를 방해할 수 있다. 세 번째, 신호를 암호화하지 않으면 보안 측면에서 심각한 문제가 될 수 있다.

3) 로컬 망

로컬 망(Local Network)의 구조는 크게 링(ring) 구조, 성형(star) 구조, 버스(bus)/트리(tree) 구조로 나눌 수 있다.

로컬망의 대표적인 MAC 프로토콜에는 CSMA/CD(CSMA with Collision Detection), 토큰 링(token ring), 토큰 버스(token bus) 등이 있다.

CSMA/CD(CSMA with Collision Detection) 프로토콜은 버스/트리 구조를 가지는 로컬 망의 MAC 프로토콜로 가장 많이 사용되는 방식이다. CSMA/CD 프로토콜은 이름에서도 알 수 있는 바와 CSMA 방식을 사용하되 데이터를 전송하는 동안 전송 매체를 계속 살펴서 충돌(collision)이 감지(detection)되면 전송을 중단하는 방식이다.

CSMA/CD의 동작 원리는 다음과 같다. 첫 번째, 전송 매체가 사용 중이 아니면 데이터를 전송하고 전송 매체가 다른 단말기에서 사용 중이면 전송을 마칠 때까지 대기한다. 두 번째, 데이터를 전송하는 동안 전송 매체를 계속 살펴보고 있다가 전송 도중에 충돌이 일어난 것을 감지하면, 모든 단말기에게 충돌이 일어났다는 것을 알리는 잼(jam) 신호를 보내고, 전송을 중단한다. 세 번째, 잼 신호를 보낸 다음 적당한 시간을 기다린 후에 다시 전송을 시도한다.

CSMA/CD의 동작 원리는 다음과 같다. 먼저 단말기 A가 t_0 시간에 전송을 시작한다. 이어서 t_1 시간에 단말기 A의 패킷이 단말기 C에 도착하기 전에 단말기 C가 전송을 시작한다. 단말기 C는 t_2 시간에 곧 충돌을 감지하여 전송을 중지하고, 잼 신호를 모든 단말기에게 전송한다. 따라서 단말기 A는 잼 신호를 감지하고 전송을 중단한다. 따라서 충돌 감지 시간은 두 단말기가 가장 멀리 떨어져 있는 최악의 경우 종점 간 지연시간의 2배가 걸리게 된다.

이와 같이 방식으로 동작하는 CSMA/CD는 채널의 이용률이 30% 이하로 비교적 낮을 때 최적의 상태로 동작한다. 그러나 로컬 망을 지속적으로 사용하는 환경에서는 다른 형식의 프로토콜이 더욱 효과적일 수 있다. 예를 들면, 채널 이용률이 높은 상황에서는 일반적으로 토큰 링 방식이 CSMA/CD 방식보다 우수하게 동작한다.

토큰링(token ring) 기법은 IEEE802 표준 위원회에서 표준화를 위해서 선택한 링 액세스 방법이다. 토큰링의 기법은 링 주위를 순회하는 작은 토큰 패킷을 사용하여 데이터를 전송하게 된다.

토큰링의 동작원리는 다음과 같다. 첫 번째, 프리 토큰(free token)이 링 주위를 순회한다. 여기서 프리 토큰이란 모든 단말기가 휴지(idle) 상태에 있을 때의 토큰 패킷을 말한다. 두 번째, 패킷을 전송하려는 단말기는 프리 토큰이 지나가기를 기다리다가 프리 토큰이 지나가면 잡는다. 세 번째, 프리 토큰을 잡은 단말기가 01111111 형태를 가지는 프리토큰의 비트 패턴을 01111110 형태의 비지(busy) 토큰으로 바꾸고, 비지 토큰에 연이어서 곧 바로 패킷을 전송한다. 이 때, 링 내에는 프리 토큰이 없으므로 전송을 원하는 다른 단말기는 대기해야 한다. 네 번째, 패킷 전송이 모두 끝난 다음 비지 토큰을 프리 토큰 형태의 비트 패턴으로 바꾸고 전송이 끝난 패킷을 제거한다. 일반적으로 패킷 제거는 패킷을 받은 수신(destination) 단말기에서 수행할 수도 있고 패킷을 전송한 송신(source) 단말기에서 수행할 수도 있으나, 후자가 더 좋은 방법이다. 그 이유는 송신 단말기가 수신 단말기의 ACK의 여부를 알 수 있기 때문이다.

토큰 버스(token bus) 방식은 단말기들이 물리적으로는 버스/트리 구조를 갖고 논리적으로는 링 구조로 동작하게 된다. 이 때, 단말기들의 논리적인 순서가 정해지기 때문에 단말기들은 자신의 순서에 맞게 동작하게 된다.

토큰버스의 동작 원리는 다음과 같다. 첫 번째, 토큰링과 마찬가지로 전송을 원하는 단말기는 토큰을 잡는다. 두 번째, 토큰을 소유한 단말기는 일정한 시간 동안 전송 매체를 제어하면서 패킷을 전송한다. 세 번째, 토큰을 소유한 단말기가 패킷 전송을 모두 끝냈거나 일정한 시간이 지나면 토큰은 다음 순서의 단말기로 이동된다. 이와 같이 동작하는 토큰 버스는 토큰(token)이 어차피 모든 단말기를 다 지나가기 때문에 네트워크의 부하(load)가 작을 때는 성능이 떨어지고, 부하가 클 때는 성능이 좋아진다는 특징을 가지고 있다. 또한 토큰 버스 기법은 공정한 액세스가 이루어지므로 경쟁이 없다.

3.6 신호변환장치

신호변환장치(signal transform device)는 터미널(terminal)에 저장되어있는 데이터(data)를 전송매체(transmission media)를 통해서 전송하기 위해서 신호(signal)로 변환시키는 기능과 전송매체를 통해 전송되어 오는 신호를 터미널에 저장하기 위해서 데이터로 변환시키는 기능을 가진다. 데이터는 저장의 개념이고 신호는 전송의 개념으로 생각하면 되고 전자기파에 데이터가 타고 있는 형태를 신호로 생각하면 된다. 데이터의 형태에는 저장의 의미에서 아날로그 데이터(analog data)와 디지털 데이터(digital data)가 있다. 데이터와 신호)를 구분하는 주요한 요소는 데이터는 저장의 개념이고 신호는 전송의 개념을 사용한다. 데이터의 형태에는 아날로그 데이터(analog data)와 디지털 데이터(digital data)의 두 가지 형태가 존재한다. 그리고 이와 같은 데이터를 전송하고자 할 때는 신호의 형태로 변환시켜야 하는데, 신호의 형태 역시 아날로그 신호(analog signal)와 디지털 신호(digital signal)의 두 가지가 존재한다.

신호변환장치는 터미널에 저장되는 데이터를 전송하기 위해 신호로 변환하거나 전송매체를 통해 전송되어 오는 신호를 터미널에 저장하기 위해 데이터로 변환시켜주는 장치이다. 부호화(encoding)란 디지털 데이터 또는 아날로그 데이터를 부호기(encoder)를 통해 디지털 신호로 변환하는 것을 말하며, 부호화된 디지털 신호를 복호기(decoder)에서 다시 원래의 데이터 형태로 복원하는 것을 복호화(decoding)라 한다. 부호기와 복호기를 합쳐서 코덱(CODEC : COder & DECoder)이라 부른다. 변조(modulation)란 디지털 데이터 또는 아날로그 데이터를 변조기(modulator)를 통하여 아날로그 신호로 변환하는 것을 말하며, 변조된 아날로그 신호를 복조기(demodulator)에서 다시 원래의 데이터 형태로 복원하는 것을 복조(demodulation)라 한다. 이들을 합쳐서 모뎀(MODEM : MOdulator & DEModulator)이라 부른다.

1) 신호변환장치 분류

데이터와 신호의 개념에 따라 신호변환장치를 분류해 보자. 데이터는 저장의 의미, 신호는 전송의 의미라는 것은 이미 학습했다. 데이터를 전송하기 위해서는 신호로 변환하는 과정이 필요하며 신호를 저장하기 위해서는 데이터로 변환하는 과정이 필요하다. 데이터는 아날로그 데이터(analog data)와 디지털 데이터(digital data)로 나누어지고 신호는 아날로그 신호(analog signal)와 디지털 신호(digital signal)를 나누어진다.

데이터를 신호로 또는 신호를 데이터로 변환하는 변환기를 기준으로 정보통신을 분류하게 되면 8가지 형태를 가지게 된다. 따라서 앞으로 10가지 형태의 변환기를 기준으로 상세하게 학습하게 될 것이다.

① 디지털 데이터 → 디지털 신호
② 디지털 신호 → 디지털 데이터
③ 아날로그 데이터 → 디지털 데이터 → 디지털 신호
④ 디지털 신호 → 디지털 데이터 → 아날로그 데이터
⑤ 디지털 데이터 → 아날로그 신호
⑥ 아날로그 신호 → 디지털 데이터
⑦ 아날로그 데이터 → 아날로그 신호
⑧ 아날로그 신호 → 아날로그 데이터
⑨ 아날로그 데이터 → 디지털 데이터 → 아날로그 신호
⑩ 아날로그 신호 → 디지털 데이터 → 아날로그 데이터

2) DSU와 CODEC

먼저 ①에서 ④까지 형태에 대해서 살펴보기로 하자.
① 디지털 데이터 → 디지털 신호
② 디지털 신호 → 디지털 데이터
③ 아날로그 데이터 → 디지털 데이터 → 디지털 신호
④ 디지털 신호 → 디지털 데이터 → 아날로그 데이터

데이터의 형태에는 아날로그 데이터와 디지털 데이터의 두 가지 형태가 존재한다고 언급한 바가 있다. 그리고 이와 같은 데이터를 전송하고자 할 때는 신호의 형태로 변환시켜 주어야 하는데, 신호의 형태 역시 아날로그 신호와 디지털 신호의 두 가지가 존재한다.

①과②는 송신 원과 수신원에서 쌍으로 이루어지는 과정이고 ③과④ 역시 송신 원과 수신원에서 쌍으로 이루어지는 과정이다. 그렇지만 이 두 과정은 약간의 차이가 존재한다. ①과② 과정과 달리 ③과④ 과정은 아날로그 데이터를 디지털 신호로 직접 변환시키는 방법이 없기 때문에 아날로그 데이터를 디지털 데이터로 먼저 변환시킨 다

음에 다시 디지털 데이터를 디지털 신호로 변환시켜야 한다. 반대 과정도 마찬가지로 디지털 신호를 직접 아날로그 데이터로 변환시키는 방법이 없기 때문에 디지털 신호를 디지털 데이터로 먼저 변환시킨 다음에 다시 디지털 데이터를 아날로그 데이터로 변환시켜야 한다. 따라서 ③과④ 과정은 ①과② 과정을 포함하는 약간 복잡한 구조를 가지고 있다.

먼저 ①과② 과정과 ③과④ 과정에서 사용하는 공통적인 용어와 개념에 대해서 간단하게 설명하고자 한다. 부호화(coding), 부호기(coder), 복호화(decoding), 복호기(decoder), 코덱(CODEC : COder & DECoder), 디지타이저(digitizer)와 DSU(Digital Service Unit)에 대해서 살펴보자.

부호화란 디지털 데이터 또는 아날로그 데이터를 디지털 신호로 변환하는 것을 말하며 부호기는 부호화를 수행하는 시스템을 말한다. 복호화란 부호화된 디지털 신호를 디지털 데이터 또는 아날로그 데이터로 변환하는 것을 말하며 복호화기는 복호화를 수행하는 시스템을 말한다.

그렇지만 여기서 한 가지 반드시 구별해야 하는 내용이 있다. 정확하게 표현하자면 디지털 데이터를 디지털 신호로 변환시키는 것을 수행하는 장치는 신호변환장치의 일종인 DSU가 수행하게 된다. 한편 아날로그 데이터를 디지털 신호로 변환시키는 것은 앞에서 설명하였듯이 먼저 아날로그 데이터를 디지털 신호로 변환하고자 하면 아날로그 데이터를 디지털 데이터로 변환시킨 후에 다시 디지털 데이터를 디지털 신호로 변환시켜야 한다. 여기서 아날로그 데이터를 디지털 데이터로 변환하는 과정을 디지털화라고 표현하며 이를 수행하는 시스템을 디지타이저라 한다. 따라서 정확하게 앞에 설명한 내용을 정리하면 코덱이란 디지타이저와 DSU가 결합된 형태라고 생각하면 된다.

물론 코덱, 디지타이저, DSU를 다르게 표현할 수도 있지만 위에서 정의한 내용이 가장 일반적이라고 할 수 있다. 따라서 앞으로 우리도 디지털 데이터를 디지털 신호로 바꾸는 시스템은 DSU라고 표현하고 아날로그 데이터를 디지털 신호로 바꾸는 시스템은 코덱이라고 표현하도록 하자.

먼저 ①과② 과정에 대해 간단하게 설명하면 디지털 데이터를 디지털 신호 또는 디지털 신호를 디지털 데이터로 변환시키는 형태로 송신 DTE에 저장되어져 있거나 발생되어진 디지털 데이터를 수신 DTE에 전송하기 위해서 디지털 신호로 변환시켜 전송하고 디지털 신호를 수신한 수신 DTE가 디지털 신호를 저장하거나 처리하기 위해서 디지털 데이터로 변환한다고 생각하면 된다.

다음으로는 ③과④ 과정에 대해 간단하게 설명하면 아날로그 데이터를 디지털 신호 또는 디지털 신호를 아날로그 데이터로 변환시키는 형태로 송신 DTE에 저장되어져 있거나 발생되어진 아날로그 데이터를 수신 DTE에 전송하기 위해서 먼저 아날로그 데이터를 디지털 데이터로 변환시킨 후 다시 디지털 데이터를 디지털 신호로 변환시켜 전송하고 디지털 신호를 수신한 수신 DTE가 디지털 신호를 저장하거나 처리하기 위해서 디지털 데이터로 변환시킨 후 다시 디지털 데이터를 아날로그 데이터로 변환한다고 생각하면 된다.

3) 데이터의 부호화기와 복호화기

데이터의 부호화기와 복호화기에 대한 개념에 대해 간단하게 살펴보고 다양한 부호화기와 복호화기에 대한 수행 방법과 기능에 대해 살펴보기로 하자.

앞 절에서 살펴본 두 가지 형태의 부호화기와 복호화기에 대해서 열거하였다.

① 디지털 데이터 → 디지털 신호(DSU)

② 디지털 신호 → 디지털 데이터(DSU)

③ 아날로그 데이터 → 디지털 데이터 → 디지털 신호(디지타이저 + DSU = CODEC)

④ 디지털 신호 → 디지털 데이터 → 아날로그 데이터(DSU + 역디지타이저 = CODEC)

(1) 디지털 데이터의 부호화기와 복호화기

① 디지털 데이터 → 디지털 신호(DSU)

② 디지털 신호 → 디지털 데이터(DSU)

0과 1의 2진수 형태를 가지는 디지털 데이터를 부호화시키는 방법은 양의 전압과 음의 전압을 가지는 전압 펄스(pulse)로 변환시켜 주는 것이다. 이와 같이 디지털 데이터를 디지털 신호로 부호화시키는 방식은 여러 가지가 있으나, 그 중에서 가장 일반적으로 사용되는 것으로는 NRZ(Non Return to Zero) 방식, RZ(Return to Zero) 방식, 2위상(Biphase) 방식이 있다. 이들은 1과 0을 양의 전압(+)과 음의 전압(-)을 모두 사용하여 표시하는 양극 형(bipolar)과 1과 0을 양의 전압과 0 전압(또는 음의 전압과 0 전압)으로 표시하는 단극 형(unipolar)으로 표현할 수 있다.

(가) NRZ 방식

NRZ 방식은 한 비트 간격 동안 전압이 0으로 복귀하지 않고 일정한 전압으로 유지된다. 예를 들면, 1010110010과 같은 디지털 데이터를 양극 형 NRZ 방식으로 부호화하게 되면 다음 그림 3.6과 같이 표현된다.

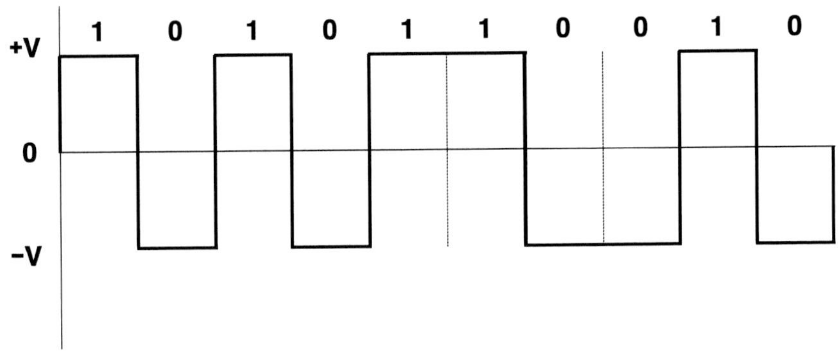

그림 3.6 양극 형 NRZ 방식의 부호화

위의 그림 3.6에서 각 비트를 보면 각 비트의 중간에서 0으로 복귀하지 않는 것을 볼 수 있는데 이러한 이유로 인하여 NRZ라는 명칭이 붙게 된 것이다. 위와 동일한 데이터를 단극 형 NRZ 방식으로 부호화하게 되면 다음 그림 3.7과 같이 표현된다.

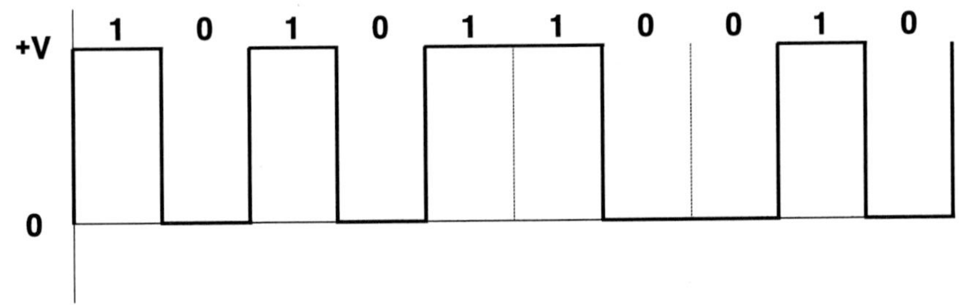

그림 3.7 단극 형 NRZ 방식의 부호화

이와 같은 NRZ 방식은 가장 간단한 부호화 방식이라는 장점을 가지고 있는 반면에 연속적으로 이진수 1이나 0이 전송될 경우 각 비트의 동기를 맞추기가 어렵다는 단점을 가지고 있다.

(나) RZ 방식

RZ 방식은 한 비트 간격 동안에 1/2은 양의 전압(또는 음의 전압)을 유지하고 나머지 1/2은 0의 전압이 유지된다. 이와 같이 각 비트 중간에 0으로 복귀하기 때문에 영 복귀라는 명칭이 붙게 된 것이다. RZ 방식은 NRZ 방식에 비해 두 배의 변조를 가질 뿐만 아니라 우수한 성능을 가지지 못하기 때문에 많이 사용되지는 않는 부호화 방식이다. 예를 들어 1010110010과 같은 디지털 데이터를 양극 형 RZ 방식으로 부호화하게 되면 다음 그림 3.8과 같이 표현된다.

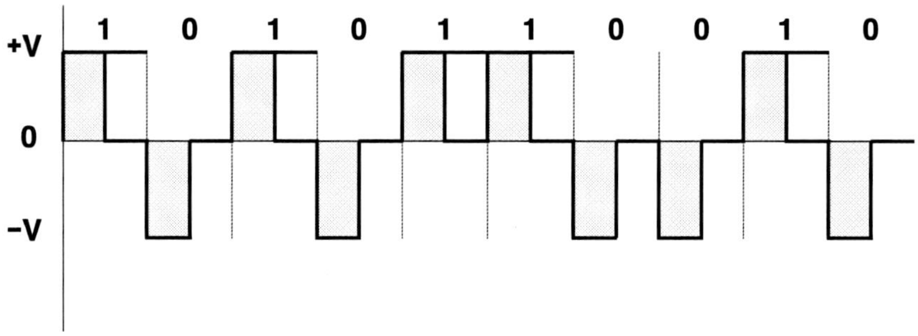

그림 3.8 양극 형 RZ 방식의 부호화

(다) 2 위상(Biphase) 방식

2 위상 방식은 두 가지의 위상을 갖는다는 의미에서 붙여진 명칭이며, 영비복귀 방식과 영 복귀 방식의 단점을 보완하기 위해 만든 방식이다. 2위상 방식은 약간 복잡하기는 하지만 비트의 동기화를 위한 정보를 내포하고 있으므로 수신 측에서의 동기화가 용이하며, 오류를 쉽게 검출할 수 있다는 장점을 가지고 있다. 이러한 2위상 방식을 사용하는 대표적인 코드에는 맨체스터(manchester) 코드와 차분 맨체스터(differential manchester) 코드가 있다. 맨체스터 코드는 0인 비트의 경우에는 하위 레벨에서 상위 레벨로( ), 1인 비트의 경우에는 상위 레벨에서 하위 레벨( )로 변하는 형태를 갖는다. 예를 들어, 1010110010과 같은 디지털 데이터를 맨체스터 코드로 표현하면 다음 그림 3.9와 같다.

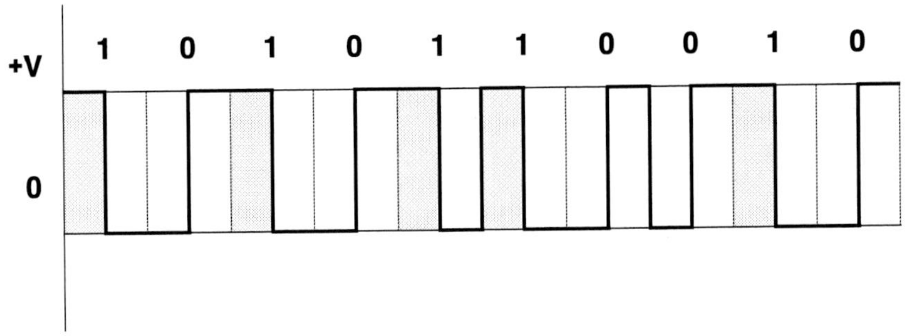

그림 3.9 맨체스터 코드를 이용한 부호화

그리고 차분 맨체스터 코드는 0인 비트의 경우에는 바로 이전 펄스의 후반 1/2 신호와 반대의 극성( )을 가지며, 1인 비트의 경우에는 바로 이전 펄스의 후반 1/2 신호와 동일한 극성( )을 유지한다. 예를 들어, 1010110010과 같은 디지털 데이터를 맨체스터 코드로 표현하면 다음 그림 3.10과 같다.

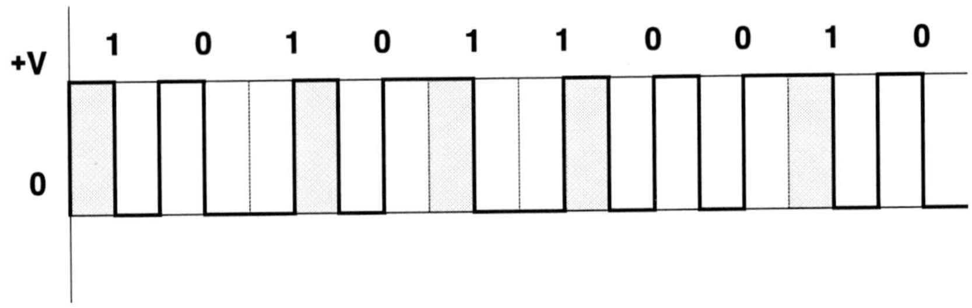

그림 3.10 차분 맨체스터 코드를 이용한 부호화

4) 아날로그 데이터의 부호화기와 복호화기

③ 아날로그 데이터 → 디지털 데이터 → 디지털 신호(디지타이저 + DSU = CODEC)
④ 디지털 신호 → 디지털 데이터 → 아날로그 데이터(DSU + 역디지타이저 = CODEC)

음성이나 영상 등과 같은 아날로그 데이터를 부호화를 통하여 디지털 신호로 변환하여 전송하게 되면 고속 및 고품질의 전송을 할 수 있다. 따라서 최근에는 이러한 방식이 많이 사용되고 있으며 앞으로도 계속해서 발전될 전망이다.

아날로그 데이터를 부호화하기 위해서는 먼저 아날로그 데이터를 디지털화

(digitization)하여 디지털 데이터로 변환한 후에 전 절에서 설명한 방식을 이용하여 부호화를 진행해야 한다. 아날로그 데이터를 디지털화하기 위해서 사용되는 장비를 디지타이저(digitizer)라 한다.

아날로그 데이터를 디지털화하는 기술에는 여러 가지가 있으며, 그 중에서 가장 대표적인 것이 바로 펄스 코드 변조(PCM : Pulse Code Modulation) 방식이다.

펄스 코드 변조는 3단계로 수행된다. 1단계에서는 표본화(sampling)가 수행되고, 2단계에서는 양자화(quantization)가 수행되며, 3단계에서는 부호화(coding)가 수행된다. 예를 들어, 다음 그림 3.11과 같은 아날로그 신호를 펄스 코드 변조한다고 하자.

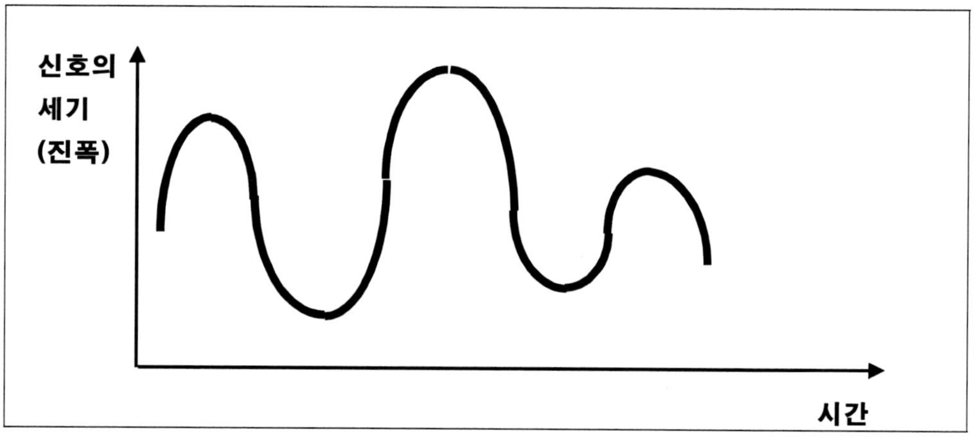

그림 3.11 펄스 코드 변조를 하기 위한 아날로그 신호

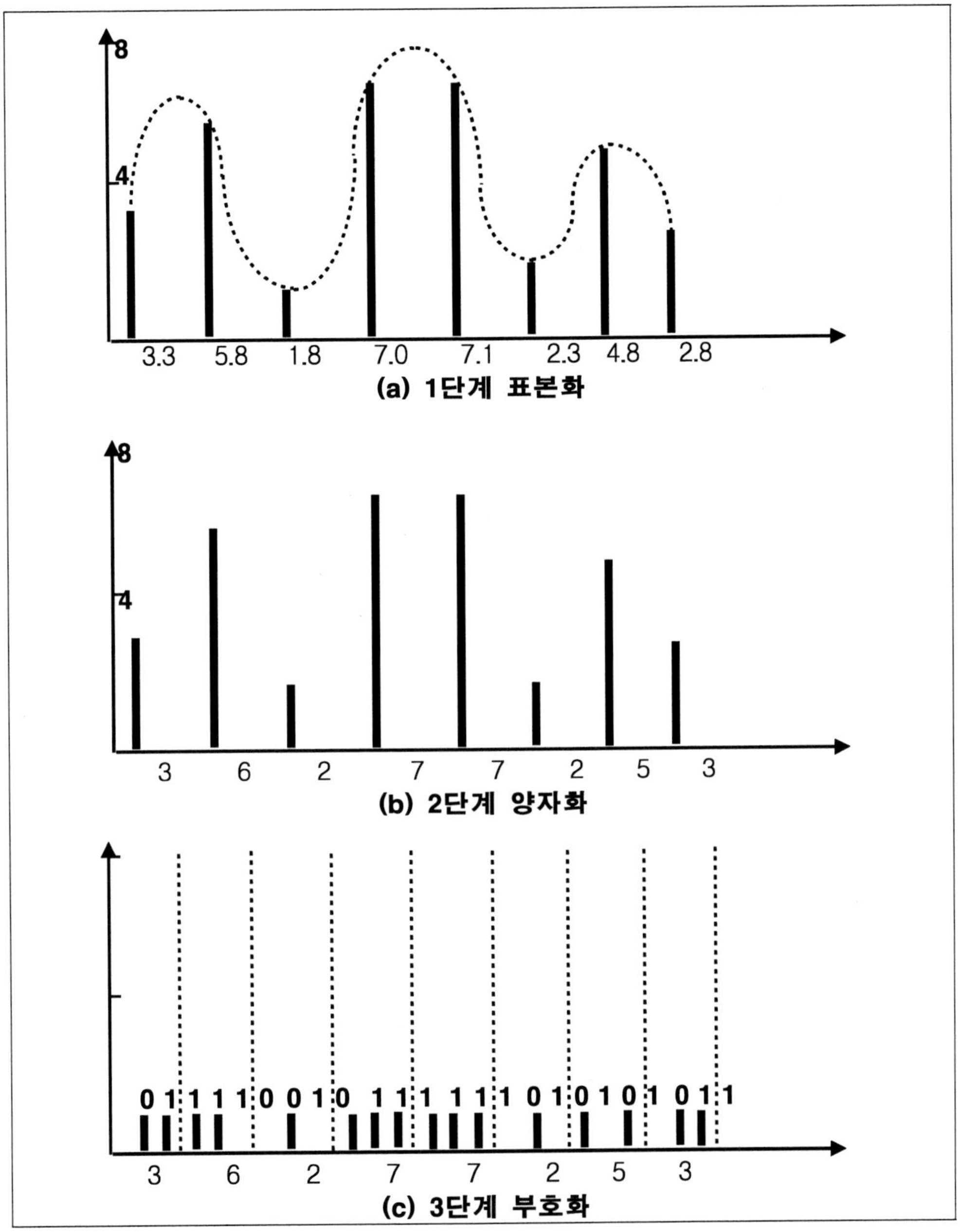

그림 3.12 3단계의 펄스 코드 변조

표본화는 그림 3.12 (a)에서와 같이 아날로그 신호를 디지털화하기 위해서 일정한 시간 간격으로 아날로그 신호의 진폭 값을 취하는 것을 말한다. 일반적으로 이러한 표본화는 샤논(Shannon)의 표본화 정리를 기초로 하여 수행된다. 표본화 정리는 샘플링 이론(sampling theory)이라고도 한다. 이 정리는 아날로그 신호를 디지털화하기 위해서 일정한 간격으로 표본을 취하되, 신호의 최고 주파수의 2배 이상으로 표본을 취해야 원래의 신호로 복원할 수 있다는 것이다. 예를 들어, 최고 주파수가 1kHz인 아날로그 신호는 초당 2000회(0.0005초에 1번)에 걸쳐 표본을 취해야 한다.

양자화는 그림 3.12 (b)에서와 같이 표본화된 값을 미리 정한 유한개의 대표 값으로 변환해 주는 것을 말한다. 그림에서 3.3은 3으로, 5.8은 6 등으로 반올림하여 대표 값으로 변환시켜 주고 있다. 이 때, 실제 값(예 : 3.3)과 양자화 값(예 : 3) 사이에는 약간의 오차(0.3)가 발생하게 되는데, 이것을 양자화 잡음(quantization noise)이라 한다.

부호화는 그림 3.12 (c)에서와 같이 양자화 된 값을 2진 비트의 디지털 신호로 변환하는 것을 말한다. 양자화 된 결과를 보고 최고 값에 따라 부호화 비트수를 결정하면 된다. 그림에서 보면 최고 값이 7이므로 3비트로 표현해 주면되는데, 3비트를 사용하여 표현해 줄 수 있는 값의 범위는 2^3이 되어 0 ~ 7까지가 된다.

5) MODEM

다음으로는 ⑤에서 ⑩까지 형태에 대해서 살펴보기로 하자.

⑤ 디지털 데이터 → 아날로그 신호
⑥ 아날로그 신호 → 디지털 데이터
⑦ 아날로그 데이터 → 아날로그 신호
⑧ 아날로그 신호 → 아날로그 데이터
⑨ 아날로그 데이터 → 디지털 데이터 → 아날로그 신호
⑩ 아날로그 신호 → 디지털 데이터 → 아날로그 데이터

⑤와⑥은 송신 원과 수신원에서 쌍으로 이루어지는 과정이고 ⑦과⑧ 역시 송신원과 수신원에서 쌍으로 이루어지는 과정이다. 그렇지만 이 두 과정은 약간의 차이가 존재한다. ⑤와⑥ 과정은 디지털 데이터를 아날로그 신호로 변환, 아날로그 신호를 디지털 데이터로 변환하는 것과 달리 ⑦과⑧ 과정은 아날로그 데이터를 아날로그 신호로 변환, 아날로그 신호를 아날로그 데이터로 변환하는 과정으로서 약간의 차이점을 가지고 있다. 이후에 상세하게 배우게 될 것이다.

먼저 ⑤와⑥ 과정과 ⑦과⑧ 과정에서 사용하는 공통적인 용어와 개념에 대해서 간단하게 설명하고자 한다. 변조(modulation), 변조기(modulator), 복조(demodulation), 복조기(demodulator), 모뎀(MODEM : MOdulator & DEModulator)에 대해서 살펴보자.

변조란 디지털 데이터 또는 아날로그 데이터를 아날로그 신호로 변환하는 것을 말하며 변조기는 변조를 수행하는 시스템을 말한다. 복조란 변조된 아날로그 신호를 디지털 데이터 또는 아날로그 데이터로 변환하는 것을 말하며 복조기는 복조를 수행하는 시스템을 말한다. 또한 모뎀은 우리가 일상생활에서 많이 사용되는 용어이며 간단하게 설명하면 변조기와 복조기가 쌍으로 이루어진 신호변환장치이며 변복조기라고도 한다. 실제로 사용되는 경우 앞에서 설명한 또 다른 신호변환장치인 DSU와 비교하여 사용된다. 우리가 일상생활에서 사용되는 경우는 컴퓨터에서 디지털 데이터를 아날로그 신호로 변환시켜 사용하는 경우는 모뎀이라고 하고 일반 고정용 전화기에서 사용하는 경우는 아날로그 데이터를 아날로그 신호로 변환시켜 사용한다고 해서 변복조기 또는 전화기라고 해도 무방하다. 일반적으로 기능은 유사하지만 명칭은 다양하게 사용되어지고 있는 실정이다.

먼저 ⑤와⑥ 과정에 대해 간단하게 설명하면 디지털 데이터를 아날로그 신호 또는 아날로그 신호를 디지털 데이터로 변환시키는 형태로 송신 DTE에 저장되어져 있거나 발생되어진 디지털 데이터를 수신 DTE에 전송하기 위해서 아날로그 신호로 변환시켜 전송하고 아날로그 신호를 수신한 수신 DTE가 아날로그 신호를 저장하거나 처리하기 위해서 디지털 데이터로 변환한다고 생각하면 된다.

다음으로는 ⑦과⑧ 과정에 대해 간단하게 설명하면 아날로그 데이터를 아날로그 신호 또는 아날로그 신호를 아날로그 데이터로 변환시키는 형태로 송신 DTE에 저장되어져 있거나 발생되어진 아날로그 데이터를 수신 DTE에 전송하기 위해서 아날로그 신호로 변환시켜 전송하고 아날로그 신호를 수신한 수신 DTE가 아날로그 신호를 저장하거나 처리하기 위해서 아날로그 데이터로 변환한다고 생각하면 된다.

6) 데이터의 변조기와 복조기

데이터의 변조기와 복조기에 대한 개념에 대해 간단하게 살펴보고 다양한 변조기와 복조기에 대한 수행 방법과 기능에 대해 살펴보기로 하자.

앞 절에서 살펴본 두 가지 형태의 변조기와 복조기에 대해서 열거하였다.

⑤ 디지털 데이터 → 아날로그 신호(MODEM)
⑥ 아날로그 신호 → 디지털 데이터(MODEM)
⑦ 아날로그 데이터 → 아날로그 신호(MODEM)
⑧ 아날로그 신호 → 아날로그 데이터(MODEM)
⑨ 아날로그 데이터 → 디지털 데이터 → 아날로그 신호(디지타이저+MODEM)
⑩ 아날로그 신호 → 디지털 데이터 → 아날로그 데이터(역디지타이저+MODEM)

(1) 디지털 데이터의 변조기와 복조기

⑤ 디지털 데이터 → 아날로그 신호(MODEM)
⑥ 아날로그 신호 → 디지털 데이터(MODEM)

0과 1의 2진수 형태를 가지는 디지털 데이터를 아날로그 신호로 변환하여 전송하기 위해 통상 모뎀(MODEM)을 사용한다. 일반적인 예는 컴퓨터와 같은 디지털 기기가 모뎀을 통해 전화망(PSTN : Public Switched Telephone Network)에 연결되어 데이터를 전송하는 경우이다. 디지털 데이터를 아날로그 신호로 변조하는 대표적인 방식에는 진폭 편이 변조(ASK : Amplitude Shift Keying), 주파수 편이 변조(FSK : Frequency Shift Keying), 위상 편이 변조(PSK : Phase Shift Keying)가 있다.

(가) 진폭 편이 변조

진폭 편이 변조(ASK : Amplitude Shift Keying)는 0과 1의 디지털 데이터를 서로 다른 크기의 진폭을 가지는 반송 주파수로 표현하는 것을 말한다. 일반적으로 데이터 1을 임의의 크기의 진폭을 가지는 주파수로 표현한다면 데이터 0은 진폭이 0인 주파수로 표현된다.

부분적으로 일정한 진폭을 갖는 반송파 신호를 이용하며 각 비트의 주기 동안 발생 가능한 진폭중의 한 개를 갖는다.

binary(“1” , “0”)의 경우에는 다음과 같다.

$$s(t) = \begin{cases} A\sin 2\pi f_c t & 0 < t < T \\ 0 & \text{elsewhere} \end{cases}$$

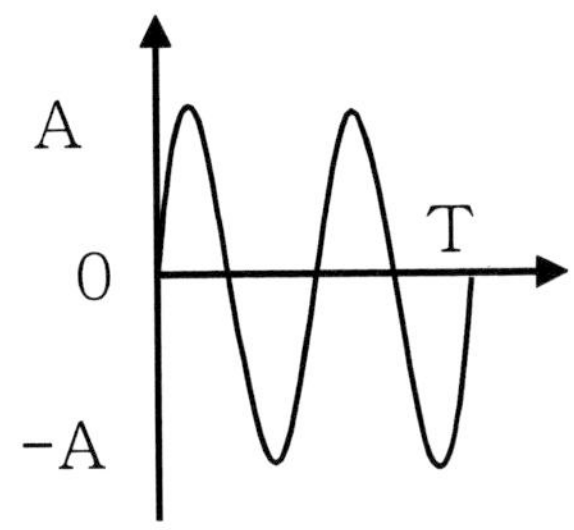

그림 3.13 진폭 편이 변조

(나) 주파수 편이 변조

주파수 편이 변조(FSK : Frequency Shift Keying)는 0과 1의 디지털 데이터를 서로 다른 반송 주파수(f_1, f_2)로 표현하는 것을 말한다. 예를 들어 데이터 0은 10kHz의 주파수로 변조하고 데이터 1은 20kHz의 주파수로 변조해 주는 것을 말한다.

일정한 진폭을 갖는 정현파 신호를 사용하며 비트의 주기 동안 발생 가능한 주파수 중의 한 개를 갖는다.

binary("1" , "0")의 경우에는 다음과 같다.

$$s(t) = \begin{cases} s_1(t) = A\sin 2\pi f_1 t & 0 < t < T \\ s_2(t) = A\sin 2\pi f_2 t & 0 < t < T \end{cases}$$

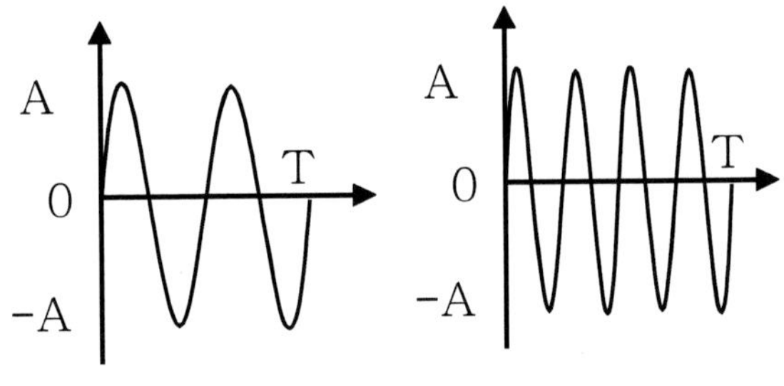

그림 3.14 주파수 편이 변조

(다) 위상 편이 변조

위상 편이 변조(PSK : Phase Shift Keying)는 0과 1의 데이터를 서로 다른 위상을 가지는 반송 주파수로 표현하는 것을 말한다. 예를 들어, 데이터 0을 0° 의 위상을 가지는 주파수로 표현하고 데이터 1을 180° 의 위상을 가지는 주파수로 표현해 주는 것을 말한다.

일정한 진폭을 갖는 정현파 신호를 사용하며 각 비트의 주기 동안 발생 가능한 위상중의 한 개를 갖는다.

binary(“1” , “0”)의 경우에는 다음과 같다.

$$s(t)=\begin{cases} A\sin 2\pi f_c t & 0<t<T \\ \\ A\sin(2\pi f_c t+180^o) & 0<t<T \end{cases}$$

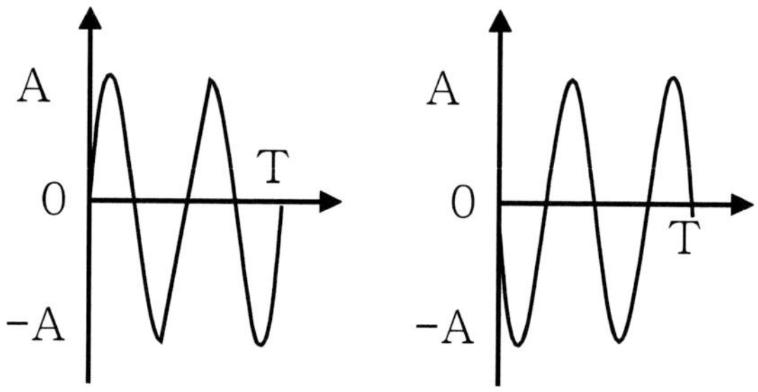

그림 3.15 위상 편이 변조

(라) 차분 위상 편이 변조

차분 위상 편이 변조(DPSK : Differential Phase Shift Keying)는 0과 1의 데이터를 서로 다른 위상을 가지는 반송 주파수로 표현하는 위상 편이 변조에서 약간의 수정을 가하여 바로 전 비트를 기준으로 “1” 이면 위상의 변화(180°)가 있고 “0” 이면 바로 이전 비트에서 사용된 위상을 그대로 유지하는 방식이다.

수신 측에서는 이전 비트의 위상을 비교함으로써 위상의 동기화가 불필요하다는 장점을 가진다.

그림 3.16에는 PSK와 DPSK 방식에 대한 비교를 표현하였다.

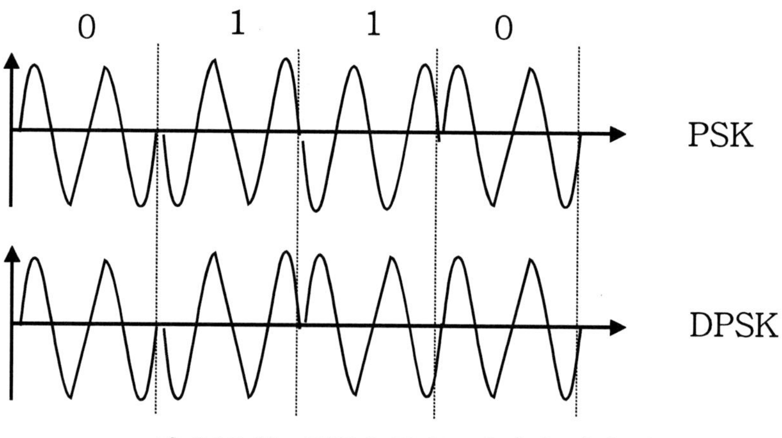

그림 3.16에는 PSK와 DPSK 방식에 대한 비교

(마) QPSK(Quadrature Phase Shift Keying)

QPSK 방식은 하나의 신호에 2개 이상의 비트를 대응하는 방식으로 위상의 변화를 $\frac{\pi}{2}$ 로 설정하면 하나의 신호에 2개의 비트를 대응하는 효과를 가진다.

(바) QASK(Quadrature Amplitude Shift Keying)

QPSK에 더하여 위상과 진폭의 변화를 통해서 신호에 대한 비트 수를 늘려가는 방식이다. 하나의 신호에 4개의 비트를 대응하기 위해서는 위상의 변화를 $\frac{\pi}{6}$ 로 설정하고(12개의 각) 이들 중 2개의 각에서는 2개의 진폭 값을 이용하면 가능하다.

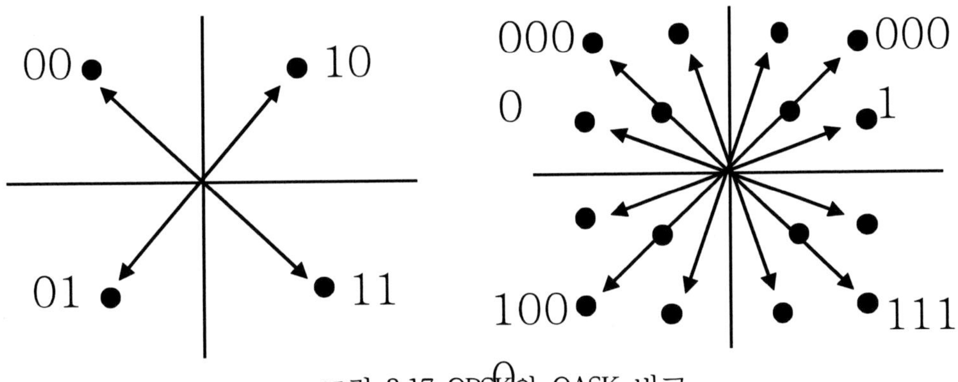

그림 3.17 QPSK와 QASK 비교

(2) 아날로그 데이터의 변조기와 복조기

⑦ 아날로그 데이터 → 아날로그 신호(MODEM)

⑧ 아날로그 신호 → 아날로그 데이터(MODEM)

아날로그 데이터를 아날로그 신호로 변조하는 대표적인 기법에는 진폭 변조, 주파수 변조, 위상 변조가 있다.

(가) 진폭 변조

진폭 변조(AM : Amplitude Modulation)는 가장 간단하며 가장 오래전에 개발된 변조 방식으로 AM 라디오를 그 예로 들 수 있다. 일반적으로 정보를 나타내는 대부분의 신호는 수 KHz의 낮은 주파수를 가지며, 이러한 정보를 실어 나르는 반송파(carrier)는 높은 주파수를 가지고 있다. 이와 같이 낮은 주파수를 가지는 정보를 높은 주파수를 가지는 반송파에 실어 보내는 이유는 낮은 주파수를 송수신하기 위한 안테나의 설치가 어렵기 때문이다. 반송파의 진폭을 전송하고자 하는 신호에 맞게 변화시키는 기법을 진폭 변조라 한다. 이 때, 주파수와 위상은 일정하다.

진폭변조는 반송파의 진폭을 변화시킴으로서 다음과 같은 기능을 수행한다.

Double-SideBand Suppressed Carrier : $s_{am}(t) = s(t)\cos 2\pi f_c t$

Double-SideBand Transmitted Carrier : $s_{am}(t) = [A + s(t)]\cos 2\pi f_c t$

단측파대(Single SideBand)는 절반의 대역폭만 필요로 하며 적은 전력을 소모한다. 잔류측파대(Vestigial SideBand)는 측파대의 한쪽 제거를 위한 sharp cut-off 특성이 필요하다.

(나) 주파수 변조

주파수 변조(FM : Frequency Modulation)는 기법은 전송하고자 하는 신호에 맞게 주파수를 변화시키는 기법으로 진폭과 위상은 일정하다.

반송파의 주파수 변화는 다음과 같다.

$$s_{fm}(t) = A\cos\left[2\pi f_c t + \int n_f s(t)dt\right]$$

(다) 위상 변조

위상 변조(PM : Phase Modulation)는 전송하고자 하는 신호에 맞게 위상을 변화시키는 기법으로 진폭과 주파수는 일정하다.

반송파의 위상 변화는 다음과 같다.

$$s_{pm}(t) = A\cos\left[2\pi f_c t + n_p s(t)\right]$$

위상 변조는 대역폭이 크며 잡음에 대한 특성이 좋지만 시스템이 비선형이고 복잡하다는 단점이 있다.

(3) 아날로그 데이터의 디지털 데이터 변환 후 변조기와 복조기

⑨ 아날로그 데이터 → 디지털 데이터 → 아날로그 신호(디지타이저+MODEM)

⑩ 아날로그 신호 → 디지털 데이터 → 아날로그 데이터(역디지타이저+MODEM)

음성이나 영상 등과 같은 아날로그 데이터를 디지타이저를 사용해서 디지털 데이터로 변환시킨 후 변조기를 통해서 아날로그 신호로 전송하게 되면 다양한 장점을 가질

수 있다. 일반적으로 디지털 방송이라는 개념이다. 실제 적용에서 디지털 신호는 전송 매체를 사용해서 신호를 전송하는 경우 유선에서만 가능하고 무선에서는 불가능하다는 것이 일반적이다. 요즘 방송에서는 디지털 데이터의 장점을 활용하기 위해서 최근에는 이러한 방식이 많이 사용되고 있으며 앞으로도 계속해서 발전될 전망이다.

아날로그 데이터를 부호화하기 위해서는 먼저 아날로그 데이터를 디지털화(digitization)하여 디지털 데이터로 변환한 후에 전 절에서 설명한 방식을 이용하여 변조를 진행해야 한다. 아날로그 데이터를 디지털화하기 위해서 사용되는 장비를 디지타이저(digitizer)라 한다.

3.7 정보통신망 구조

정보통신망 구조는 다양한 서비스를 요구하는 사용자들에게 직접적인 서비스를 제공하기 위한 내용이다. 정보통신망은 지리적으로 분산되어있는 사용자 간에 통신 자원을 공유하기 위해 상호 연결된 동질 혹은 이질적인 컴퓨터 시스템의 집단을 말한다. 기본적으로 정보통신망은 원격지에 있는 자원의 공유를 위하여 사용자 또는 프로세서 간의 통신 기능 제공, 신뢰성 제공, 처리 기능 분산, 지리적으로 분산된 시스템의 중앙 제어가 가능하고 사용자의 최소비용을 고려하여야 한다.

사용자에게 정보통신 서비스를 제공하기 위해서는 정보통신망 하드웨어와 소프트웨어가 준비되어 동작하여야 한다. 정보통신망 하드웨어에 해당하는 것이 정보통신망 구조로서 토폴로지(topology)와 통신대화방식 조합으로 구성된다. 토폴로지와 통신대화방식에 대해 세부적으로 살펴보기로 하자.

1) 토폴로지

토폴로지란 하나의 링크에 접속된 단말기들의 물리적 배열을 말하는 것으로 일 대 일(point-to-point) 링크 방식과 일 대 다(point to multi-point) 링크 방식으로 나누어진다. 토폴로지는 기본적으로 메인 컴퓨터와 터미널 사이의 관계에 대해 규정하고 있다. 추가로 터미널과 터미널 사이의 토폴로지도 존재하게 되는데 우리가 많이 사용하고 있는 근거리 통신망이 해당된다.

(1) 일 대 일 링크 방식

일 대 일 링크 방식은 가장 간단한 링크 방식으로 메인 컴퓨터와 단말기가 일 대 일로 접속되는 것을 말한다. 메인 컴퓨터는 n개의 단말기에 대해 n개의 입출력(input/output) 포트가 필요하기 때문에 비용이 많이 든다는 단점을 가지고 있으며, 구성이 단순하고 제어가 용이하다는 장점을 갖는다. 그림 3.18에서 t1은 터미널 1을 말한다.

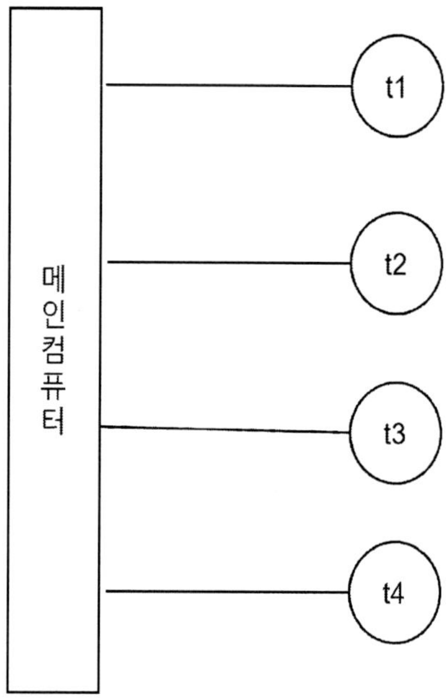

그림 3.18 일 대 일 링크 방식

(2) 일 대 다 링크 방식

일 대 다 링크 방식은 하나의 메인 컴퓨터와 여러 개의 단말기를 접속하기 위해 사용되는 방식이다. 메인 컴퓨터는 하나의 입출력 포트와 전용회선만이 필요하기 때문에 비용이 저렴하다는 장점을 가지고 있으며, 로직(logic)이 복잡하다는 단점을 갖는다.

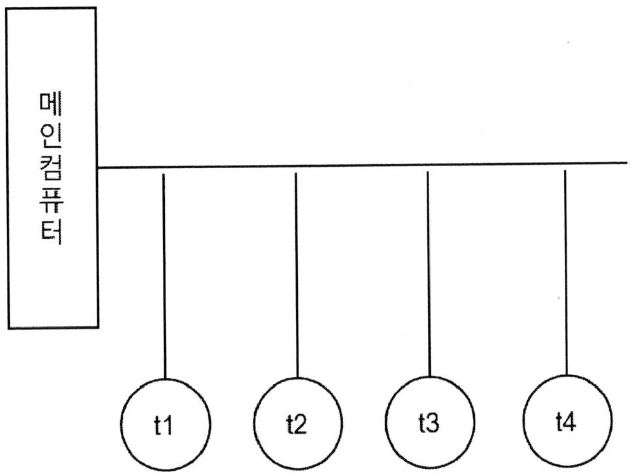

그림 3.19 일 대 다 링크 방식

2) 통신대화 방식

링크의 통신대화 방식은 신호 흐름의 방향과 타이밍(timing)에 관련된다. 통신대화 방식이란 터미널, 컴퓨터 채널, 통신회선, 모뎀 등에서 통신의 전송방향을 구분하는 방법으로서 단 방향통신(simplex)과 이중통신이 있으며, 이중통신은 다시 반 이중(half-duplex)과 전 이중(full-duplex)으로 나누어진다. 단 방향통신이란 송신자와 수신자가 고정되어 있고 항상 한 방향으로만 데이터를 전송하는 방식이다. 단 방향통신의 경우 전송로는 2선식으로 되어있다. 전기적으로 신호를 보내기 위해서는 송신 측과 수신 측을 연결하는 폐쇄회로를 구성해야 하므로 전송로는 한 방향 전송일지라도 선로는 2개가 필요하다. 반이중 통신방식이란 송신 측과 수신 측을 서로 필요에 따라 교대하는 방식으로서 양방향 어느 쪽으로도 데이터를 전송할 수는 있으나 동시에 전송할 수는 없다. 전송로는 단 방향통신의 경우와 마찬가지로 2선식이다. 전 이중 통신방식이란 송신을 하면서 동시에 수신도 할 수 있는 방식으로서 동시에 양방향 전송을 하려면 송신용과 수신용의 2쌍의 전송로가 각각 필요하므로 4선식 전송로로 되어있다. 그러나 2선식 전송로에서도 시분할 방식 등과 같이 다중화 기술을 채용하게 되면 마치 4선식 전송로인 것처럼 전 이중 통신이 가능하게 된다. 그림 3.20에는 통신대화방식에 대해 간략하게 표현하였다.

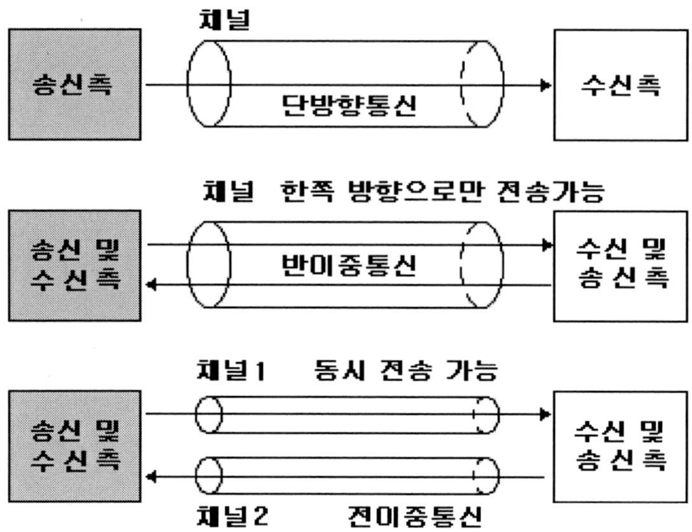

그림 3.20 통신대화방식

(1) 단 방향통신

단 방향 통신은 데이터가 송신 시스템에서 수신 시스템으로 한 방향으로만 전송되는 통신 방식을 말한다. 이러한 단 방향 통신의 대표적인 예는 라디오, TV, 카드 리더(card reader) 등이 있다.

(2) 반이중통신

반이중통신은 하나의 전송로에서 송신과 수신을 번갈아 가면서 교대로 하는 통신 방식을 말한다. 따라서 송신 시에는 수신을 할 수 없고 수신 시에는 송신을 할 수 없게 되며, 대표적인 예로 휴대용 무전기가 있다.

(3) 전 이중통신

전이중통신은 송신과 수신을 동시에 할 수 있는 통신방식을 말한다. 3가지의 통신 방식 중에 가장 효율적인 통신이 가능하며, 대표적인 예로 전화기가 있다.

3) 토폴로지와 통신대화방식의 조합

(1) 일 대 일 링크

일 대 일 링크는 하나의 메인 컴퓨터와 하나의 단말기가 일 대 일로 연결되어 있는 경우를 말한다. 일 대 일 링크에는 반 이중 방식과 전 이중 방식의 두 가지가 있다.

(가) 단 방향 방식

단 방향 방식은 일반적으로 메인 컴퓨터가 단말기로 데이터를 전송한다. 추가로 단말기가 메인 컴퓨터로 데이터를 전송하는 경우도 가능하지만 거의 사용하지 않는다.

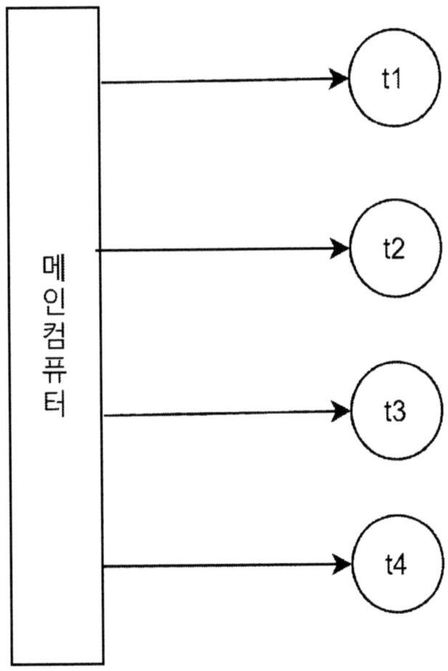

그림 3.21 일 대 일 단방향 방식

(나) 반 이중 방식

반 이중 방식은 메인 컴퓨터와 단말기가 교대로 데이터를 전송한다.

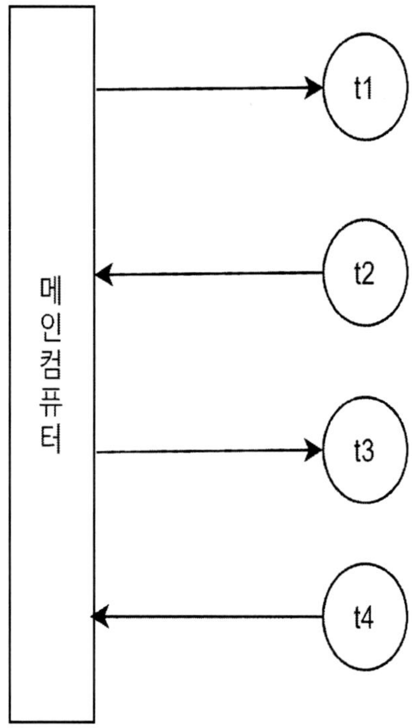

그림 3.22 일 대 일 반이중 방식

(다) 전 이중 방식

전 이중 방식은 메인 컴퓨터와 단말기가 서로 동시에 데이터 전송한다.

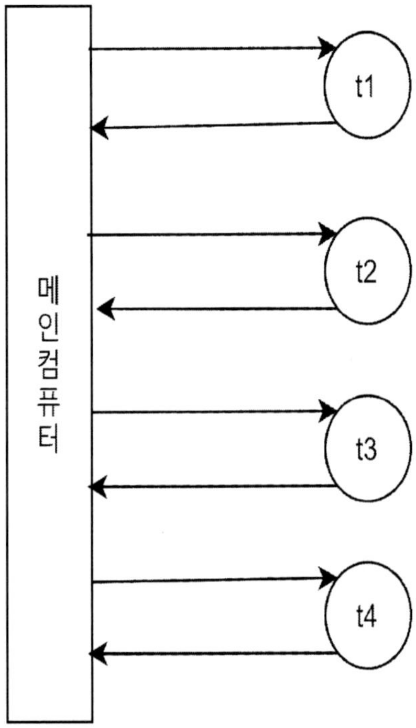

그림 3.23 일 대 일 전이중 방식

(2) 일 대 다 링크

일 대 다 링크는 하나의 메인 컴퓨터와 여러 개의 단말기가 하나의 회선으로 구성되는 경우를 말한다. 일 대 다 링크에는 단 방향, 반 이중 방식, 전 이중 방식과 메인 컴퓨터는 전 이중이고 단말기는 반 이중 방식이 있다.

(가) 단 방향 방식

단 방향 방식은 일반적으로 메인 컴퓨터가 단말기로 데이터를 전송한다. 추가로 단말기가 메인 컴퓨터로 데이터를 전송하는 경우도 가능하지만 거의 사용하지 않는다.

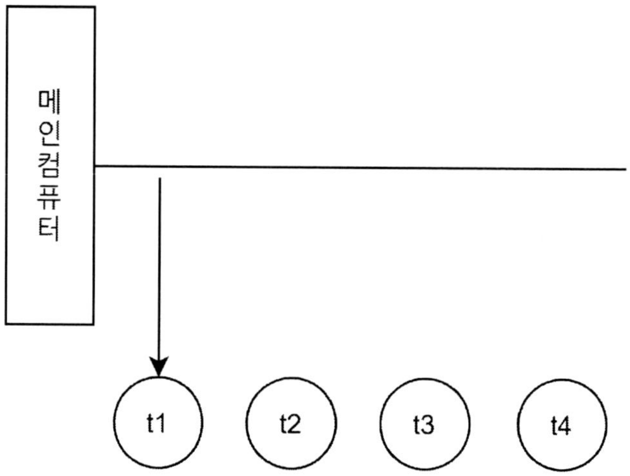

그림 3.24 일 대 다 단방향 방식

(나) 반 이중 방식

반 이중 방식은 메인 컴퓨터와 단말기가 모두 반 이중 방식을 사용한다.

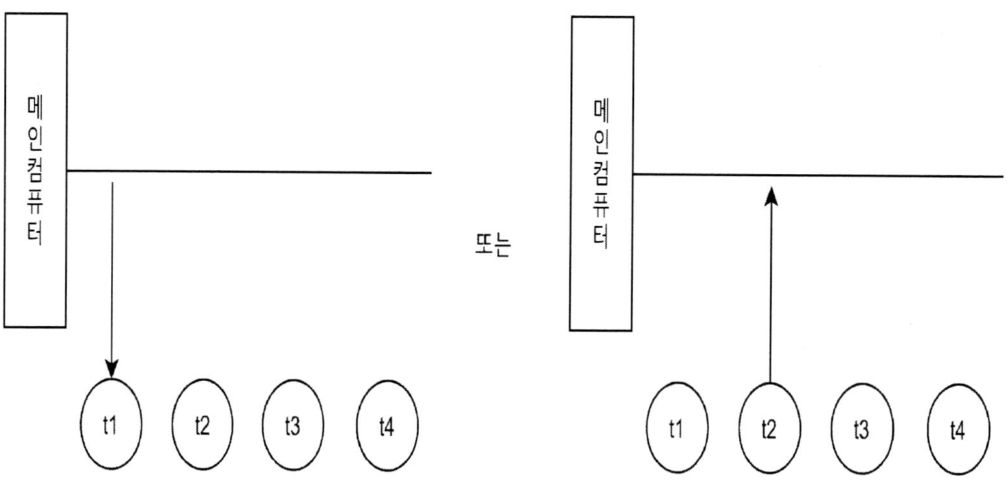

그림 3.25 일 대 다 반이중 방식

(다) 전 이중 방식

전 이중 방식은 메인 컴퓨터와 단말기가 모두 전 이중 방식을 사용한다.

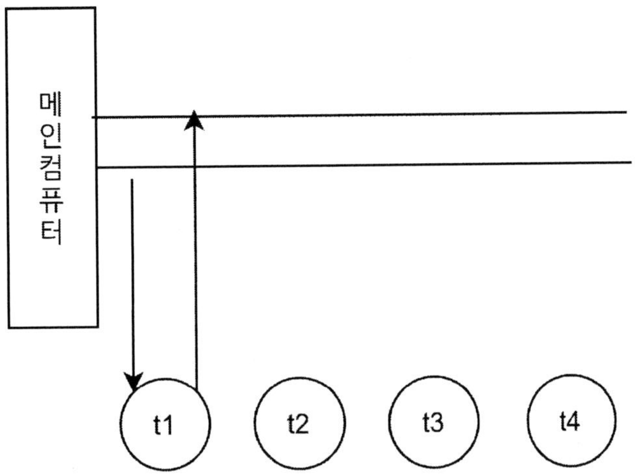

그림 3.26 일 대 다 전이중 방식

(라) 전 이중 반 이중 방식

전 이중 반 이중 방식은 메인 컴퓨터는 전 이중 방식을 사용하고, 단말기는 반 이중 방식을 사용한다.

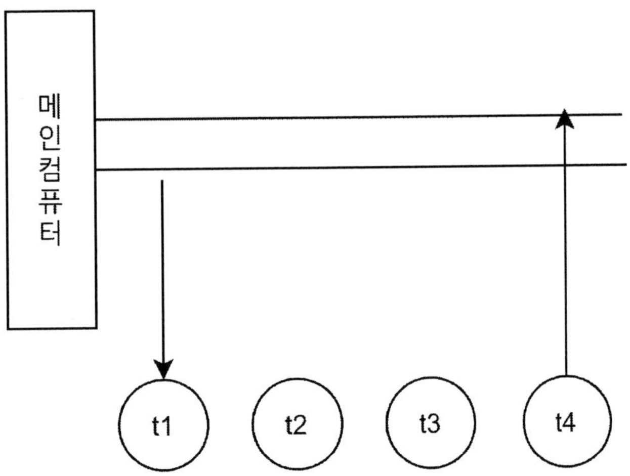

그림 3.27 일 대 다 전 이중 반 이중 방식

(3) 일 대 다 링크와 전이중 방식에 다중화 기술을 사용

일반적으로 실제적인 상황에서는 토폴로지는 일 대 다 링크를 사용하고 통신대화방식은 전이중 통신을 사용하면서 사용자 수 즉 전송 채널을 증가시키기 위해서 전송매체에 다중화 기술을 사용한다. 다중화 방식에 의해 채널 수가 증가할수록 사용자 수는 증가하고 전송속도는 느려진다. 통신 환경에 따라 채널 수를 적절하게 조절해야 한다.

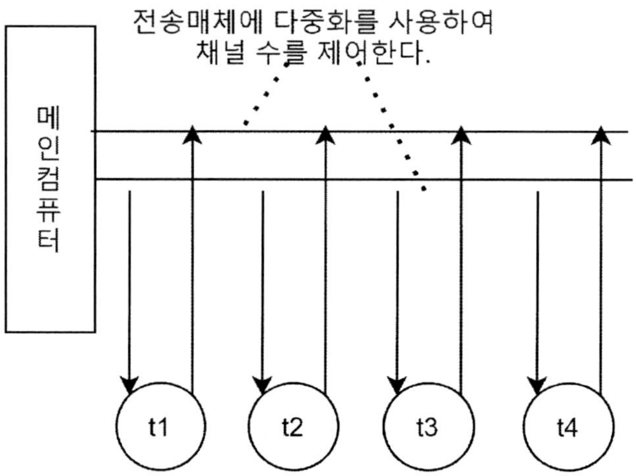

그림 3.28 일 대 다 전이중 다중화 방식

메인 컴퓨터와 다수의 원격지 단말기들을 각각 전용 전송선으로 연결한다면 전송의 안정적인 면은 증대되지만, 비용 면에서 매우 비효율적이다. 따라서 대규모 통신 시스템에서는 적은 용량만을 필요로 하는 여러 개의 정보흐름을 하나의 용량이 큰 전송선으로 전송하는 방식이 사용되는데, 이를 다중화(multiplexing)라고 한다.

다중화란 하나의 전송로로 복수개의 데이터 신호를 혼합시켜서 전송하는 방법을 말한다. 다중화는 다수의 저속 회선 사용자들을 하나의 고속 전용선에 접속시켜 통신망을 이용하게 함으로써 통신망의 연결 효율을 극대화할 수 있고 통신비용을 절감할 수 있는 방식이다. 다수의 저속 회선에서 데이터를 받아 하나의 고속 회선으로 전송하거나 하나의 고속 회선의 데이터를 다수의 저속 회선으로 분할하는 장치를 다중화기(MUX : MUltipleXer)라 하고 다수의 저속 회선을 하나의 고속 회선으로 합치는 장치를 역 다중화기(DEMUX : DEMUltipleXer)라고 한다.

MUX는 n개의 입력 회선으로부터 데이터를 받아들여 하나로 결합하여 고용량 데이터 채널로 전송하는 기능을 수행하고, DEMUX는 다중화된 데이터 스트림(stream)을

받아들여 채널에 따라 데이터를 분리하여 해당 출력 회선으로 보내는 역할 수행한다. 여러 경로를 통해 들어오는 정보의 흐름을 모아주는 기능을 수행하는 다중화 장치를 멀티플렉서(Multiplexer)라고 하며, 반대로 다중화된 정보를 다시 여러 개의 분리된 흐름으로 나누어주는 기능을 수행하는 장치를 디멀티플렉서(Demultiplexer)라고 한다.

다중화의 종류는 주파수 분할 멀티플렉싱(FDM : Frequency Division Multiplexing)와 시 분할 멀티플렉싱(TDM : Time Division Multiplexing)으로 나누어진다. 또한, 시 분할 멀티플렉싱(TDM)은 동기 시분할 멀티플렉싱(STDM : Synchronous TDM)과 비 동기 시 분할 멀티플렉싱(ATDM : Asynchronous TDM)으로 나누어진다. 그림 3.29에는 다중화 개념을 설명하였다.

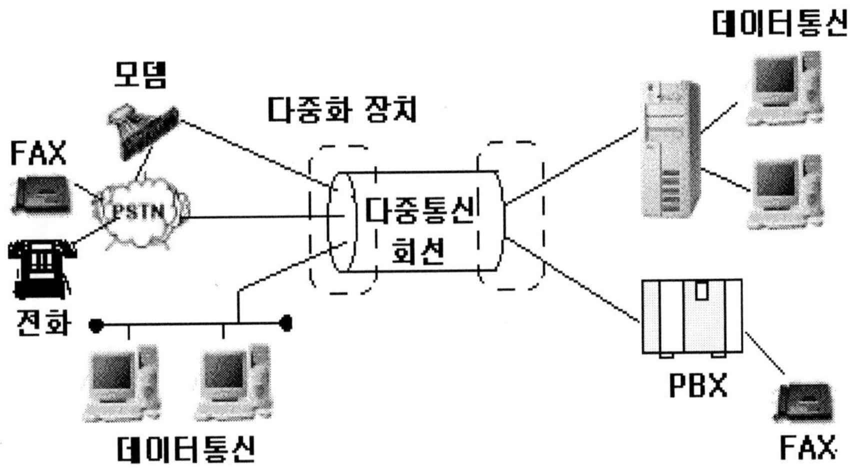

그림 3.29 다중화의 개념

3.8 전송 오류 검출

정보통신 시스템에서 가장 중요한 사항 중의 하나는 송신 측에서 수신 측으로 오류가 없는 정확한 데이터를 전송하는 것이다. 그러나 오류가 발생할 수 있는 상항은 항상 존재하게 된다. 정보통신 시스템에서 오류를 일으키는 주요한 원인에는 순간적인 정전, 주파수 간섭, 감쇠 현상, 잡음 등이 있다. 이러한 불가피한 상황으로 인해 발생된 오류를 검출하는 일반적인 기법에는 수직 패리티 검사(vertical parity check), 수평 중복 검사(LRC : Longitudinal Redundancy Check) 등이 있다.

1) 수직 패리티 검사

수직 패리티 검사(vertical parity check)는 가장 간단한 오류 검출 방식으로, 전송하고자 하는 문자의 마지막 비트에 패리티 비트(parity bit)를 추가하여 전송하는 방식을 말한다. 수직 패리티 검사는 짝수 패리티(even parity)와 홀수 패리티(odd parity)를 이용하는 방법이 있다. 짝수 패리티의 경우에는 전송 문자를 구성하는 비트 1의 개수가 짝수개가 되도록 하는 것이고, 홀수 패리티의 경우에는 비트 1의 개수가 홀수개가 되도록 하는 것이다.

예를 들어, ASCII 코드 1010101을 홀수 패리티를 이용하여 전송한다면 1010101*1*을 전송하면 된다. 수신 측에서는 전송되어온 데이터를 조사하여 비트 1의 전체 개수가 홀수가 되면 오류가 발생하지 않은 것으로 판단하고, 짝수 개이면 오류가 발생한 것으로 판단하게 된다.

이와 같은 수직 패리티 검사 방법은 전송 도중 홀수개의 비트가 바뀌면 오류 검출이 가능하지만, 짝수개의 비트가 바뀌면 오류 검출이 불가능하다는 단점을 가지고 있다.

2) 수평 중복 검사

수평 중복 검사(LRC : Longitudinal Redundancy Check)는 수직 패리티 검사의 단점을 개선하기 위해 만든 오류 검출 방법으로 수직 패리티 검사와 동시에 수평 패리티 검사까지 수행함으로서 비교적 높은 비율로 오류를 검출할 수 있다. 수평 패리티 검사를 위해 블록 검사 문자(block check character)를 생성한다. 이는 수평 방향으로 배타적 논리합(exclusive-OR) 연산을 수행함으로서 생성된다.

수평 중복 검사는 수평 및 수직을 모두 검사하므로 수평·수직 패리티 검사 방식이라고도 부른다. 다음 그림 3.30은 수평 중복 검사(짝수 패리티의 사용)의 예를 나타낸 것이다.

수평 패리티

parity	**1**	**1**	**0**	**0**	**0**	**1**	**1**	**1**	**1**
b_7	1	1	1	1	1	1	1	1	**0**
b_6	0	0	0	0	0	0	0	0	**0**
b_5	0	0	0	1	1	1	0	1	**0**
b_4	0	1	1	0	0	0	0	0	**0**
b_3	0	1	1	0	1	1	1	0	**1**
b_2	1	1	0	0	0	0	0	1	**1**
b_1	1	1	1	0	1	0	1	0	**1**
	C	O	M	P	U	T	E	R	

← 수직 패리티 (parity 행)

← 캐릭터 (C O M P U T E R 행)

그림 3.30 짝수 패리티를 사용한 수평 중복 검사

3.9 회선 제어 절차

회선 제어 절차는 크게 일 대 일 링크의 회선 제어 절차와 일 대 다 링크의 회선 제어 절차가 있다. 이 회선 제어 절차는 회선 규범이라고도 한다.

1) 일 대 일 링크의 회선 제어 절차

일 대 일 링크의 회선 제어 절차는 비교적 간단하며, 예로 반 이중 링크의 경우는 다음과 같은 4단계로 이루어진다.

(1) 질의(ENQ : Enquiry)

터미널 1에서 터미널 2로 데이터를 보내고자 할 때, 터미널 1이 터미널 2가 수신 준비가 되어있는 지의 여부를 물어본다.

(2) 확인 메시지(ACK 또는 NAK)

송신 터미널의 ENQ에 대해 수신 터미널은 ACK(ACKnowledgement) 또는 NAK(Not AKnowledgement)를 수신 터미널에게 전송한다. ACK의 의미는 준비가 되었으니 데이터를 전송하라는 것이고, NAK의 의미는 준비가 되지 않았으니 ACK를 보낼 때까지 대기하라는 것이다.

(3) 데이터 전송(data transfer)

송신 터미널은 수신 터미널로부터 ACK를 받으면 데이터를 전송하고 NAK를 받으면 대기한다. 또한 데이터 전송 중간에 NAK를 받으면 그 부분에 대한 데이터를 재전송하거나 에러 회복 절차를 수행한다.

(4) 전송 메시지의 끝(EOT : End Of Transmission)

데이터의 모든 전송이 끝나면 수신 터미널에서 송신 터미널에게 EOT를 전송함으로서 데이터 전송을 종료하게 된다.

그림 3.31에는 지점 간 링크의 회선 제어 절차에 대해서 간단하게 표현하였다.

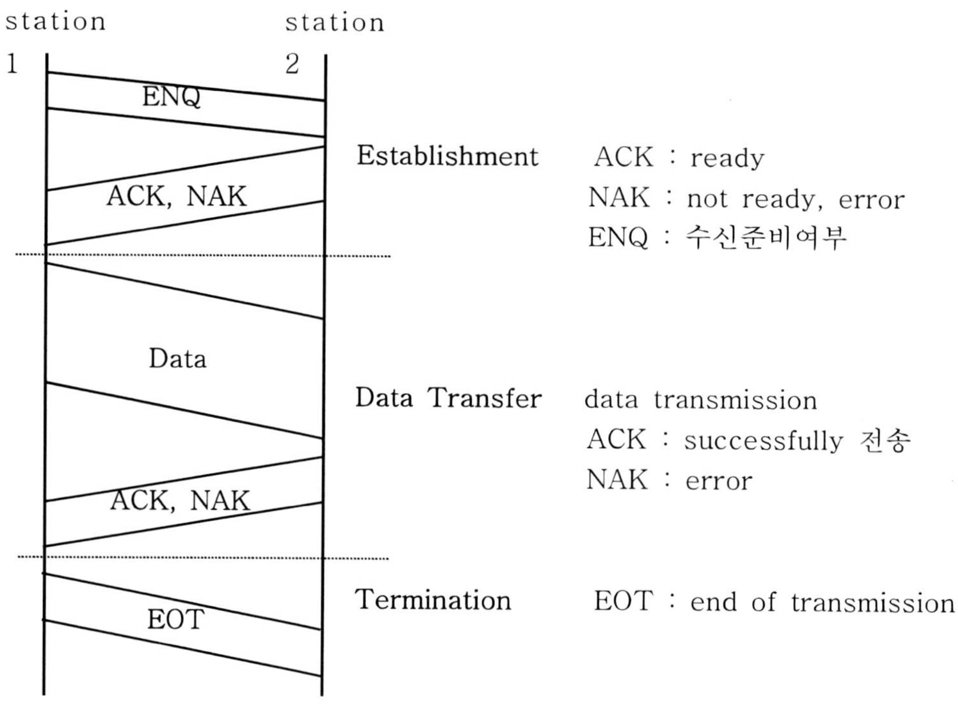

그림 3.31 일 대 일 링크의 회선 제어 절차

일반적으로 일 대 일 링크의 회선 제어 절차를 위해 3단계-설정 단계, 데이터 전송 단계, 종료 단계-가 있다. 설정(establishment) 단계는 송신 측과 수신 측 터미널의 판별 및 수신 측의 데이터 수신준비의 판단하는 단계로서 위의 설명에서 단계 1과 단계 2가 이에 해당한다. 데이터 전송(data transfer) 단계는 실제로 전송하고자 하는 데이터를 전달하는 단계로서 위의 설명에서 단계 3이 이에 해당한다. 종료(termination) 단계는 논리적 접속을 끊는 단계로서 위의 설명에서 단계 4가 이에 해당한다.

2) 일 대 다 링크의 회선 제어 절차

일 대 다 링크의 회선 제어 절차는 주 터미널의 유무에 따라 다르다. 메인 컴퓨터가 있을 경우에는 폴(poll) 방식이나 실렉트(select) 방식을 사용하고, 메인 컴퓨터가 없을 경우에는 경쟁(contention) 방식을 사용한다.

(1) 폴(Poll) 과 실렉트(Select) 명령

폴과 실렉트 명령은 데이터를 전송로를 통해 상대 터미널로 보내기 위해 사용되는 주요한 명령이다. 폴 명령은 메인 컴퓨터로 데이터를 보내기 위한 명령이고, 실렉트 명령은 메인 컴퓨터에서 터미널로 데이터를 보내기 위한 명령이다.

(가) 폴 절차

① "POLL" 명령이 메인 컴퓨터에서 터미널로 전송

② 터미널에서 보낼 데이터가 있어서 메인 컴퓨터로 데이터를 전송

③ 메인 컴퓨터는 데이터를 받아 오류 검사를 한 후, 에러가 있으면 "NAK" 를 전송하고 터미널은 데이터를 재 전송하고 에러가 없으면 "ACK" 를 전송하고 터미널은 다음 데이터를 전송한다.

④ 데이터를 모두 전송할 때까지 ②③과정을 반복

⑤ 모든 데이터의 전송이 끝나면, 보조국은 전송 완료를 알리는 "EOT(End Of Transmission) "를 메인 컴퓨터로 전송

(나) 폴과 실렉트 절차

① "SEL(ECT)" 명령이 메인 컴퓨터에서 터미널으로 전송

② 터미널에서 데이터를 받을 수 있다는 "ACK" 를 메인 컴퓨터로 전송

③ ACK를 전송받은 메인 컴퓨터는 데이터를 터미널으로 전송

④ 터미널은 데이터를 받아 오류 검사를 한 후, 에러가 있으면 "NAK" 를 전송하고

메인 컴퓨터는 데이터를 재 전송, 에러가 없으면 "ACK" 를 전송하고 메인 컴퓨터는 그 다음 데이터를 전송

⑤ 데이터를 모두 전송할 때까지 ③④과정을 반복

⑥ 모든 데이터의 전송이 끝나면, 메인 컴퓨터는 전송 완료를 알리는 EOT(End Of Transmission)를 터미널으로 전송

(다) 실렉트 절차

① 메인 컴퓨터는 터미널로 "SEL" 전송

② 터미널은 메인 컴퓨터에게 데이터를 받을 수 없다는 의미의 "NAK" 를 전송하고 데이터를 받을 수 없는 이유는 여러 가지(다른 일을 하느라 바쁠 수도 있고, 데이터를 받을만한 메모리(버퍼)를 보유하고 있지 못할 수도 있음)가 있을 수 있음

③ 메인 컴퓨터는 다시 터미널로 "POLL"을 전송

④ 나머지 과정은 ②③④⑤ 과정과 동일

(라) 폴에 대한 거부 응답

메인 컴퓨터의 "POLL" 에 터미널은 거부 응답의 "NAK" 를 전송하는 것으로서 다른 시스템에서는 때로 ACK 대신에 RR(Receive Ready)을, NAK 대신에 RNR(Receive Not Ready)을 사용하기도 한다.

그림 3.32에는 일 대 다 링크의 회선 제어 절차에 대해서 표현하였다.

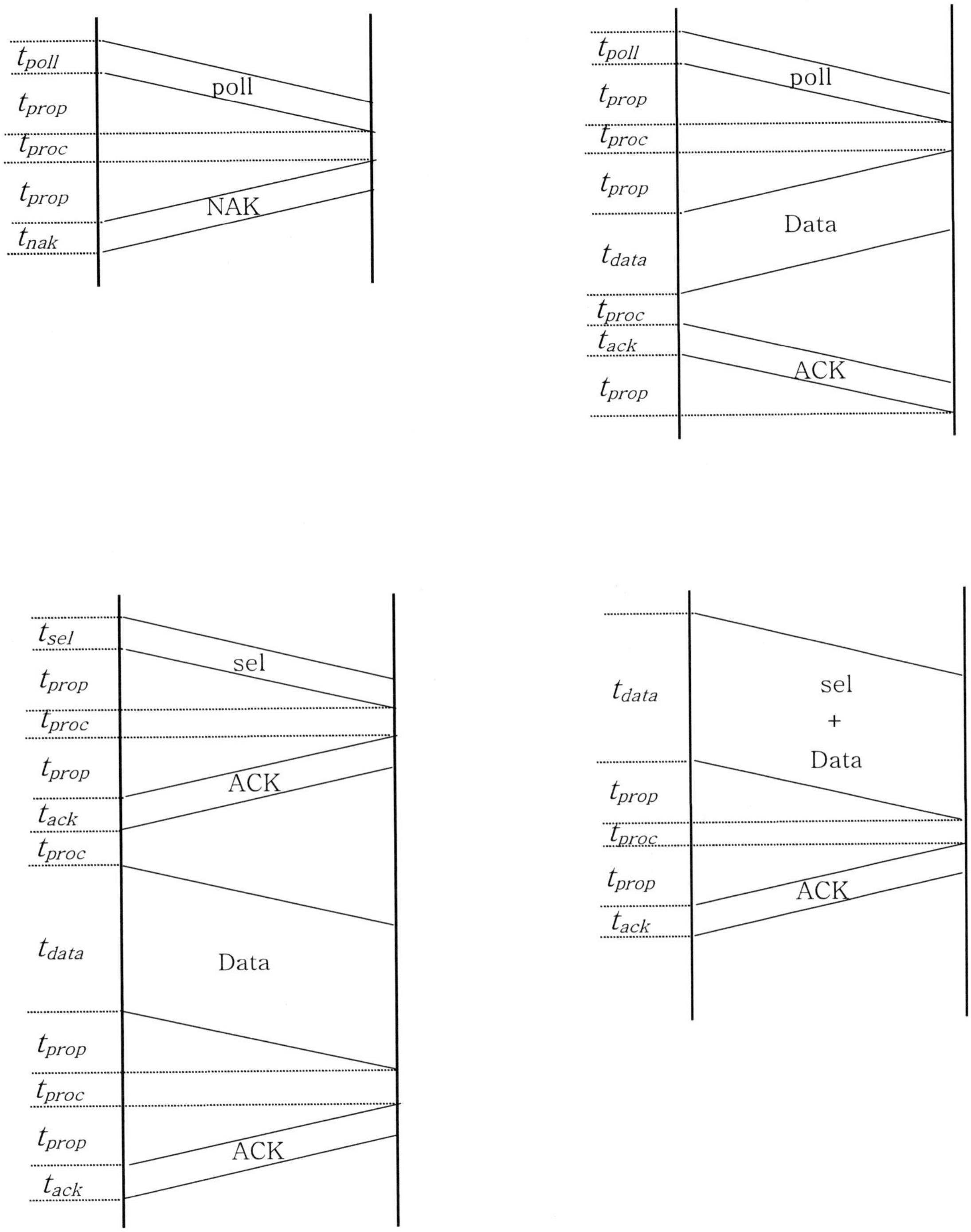

그림 3.32 일 대 다 링크의 회선 제어 절차

(2) 경쟁(Contention)

메인 컴퓨터 없이 동등한(peer) 터미널만으로 구성된 경우에 사용되며, 공통의 통신 회선을 여러 터미널이 동시에 데이터를 전송하려할 경우, 통신요구가 빠른 것부터 처리하는 방식이다. 이 경쟁 방식은 로컬 네트워크와 위성 통신에서 많이 사용된다.

경쟁 방식의 대표적인 예는 하와이 대학을 중심으로 인공위성을 이용한 무선 패킷 교환망인 ALOHA(Additive Links Online Hawaii Area) 시스템이 있다.

일 대 다 링크의 회선 제어 절차에 있어서 또 하나의 특징은 주소지정(addressing) 방식을 사용한다는 점이다. 지점 간 링크의 경우에는 송수신 터미널이 하나씩이므로 주소지정이 필요 없으나, 주 터미널이 있는 일 대 다 링크에서는 부 터미널이 여러 개이므로 부 터미널의 주소를 명시해야 하고, 주 터미널이 없는(동등 터미널) 일 대 다 링크에서는 송신과 수신 터미널을 모두 명시해야 한다.

3.10 데이터 전송의 흐름 제어

흐름 제어(flow control)란 송수신 터미널 간에 처리 속도가 달라 발생하는 문제를 해결하는 기능으로 수신 터미널의 용량 이상으로 데이터가 넘치지 않도록 송신 터미널을 제어하는 기술을 말한다. 이러한 흐름 제어 방식의 대표적인 예는 정지-대기(stop-and-wait) 흐름 제어 방식과 슬라이딩 윈도우(sliding window) 흐름 제어 방식이 있다.

1) 정지-대기 흐름제 어 방식

정지-대기 흐름 제어 방식이란 송신기가 이미 보낸 프레임에 대한 응답(ACK)을 받은 후에 다음 프레임 전송하는 방식을 말한다. 다시 말해, 수신기는 수신한 프레임을 처리하는 동안 ACK를 보내지 않음으로써 송신기의 프레임을 제한하는 것이다.

이러한 정지-대기 흐름 제어 방식의 장점은 한 개의 연속적인 블록이나 프레임 단위로 메시지를 전송하는 경우 효율적이며, 단점은 수신 측의 버퍼 크기가 제한되어 있어서 긴 메시지의 경우 작게 잘라서 한 번에 한 프레임씩 전송해야 한다는 것이다.

아래에 하나의 긴 메시지를 n개의 프레임으로 나누어 정지-대기 흐름제어 방식으로 데이터를 전송하는 과정을 나타내고 있다. 데이터 전송과정은 다음과 같다.

① 수신 터미널이 폴(poll)을 송신 터미널로 전송한다.
② 송신 터미널은 수신 터미널로 프레임 f_1을 전송한다.
③ 수신 터미널은 송신 터미널로 ACK를 전송한다.
④ 데이터의 전송이 모두 끝날 때까지 ②③과정을 반복한다.

이러한 정지-대기 흐름 제어 방식은 여러 가지의 흐름 제어 방식 중에서 가장 간단한 형태를 가지므로 제어 방식이 단순하다는 장점이 있으나, 한 번에 하나의 프레임을 전송하고 그 응답을 기다려야 하기 때문에 전송 시간이 오래 걸린다는 단점을 가지고 있다.

2) 슬라이딩 윈도우 흐름제어 방식

슬라이딩 윈도우 흐름 제어 방식은 송신 측에서 전송한 프레임에 대해 수신 측에서는 확인 메시지를 이용하여 송신 측 윈도우의 크기를 조절함으로써 전송속도를 조절하는 방식을 말한다. 슬라이딩 윈도우 흐름 제어 방식을 사용하기 위해서는 송신용 윈도우 및 수신용 윈도우가 필요하다. 이 때, 윈도우의 크기는 프레임의 순서 번호에 할당된 비트 수에 의존한다. 예를 들어, n 비트이면 윈도우의 크기는 2^n-1로 설정하게 된다.

순서 번호 필드가 3비트(2^3)인 경우를 나타낸 것으로서 순서 번호는 0 ~ 7프레임으로 나누어진다. 전송하고자 하는 프레임을 나타낸 것으로서 프레임을 전송하면 윈도우 창이 줄어들고 ACK를 받으면 윈도우 창이 늘어나게 된다.

3.11 데이터 전송의 오류 제어

송신한 데이터가 각종 잡음원에 의해 오류가 유발되어 데이터가 틀리게 되면 오류를 검출하고 올바른 데이터로 정정해야만 정확한 데이터를 송신할 수 있다. 이러한 오류 발생을 검출하고, 검출된 오류를 정정하는 일을 오류 제어(error control)라 한다.

오류 제어의 대표적인 기술에는 오류 검출(error detection) 기법과 자동 반복 요청(Automatic Repeat reQuest : ARQ) 기법이 있다. 오류 검출 기법은 수직 패리티 검사(vertical parity check), 수평 중복 검사(LRC : Longitudinal Redundancy Check) 방법이 있으며, 자동 반복 요청 기법에는 정지-대기(Stop-and-wait) 자동 반복 요청,

Go-back-N 자동 반복 요청, 선별적 반복(Selective repeat) 자동 반복 요청의 3가지가 있다.

1) 정지-대기 자동 반복 요청 방식

정지-대기 자동 반복 요청 방식은 송신 터미널이 한 개의 프레임을 전송하고 정지-대기 상태로 있다가 수신 터미널에서 ACK가 오면 그 다음 프레임을 전송하고, NAK가 오면 전송한 프레임을 재 전송함으로써 오류를 제어하는 방식을 말한다.

송신측이 프레임 1을 전송하였으나, 수신 측에서는 프레임 1에서 에러를 발견하고 NAK를 전송한다. 이어서 송신측은 NAK를 받고 프레임 1을 재전송하고 있다.

이와 같은 경우는 수신측이 손상된 프레임을 수신하여 오류 발생을 확실하게 알 수 있는 경우이다. 그러나 링크의 결함이나 잡음으로 인해 수신 측에서 프레임을 받지 못하는 경우나 수신 측에서 ACK 신호를 전송하는 도중에 오류가 발생하여 송신 측에서 ACK 신호를 받지 못하는 경우가 발생할 수도 있다. 이와 같은 두 가지 경우에 송신 측에서는 ACK 신호를 계속해서 기다릴 수는 없기 때문에, 송신 측에서는 타이머(timer)를 가지고 있어 약속된 시간이 지나도 ACK나 NAK가 오지 않으면 오류가 발생했다고 판단하여 바로 전에 전송한 프레임을 재 전송하게 된다.

이와 같은 정지-대기 자동 반복 요청 방식은 단순하다는 장점을 가지고 있는 반면에 회선의 효율성이 낮다는 단점을 가지고 있다.

2) Go-back-N 자동 반복 요청 방식

Go-back-N 자동 반복 요청 방식은 송신 터미널이 일련의 프레임을 전송하고, 수신 터미널에서 에러가 발생한 프레임을 송신 터미널에 알리면, 에러가 발생한 프레임부터 그 이후의 프레임들을 모두 재 전송함으로서 오류를 제어하는 방식이다.

일련의 프레임 1, 2, 3, 4가 송신 측(A)에서 수신 측(B)으로 전송되는 동안에, 수신 측에서는 오류 없이 수신한 프레임 1에 대해 송신 측으로 ACK1을 전송하고 있다. 이어서 수신 측에서는 프레임 2를 수신하고, 에러를 발견하여 NAK2를 송신 측으로 전송한다. 송신 측에서는 프레임을 5까지 전송하였으나, NAK2를 받고 프레임 2부터 나머지 프레임을 모두 전송한다.

이와 같은 Go-back-N 자동 반복 요청 방식은 오류 없이 전송된 프레임일지라도 다시 재 전송해야 하는 경우가 발생하므로 다음에 설명할 선별적 반복 자동 반복 요청 방식에 비해서 효율이 떨어진다.

3) 선별적 반복 자동 반복 요청 방식

선별적 반복 자동 반복 요청 방식은 일련의 프레임을 전송하여 에러가 발생한 경우, 오류가 발생한 프레임만을 재 전송함으로서 오류를 제어하는 방식을 말한다. 다른 방식에 비해 대단히 효율적이라는 장점을 가지고 있으나, 복잡한 논리회로를 가져야 한다는 단점 때문에 일반적으로 Go-back-N 자동 반복 요청 방식을 더 많이 사용한다.

제4장 이동통신

우리가 현재 가장 많이 사용하고 있는 이동통신시스템은 크게 휴대용 이동 단말기(MT : Mobile Terminal), 기지국(BS : Base Station), 위치 서버(LS : Location Server), 이동교환국(MSC : Mobile Switching Center) 그리고 모든 것을 총괄하는 메인 교환국(Main Switching Center) 또는 메인 컴퓨터(Main Computer) 또는 백본 네트워크(Backbone Network)로 구성된다. 정보통신시스템 구성요소인 DTE, DCE, CCE, MC 등과 유사한 형태를 가지고 있다.

4.1 이동통신시스템 구조

기존의 셀룰러 방식에서는 전체 시스템 영역을 여러 개의 셀로 이루어진 위치영역으로 분할되어 사용자 서비스를 위해서 채널할당과 위치관리를 하고 있다.

그림 4.1.에서 보듯이 전체 네트워크는 셀로 나누어지고, 각 셀에 있는 이동 단말기들은 기지국을 통하여 유선네트워크나 다른 이동 단말기들과 통신한다. 하나의 위치영역은 여러 개의 셀로 구성되고, 각 위치영역에는 LS(Location Server)가 있다. 위치영역에 있는 모든 기지국은 이동교환국과 연결된다. 각 이동교환국은 유선네트워크인 백본(backbone) ATM(Asynchronous Transfer Mode) 네트워크와 연결되어 이동국이 유선네트워크나 다른 이동교환국의 사용자들과 통신할 수 있도록 한다. 각 이동국은 특정한 위치영역에 영구적으로 홈(home)으로 등록되어 있다고 가정한다. 그 위치영역의 위치 서버를 이동 국에 대한 HLS(Home Location Server)라 부른다. 각 HLS는 자신을 홈으로 등록한 이동 국에 대한 위치정보를 유지한다. 위치 서버는 자신이 담당한 위치영역 내의 셀에 위치하는 이동 국에 관한 위치정보도 유지한다. 한편 자신 위치영역의 위치 서버가 아니라 방문한 위치 서버를 VLS(Visitor Location Server)라고 한다.

1) 이동 단말기

이동 단말기(MT : Mobile Terminal)는 무선 송수신기, 안테나 및 제어장치로 구성된다. 이동 국으로서 이동전화 가입자가 이동통신 서비스를 재공받기 위한 단말기 기능을 가지고 있다.

2) 기지국

기지국(BS : Base Staition)은 단말기와 이동전화 교환국을 연결하는 기능을 가지고 있는 기지국 무선 송수신기, 안테나, 제어장치, 데이터 터미널 및, 전원장치 등으로 구성되어 있다. 또한 BTS(Base Transceiver System)은 기지국 무선장치로 이동국과의 무선접속 및 이동국과 기지국 제어장치간의 유무선 접속기능을 수행하며 BSC(Base Station Controller)는 기지국 제어장치로 기지국과 이동통신 교환기 사이에 위치하여 기지국 관리 및 제어를 담당한다.

3) 위치 서버

위치 서버(LS : Locaion Server)는 이동 단말기의 위치를 관리하여 통신 요청 시 바로 연결할 수 있는 기능들을 제어한다. 또한 HLR(Home Location Resistor)은 이동국의 현재 위치정보를 비롯하여 이동가입자의 상태, 통계 및 각종 서비스 관련정보를 관리하는 데이터베이스 센터이다. 축약메시지서비스, 인증서비스, VMS(Voice Message Service) 등 다양한 부가기능을 제공하며 다른 교환기능과의 연동기능도 제공하며 OMC(Operations Maintenance Center)는 이동통신망에 대한 망운용의 효율화, 보전 서비스 향상, 고품질의 통신서비스를 제공하기 위한 운용 및 유지보수를 담당하고 VLR(Visistor Location Resistor)은 관할 영역 내에 타 시스템의 단말장치가 들어 왔을 때 이를 인지하여 타 시스템과 로밍을 해주는 역할을 담당한다.

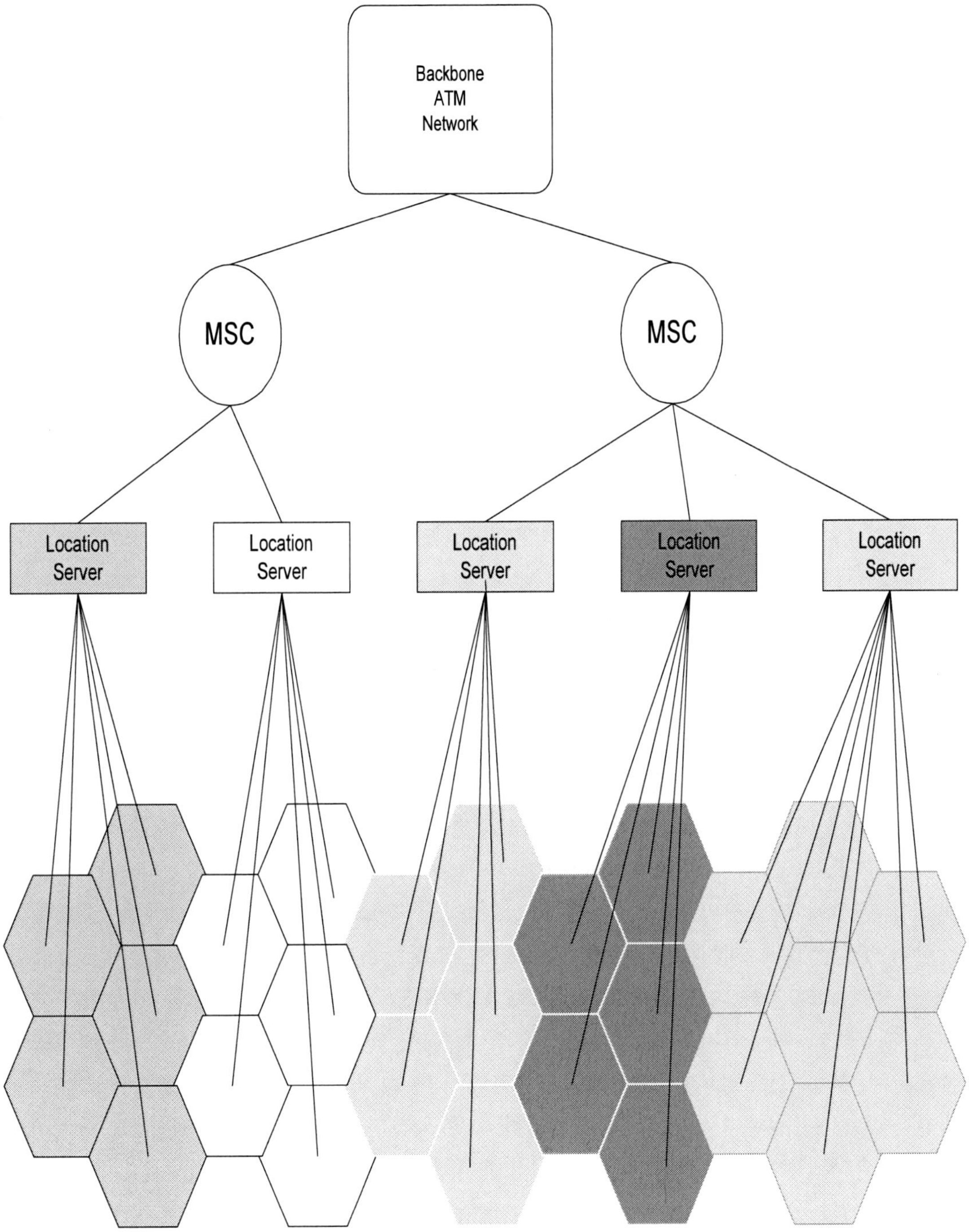

그림 4.1 이동통신시스템

4) 이동 교환국

이동 교환국(MSC : Mobile Swiching Center)은 각 기지국에서 발생되는 착발신되는 호를 처리하고 모든 기지국이 효율적으로 운용될 수 있도록 하는 중앙통제기능과 함께 공중전화네트워크의 교환기와도 연결할 수 있는 기능을 가지고 있다. 이러한 이동전화 교환국은 제어 부, 통화로 부, 및 주변기기로 구성되어 있으며 통화가 완료된 호에 대한 요금 자료수집 기능도 갖고 있다. 또한 이동전화 가입자에게 이동통신 서비스를 제공하기 위한 이동통신 교환기로 가입자간 회선교환, 입출중계 처리, 핸드오프, 로밍 등의 기능을 가지며, VLR 데이터베이스를 관리한다.

5) 메인 컴퓨터 또는 백본 ATM 네트워크

사용자 서비스와 통신을 위한 모든 기능을 제어하고 관리하는 일을 수행한다.

4.2 이동통신시스템 동작

이동 단말기, 기지국, 위치 서버 그리고 이동 교환국은 서로 통화회선과 데이터링크로 연결되어 있으며 각 단말기가 통화할 때는 한 쌍의 송수신 무선채널을 사용하지만 이 무선채널은 어떤 특정 주파수의 채널로 고정되어 있지 않고 통화 중에도 단말기의 이동에 따라 다른 무선채널로 통화 채널을 변경하게 되므로 그 지역에 할당된 채널이면 어떤 채널로든지 통화가 가능하다. 또 이동전화 시스템 측면에서 보면 할당된 전 채널이 동시에 단말기와 연결되어 통화상태로 될 수도 있다. 이동 교환국은 셀룰러 시스템의 심장부로서 제어 부는 전체 시스템을 조정, 통제하고 관리하는 기능을 갖고 있다. 셀룰러 교환기는 이동전화 가입자 상호간 또는 일반전화 가입자와 이동전화 가입자간의 통화가 이루어지도록 통화회선을 연결하며, 교환기와 기지국간은 데이터링크를 이용하여 각종 신호정보를 주고받는다. 단말기와 기지국간의 음성과 신호정보는 무선채널을 통해 전송되며 기지국과 이동전화 교환국간의 음성과 신호정보 전송을 위해서는 고정된 통화회선과 데이터링크를 사용한다.

이동통신시스템은 정보통신시스템의 일종으로서 넓게는 정보통신시스템에 포함된 시스템으로서 정보통신시스템의 구성요소가 DTE, DCE, CCE, MC인 것과 유사하게 MT, BS, LS(HLS, VLS), MSC, MC 및 전송매체로서 MT는 DTE의 기능과 일부 DCE의 기능을 수행하며 BS, LS, MSC는 CCE의 기능을 수행하게 된다. 따라서 이동통신시스템은 사용자에게 이동 중에 통신 서비스를 제공하기 위해서 다양한 장치를 통해서 다양한 형태의 사용자 중심의 서비스를 제공하고 있다.

이동통신망은 기본적으로 대부분의 정보통신망을 거의 모두 사용한다. 이동통신망은 정보통신망의 종합이라고 생각하면 된다. 교환통신망인 회선교환 망, 메시지교환망, 패킷교환망을 기본으로 사용하며 방송통신망인 패킷라디오망, 인공위성 망, 로컬 망을 일부 또는 모두 사용한다. 이동통신에서는 음성통신의 경우 기본적으로 회선교환 망을 사용하고 데이터통신을 위해서는 패킷교환망을 사용한다. 또한 부가적인 기능으로 패킷라디오망, 인공위성 망, 로컬 망을 사용한다. 우리가 일반적으로 사용하는 와이파이는 로컬 망에 포함되는 망으로서 무선 로컬 망이라고 생각하면 이해하기 편하다.

이동통신시스템에 대한 세부적인 운영을 살펴보기 전에 휴대폰의 전원이 켜짐과 동시에 일어나는 동작들과 기본적으로 휴대폰 사이의 통화 과정과 휴대폰과 고정 전화기와의 통화 과정 및 통화 종료에 대해 살펴보기로 하자.

가입자가 이동전화 단말기를 동작시키면 단말기는 자동적으로 수신 상태가 되어 333개 채널(운용 대역폭이 10MHz의 경우) 중에서 신호채널로 지정된 21개의 설정 채널(set-up channel)을 차례로 탐색한다. 이 때 21개의 설정채널 중 가장 전파세기가 큰 채널을 선택하여 그 채널 주파수에 동조한다. 주변에 있는 기지국에는 모두 다른 설정채널이 할당되어 있기 때문에 가장 강한 설정채널에 동조시켜 고정된다는 것은 단말기가 가장 가까운 기지국을 선택한다는 것을 의미한다. 이러한 상태는 통화중은 아니지만 언제라도 잦기를 호출하면 응답할 수 있는 상태인 동시에 가입자가 통화를 하려고 할 때 곧바로 신호를 전송할 수 있는 준비를 갖춘 상태이며 가입자 의도와는 상관없이 자동적으로 단말기의 통화준비가 완료되어 있는 상태이다.

이동통신에서 발신 및 착신 호 처리과정에 대해서 세부적으로 살펴보기로 하자. 이동통신 가입자끼리의 통화 과정과 이동통신 가입자와 고정통신 가입자와의 통화 과정을 구분하여 살펴보기로 하자. 또한 이동통신 가입자끼리의 통화 과정에서 같은 이동통신 회사 가입자끼리의 통신과정과 더욱더 확대해서 다른 이동통신 회사 가입자끼리의 통신과정에 대해서도 살펴보기로 하자.

이동전화 가입자 A가 통화하고자 하는 상대방 단말기 B의 번호를 단말기 A에 입력하고 SND(SEND) 버튼을 누르면 단말기 A는 미리 선택하고 있는 설정채널을 통해 기지국 A로 정보(발신 단말기 A의 번호와 착신단말기 B의 번호)를 송출한다. 기지국 A는 수신한 발신신호의 정보를 데이터 링크를 통해 이동 전화 교신 국 A로 송신한다.

기지국 A는 음성채널이 비어있는 경우 이동전하 교환국 A의 지시를 받아 통화 가능한 음성채널을 단말기 A에 지정한 후 해당 음성채널을 작동시키고 감시 톤(SAT, Supervisory Audio Tone, 6KHz)을 송출한다. 단말기 A는 감시 톤을 수신하여 음성채널에 동조한 후 채널 동조 확인 응답으로 감시 톤을 역전송하여 기지국 A가 단말기 A의 음성채널 동조를 확인할 수 있게 한다. 이동전화 교환국 A는 호출하고자 하는 단말기 B의 번호를 관리하고 있는 해당 이동전화 교환국 B로 호출신호를 넘겨주어(만약 단말기 B가 이동전화 교환국 B의 영역을 벗어나서 다른 지역에 있더라도 사전에 위치등록이라는 기능을 이용하여 다른 이동 전화 교환국 C의 관할영역에 있다는 것을 알기 때문에 이 경우 에는 호를 교환국 C에 넘겨줌) 단말기 B를 호출하고 단말기 B는 기지국 B를 통하여 이동전화 교환국 B에 호출에 대한 응답을 보고한다. 기지국 B는 음성채널이 비어있는 경우 이동전화 B의 지시를 받아 통화 가능한 음성채널을 단말기 B에 지정한 후 해당 음성 채널을 작동시키고 감시 톤을 송출한다. 단말기 B는 감시 톤을 수신하여 음성채널에 동조한 후 채널 동조 확인 응답으로 감시 톤을 역전송하여 기지국 B가 단말기 B의 음성채널 동조를 확인할 수 있게 한다. 기지국 B는 단말기 B의 음성채널 동조를 확인한 후 단말기 B에 경종을 지시하고 단말기 B는 경종을 발생시키면서 기지국 B로 신호 톤(Signaling Tone, 10KHz)을 송출하여 단말기 B의 경종상태를 확인할 수 있게 한다. 단말기 B의 가입자가 SND 버튼을 누르면 신호 톤 송출이 중단되어 기지국 B는 이동전화 교환국 B로 단말기 B가 응답하였음을 보고하고 이동전화 교환국 B와 이동전화 교환국 A가 연결된 상태에서 통화가 이루어지게 된다.

이동전화 단말기 A에서 이동전화 교환국 A까지의 호 처리 절차는 앞의 경우 같다. 이동전화 교환국 A에서 호출신호를 일반 유선전화국의 시외 전화 교환기로 넘겨준다. 이를 넘겨받은 시외전화 교환기는 해당 시내전화 교환기로 호출 신호를 넘겨주고 시내전화 교환기는 해당번호의 가입자에게 호출신호를 보내고 호출신호를 듣고 가입자가 수화기를 들면 통화가 연결된다.

이동전화 가입자간 통화를 끝내고 통화종료 표시를 행하면 단말기는 특정 신호 톤(10KHz)을 일정시간(1.8초)동안 기지국으로 송출한 후 단말기의 송신회로를 차단시킨다. 기지국은 단말기로부터의 통화종료신호를 접수한 후 해당 음성채널을 유휴(idle)상태로 복구시키고 교환국으로 그 상태를 통지한다. 단말기는 다시 수신대기 상태로 되기 위하여 가장 강한 설정채널에 동조되어 기지국에서 송신되는 메시지를 수신한다.

통화가 지속되는 동안에도 이동전화 가입자는 계속 이동하기 때문에 특정 기지국의 서비스 구역을 벗어나게 되므로 통화중인 음성채널의 전파세력이 약해진다. 그러면 그

기지국은 교환국에 통화채널 전환을 요구하게 되고 가입자는 통화채널 전환이 이루어진 것을 거의 감지할 수 없는 상황에서 전파세력이 충분한 새로운 기지국의 음성채널로 통화 채널이 전환된다.

이동통신의 급격한 수요의 증가로 인해 그와 관련된 통신 기술들도 많이 발전하였다. 기존의 시스템에서 가장 크게 직면하고 있는 문제가 가용할 수 있는 무선채널의 수가 제한되어 있다는 것이다. 모든 나라에서 주파수 할당 정책은 최소한도의 대역폭을 가지고 이용 율을 극대화하면서 이용자에게 만족을 줄 수 있는 시스템을 찾아서 결정하는 것이다. 만일 이동전화 시스템을 할당 주파수 대역에서 지역적인 제한 없이 수많은 이용자들이 동시에 사용할 수 있다면 매우 이상적일 것이다. 그러나 이런 이상적인 상황이 실제로는 불가능하다. 그래서 많은 연구가 진행되었고, 그러한 목표에 도달하려면 할당된 주파수 대역에서 채널을 최대한으로 나누어서 사용하는 방법 즉 주파수분할다중화방식, 시간분할다중화방식 및 코드분할다중화방식과 할당된 주파수 대역을 다른 지역 내에서 재사용하는 방법 즉 주파수 재사용 방식, 그리고 주파수를 다양한 사용자의 목적에 맞게 효율적으로 사용하는 방법과 다양한 셀 크기 적용 방식 등이 폭넓게 연구되었고 앞으로도 연구되어질 것이다. 그 가운데 방법 중의 하나가 제한된 주파수를 효율적으로 사용하여 시스템의 성능을 향상시키는 방법이다. 이러한 목적으로 채널할당 알고리즘에 대한 연구가 이루어져 왔으며 앞으로도 계속해서 연구해야할 분야이다.

이동통신 시스템에서 고려되는 호의 종류로는 새로운 호와 핸드오버 호가 있다. 즉 새로운 호는 이동가입자가 발신 또는 착신하는 경우와 같이 새로운 무선채널을 할당하는 경우를 의미한다. 또 임의의 셀에서 호가 설정된 후 이동가입자와 기지국 사이의 무선채널의 통화품질을 계속 유지시키기 위해 통화하기에는 신호 강도가 약해진 무선채널을 양호한 무선채널로 절체를 요구하는 것을 핸드오버이라 하는데 이러한 핸드오버를 요구하는 호를 핸드오버 호라고 한다.

임의의 셀에서 새로운 호가 발생했을 때, 셀에 할당된 무선채널중 하나가 이동가입자에게 할당되는데 셀에 할당된 모든 무선채널이 사용 중일 때 발생되는 새로운 호는 차단된다. 또한 호가 설정된 후 이동가입자가 인접 셀로 핸드오버 하는 경우 인접 셀에서 핸드오버 호에게 새로운 무선채널을 할당할 수 없다면 그 핸드오버 호는 차단된다. 핸드오버 호가 차단되면 통화 중에 호가 절단되는 것을 의미하므로 이동가입자가 느끼는 불편함은 새로운 호의 차단보다 훨씬 크게 느껴지므로 가능한 핸드오버 호의 차단을 낮추기 위해 많은 방식들이 제시되고 있다.

셀룰러 이동통신 시스템에서 서비스 영역은 셀이라는 작은 영역들로 분할되어 서비스 영역 내에서 주파수 채널을 반복하여 사용함으로써 한정된 주파수 채널을 효율적으로 이용하고 있다. 이러한 주파수를 더욱 효율적으로 이용하기 위하여 많은 채널할당 알고리즘이 제시되었는데 그중 대표적인 것이 고정채널할당과 동적채널할당 그리고 하이브리드 채널할당으로 나눌 수 있다. 기본적으로 고정채널할당, 동적채널할당과 하이브리드채널할당 방식의 차이점은 시스템의 어느 부분에서 채널을 할당하는 주체가 무엇인가에 따라 다르게 되며 또한 다양한 통신환경에 따라 각각의 방식의 성능은 변하게 된다.

위치관리(location management)는 위치갱신과 가입자의 위치를 찾는 프로토콜(search protocol)로 구성되어 있다. 위치관리에는 위치갱신 비용과 위치를 찾기 위한 페이징 비용이 있는데, 이 둘은 상관관계를 가지고 있다. 그러므로 효과적인 위치관리의 목적은 두 가지의 비용의 합을 최소화하는데 있다. 기존의 셀룰러 방식에서는 전체 시스템 영역을 여러 개의 셀로 이루어진 위치영역으로 분할하는 위치관리를 하고 있다. 전체 네트워크는 셀로 나누어지고, 각 셀에 있는 이동 국들은 기지국을 통하여 유선네트워크나 다른 이동국과 통신한다. 하나의 위치영역은 여러 개의 셀들로 구성되고, 각 위치영역에는 LS(Location Server)가 있다. 위치영역에 있는 모든 기지국은 이동 국 교환국과 연결된다. 각 이동 국 교환국은 유선네트워크인 백본(backbone) ATM(Asynchronous Transfer Mode) 네트워크와 연결되어 이동 국이 유선네트워크나 다른 이동 국 교환국의 사용자들과 통신할 수 있도록 한다.

각 이동국은 특정한 위치영역에 영구적으로 홈(home)으로 등록되어 있다고 가정한다. 그 위치영역의 위치서버를 이동 국에 대한 HLS(Home Location Server)라 부른다. 각 HLS는 자신을 홈으로 등록한 이동 국에 대한 위치정보를 유지한다. 위치서버는 자신이 담당한 위치영역 내의 셀에 위치하고 있는 이동 국에 관한 위치정보도 유지한다.

위치갱신이란 네트워크가 가입자(이동 국)의 위치를 유지하기 위해 이동국은 자신의 위치를 네트워크에 보고해야 한다. 이러한 절차를 위치갱신이라 한다. 페이징은 이동국 src(source)가 다른 이동 국 dest(destination)와 통신하기 위해 찾는 과정이 필요하다. 이러한 과정을 페이징이라 한다.

셀룰러 시스템에서 가장 핵심 개념 중의 하나가 주파수 재사용 개념이다. 즉 셀 반경이 R인 기지국 A에서 주파수 f1을 사용하고 있다면 동시에 D만큼 떨어진 다른 기지국에서도 같은 주파수 f1을 재사용할 수 있다는 것이다. 주파수 재사용 시스템에서는 가입자들이 일정거리만큼 떨어진 지점에서는 같은 주파수로 동시에 통화할 수 있고, 주파수 스펙트럼 효율을 극대화 할 수 있기 때문에 가입자의 수용용량을 상당히 증대시켜 준다. 같은 주파수의 채널을 여러 기지국에서 동시에 사용하기 때문에 생기는 간섭을 동일 채널간섭(Co-channel Interference)이라 하며 주파수를 재사용하는 시스템에서는 가장 중요한 관건이다. 주파수 재사용할 수 있는 최소거리는 중심기지국 근처에 있는 동일채널 기지국의 수, 지형상의 특성 등 여러 가지 요인에 따라 달라진다. 일반적인 주파수 재사용 거리 D는 다음과 같은 식으로 결정된다. D= $\sqrt{3K}$ R 여기서 K는 주파수 재사용 계수이고, R은 셀의 반지름을 말한다. 모든 기지국의 송신출력이 같다면 K값이 커질수록 주파수 재사용거리 D도 증가한다. 그러므로 D가 증가하면 동일채널 간섭이 발생하는 확률은 줄어들기 때문에 K의 값이 큰 것이 바람직하지만 할당된 총 채널의 수가 한정되어 있기 때문에 K의 값이 크면 기지국 당 할당되는 채널의 수는 적어지게 된다. 그러므로 셀룰러 시스템의 설계자는 시스템이 필요로 하는 성능을 만족시킬 수 있는 범위 내에서 K값의 최소치를 구하는 것이다.

핸드오버(hand over)란 통화자가 전화를 걸면서 한 기지국에서 인접 기지국으로 이동할 때 이 두 기지국은 서로 다른 주파수를 사용하고 있지만 통화자가 거의 인식될 수 없는 상태에서 단말기의 주파수가 자동적으로 새로운 기지국의 주파수로 변경되어 통화가 끊어지지 않고 지속되도록 하는 방법이다. 즉 이동 국이 통화 중에 계속 이동할 경우 이동 단말기는 서비스 영역으로부터 수신되는 전계강도가 점차적으로 약해질 것이며 일정수준 이하로 낮아지는 경우 기지국은 그 회선을 핸드오버 대상으로 판단하고 교환기에게 핸드오버를 요청한다. 핸드오버가 일어나는 절차는 다음과 같다.

① 서비스 중인 기지국과 그 주변의 기지국은 사용 중인 채널의 전송 품질을 감시한다. 이동 교환국은 데이터 링크를 통해 정보를 받으며, 이를 분석하여 호를 어떤 기지국으로 넘겨야 할지를 결정한다.

② 이동교환국은 새로운 기지국에 특정채널로 통화가 핸드오버가 되었음을 알린다.

③ 이동교환국은 서비스 중인 기지국에 통화가 새로운 기지국으로 핸드오버 되었음을 알린다. 이동국은 사용 중인 음성채널을 통해 새로운 채널에 대한 정보를 받는다.

④ 이동국은 새로운 채널로 튜닝한 후에 그 전의 채널을 반납한다.

⑤ 새로운 기지국은 새로운 채널을 통하여 그 호를 계속 활성화시킨다.

핸드오버 알고리즘은 시스템에 따라 다를 수 있으며, 가장 단순한 방법은 신호의 세기를 측정하는 방법이다. 이러한 핸드오버의 목적은 이동 국 사용자가 현재의 셀에서 다른 셀로 이동을 하더라도 핸드오버 시 발생할 수 있는 문제점 즉 핸드오버 지연시간의 증가나 호 절단(Call Dropping)으로 인한 사용자의 불편을 최소화하는데 있다. 그리고 사용자로 하여금 핸드오버 절차를 알아차리지 못하도록 하는데 목적이 있다. 그러므로 이를 해결하기 위해서 핸드오버의 기술은 적은 지연시간과 주어진 서비스 품질(QoS : Quality of Service)을 유지하여야하며, 새로운 호 요청과 핸드오버 요청 간에 트래픽 설정을 효과적으로 관리할 수 있어야 한다. 또 버퍼링(buffering)을 최소화하여 지연시간으로 인한 핸드오버 문제를 최소화 하여야 한다.

이동 국이 계속 이동을 하다보면 가입등록지역 이외의 지역 즉 서비스 관리지역을 달리하는 시스템의 서비스 지역으로 들어가는 경우가 생기게 된다. 로밍(roaming)이란 것은 이와 같이 가입등록 지역 이외의 지역에 이동 국이 통화를 할 수 있도록 해주는 것을 말한다. 2개의 사업자가 존재하는 지역에서 거주 지역을 떠나 통화를 시도할 경우, 가입자는 자기 등록지역 사업자로부터 정상적인 서비스를 받을 수 없다. 로밍 서비스가 가능하도록 하려면 우선적으로 관련 사업자간에 협정이 체결되어야 하고 상호 동일한 방식의 시스템이어야 한다. 방식이 상이한 시스템 간 로밍은 기술적 호환성이 없어서 불가능하다. 가입자가 타 사업자 서비스의 영역에서 단말기를 바꾸는 경우는 진정한 의미에서의 로밍이라고 할 수 없다. 이동전화교환기는 자체의 시스템 식별 번호를 갖고 있으며 단말기가 이동전화 교환 시스템에 가입할 때는 해당 시스템 식별 번호를 메모리 내에 기록하게 된다. 단말기가 시스템을 달리하는 지역으로 이동한 경우, 기지국의 순방향제어채널을 통하여 시스템 식별 번호를 수신하고 역방향 제어채널을 통하여 단말기에 기록된 시스템 식별 번호를 전송하며 자율 등록(Autonomous Registration)절차에 따라 등록을 하게 된다. 시스템은 단말기로부터 접수된 시스템 식별 번호를 자체 시스템 식별 번호와 비교한다. 시스템 식별 번호가 일치하지 않는 경우에는 타 시스템 가입자로 관리한다. 타 시스템 가입자에 대한 서비스를 로밍 서비스라 한다. 따라서 로밍 서비스를 제공하기 위해서는 시스템 식별 번호를 달리하는 시스템 간에 상호 로밍 데이터관리와 그에 따른 파라미터를 적절하게 설정하여야 한다. 이러한 로밍의 필요성은 시스템이 늘어나고 서비스 지역이 확대됨에 따라 더욱 부각되고 있다. 세계적으로 로밍의 가치가 가입자들의 요구에 따라 더욱 부각되고 있으며 사업자간의 쌍무협정도 수없이 이루어지고 있다. 이와 같이 로밍의 필요성은 일반적으로 널리 인식되고 있으며 사업자 측으로서는 가능한 한 광범위한 영역에서 저렴한 가격에 의한 로밍 서비스를 제공하고자 하는 것이다. 그러므로 제한된 주파수를 가지고 최소한도의 대역폭을 가지고 이용 율을 극대화하면서 이용자에게 만족을 줄 수 있는 시스템을 만드는 것이 주파수 할당의 목적이다.

제5장 블록 코딩

초보자들의 소프트웨어 교육을 위한 가장 쉬운 코딩 방식이 바로 블록 코딩이다. 블록 코딩은 간단하게 명령어들을 블록으로 만들어서 초보자들이 쉽게 코딩할 수 있도록 한 방식으로서 초보자들이 어려운 텍스트코딩을 처음 접함으로써 흥미를 잃을 수 있는 방지하겠다는 의도에서 출발하였다. 블록 코딩을 통해 초등생들도 쉽고 재미있게 주어진 문제를 해결하기 위해서 블록 코딩을 사용할 수 있다. 이를 통해 사고력과 창의력을 배양해서 새로운 문제를 해결하는 역량을 키우게 된다. 물론 우리의 목적은 블록 코딩이 아니라 텍스트코딩임으로 블록 코딩을 통해 기본적인 코딩 방법을 학습한 후 텍스트코딩으로 확대해야 한다. 블록 코딩은 텍스트코딩과 다르게 사용자들이 쉽게 사용할 수 있도록 만들어진 코딩 방식이다. 블록 코딩 프로그램은 엔트리와 스크래치가 대표적으로 많이 사용되고 있다. 엔트리는 누구나 무료로 소프트웨어 교육을 받을 수 있는 플랫폼으로서 국내에서 제작되었으며 엔트리, 네이버와 커넥트 재단이 3자 간 합의를 통해 공공재 플랫폼으로 운영된다. 엔트리에는 엔트리를 학습할 수 있는 다양한 콘텐츠가 있으며 학습을 바탕으로 창작의 재미를 가질 수 있도록 쉽게 만들기 기능을 제공한다. 블록 코딩과 텍스트코딩의 중간적인 기능을 하는 엔트리파이선을 제공하기도 한다. 스크래치는 미국 MIT에서 개발한 블록형 프로그래밍 언어를 사용하는 것으로 엔트리와 거의 유사하게 동작한다. 엔트리는 자신이 학습해서 만든 작품을 다른 사람과 공유하며 다른 사람들과 협업하여 작품을 만들 수도 있다. 또한 언플러그드 활동, 기초알고리즘, 교육용 프로그래밍 언어 및 피지컬 컴퓨팅까지 다양한 경험을 통해 사고력과 창의력을 배양할 수 있도록 많은 도움을 준다. 로봇설계는 로봇의 세부적인 기능 즉 판단과 판단의 재료 및 움직임을 표현하는 것을 말한다. 인간을 예를 들어 설명해보기로 하자. 인간은 시각, 청각, 촉각 등을 통해 뇌에서 인지하여 판단하며 이에 대한 반응으로 움직임을 통해 표현한다. 인간은 기본적으로 뇌에 의한 판단으로 움직임을 표현하게 되는 데 인간의 뇌에 의한 판단과 움직임을 로봇으로 설명하자면 로봇 코딩에 의한 로봇의 직접적인 움직임으로 해석할 수 있다. 따라서 로봇 코딩에는 인간의 뇌 역할을 하는 판단 구조가 포함되어야 한다.

엔트리 화면에 대해 간단하게 살펴보기로 하자. 인터넷에서 엔트리 사이트(https://playentry.org)에 방문해서 먼저 회원가입 절차에 따라 회원가입을 한 후 다양한 방식의 엔트리 프로그램을 사용하면 된다. 그림 5.1과 같이 첫 페이지에는 학습하기, 만들기, 공유하기, 커뮤니티가 있으며 자유롭게 사용하면 된다. 먼저 학습하기/엔트리 학습하기/더 많은 미션 보러가기/엔트리봇 학교 가는 길을 선택해서 가능한 단계까지 실습하기로 하자. 실습 단계는 1단계부터 시작해서 15단계까지 있으며 15단계까지 마치면 인증서를 받을 수 있는 형태로 구성되어 있다. 일단은 엔트리 프로그램에서 요구하는 방식으로 실습을 진행해 보기로 하자. 물론 실습을 진행하는 동안 여러 가지 생각들을 하게 될 것이다. 방식에 대한 의문, 구조에 대한 의문 등 많은 의문이 떠오르게 될 것이다. 이후에 이러한 의문들을 하나하나씩 세부적으로 분석해 보기로 하자. 지금은 엔트리에서 요구하는 방식에 맞춰 15단계까지 실습해 보기로 하자.

그림 5.1 엔트리 초기화면

실제로 블록 코딩을 진행해 보기로 하자. 블록 코딩은 국내에서 제작되고 가장 많이 사용하고 있는 엔트리를 통해서 살펴보기로 하자. 처음부터 너무 복잡한 블록 코딩을 진행하는 것은 어려운 일이므로 간단한 경우부터 시작해서 점점 복잡한 형태로 블록 코딩을 시작하면서 코딩에 대한 개념을 정립하고 이해하며 실제적인 코딩을 위한 기초를 마련하도록 하자. 블록 코딩은 사고력과 창의력 배양에 중점을 두고 있으며 시간이 걸리더라도 누군가의 도움을 받지 않고 스스로 문제를 해결하는 것을 목표로 하고 있다는 것을 명심해야 한다. 예를 들어 중고교 시절에 모르는 수학 문제를 해결하는 경우를 생각해 보자. 어떤 수학 문제를 풀기 위해서는 먼저 해당 문제에 해당하는 수학적 지식을 이해해야 하며 수학적 지식을 바탕으로 여러 가지 방법으로 응용할 수 있는 능력이 필요하다. 모르는 수학 문제를 스스로 해결하지 못하고 오랜 시간 생각하지 않은 채 해답지를 보거나 누군가에게 질문해서 해결하면 사고력 향상을 위해서는 좋은 방법이 아닐 것이다. 하나의 수학 문제를 해결하기 위해서 수학적 지식을 깊게 이해하고 많은 시간을 할애해서 수학 문제를 스스로 해결해 가는 과정에서 우리가 원하는 사고력 향상을 얻을 수 있는 것이다. 하나의 주어진 문제를 해결하기 위해 문제 해결 단계를 설명하는 블록 코딩도 수학 문제 해결방식과 유사하게 진행된다. 블록 코딩을 통해 앞으로 진행하게 될 실제적인 코딩에 대한 기본적인 지식과 사고력 배양을 얻는 다양한 방법들을 사용해야 한다. 엔트리에서 제공하는 가장 간단한 블록 코딩인 엔르리봇 학교 가는 길부터 시작해 보기로 하자.

제6장 엔트리봇 학교 가는 길

엔트리봇 학교 가는 길은 엔트리봇이 책가방을 챙겨 학교에 도착할 수 있도록 하는 가장 기초적인 블록 코딩 단계로서 블록 코딩에서 순차와 반복에 대한 개념을 학습할 수 있다. 엔트리봇 학교 가는 길 15단계까지 마치고 난 후에 다루게 될 인간형 로봇은 인간과 유사하게 판단하고 움직이는 로봇으로 설계해서 사용할 것이다. 인간형 로봇을 나 자신이라고 생각하면서 엔트리봇의 움직임을 나의 움직임과 비교하면서 생각한다면 나중에 실제로 코딩하는 데 많은 도움을 받게 될 것이다. 나중에 학습하게 될 로봇 코딩과 비교하고 분석하면서 엔트리봇 학교 가는 길 블록 코딩을 천천히 시작해 보기로 하자.

6.1 엔트리봇 학교 가는 길 1단계

엔트리봇 학교 가는 길 1단계를 통해 가장 기초적인 내용부터 설명하자. 그림 6.2에는 엔트리봇 학교 가는 길 1단계 초기화면에 대해 표현하였다. 그림 6.1에서 엔트리에서 블록 코딩을 수행하기 위해서 그림에 나와 있는 기본적인 사항부터 살펴보고 점검해 보자. 그림은 크게 6가지 형태로 구분된다. 최고 위쪽에 다른미션보기 옆에 숫자 1이 보이는데 이것은 1단계를 표시하며 이후로 15단계까지 있으며 마지막에 꽃 모양으로 15단계를 마치면 인증서를 받을 수 있도록 표시하고 있다. 바로 밑에는 별 모양이 3개가 보이는 데 별 모양 2개는 어둡고 1개는 밝은 데 이것은 블록 코딩에서 주어진 문제를 해결하는 데 사용할 수 있는 블록의 개수를 의미하며 밝은 별 모양이 1개인 것은 블록 1개를 이미 사용했으며 앞으로 2개의 블록을 더 사용할 수 있다는 것을 말한다. 블록 코딩에 따라 엔트리봇을 움직이게 하는 즉 실행하는 부분은 상단 왼쪽에 표시되며 시작하기를 누르면 우리가 블록 조립소에서 블록 코딩한 순서대로 실행된다. 도움말과 블록 코딩 목표에 대해 알려주는 부분은 하단 왼쪽에 표시된다. 하나의 기능을 수행하는 블록들을 모아놓은 블록 꾸러미는 상단 오른쪽 첫 번째에 표시되며 블록들을 조립해서 블록 코딩을 직접 수행하는 블록 조립소가 상단 오른쪽 두 번째에 표시되어 있다. 실행 화면의 상황을 잘 파악해서 엔트리봇이 가방을 챙길 수 있도록 블록 꾸러미에 있는 블록을 이용해서 블록 조립소에서 조립하면 된다. 블록 꾸러미에는 오른쪽으로 한 칸 이동할 수 있는 오른쪽 블록이 있고 블록 조립소에서 블록을 조립하면 되는 데 이미 오른쪽 블록이 하나 조립되어 있다. 초기화면을 살펴보면 엔트리봇이 가방을 챙기기 위해 오른쪽으로 가야하는 것은 엔트리봇의 입장이 아니라 컴퓨터 화면을 바라보는 사용자의 입장이다. 실제 현실 세계에서 가방을 챙기기 위해서는 오른쪽으로 걷기가 아니라 앞쪽으로 걷는 것이 정확할 것이다. 이후 상세하게 살펴보기로 하자.

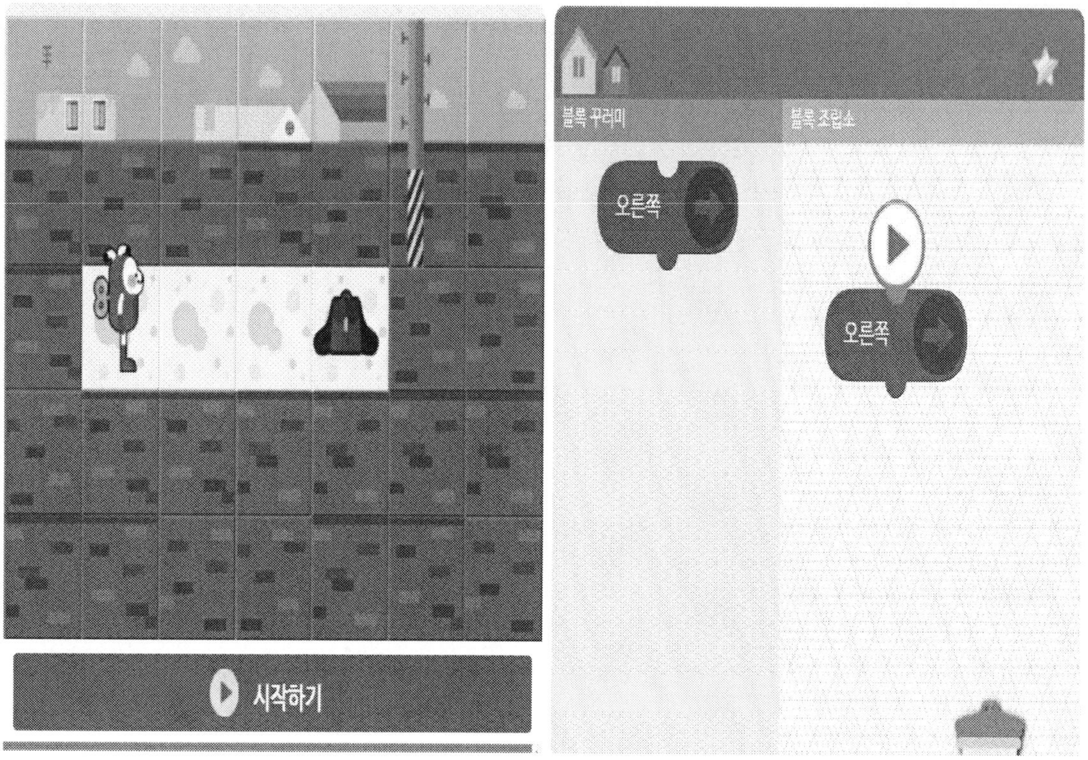

그림 6.1 엔트리봇 학교 가는 길 1단계 초기화면

그림 6.2에는 엔트리봇 학교 가는 길 1단계를 블록 코딩한 화면을 보여준다. 그림 6.1과 비교하면서 살펴보면 된다. 오른쪽 블록을 3개를 연속 사용하여 블록 코딩을 완성하였다. 블록 코딩 후 시작하기 버튼을 눌러 블록 코딩을 실행한 후 결과를 확인하면 된다. 결과를 통해서 실제 문제해결에 대한 성공과 실패를 판단하여 성공한 후에는 다음 단계로 가고 실패를 한 경우에는 다시 블록 코딩을 수행하여 성공할 때까지 반복해서 수행하게 된다. 결과는 엔트리봇이 우리가 블록 코딩한 순서에 따라 오른쪽으로 세 번 이동하여 가방을 챙기게 된다. 사용한 블록이 3개이므로 블록 조립소 바로 위의 3개의 별이 밝은색으로 바뀌게 된다.

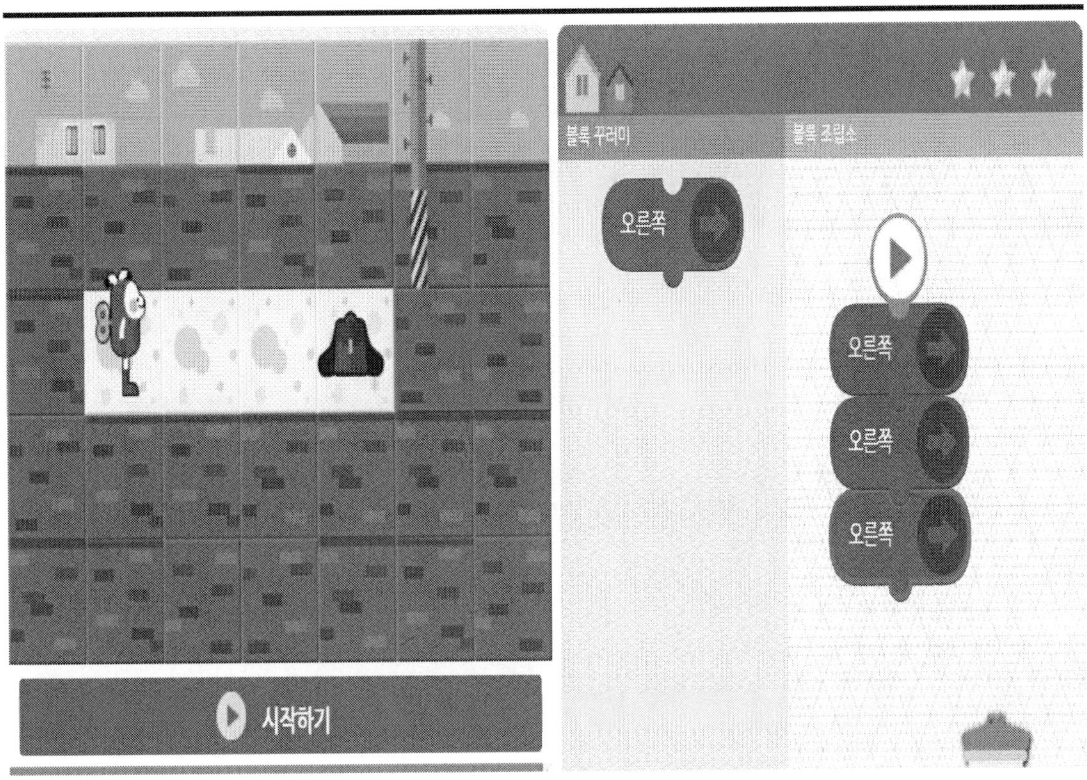

그림 6.2 엔트리봇 학교 가는 길 1단계 블록 코딩 화면

엔트리봇 학교 가는 길 1단계와 마찬가지로 2, 3, 4단계는 왼쪽, 위쪽, 아래쪽 블록을 사용해서 충분히 성공할 수 있다. 직접 실습해 보기 바란다.

6.2 엔트리봇 학교 가는 길 5단계

그림 6.3에는 엔트리봇 학교 가는 길 5단계를 블록 코딩한 화면을 보여준다. 그림 6.2와 비교하면서 살펴보면 된다. 위쪽 블록, 오른쪽 블록과 위쪽 블록을 사용하여 블록 코딩을 완성하였다. 블록 코딩 후 시작하기 버튼을 눌러 블록 코딩을 실행한 후 결과를 확인하면 된다. 결과를 통해서 실제 문제해결에 대한 성공과 실패를 판단하여 성공한 후에는 다음 단계로 가고 실패를 한 경우에는 다시 블록 코딩을 수행하여 성공할 때까지 반복해서 수행하게 된다. 결과는 엔트리봇이 우리가 블록 코딩한 순서에 따라 위쪽, 오른쪽, 위쪽으로 세 번 이동하여 가방을 챙기게 된다. 사용한 블록이 3개이므로 블록 조립소 바로 위의 3개의 별이 밝은색으로 바뀌게 된다.

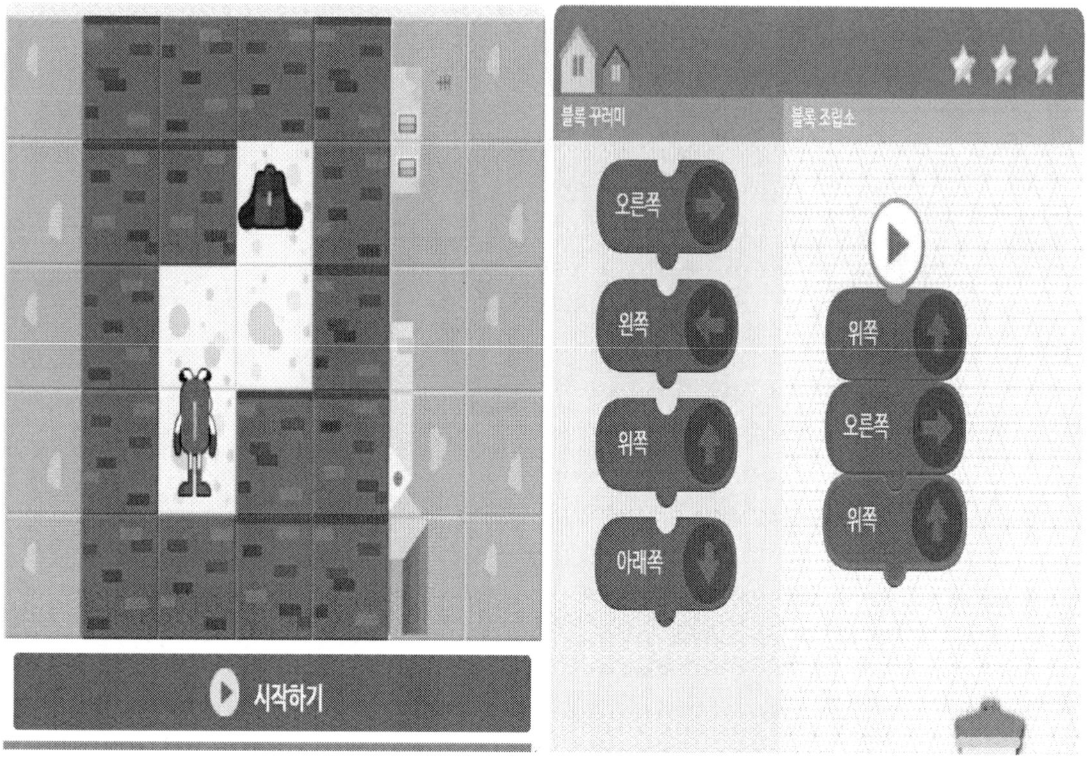

그림 6.3 엔트리봇 학교 가는 길 5단계 블록 코딩 화면

엔트리봇 학교 가는 길 1단계와 5단계를 통해 이후에 진행하게 될 실제 로봇 코딩에 대해 간단하게 살펴보기로 하자. 엔트리봇이 나 자신이라고 생각해 보자. 1단계는 내가 서 있는 곳에서 가방이 보이며 5단계에서는 가방이 보이지 않는다. 또한 추가해서 가방이 있는 곳은 미로이며 1단계, 5단계와는 다른 다소 복잡한 길이 존재하며 어떤 경우에는 갈림길도 존재하면 우리는 가방을 챙길 수 있을지 또는 나를 대신해 로봇이 가방을 챙길 수 있도록 실제 코딩을 할 수 있을지 생각해 보면 나중에 이루어질 실제 코딩에 많은 도움이 될 것이다. 이러한 생각들이 모여 여러분의 사고력과 창의력을 배양하는 계기가 될 것이라 믿는다. 한편, 엔트리봇 학교 가는 길 6단계는 5단계와 유사하니 스스로 코딩해 보도록 하자.

6.3 엔트리봇 학교 가는 길 7단계

그림 6.4에는 엔트리봇 학교 가는 길 7단계를 블록 코딩한 화면을 보여준다. 그림 6.2과 6.1과 비교하면서 살펴보면 된다. 오른쪽 블록, 오른쪽 블록, 연필줍기 블록, 오른쪽 블록, 오른쪽 블록, 연필줍기 블록과 오른쪽 블록을 사용하여 블록 코딩을 완성하였다. 블록 코딩 후 시작하기 버튼을 눌러 블록 코딩을 실행한 후 결과를 확인하면 된다. 결과를 통해서 실제 문제해결에 대한 성공과 실패를 판단하여 성공한 후에는 다음 단계로 가고 실패를 한 경우에는 다시 블록 코딩을 수행하여 성공할 때까지 반복해서 수행하게 된다. 결과는 엔트리봇이 우리가 블록 코딩한 순서에 따라 오른쪽 블록, 오른쪽 블록, 연필줍기 블록, 오른쪽 블록, 오른쪽 블록, 연필줍기 블록과 오른쪽 블록을 실행해 연필을 줍고 가방을 챙기게 된다. 사용한 블록이 7개이므로 블록 조립소 바로 위의 7개의 별이 밝은색으로 바뀌게 된다. 여기서 좀 더 생각해야 할 부분은 연필줍기 블록은 있는데 가방줍기 블록은 없다는 것이다. 실제로는 가방을 챙겨야만 로봇 수행이 끝나게 되지만 엔트리에서는 가방이 있는 곳에 오면 로봇 수행이 성공하는 것으로 프로그래밍 되어져 있다. 하지만 실제 코딩에서는 가방줍기 블록도 필요하다는 것이다. 이후에 좀 더 세부적으로 살펴보기로 하자.

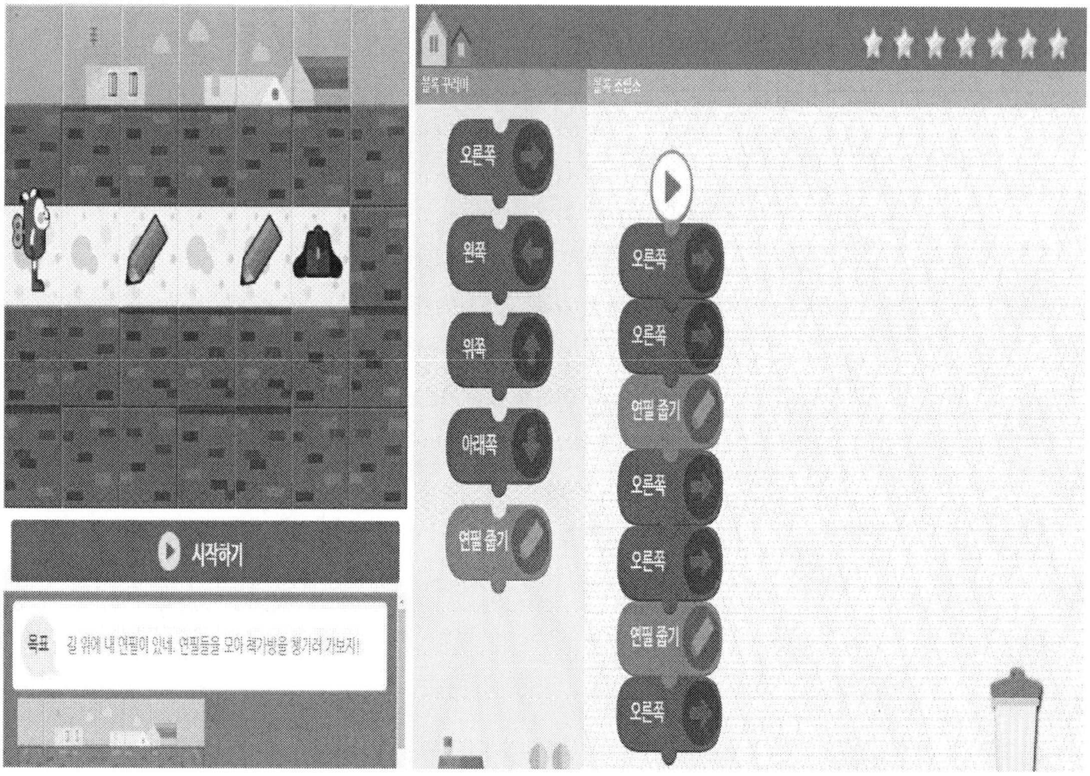

그림 6.4 엔트리봇 학교 가는 길 7단계 블록 코딩 화면

6.4 엔트리봇 학교 가는 길 8단계

그림 6.5에는 엔트리봇 학교 가는 길 8단계를 블록 코딩한 화면을 보여준다. 그림 6.4와 비교하면서 살펴보면 된다. 오른쪽 블록, 오른쪽 블록, 아래쪽 블록, 연필줍기 블록, 아래쪽 블록, 왼쪽 블록, 왼쪽 블록을 사용하여 블록 코딩을 완성하였다. 블록 코딩 후 시작하기 버튼을 눌러 블록 코딩을 실행한 후 결과를 확인하면 된다. 결과를 통해서 실제 문제해결에 대한 성공과 실패를 판단하여 성공한 후에는 다음 단계로 가고 실패를 한 경우에는 다시 블록 코딩을 수행하여 성공할 때까지 반복해서 수행하게 된다. 결과는 엔트리봇이 우리가 블록 코딩한 순서에 따라 오른쪽 블록, 오른쪽 블록, 아래쪽 블록, 연필줍기 블록, 아래쪽 블록, 왼쪽 블록, 왼쪽 블록을 실행해 연필을 줍고 가방을 챙기게 된다. 사용한 블록이 7개이므로 블록 조립소 바로 위의 7개의 별이 밝은색으로 바뀌게 된다.

엔트리봇 학교 가는 길 8단계를 실행하는 것을 자세하게 살펴보면 오른쪽 이동을 2번

한 후 우리가 코딩하지 않은 동작을 하는 것을 볼 수 있는데 바로 오른쪽 회전이다. 또한 아래쪽 이동, 연필줍기, 아래쪽 이동을 한 이후에도 오른쪽 회전을 하는 것을 볼 수 있다. 따라서 실제 코딩하는 경우 오른쪽 회전 블록을 추가해서 사용해야 한다. 이후 상세하게 살펴보기로 하자.

그림 6.5 엔트리봇 학교 가는 길 8단계 블록 코딩 화면

6.5 엔트리봇 학교 가는 길 9단계

그림 6.6에는 엔트리봇 학교 가는 길 9단계를 블록 코딩한 화면을 보여준다. 블록 조립소에는 블록 코딩이 2가지 종류가 있다. 왼쪽에 있는 블록 코딩은 엔트리에서 요구하는 블록 코딩이고 오른쪽에 있는 블록 코딩은 실제로 동작하는 일반적인 코딩 방법이며 이 방법은 미로의 어떤 부분에 가방이 있더라도 가방을 챙기는 방법이라 할 수 있다. 물론 로봇의 회전 동작, 길을 선택하는 방법 및 가방을 인식하는 방법 등이 필요하기도 하다. 두 방법을 서로 비교하면서 잘 분석해야 한다. 첫 번째 방식은 엔트리에서 요구하는 방식으로 오른쪽 블록, 위쪽 블록, 위쪽 블록, 오른쪽 블록, 오른쪽 블록, 오른쪽 블록을 사

용하여 블록 코딩을 완성하였고 두 번째 방식은 실제 코딩에 가까운 방식으로 오른쪽 블록, 오른쪽 블록, 아래쪽 블록, 왼쪽 블록, 위쪽 블록, 위쪽 블록, 위쪽 블록, 오른쪽 블록, 오른쪽 블록, 오른쪽 블록 코딩을 완성하였다. 블록 코딩 후 시작하기 버튼을 눌러 블록 코딩을 실행한 후 결과를 확인하면 되고 두 가지 방식의 차이점을 정확하게 분석해야 한다. 두 방식의 차이점은 첫 번째 방식은 엔트리봇을 움직이게 하는 사용자가 가방이 있는 장소를 알고 있다는 가정에서 코딩하며 실제는 대부분 경우에는 가능하지 않은 방식이며 엔트리 사이트에서 초보자들의 코딩교육을 위해 개발한 것이며 두 번째 방식이 실제 코딩 방식에 가깝게 동작하게 된다. 두 번째 방식의 세부 방식은 길을 선택하는 방식에서 우선순위를 두어 코딩했다는 것이다. 우선순위는 화면을 기준으로는 오른쪽, 아래쪽, 위쪽, 왼쪽 순서이다.

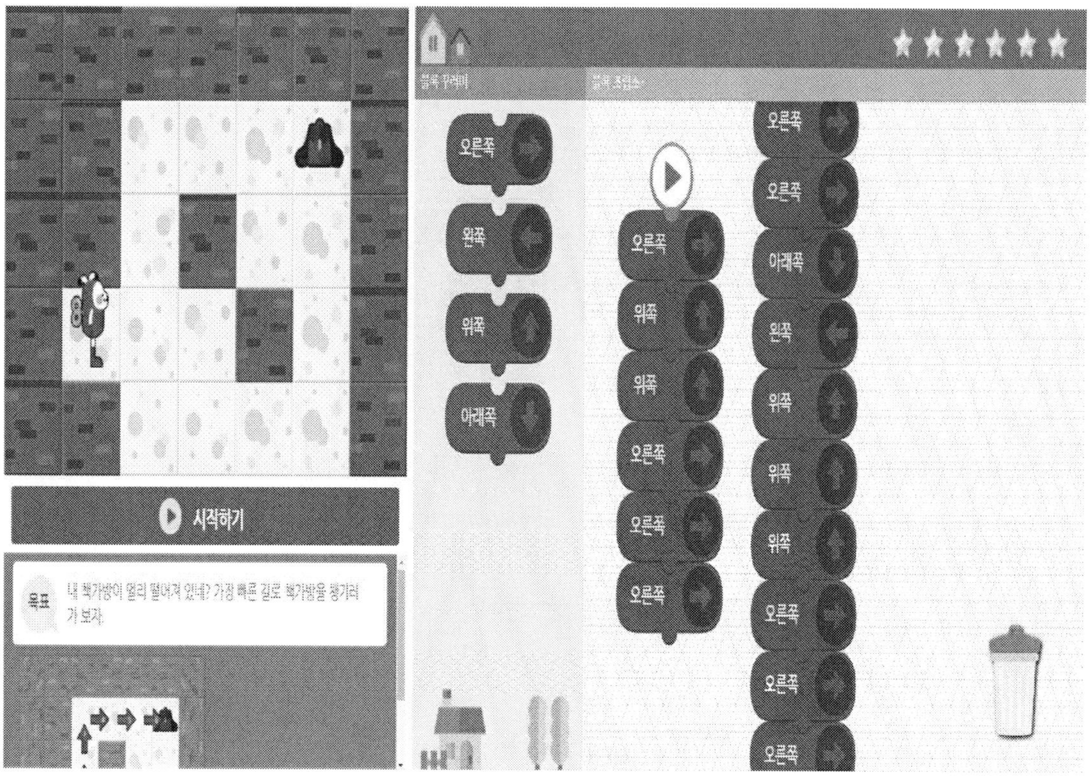

그림 6.6 엔트리봇 학교 가는 길 9단계 블록 코딩 화면

6.6 엔트리봇 학교 가는 길 15단계

그림 6.7에는 엔트리봇 학교 가는 길 15단계를 블록 코딩한 화면을 보여준다. 참고로 엔트리봇 학교 가는 길 10단계에서 14단계까지는 특별한 기술이 필요하지 않으며 쉽게 블록 코딩할 수 있다. 실습해 보기 바란다. 15단계에서 블록 꾸러미에는 반복하기 블록이 있다. 반복하기 블록에 포함되는 블록 횟수는 1에서 10까지 제공한다. 블록 조립소에서 조립한 블록 코딩은 오른쪽, 오른쪽, 위쪽을 한 세트로 3번 반복하는 형태를 사용하고 있다. 실제 코딩에서는 가능하지 않으며 사용자가 학교가 어느 장소에 있는지 알고 있다는 가정에서만 가능하다.

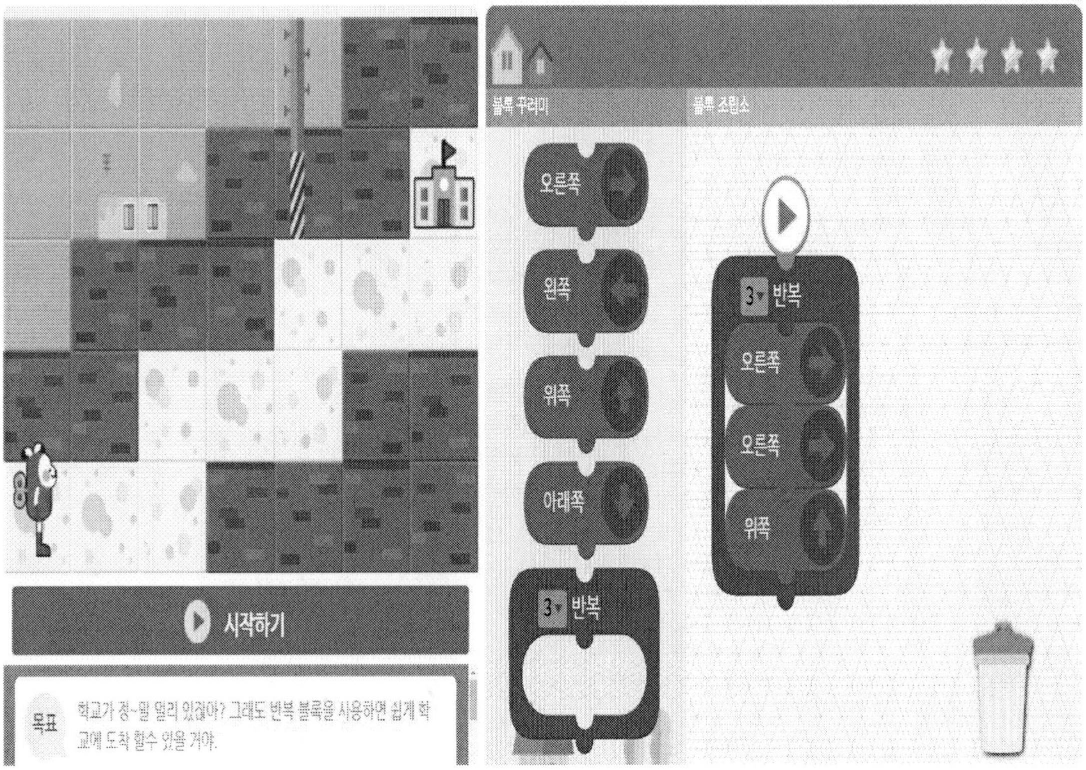

그림 6.7 엔트리봇 학교 가는 길 15단계 블록 코딩 화면

6.7 엔트리봇 학교 가는 길 실제에 가까운 코딩

엔트리봇 학교 가는 길 실제에 가까운 코딩에 대해 세부적으로 살펴보기로 하자. 엔트리에서 제공하는 프로그램의 제한성 때문에 그림 6.8 엔트리봇 학교 가는 길 실제 코딩에 가까운 화면에 실행 창에 ■와 ●를 표시하였다. ■는 학교를 표시하고 ●는 연필을 표시한다. 또한 블록 조립소에는 3개의 블록 코딩이 존재한다. 첫 번째는 학교를 찾는 움직임이고 두 번째는 가방을 찾는 움직임이며 세 번째는 연필을 찾는 움직임이다. 엔트리봇 학교 가는 길 9단계에서 설명했듯이 길을 선택하는 방식에서 우선순위를 두어 코딩했다는 것이다. 우선순위는 화면을 기준으로는 오른쪽, 아래쪽, 위쪽, 왼쪽 순서이다. 코딩은 다양하게 실습해 볼 수 있다. 엔트리봇이 학교를 찾는 코딩, 가방을 찾는 코딩, 연필을 찾는 코딩, 가방을 찾아 학교를 찾는 코딩, 연필을 찾아 학교를 찾는 코딩, 가방을 찾고 연필을 찾아 학교를 찾는 코딩 등 다양한 상황을 설정해서 코딩해 볼 수 있다. 충분히 실습해 보기를 바란다.

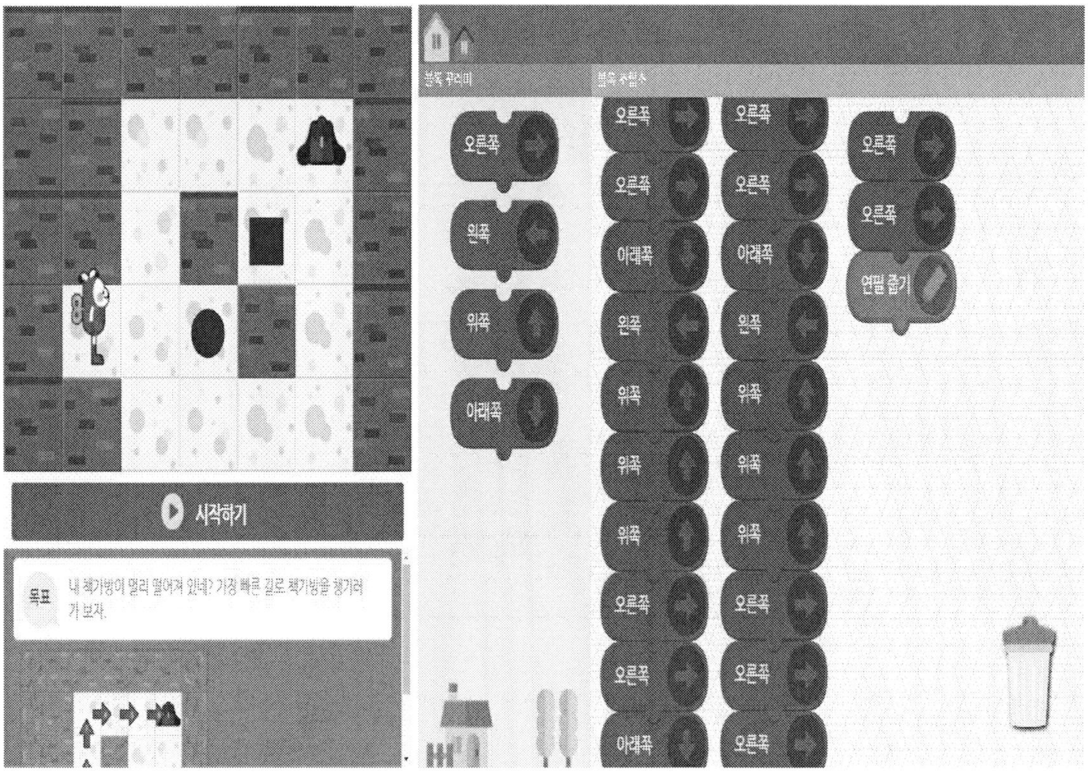

그림 6.8 엔트리봇 학교 가는 길 실제 코딩에 가까운 화면

6.8 엔트리봇 학교 가는 길 실제 코딩

엔트리봇 학교 가는 길 실제 코딩에 대해 세부적으로 살펴보기로 하자. 엔트리에서 제공하는 프로그램의 제한성 때문에 그림 6.9 엔트리봇 학교 가는 길 미로에 가방은 포함되어 있으며 학교와 연필을 표시하기 위해 ■와 ●을 표시했으며 ■는 학교를 표시하고 ●는 연필을 표시한다. 먼저 엔트리봇을 실제에 가깝게 설계해 보자. 엔트리봇이 이미지를 인식할 수 있도록 이미지 센서, 이미지까지의 거리를 계산할 수 있도록 거리 센서를 달고 움직임은 앞쪽 한 칸 이동, 오른쪽 회전과 왼쪽 회전을 할 수 있도록 설계하자. 또한 이미지를 확인하는 방식에서 우선순위를 두어 앞쪽, 오른쪽, 뒤쪽, 왼쪽 순서로 진행하며 길을 선택하는 방식에서 우선순위를 두어 앞쪽, 오른쪽, 왼쪽, 뒤쪽 순서로 진행한다. 코딩은 실제로 엔트리봇이 학교를 찾는 코딩, 가방을 챙기는 코딩, 연필을 챙기는 코딩, 가방을 챙겨 학교를 찾는 코딩, 연필을 챙겨 학교를 찾는 코딩, 가방을 먼저 챙기고 연필을 챙겨 학교를 찾는 코딩 등에 대해 알고리즘을 작성해 보고 순서도는 여러분들이 스스로 작성해 보기로 하자.

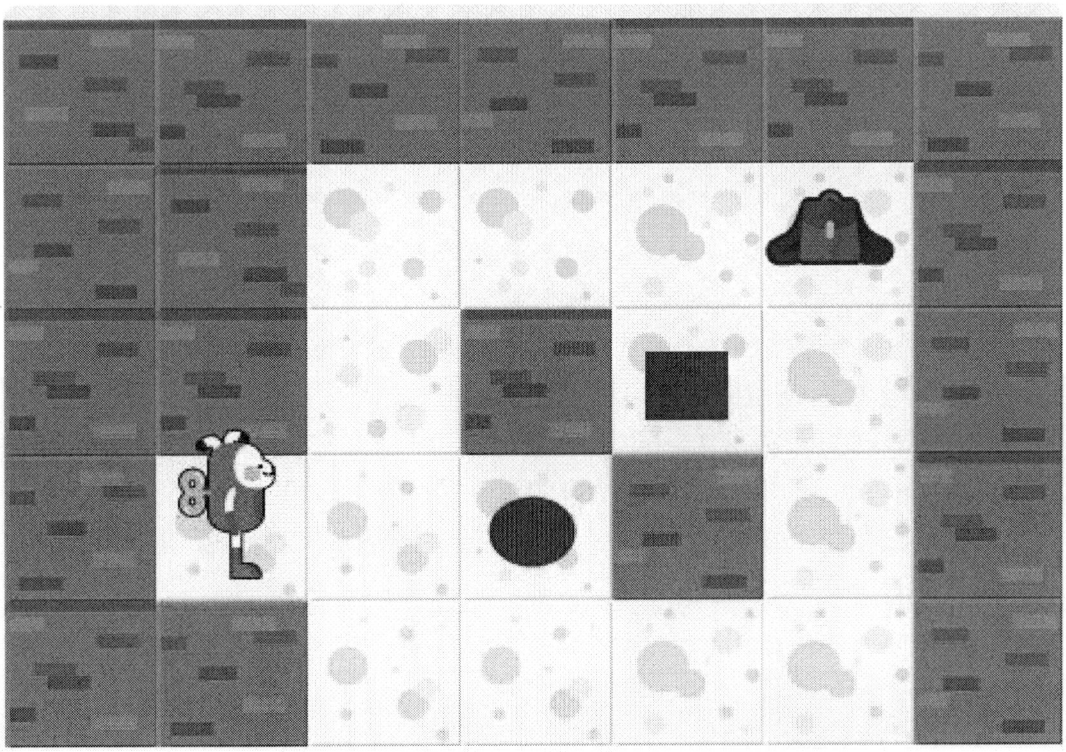

그림 6.9 엔트리봇 학교 가는 길 실제 코딩을 위한 미로

1) 엔트리봇이 학교를 찾는 코딩

앞에서 엔트리봇을 설계하고 이미지 탐색과 길 탐색에 대한 우선순위를 정한 방식에 따라 알고리즘을 먼저 작성하고 순서도를 작성하면 된다.

(1) 알고리즘

그림 6.9를 참고하면서 알고리즘을 작성해 보기로 하자. 엔트리봇에게 학교를 찾도록 명령을 내리면 시작된다.

① 학교를 탐색하기 위해서 자신의 위치에 학교가 있는지를 탐색하고 학교가 있으면 종료한다.

② 학교가 없으면 앞쪽에 학교가 있는지를 탐색하고 있으면 앞쪽 걷기 후 알고리즘의 처음으로 돌아간다.(즉 자신의 위치에 학교가 있는지를 탐색하는 것을 반복하게 된다. 여기서 추가적인 방법이 있는데 앞쪽에 학교가 보이고 학교까지의 거리를 계산하여 계산된 결과만큼 앞쪽 걷기를 시행하면 학교에 도착해서 종료하게 된다. 알고리즘의 간편함을 위해서 전자의 방법을 사용하고 후자의 방법은 이후에 상세하게 논의하기로 하자.)

③ 앞쪽에 학교가 없으면 오른쪽 회전 후에 앞쪽에 학교가 있는지를 탐색하고 있으면 앞쪽 걷기 후 알고리즘의 처음으로 돌아간다.

④ 학교가 보이지 않으면 오른쪽 회전 후에 앞쪽에 학교가 있는지를 탐색하고 있으면 앞쪽 걷기 후 알고리즘의 처음으로 돌아간다.

⑤ 학교가 보이지 않으면 오른쪽 회전 후에 앞쪽에 학교가 있는지를 탐색하고 있으면 앞쪽 걷기 후 알고리즘의 처음으로 돌아간다.

⑥ 학교가 보이지 않으면 오른쪽 회전 후 길 탐색을 진행한다. 길 탐색은 앞쪽에 길이 있으면 앞쪽 걷기 후 알고리즘의 처음으로 돌아간다.

⑦ 앞쪽에 길이 없으면 오른쪽 회전 후 앞쪽에 길이 있으면 앞쪽 걷기 후 알고리즘의 처음으로 돌아간다.

⑧ 앞쪽에 길이 없으면 오른쪽 회전을 2번 한 후 앞쪽에 길이 있으면 앞쪽 걷기 후 알고리즘의 처음으로 돌아간다.

⑨ 앞쪽에 길이 없으면 왼쪽 회전 후 앞쪽에 길이 있으면 앞쪽 걷기 후 알고리즘의 처음으로 돌아간다.

⑩ 앞쪽에 길이 없으면 강제 종료된다. 마지막 알고리즘은 수행은 대부분 없는 경우이지만 현재의 위치에서 모든 방향의 길이 막혀있는 경우가 된다.

(2) 순서도

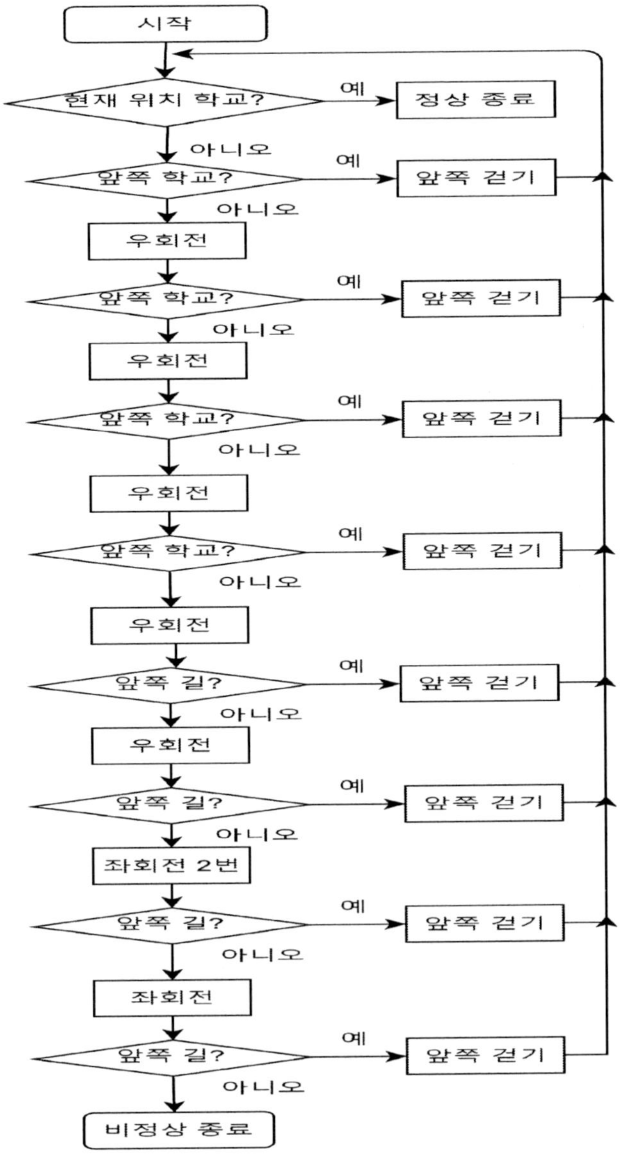

그림 6.10 엔트리봇이 학교를 찾는 순서도

2) 엔트리봇이 가방을 챙겨 학교를 찾는 코딩

앞에서 엔트리봇을 설계하고 이미지 탐색과 길 탐색에 대한 우선순위를 정한 방식에 따라 알고리즘을 먼저 작성하고 순서도를 작성하면 된다.

(1) 알고리즘

그림 6.19를 참고하면서 알고리즘을 작성해 보기로 하자. 엔트리봇에게 가방을 챙겨 학교를 찾도록 명령을 내리면 시작된다.

① 엔트리봇이 가방을 챙겼으면 학교를 탐색하고 가방을 챙기지 못했으면 가방을 탐색한다.

② 엔트리봇이 가방을 챙겼으면 학교를 탐색하기 위해서 자신의 위치에 학교가 있는지를 탐색하고 학교가 있으면 종료한다.

③ 학교가 없으면 앞쪽에 학교가 있는지를 탐색하고 있으면 앞쪽 걷기 후 알고리즘의 처음(또는 현재 위치 학교?)으로 돌아간다.

④ 앞쪽에 학교가 없으면 오른쪽 회전 후에 앞쪽에 학교가 있는지를 탐색하고 있으면 앞쪽 걷기 후 알고리즘의 처음으로 돌아간다.

⑤ 학교가 보이지 않으면 오른쪽 회전 후에 앞쪽에 학교가 있는지를 탐색하고 있으면 앞쪽 걷기 후 알고리즘의 처음으로 돌아간다.

⑥ 학교가 보이지 않으면 오른쪽 회전 후에 앞쪽에 학교가 있는지를 탐색하고 있으면 앞쪽 걷기 후 알고리즘의 처음으로 돌아간다.

⑦ 학교가 보이지 않으면 오른쪽 회전 후 길 탐색을 진행한다. 길 탐색은 앞쪽에 길이 있으면 앞쪽 걷기 후 알고리즘의 처음으로 돌아간다.

⑧ 앞쪽에 길이 없으면 오른쪽 회전 후 앞쪽에 길이 있으면 앞쪽 걷기 후 알고리즘의 처음으로 돌아간다.

⑨ 앞쪽에 길이 없으면 오른쪽 회전을 2번 한 후 앞쪽에 길이 있으면 앞쪽 걷기 후 알고리즘의 처음으로 돌아간다.

⑩ 앞쪽에 길이 없으면 왼쪽 회전 후 앞쪽에 길이 있으면 앞쪽 걷기 후 알고리즘의 처음으로 돌아간다.

⑪ 앞쪽에 길이 없으면 강제 종료된다.

⑫ 엔트리봇이 가방을 챙기지 못했으면 가방을 탐색한다.

⑬ 엔트리봇이 가방을 탐색하기 위해서 자신의 위치에 가방이 있는지를 탐색하고 가

방이 있으면 줍고 알고리즘의 처음으로 돌아간다.

⑭ 가방이 없으면 앞쪽에 가방이 있는지를 탐색하고 있으면 앞쪽 걷기 후 알고리즘의 처음(또는 현재 위치 가방?)으로 돌아간다.

⑮ 앞쪽에 가방이 없으면 오른쪽 회전 후에 앞쪽에 가방이 있는지를 탐색하고 있으면 앞쪽 걷기 후 알고리즘의 처음으로 돌아간다.

⑯ 가방이 보이지 않으면 오른쪽 회전 후에 앞쪽에 가방이 있는지를 탐색하고 있으면 앞쪽 걷기 후 알고리즘의 처음으로 돌아간다.

⑰ 가방이 보이지 않으면 오른쪽 회전 후에 앞쪽에 가방이 있는지를 탐색하고 있으면 앞쪽 걷기 후 알고리즘의 처음으로 돌아간다.

⑱ 가방이 보이지 않으면 오른쪽 회전 후 길 탐색을 진행한다. 길 탐색은 앞쪽에 길이 있으면 앞쪽 걷기 후 알고리즘의 처음으로 돌아간다.

⑲ 앞쪽에 길이 없으면 오른쪽 회전 후 앞쪽에 길이 있으면 앞쪽 걷기 후 알고리즘의 처음으로 돌아간다.

⑳ 앞쪽에 길이 없으면 오른쪽 회전을 2번 한 후 앞쪽에 길이 있으면 앞쪽 걷기 후 알고리즘의 처음으로 돌아간다.

㉑ 앞쪽에 길이 없으면 왼쪽 회전 후 앞쪽에 길이 있으면 앞쪽 걷기 후 알고리즘의 처음으로 돌아간다.

㉒ 앞쪽에 길이 없으면 강제 종료된다.

(2) 순서도

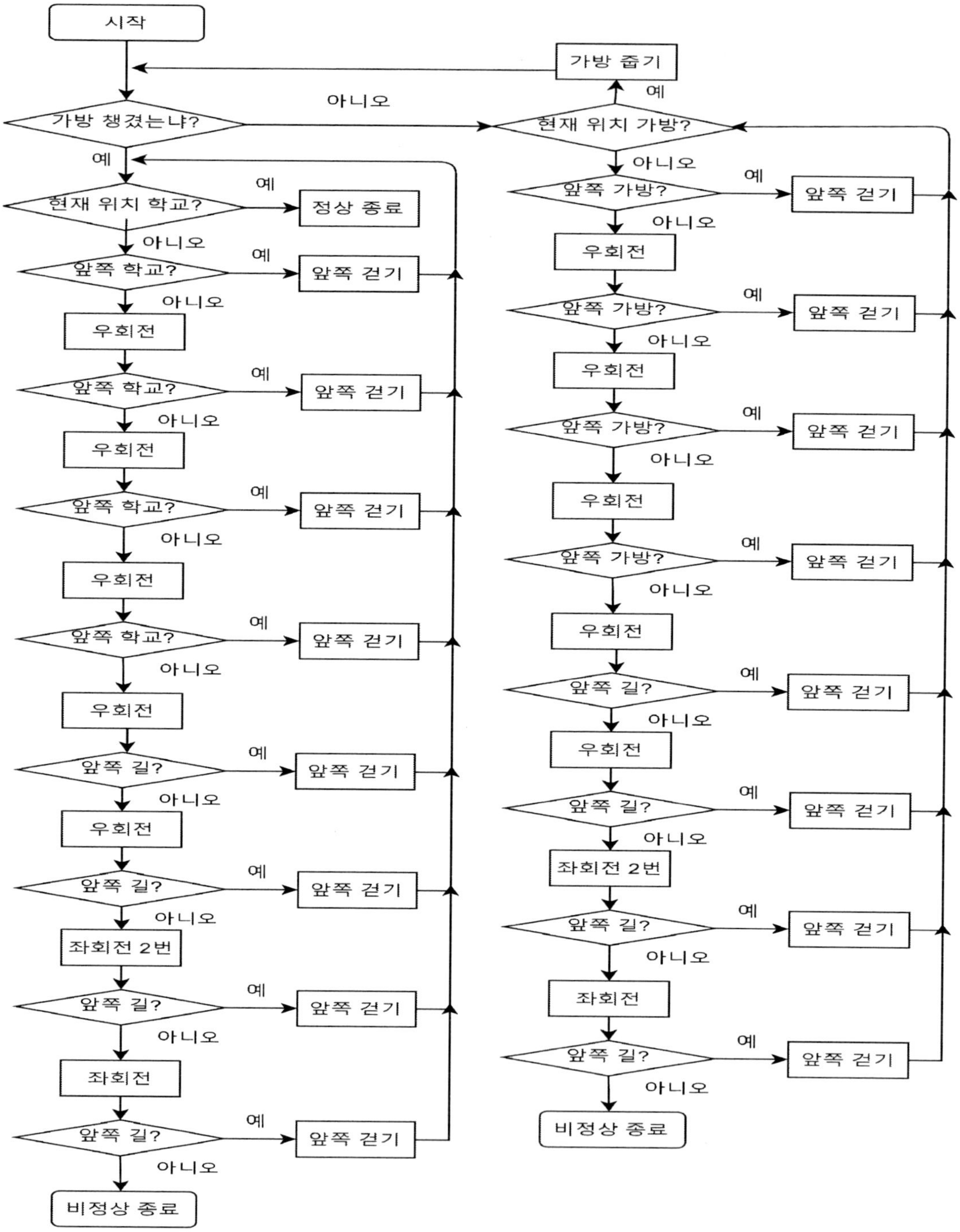

그림 6.11 엔트리봇이 가방을 챙겨 학교를 찾는 순서도

3) 엔트리봇이 가방을 먼저 챙기고 연필을 챙겨 학교를 찾는 코딩

앞에서 엔트리봇을 설계하고 이미지 탐색과 길 탐색에 대한 우선순위를 정한 방식에 따라 알고리즘을 먼저 작성하고 순서도를 작성하면 된다.

(1) 알고리즘

그림 6.9를 참고하면서 알고리즘을 작성해 보기로 하자. 엔트리봇에게 가방을 먼저 챙기고 연필을 챙겨 학교를 찾도록 명령을 내리면 시작된다. 알고리즘은 여러분들이 그림 6.9를 참고해서 스스로 작성해야 한다.

(2) 순서도

순서도는 여러분들이 그림 6.9를 참고해서 스스로 작성해야 한다.

제7장 로봇공장

로봇공장은 엔트리봇이 부품을 챙길 수 있도록 하는 블록 코딩 단계로서 블록 코딩에서 순차와 반복에 대한 개념을 학습할 수 있다. 앞에서 학습한 엔트리봇 학교 가는 길 코딩과 비교하고 분석하면서 로봇공장 블록 코딩을 천천히 시작해 보기로 하자.

7.1 로봇공장 1단계

로봇공장 1단계를 통해 가장 기초적인 내용부터 설명하자. 그림 7.1에는 로봇공장 1단계 초기화면에 대해 표현하였다. 그림 7.1에서 엔트리에서 블록 코딩을 수행하기 위해서 그림에 나와 있는 기본적인 사항부터 살펴보고 점검해 보자. 그림은 크게 6가지 형태로 구분된다. 최고 위쪽에 다른미션보기 옆에 숫자 1이 보이는데 이것은 1단계를 표시하며 이후로 12단계까지 있으며 마지막에 꽃 모양으로 12단계를 마치면 인증서를 받을 수 있도록 표시하고 있다. 바로 밑에는 사용 블록:3과 목표 블록:4가 보이는 데 사용 블록:3은 현재까지 코딩에 사용된 블록의 개수를 목표 블록:4는 블록 코딩에서 주어진 문제를 해결하는 데 사용할 수 있는 블록의 개수를 의미한다. 블록 코딩에 따라 엔트리봇을 움직이게 하는 즉 실행하는 부분은 상단 왼쪽에 표시되며 시작하기를 누르면 우리가 블록 조립소에서 블록 코딩한 순서대로 실행된다. 도움말과 블록 코딩 목표에 대해 알려주는 부분은 하단 왼쪽에 표시된다. 하나의 기능을 수행하는 블록들을 모아놓은 블록 꾸러미는 상단 오른쪽 첫 번째에 표시되며 블록들을 조립해서 블록 코딩을 직접 수행하는 블록 조립소가 상단 오른쪽 두 번째에 표시되어 있다. 실행 화면의 상황을 잘 파악해서 엔트리봇이 가방을 챙길 수 있도록 블록 꾸러미에 있는 블록을 이용해서 블록 조립소에서 조립하면 된다. 블록 꾸러미에는 앞으로 한 칸 이동 블록이 있고(엔트리 학교 가는 길에서 움직임으로 사용된 오른쪽, 왼쪽, 위쪽, 아래쪽 블록과 비교) 블록 조립소에서 블록을 조립하면 되는 데 이미 시작하기를 눌렀을 때 블록 한 개와 앞으로 한 칸 이동 블록 두 개가 조립되어 있다. 초기화면을 살펴보면 엔트리봇이 부품을 챙기기 위해 앞으로 한 깐 이동하는 것은 컴퓨터 화면을 바라보는 사용자의 관점이 아니라 엔트리봇의 관점에서 바라본 방향이다.(엔트리봇 학교 가는 길과 비교)

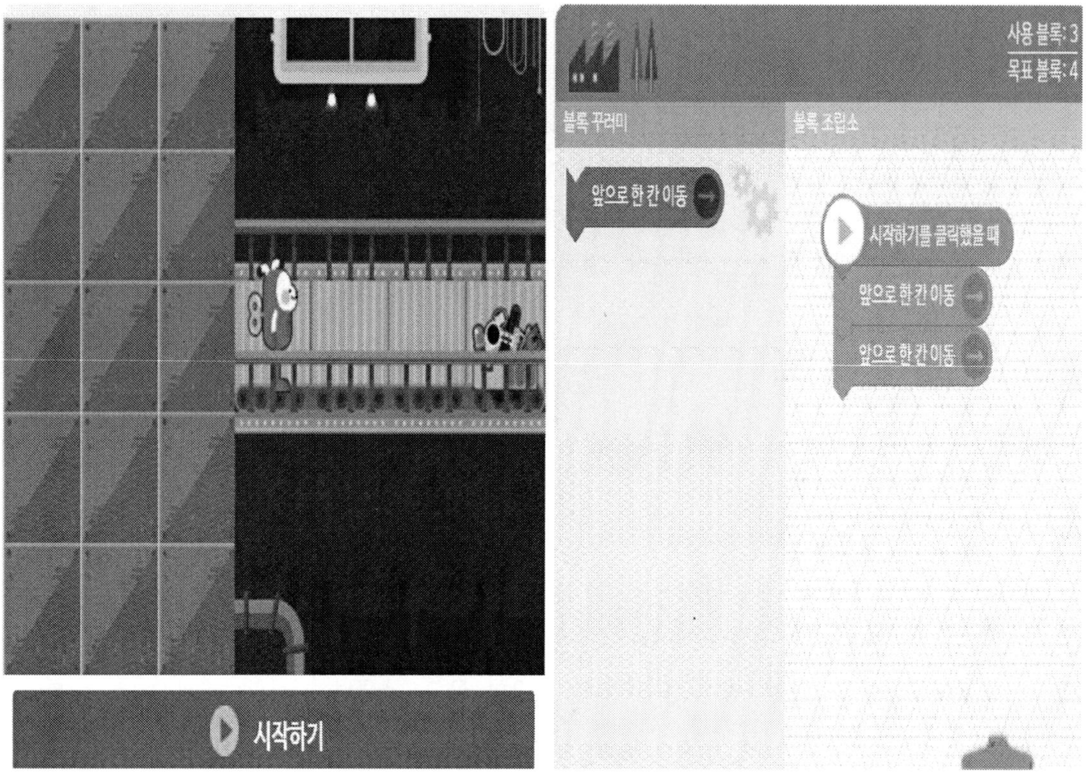

그림 7.1 로봇공장 1단계 초기화면

그림 7.2에는 로봇공장 1단계를 블록 코딩한 화면을 보여준다. 그림 7.1과 비교하면서 살펴보면 된다. 앞으로 한 칸 이동 블록을 3개를 연속 사용하여 블록 코딩을 완성하였다. 블록 코딩 후 시작하기 버튼을 눌러 블록 코딩을 실행한 후 결과를 확인하면 된다. 결과를 통해서 실제 문제 해결에 대한 성공과 실패를 판단하여 성공한 후에는 다음 단계로 가고 실패를 한 경우에는 다시 블록 코딩을 수행하여 성공할 때까지 반복해서 수행하게 된다. 결과는 엔트리봇이 우리가 블록 코딩한 순서에 따라 앞으로 한 칸 이동을 3번 하여 부품을 챙기게 된다. 사용한 블록이 시작하기를 클릭했을 때 블록을 포함하여 4개이므로 사용 블록이 4개가 되며 목표 블록과 같다.

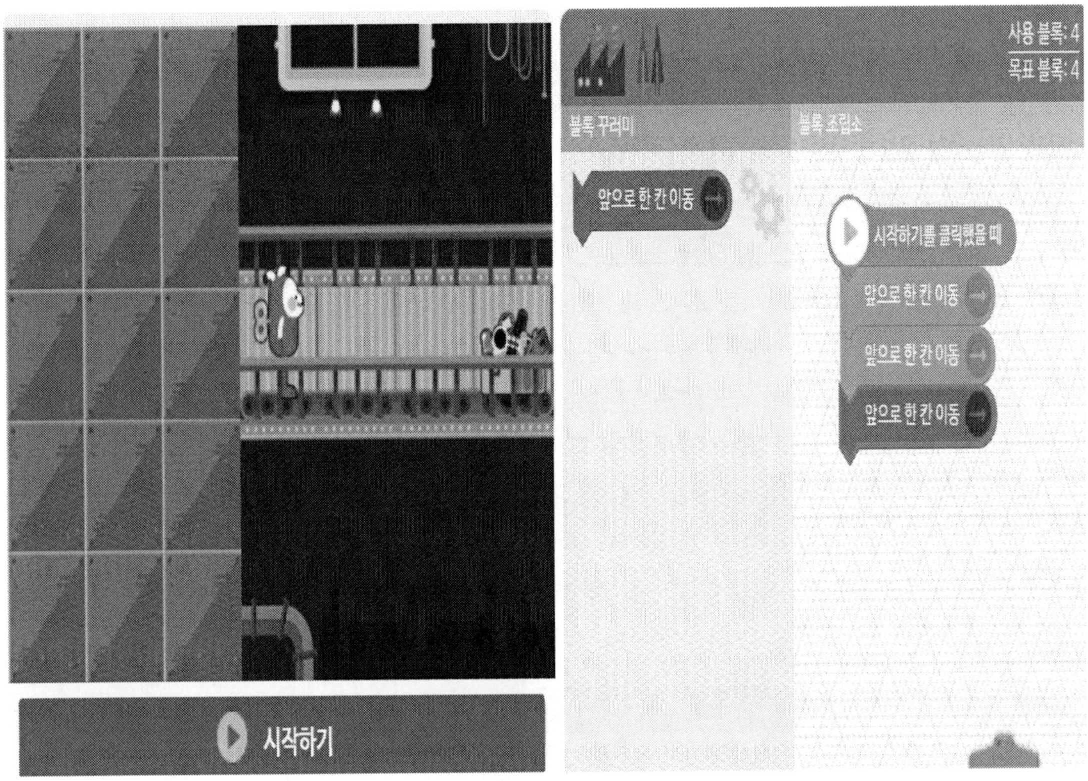

그림 7.2 로봇공장 1단계 블록 코딩 화면

7.2 로봇공장 2단계

그림 7.3에는 로봇공장 2단계 블록 코딩 화면에 대해 표현하였다. 그림 7.3에서 엔트리에서 블록 코딩을 수행하기 위해서 그림에 나와 있는 기본적인 사항부터 살펴보고 점검해 보자. 블록 꾸러미에는 앞으로 한 칸 이동 블록과 1단계에는 없던 뛰어넘기 블록이 있다. 뛰어넘기 블록은 실행 창에 보이는 것처럼 감전되는 장애물을 피해 안전하게 뛰어넘기 할 수 있는 블록이다. 블록 조립소에서 블록 코딩한 순서대로 실행된다. 실행 화면의 상황을 잘 파악해서 엔트리봇이 부품을 챙길 수 있도록 블록 꾸러미에 있는 블록을 이용해서 블록 조립소에서 조립하면 된다. 시작하기를 클릭했을 때 블록 1개, 앞으로 한 칸 이동 블록 1개와 뛰어넘기 블록 2개를 순서대로 조립하면 된다. 사용 블록은 4개가 되며 목표 블록 4와 같다. 나중에 살펴볼 일이지만 엔트리봇이 앞쪽에 장애물이 있으면 부품을 볼 수 있을지 없을지를 결정해야 한다. 일반적인 코딩을 위해서는 앞쪽에 장애물이 있을 때도 부품을 볼 수 있다고 생각하면 된다. 그렇지 않으면 부품이 있는 경우 벽이 있는 것과 같게 다루어야 한다. 이후에 상세하게 살펴보기로 하자.

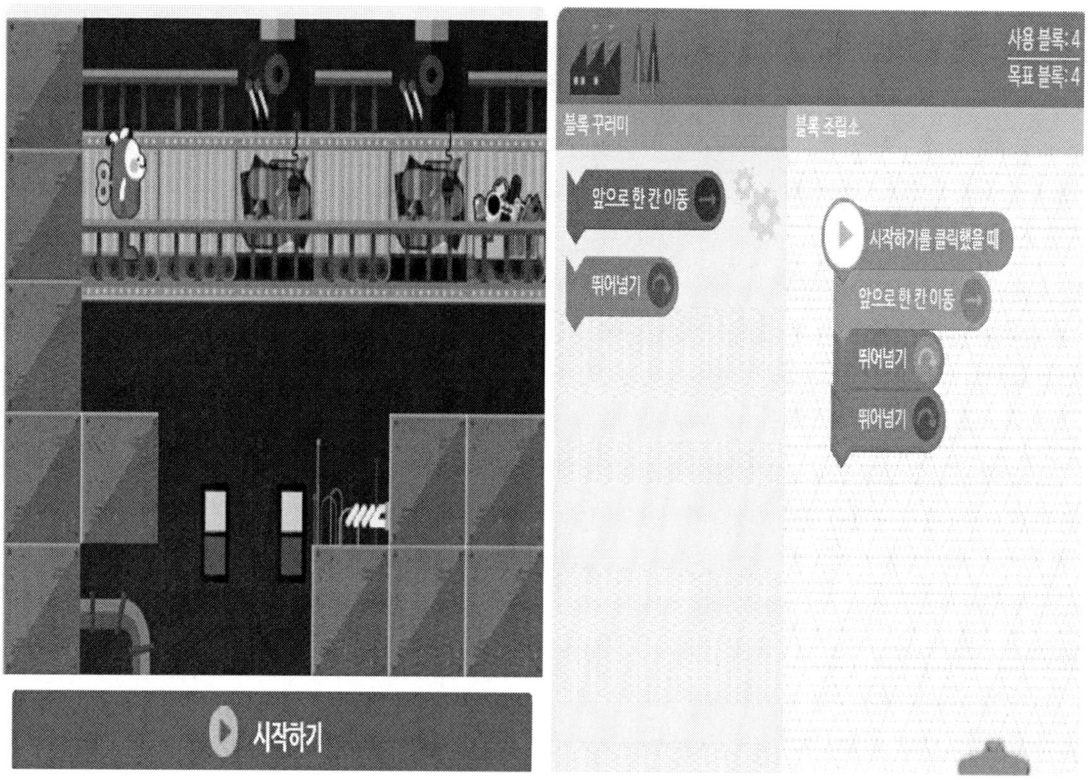

그림 7.3 로봇공장 2단계 블록 코딩 화면

7.3 로봇공장 3단계

그림 7.14에는 로봇공장 3단계 블록 코딩 화면에 대해 표현하였다. 그림 7.14에서 엔트리에서 블록 코딩을 수행하기 위해서 기본적인 사항부터 살펴보고 점검해 보자. 블록 꾸러미에는 앞으로 한 칸 이동 블록과 1, 2단계에는 없던 왼쪽으로 회전, 오른쪽으로 회전 블록이 있다. 엔트리봇 학교 가는 길에서 설명하였듯이 실제로 회전 블록이 필요하다. 회전 블록은 실제 코딩에서도 필요한 블록이었다. 블록 조립소에서 블록 코딩한 순서대로 실행된다. 실행 화면의 상황을 잘 파악해서 엔트리봇이 부품을 챙길 수 있도록 블록 꾸러미에 있는 블록을 이용해서 블록 조립소에서 조립하면 된다. 시작하기를 클릭했을 때 블록, 앞으로 한 칸 이동 블록, 왼쪽으로 회전, 앞으로 한 칸 이동, 오른쪽으로 회전, 앞으로 한 칸 이동 블록을 순서대로 조립하면 된다. 사용 블록은 6개가 되며 목표 블록 6과 같다.

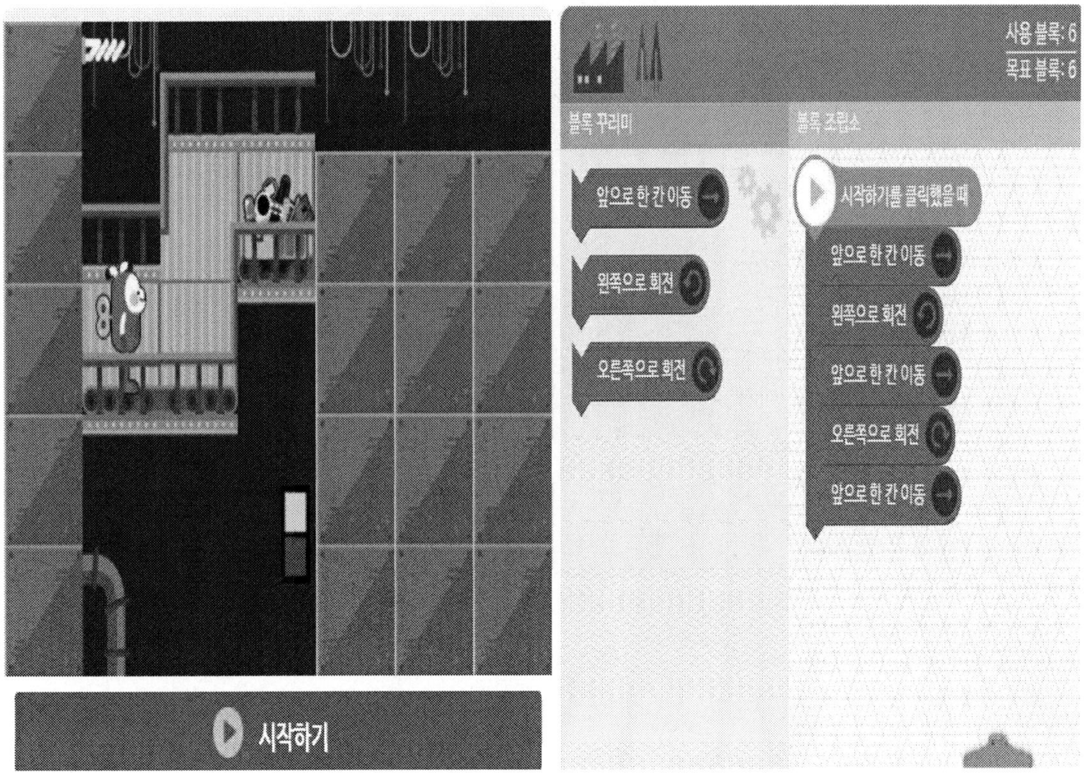

그림 7.4 로봇공장 3단계 블록 코딩 화면

7.4 로봇공장 4단계

그림 7.5에는 로봇공장 4단계 블록 코딩 화면에 대해 표현하였다. 그림 7.15에서 엔트리에서 블록 코딩을 수행하기 위해서 기본적인 사항부터 살펴보고 점검해 보자. 블록 꾸러미에는 앞으로 한 칸 이동, 왼쪽으로 회전, 오른쪽으로 회전, 뛰어넘기 블록이 있다. 블록 조립소에서 블록 코딩한 순서대로 실행된다. 실행 화면의 상황을 잘 파악해서 엔트리봇이 부품을 챙길 수 있도록 블록 꾸러미에 있는 블록을 이용해서 블록 조립소에서 조립하면 된다. 시작하기를 클릭했을 때, 앞으로 한 칸 이동, 오른쪽으로 회전, 뛰어넘기, 오른쪽으로 회전, 앞으로 한 칸 이동 블록을 순서대로 조립하면 된다. 사용 블록은 6개가 되며 목표 블록 6과 같다. 로봇공장 5, 6, 7단계는 스스로 실습해 보기로 하자.

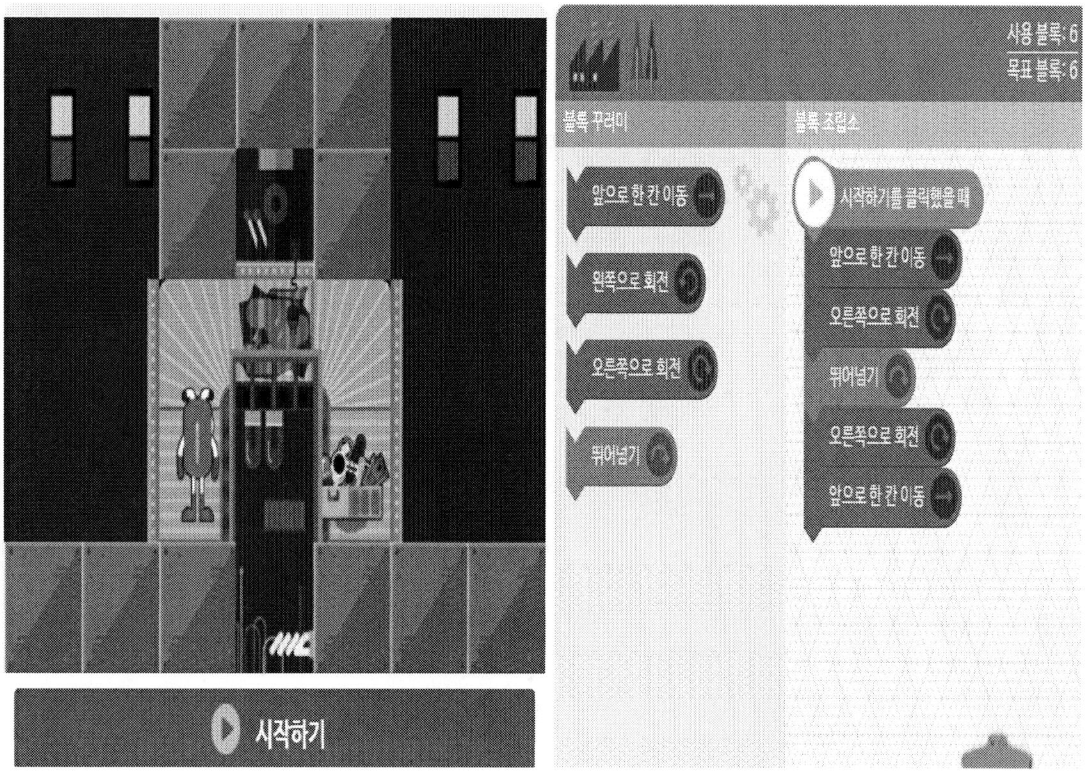

그림 7.5 로봇공장 4단계 블록 코딩 화면

7.5 로봇공장 8단계

그림 7.6에는 로봇공장 8단계 블록 코딩 화면에 대해 표현하였다. 그림 7.6에서 엔트리에서 블록 코딩을 수행하기 위해서 기본적인 사항부터 살펴보고 점검해 보자. 블록 꾸러미에는 앞으로 한 칸 이동, 왼쪽으로 회전, 오른쪽으로 회전, 반복하기 블록이 있다. 블록 조립소에서 블록 코딩한 순서대로 실행된다. 실행 화면의 상황을 잘 파악해서 엔트리봇이 부품을 챙길 수 있도록 블록 꾸러미에 있는 블록을 이용해서 블록 조립소에서 조립하면 된다. 시작하기를 클릭했을 때, 6번 반복하기, 반복하기 블록 안에 앞으로 한 칸 이동 블록을 순서대로 조립하면 된다. 사용 블록은 3개가 되며 목표 블록 3과 같다. 엔트리봇 학교 가는 길에서도 설명하였듯이 반복하기 블록은 제한적으로 사용된다. 그렇지만 엔트리에서는 요구됨으로 사용해 보기 바란다. 로봇공장 9, 10, 11단계는 스스로 실습해 보기로 하자.

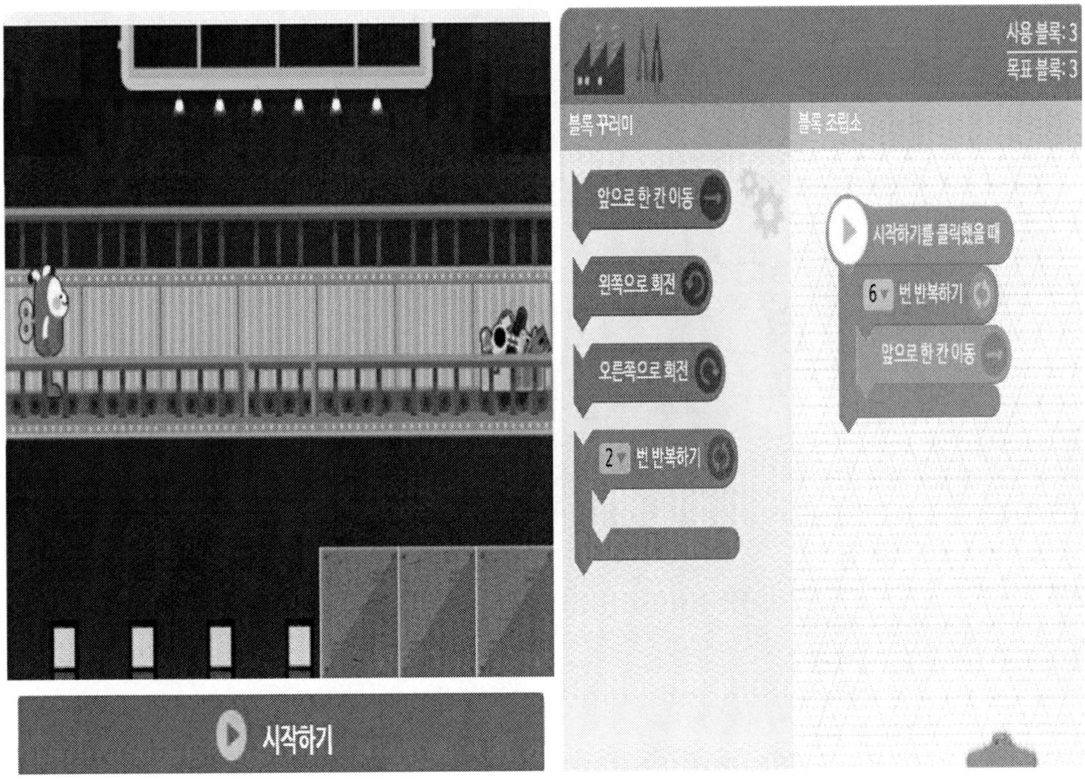

그림 7.6 로봇공장 8단계 블록 코딩 화면

7.6 로봇공장 12단계

그림 7.7에는 로봇공장 12단계 블록 코딩 화면에 대해 표현하였다. 그림 7.7에서 엔트리에서 블록 코딩을 수행하기 위해서 기본적인 사항부터 살펴보고 점검해 보자. 블록 꾸러미에는 앞으로 한 칸 이동, 왼쪽으로 회전, 오른쪽으로 회전, 뛰어넘기, 반복하기 블록이 있다. 블록 조립소에서 블록 코딩한 순서대로 실행된다. 실행 화면의 상황을 잘 파악해서 엔트리봇이 부품을 챙길 수 있도록 블록 꾸러미에 있는 블록을 이용해서 블록 조립소에서 조립하면 된다. 시작하기를 클릭했을 때, 3번 반복하기, 반복하기 블록 안에 오른쪽 회전, 뛰어넘기, 왼쪽으로 회전, 앞으로 한 칸 이동 블록을 순서대로 조립하면 된다. 사용 블록은 6개가 되며 목표 블록 6과 같다. 엔트리봇 학교 가는 길에서도 설명하였듯이 반복하기 블록은 제한적으로 사용된다. 그렇지만 엔트리에서는 요구됨으로 사용해 보기 바란다.

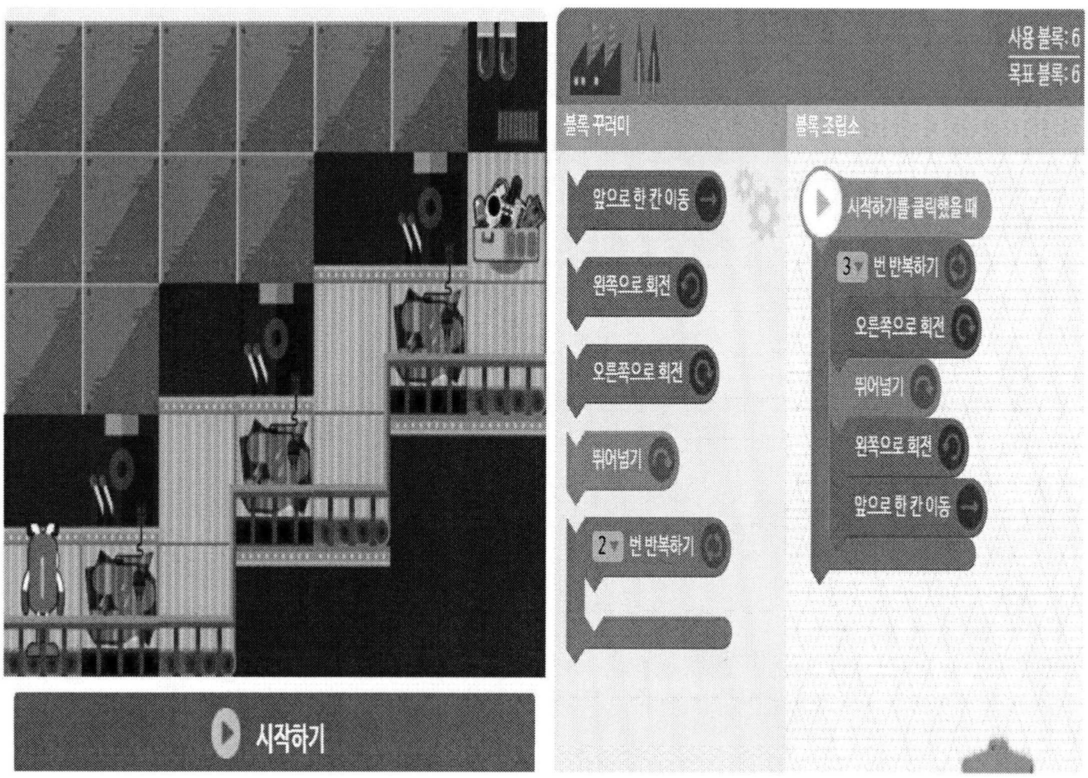

그림 7.7 로봇공장 12단계 블록 코딩 화면

7.7 로봇공장 실제에 가까운 코딩

로봇공장 실제에 가까운 코딩에 대해 세부적으로 살펴보기로 하자. 엔트리에서 제공하는 프로그램의 제한성 때문에 그림 7.8 로봇공장 실제 코딩에 가까운 화면에 실행 창에 ●를 표시하였다. ●는 부품을 표시한다. 즉 화면에서는 부품 2개와 장애물 3개가 존재한다. 또한 블록 조립소에는 2개의 블록 코딩이 존재한다. 첫 번째는 부품 1개를 찾는 움직임이고 두 번째는 부품 2개를 찾는 움직임이다. 이전에 설명했듯이 길을 선택하는 방식에서 우선순위를 두어 코딩했다는 것이다. 우선순위는 엔트리봇 기준으로 앞쪽, 오른쪽, 왼쪽, 뒤쪽 순서이다. 코딩은 다양하게 실습해 볼 수 있다. 엔트리봇이 부품 1개를 찾는 코딩과 엔트리봇이 부품 2개를 찾는 코딩, 엔트리봇 학교 가는 길을 포함하여 학교, 가방, 연필 등을 추가하여 다양한 상황을 설정해서 코딩해 볼 수 있다. 충분히 실습해 보기를 바란다.

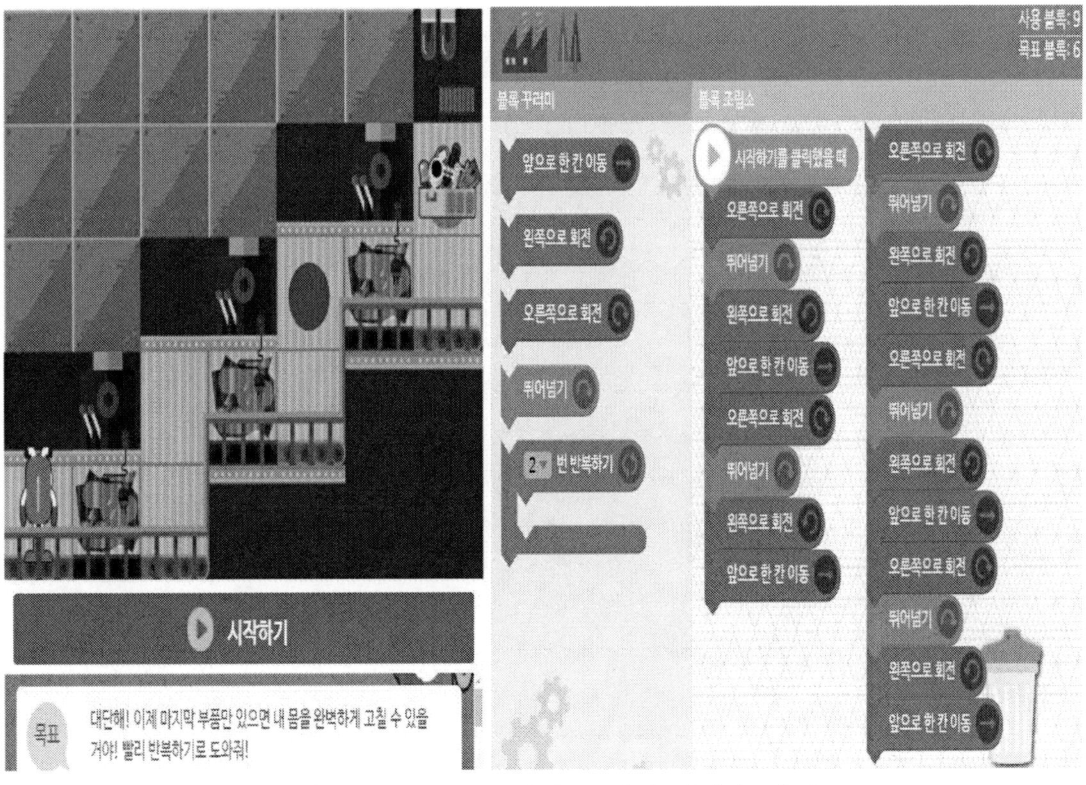

그림 7.8 로봇공장 실제 코딩에 가까운 화면

7.8 로봇공장 실제 코딩

로봇공장 실제 코딩에 대해 세부적으로 살펴보기로 하자. 엔트리에서 제공하는 프로그램의 제한성 때문에 그림 7.9 로봇공장 미로에 부품 1개와 장애물 3개가 포함되어 있으며 추가로 부품과 학교를 표시하기 위해 ●와 ■을 표시했으며 ●는 부품을 표시하고 ■는 학교를 표시한다. 먼저 엔트리봇을 실제에 가깝게 설계해 보자. 엔트리봇이 이미지를 인식할 수 있도록 이미지 센서, 이미지까지의 거리를 계산할 수 있도록 거리 센서를 달고 움직임은 앞쪽 한 칸 이동, 뛰어넘기, 오른쪽 회전과 왼쪽 회전을 할 수 있도록 설계하자. 로봇공장 움직임은 엔트리봇 학교 가는 길 움직임에 뛰어넘기가 추가되었다는 것을 유의해야 한다. 실제 코딩에 있어 뛰어넘기 추가는 상당한 변화를 가져오게 된다. 또한 이미지를 확인하는 방식에서 우선순위를 두어 앞쪽, 오른쪽, 뒤쪽, 왼쪽 순서로 진행하며 길을 선택하는 방식에서 우선순위를 두어 앞쪽, 오른쪽, 왼쪽, 뒤쪽 순서로 진행한다. 코딩은 실제로 엔트리봇이 부품 1개를 찾는 코딩, 부품 2개를 찾는 코딩, 부품 1개를 챙겨 학교를 찾는 코딩, 부품 2개를 챙겨 학교를 찾는 코딩 등에 대해 알고리즘을 작성해 보고 순서도는 여러분들이 스스로 작성해 보기로 하자.

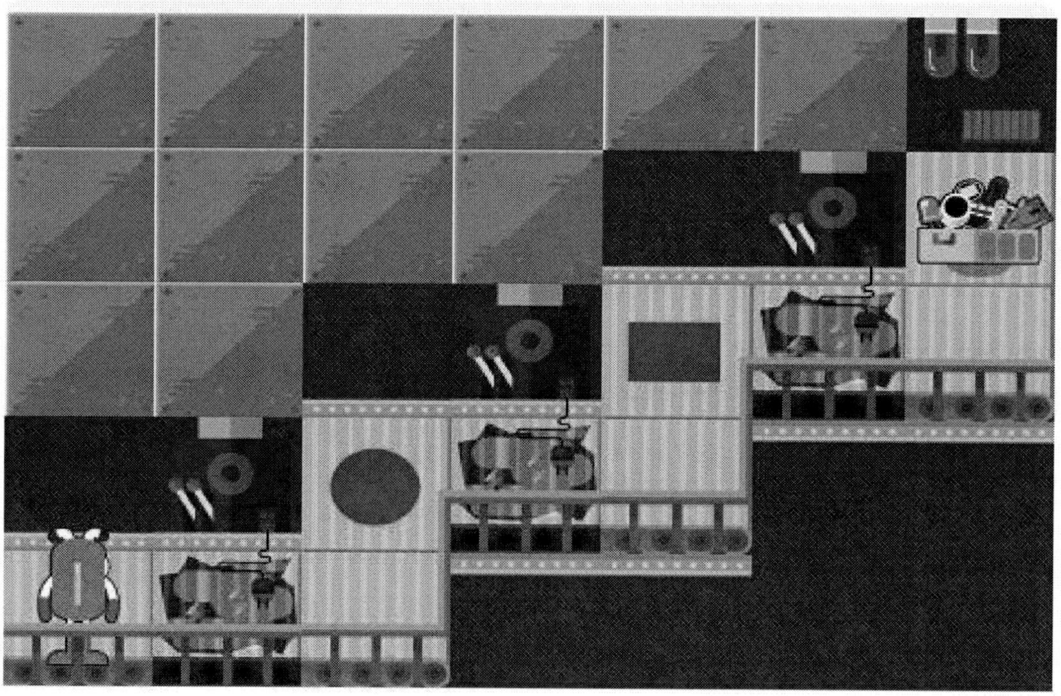

그림 7.9 로봇공장 실제 코딩을 위한 미로

1) 엔트리봇이 부품 1개를 찾는 코딩

앞에서 엔트리봇을 설계하고 이미지 탐색과 길 탐색에 대한 우선순위를 정한 방식에 따라 알고리즘을 먼저 작성하고 순서도를 작성하면 된다.

(1) 알고리즘

그림 7.9를 참고하면서 알고리즘을 작성해 보기로 하자. 엔트리봇에게 부품 1개를 찾도록 명령을 내리면 시작된다.

① 부품을 탐색하기 위해서 자신의 위치에 부품이 있는지를 탐색하고 부품이 있으면 부품을 챙기고 종료한다.

② 자신의 위치에 부품이 없으면 앞쪽에 부품이 있는지를 탐색하고 있으면 바로 앞에 장애물이 있는지 확인하고 있으면 뛰어넘기를 수행하고 알고리즘의 처음으로 돌아가며 장애물이 없으면 앞쪽 걷기 후 알고리즘의 처음으로 돌아간다.

③ 앞쪽에 부품이 없으면 오른쪽 회전 후에 앞쪽에 부품이 있는지를 탐색하고 있으면 바로 앞에 장애물이 있는지 확인하고 있으면 뛰어넘기를 수행하고 알고리즘의 처음으로 돌아가며 장애물이 없으면 앞쪽 걷기 후 알고리즘의 처음으로 돌아간다.

④ 앞쪽에 부품이 없으면 오른쪽 회전 후에 앞쪽에 부품이 있는지를 탐색하고 있으면 바로 앞에 장애물이 있는지 확인하고 있으면 뛰어넘기를 수행하고 알고리즘의 처음으로 돌아가며 장애물이 없으면 앞쪽 걷기 후 알고리즘의 처음으로 돌아간다.

⑤ 앞쪽에 부품이 없으면 오른쪽 회전 후에 앞쪽에 부품이 있는지를 탐색하고 있으면 바로 앞에 장애물이 있는지 확인하고 있으면 뛰어넘기를 수행하고 알고리즘의 처음으로 돌아가며 장애물이 없으면 앞쪽 걷기 후 알고리즘의 처음으로 돌아간다.

⑥ 앞쪽에 부품이 없으면 오른쪽 회전 후 길 탐색을 진행한다. 길 탐색은 앞에 길이 있고 바로 앞에 장애물이 있는지 확인하고 있으면 뛰어넘기를 수행하고 알고리즘의 처음으로 돌아가며 장애물이 없으면 앞쪽 걷기 후 알고리즘의 처음으로 돌아간다.

⑦ 앞쪽에 길이 없으면 오른쪽 회전 후 앞에 길이 있고 바로 앞에 장애물이 있는지 확인하고 있으면 뛰어넘기를 수행하고 알고리즘의 처음으로 돌아가며 장애물이 없으면 앞쪽 걷기 후 알고리즘의 처음으로 돌아간다.

⑧ 앞쪽에 길이 없으면 오른쪽 회전을 2번 한 후 앞에 길이 있고 바로 앞에 장애물이 있는지 확인하고 있으면 뛰어넘기를 수행하고 알고리즘의 처음으로 돌아가며 장애물이 없으면 앞쪽 걷기 후 알고리즘의 처음으로 돌아간다.

⑨ 앞쪽에 길이 없으면 왼쪽 회전 후 앞에 길이 있고 바로 앞에 장애물이 있는지 확인하고 있으면 뛰어넘기를 수행하고 알고리즘의 처음으로 돌아가며 장애물이 없으면 앞쪽 걷기 후 알고리즘의 처음으로 돌아간다.

⑩ 앞쪽에 길이 없으면 강제 종료된다. 마지막 알고리즘은 수행은 대부분 없는 경우이지만 현재의 위치에서 모든 방향의 길이 막혀있는 경우가 된다.

(2) 순서도

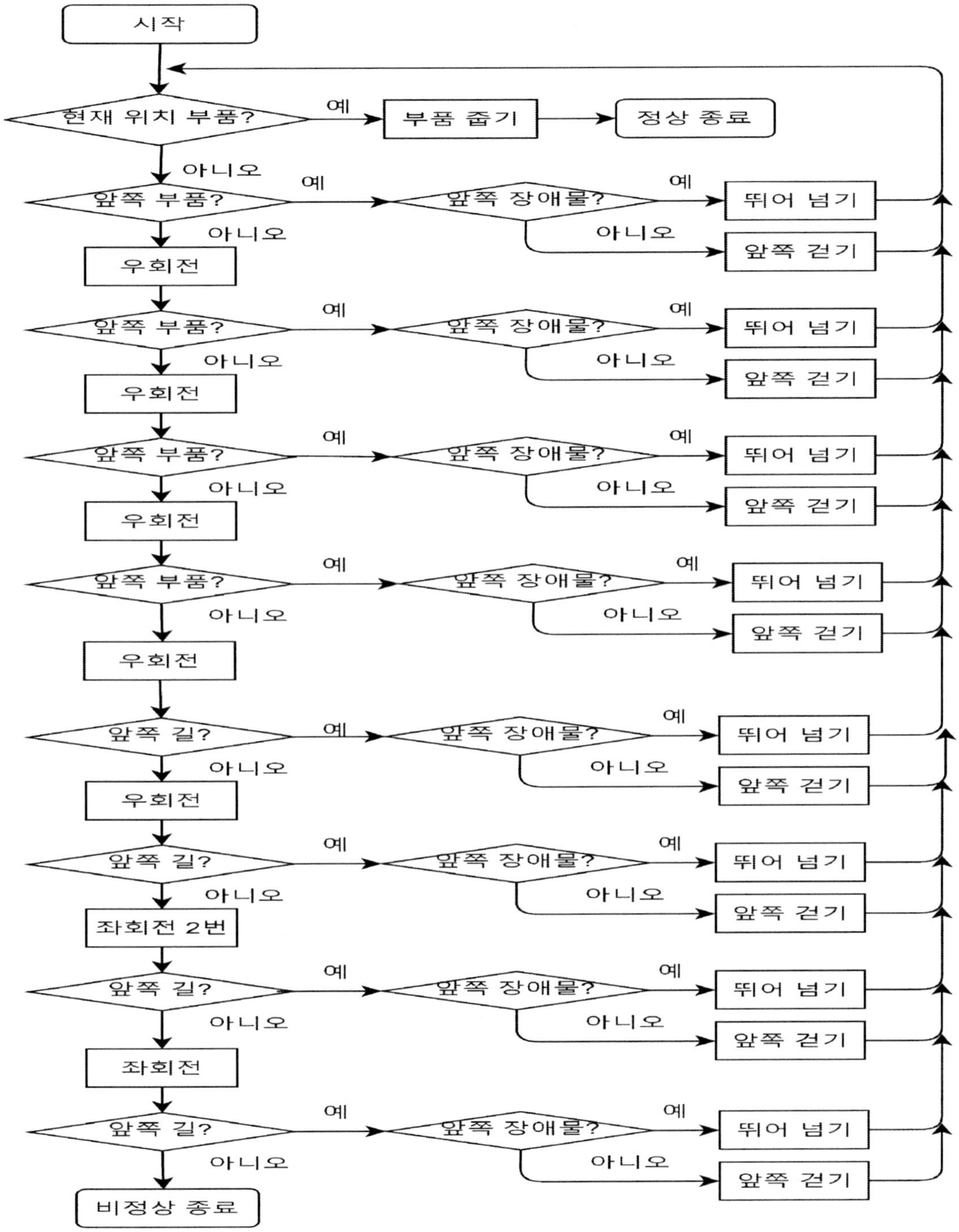

그림 7.10 엔트리봇이 부품을 1개 챙기는 순서도

2) 엔트리봇이 부품 2개를 찾는 코딩

앞에서 엔트리봇을 설계하고 이미지 탐색과 길 탐색에 대한 우선순위를 정한 방식에 따라 알고리즘을 먼저 작성하고 순서도를 작성하면 된다.

(1) 알고리즘

알고리즘은 여러분들이 그림 7.9를 참고해서 스스로 작성해 보기 바란다.

(2) 순서도

순서도는 여러분들이 그림 7.9과 알고리즘을 참고해서 스스로 작성해 보기 바란다.

3) 엔트리봇이 부품 1개를 챙겨 학교를 찾는 코딩

앞에서 엔트리봇을 설계하고 이미지 탐색과 길 탐색에 대한 우선순위를 정한 방식에 따라 알고리즘을 먼저 작성하고 순서도를 작성하면 된다.

(1) 알고리즘

그림 7.9를 참고해 알고리즘을 작성해 보기로 하자.

(2) 순서도

순서도는 여러분들이 그림 7.9를 참고해 스스로 작성해야 한다.

4) 엔트리봇이 부품 2개를 챙겨 학교를 찾는 코딩

앞에서 엔트리봇을 설계하고 이미지 탐색과 길 탐색에 대한 우선순위를 정한 방식에 따라 알고리즘을 먼저 작성하고 순서도를 작성하면 된다.

(1) 알고리즘

그림 7.9를 참고해 알고리즘을 작성해 보기로 하자.

(1) 순서도

순서도는 여러분들이 그림 7.9를 참고해 스스로 작성해야 한다.

제8장 전기자동차

전기자동차은 엔트리봇이 연료를 챙길 수 있도록 하는 블록 코딩 단계로서 블록 코딩에서 순차, 반복과 선택에 대한 개념을 학습할 수 있다. 앞에서 학습한 엔트리봇 학교 가는 길과 로봇공장 코딩과 비교하고 분석하면서 전기자동차 블록 코딩을 천천히 시작해 보기로 하자.

8.1 전기자동차 1단계

전기자동차 1단계를 통해 가장 기초적인 내용부터 설명하자. 그림 8.1에는 전기자동차 1단계를 블록 코딩한 화면에 대해 표현하였다. 그림 8.1에서 엔트리에서 블록 코딩을 수행하기 위해서 그림에 나와 있는 기본적인 사항부터 살펴보고 점검해 보자. 그림은 크게 6가지 형태로 구분된다. 최고 위쪽에 다른 미션보기 옆에 숫자 1이 보이는데 이것은 1단계를 표시하며 이후로 10단계까지 있으며 마지막에 꽃 모양으로 10단계를 마치면 인증서를 받을 수 있도록 표시하고 있다. 바로 밑에는 사용 블록:4와 목표 블록:4가 보이는데 사용 블록:4는 현재까지 코딩에 사용된 블록의 개수를 목표 블록:4는 블록 코딩에서 주어진 문제를 해결하는 데 사용할 수 있는 블록의 개수를 의미한다. 블록 코딩에 따라 엔트리봇을 움직이게 하는 즉 실행하는 부분은 상단 왼쪽에 표시되며 시작하기를 누르면 우리가 블록 조립소에서 블록 코딩한 순서대로 실행된다. 도움말과 블록 코딩 목표에 대해 알려주는 부분은 하단 왼쪽에 표시된다. 하나의 기능을 수행하는 블록들을 모아놓은 블록 꾸러미는 상단 오른쪽 첫 번째에 표시되며 블록들을 조립해서 블록 코딩을 직접 수행하는 블록 조립소가 상단 오른쪽 두 번째에 표시되어 있다. 실행 화면의 상황을 잘 파악해서 엔트리봇이 가방을 챙길 수 있도록 블록 꾸러미에 있는 블록을 이용해서 블록 조립소에서 조립하면 된다. 블록 꾸러미에는 앞으로 가기 블록이 있고 블록 조립소에서 블록을 조립하면 되는 데 시작하기를 클릭했을 때 블록 1개와 앞으로 가기 블록 3 개가 조립되어 있다. 초기화면을 살펴보면 엔트리봇이 연료를 챙기기 위해 앞으로 가기는 컴퓨터 화면을 바라보는 사용자의 관점이 아니라 엔트리봇의 관점에서 바라본 방향이다.

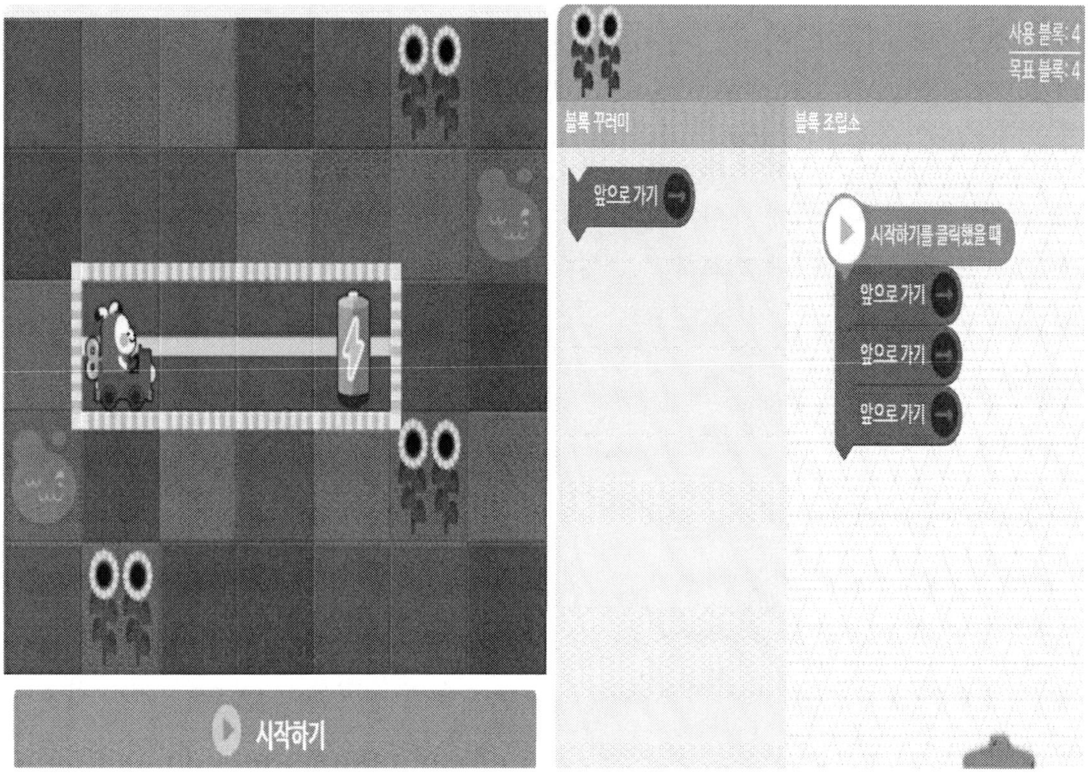

그림 8.1 전기자동차 1단계 블록 코딩 화면

블록 코딩 후 시작하기 버튼을 눌러 블록 코딩을 실행한 후 결과를 확인하면 된다. 결과를 통해서 실제 문제 해결에 대한 성공과 실패를 판단하여 성공한 후에는 다음 단계로 가고 실패를 한 경우에는 다시 블록 코딩을 수행하여 성공할 때까지 반복해서 수행하게 된다. 결과는 엔트리봇이 우리가 블록 코딩한 순서에 따라 앞으로 가기를 3번 하여 연료를 챙기게 된다. 사용한 블록이 시작하기를 클릭했을 때 블록을 포함하여 4개이므로 사용 블록이 4개가 되며 목표 블록과 같다.

8.2 전기자동차 2단계

그림 8.2에는 전기자동차 2단계 블록 코딩 화면에 대해 표현하였다. 그림 8.2에서 엔트리에서 블록 코딩을 수행하기 위해서 그림에 나와 있는 기본적인 사항부터 살펴보고 점검해 보자. 블록 꾸러미에는 앞으로 가기, 왼쪽으로 돌기, 오른쪽으로 돌기 블록이 있다. 블록 조립소에서 블록 코딩한 순서대로 실행된다. 실행 화면의 상황을 잘 파악해서 엔트

리봇이 연료를 챙길 수 있도록 블록 꾸러미에 있는 블록을 이용해서 블록 조립소에서 조립하면 된다. 시작하기를 클릭했을 때, 앞으로 가기 2번, 오른쪽 돌기, 앞으로 가기 2번, 왼쪽으로 돌기, 앞으로 가기 2번을 순서대로 조립하면 된다. 사용 블록은 9가 되며 목표 블록 9와 같다.

블록 코딩 후 시작하기 버튼을 눌러 블록 코딩을 실행한 후 결과를 확인하면 된다. 결과를 통해서 실제 문제 해결에 대한 성공과 실패를 판단하여 성공한 후에는 다음 단계로 가고 실패를 한 경우에는 다시 블록 코딩을 수행하여 성공할 때까지 반복해서 수행하게 된다. 결과는 엔트리봇이 우리가 블록 코딩한 순서에 따라 연료를 챙기게 된다. 사용한 블록이 시작하기를 클릭했을 때 블록을 포함하여 9개이므로 사용 블록이 9개가 되며 목표 블록과 같다.

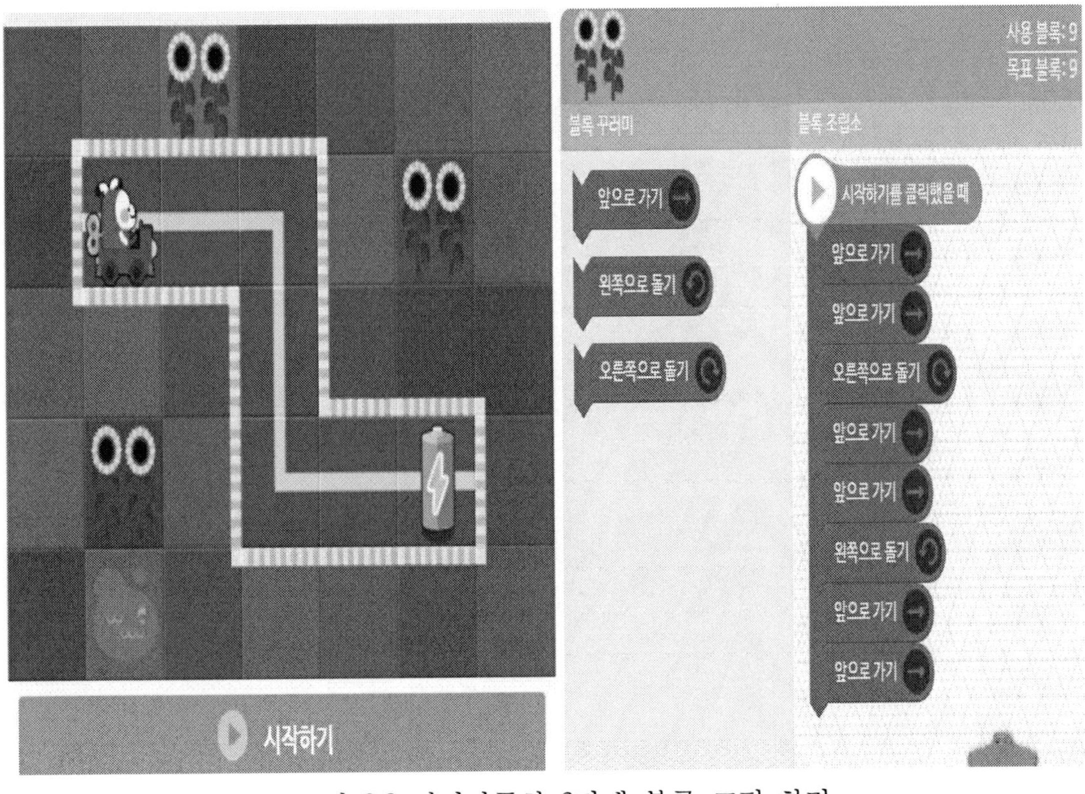

그림 8.2 전기자동차 2단계 블록 코딩 화면

8.3 전기자동차 3단계

그림 8.3에는 전기자동차 3단계 블록 코딩 화면에 대해 표현하였다. 그림 8.3에서 엔트리에서 블록 코딩을 수행하기 위해서 그림에 나와 있는 기본적인 사항부터 살펴보고 점검해 보자. 블록 꾸러미에는 앞으로 가기, 천천히 가기 블록이 있다. 블록 조립소에서 블록 코딩한 순서대로 실행된다. 실행 화면의 상황을 잘 파악해서 엔트리봇이 연료를 챙길 수 있도록 블록 꾸러미에 있는 블록을 이용해서 블록 조립소에서 조립하면 된다. 시작하기를 클릭했을 때, 앞으로 가기, 천천히 가기, 앞으로 가기를 순서대로 조립하면 된다. 사용 블록은 4가 되며 목표 블록 4와 같다.

블록 코딩 후 시작하기 버튼을 눌러 블록 코딩을 실행한 후 결과를 확인하면 된다. 결과를 통해서 실제 문제 해결에 대한 성공과 실패를 판단하여 성공한 후에는 다음 단계로 가고 실패를 한 경우에는 다시 블록 코딩을 수행하여 성공할 때까지 반복해서 수행하게 된다.

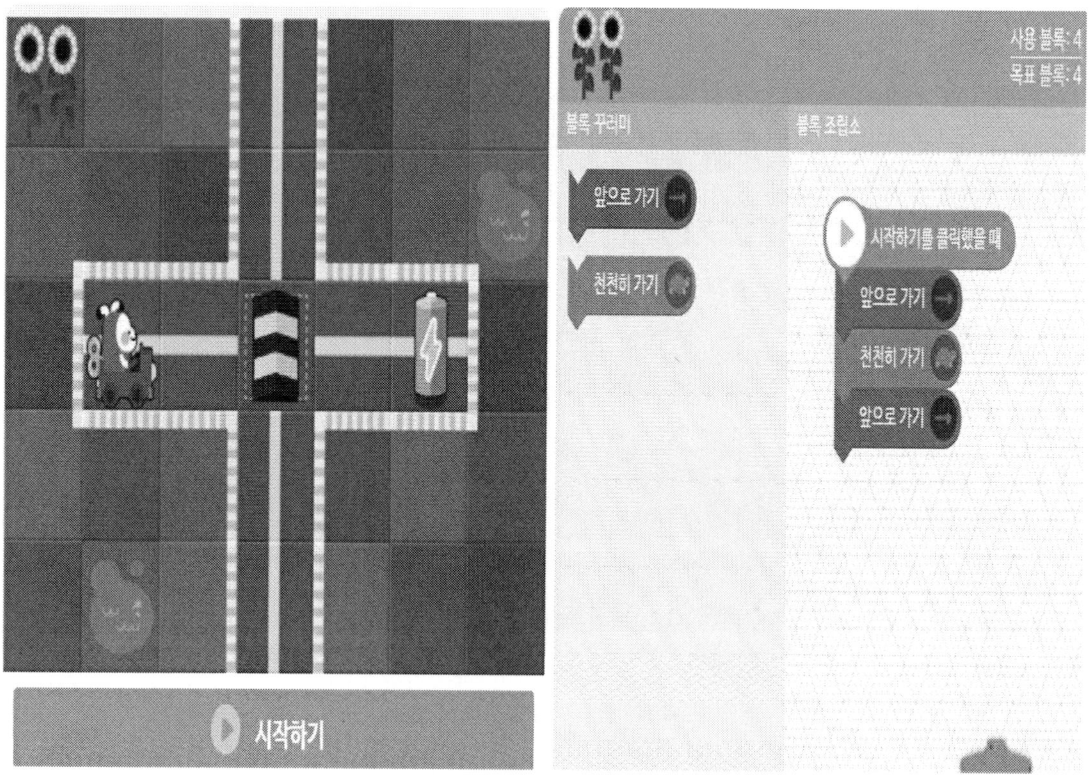

그림 8.3 전기자동차 3단계 블록 코딩 화면

8.4 전기자동차 4단계

그림 8.4에는 전기자동차 4단계 블록 코딩 화면에 대해 표현하였다. 그림 8.4에서 엔트리에서 블록 코딩을 수행하기 위해서 기본적인 사항부터 살펴보고 점검해 보자. 블록 꾸러미에는 앞으로 가기, 만날 때까지 반복하기 블록이 있다. 블록 조립소에서 블록 코딩한 순서대로 실행된다. 실행 화면의 상황을 잘 파악해서 엔트리봇이 연료를 챙길 수 있도록 블록 꾸러미에 있는 블록을 이용해서 블록 조립소에서 조립하면 된다. 화면에서 첫 번째 코딩은 시작하기를 클릭했을 때, 연료를 만날 때까지 반복하기 안에 앞으로 가기 블록을 순서대로 조립하면 되고 두 번째 코딩은 시작하기를 클릭했을 때, 앞으로 가기 6번을 순서대로 조립한다. 두 가지 경우를 잘 비교해 보기 바란다. 한편, 만날 때까지 반복하기 블록은 엔트리에서는 유용하게 사용되지만 실제 코딩 방법에서는 사용되기가 어렵다. 이후 실제 코딩에서 상세하게 살펴보자. 전기자동차 5단계는 스스로 실습해 보기로 하자.

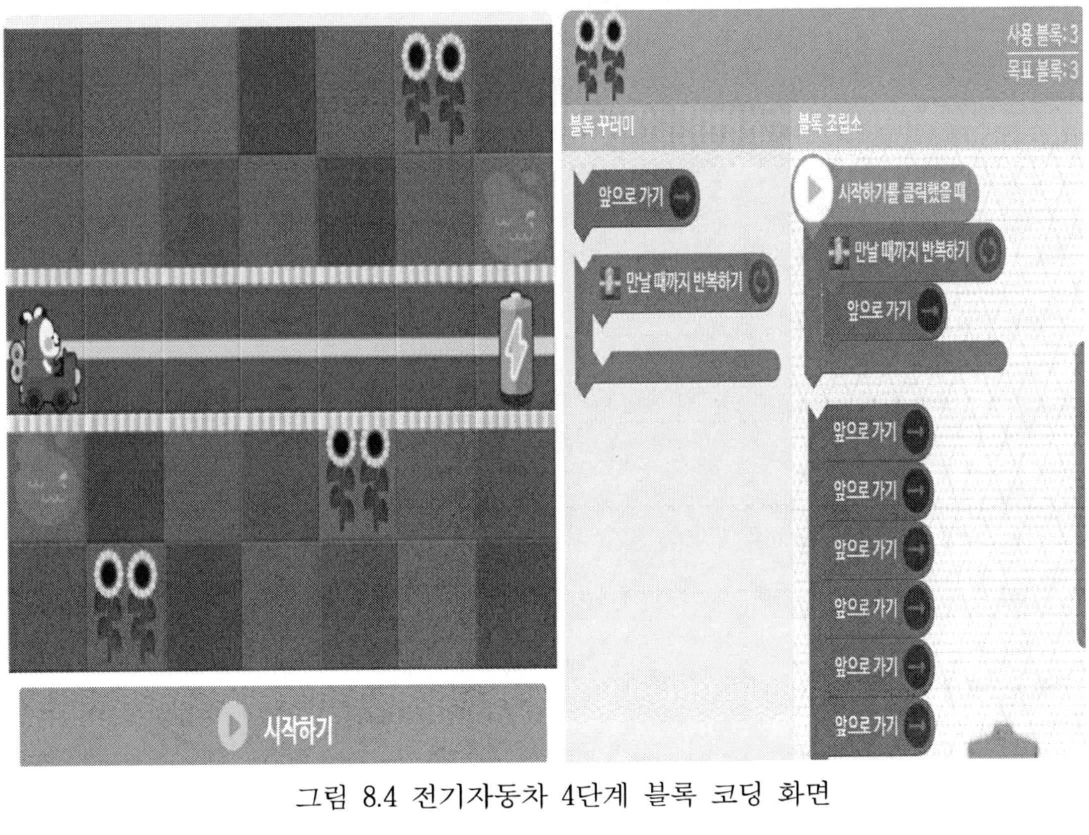

그림 8.4 전기자동차 4단계 블록 코딩 화면

8.5 전기자동차 6단계

그림 8.5에는 전기자동차 6단계 블록 코딩 화면에 대해 표현하였다. 그림 8.6에서 엔트리에서 블록 코딩을 수행하기 위해서 기본적인 사항부터 살펴보고 점검해 보자. 블록 꾸러미에는 앞으로 가기, 왼쪽으로 돌기, 오른쪽으로 돌기, 연료를 만날 때까지 반복하기, 만약 공사 중 앞에 있다면 블록이 있다. 블록 조립소에서 블록 코딩한 순서대로 실행된다. 실행 화면의 상황을 잘 파악해서 엔트리봇이 연료을 챙길 수 있도록 블록 꾸러미에 있는 블록을 이용해서 블록 조립소에서 조립하면 된다. 시작하기를 클릭했을 때, 연료를 만날 때까지 반복하기 블록 안에 첫째, 만약 공사 중 앞에 있다면 안에 왼쪽으로 돌기와 둘째, 앞으로 가기 블록을 순서대로 조립하면 된다. 실제 코딩에서 연료를 만날 때까지 반복하기 블록의 사용과 대체 사용 방법 및 만약 공사 중 앞에 있다면 블록의 사용에 대해 세부적으로 분석해야 한다. 전기자동차 7단계는 스스로 실습해 보기로 하자.

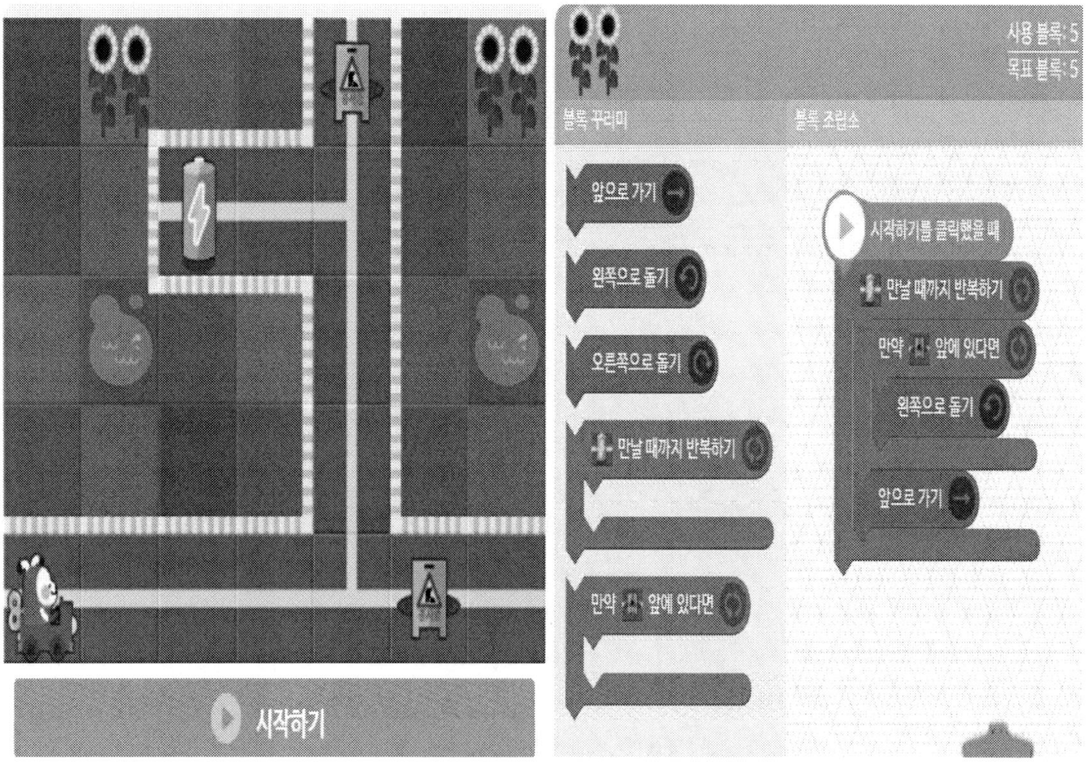

그림 8.5 전기자동차 6단계 블록 코딩 화면

8.6 전기자동차 8단계

그림 8.6에는 전기자동차 8단계 블록 코딩 화면에 대해 표현하였다. 그림 8.6에서 엔트리에서 블록 코딩을 수행하기 위해서 기본적인 사항부터 살펴보고 점검해 보자. 블록 꾸러미에는 앞으로 가기, 왼쪽으로 돌기, 오른쪽으로 돌기, 천천히 가기, 연료를 만날 때까지 반복하기, 만약 방지턱 앞에 있다면 블록이 있다. 블록 조립소에서 블록 코딩한 순서대로 실행된다. 실행 화면의 상황을 잘 파악해서 엔트리봇이 연료를 챙길 수 있도록 블록 꾸러미에 있는 블록을 이용해서 블록 조립소에서 조립하면 된다. 시작하기를 클릭했을 때, 연료를 만날 때까지 반복하기 블록 안에 첫째, 만약 방지턱 앞에 있다면 안에 천천히 가기와 둘째, 앞으로 가기 블록을 순서대로 조립하면 된다. 실제 코딩에서 연료를 만날 때까지 반복하기 블록의 사용과 대체 사용 방법 및 만약 방지턱 앞에 있다면 블록의 사용에 대해 세부적으로 분석해야 한다. 전기자동차 9단계는 스스로 실습해 보기로 하자.

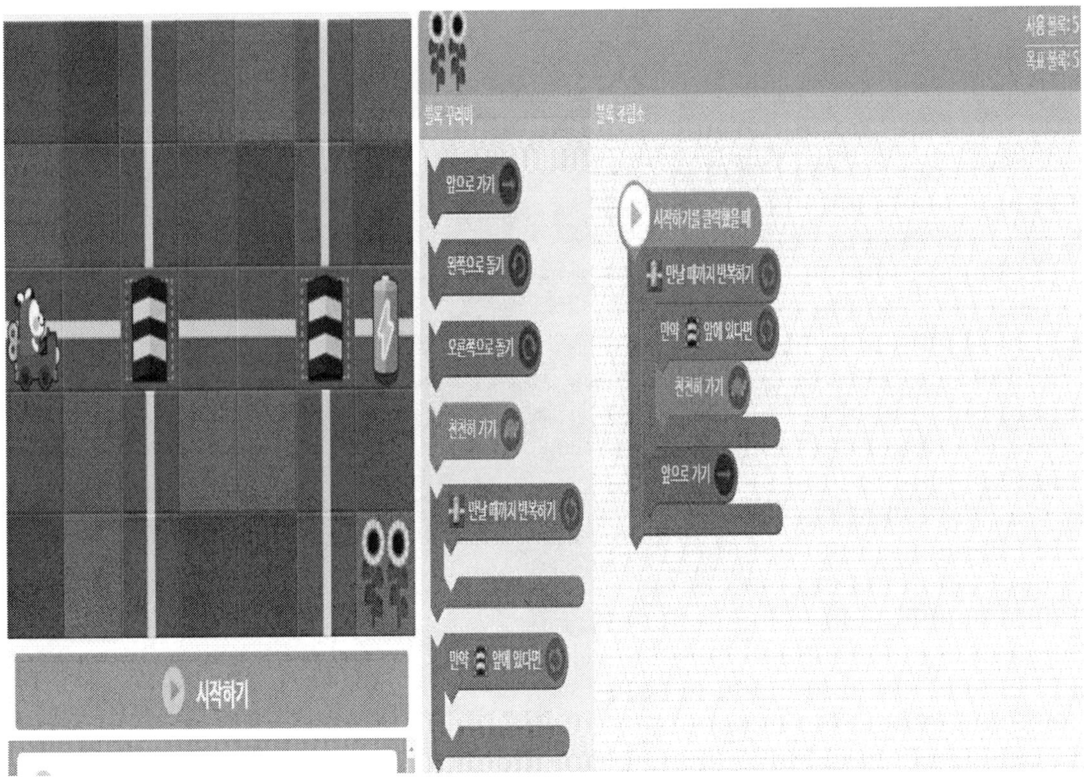

그림 8.6 전기자동차 8단계 블록 코딩 화면

8.7 전기자동차 9단계

그림 8.7에는 전기자동차 9단계 블록 코딩 화면에 대해 표현하였다. 그림 8.7에서 엔트리에서 블록 코딩을 수행하기 위해서 기본적인 사항부터 살펴보고 점검해 보자. 블록 꾸러미에는 앞으로 가기, 왼쪽으로 돌기, 오른쪽으로 돌기, 천천히 가기, 연료를 만날 때까지 반복하기, 만약 공사 중 앞에 있다면, 만약 방지턱 앞에 있다면 블록이 있다. 블록 조립소에서 블록 코딩한 순서대로 실행된다. 실행 화면의 상황을 잘 파악해서 엔트리봇이 연료을 챙길 수 있도록 블록 꾸러미에 있는 블록을 이용해서 블록 조립소에서 조립하면 된다. 시작하기를 클릭했을 때, 연료를 만날 때까지 반복하기 블록 안에 첫째, 만약 공사 중 앞에 있다면 안에 오른쪽으로 돌기 둘째, 만약 방지턱 앞에 있다면 안에 천천히 가기와 셋째, 앞으로 가기 블록을 순서대로 조립하면 된다. 실제 코딩에서 연료를 만날 때까지 반복하기 블록의 사용과 대체 사용 방법 및 만약 공사 중 앞에 있다면 블록과 만약 방지턱 앞에 있다면 블록의 사용에 대해 세부적으로 분석해야 한다.

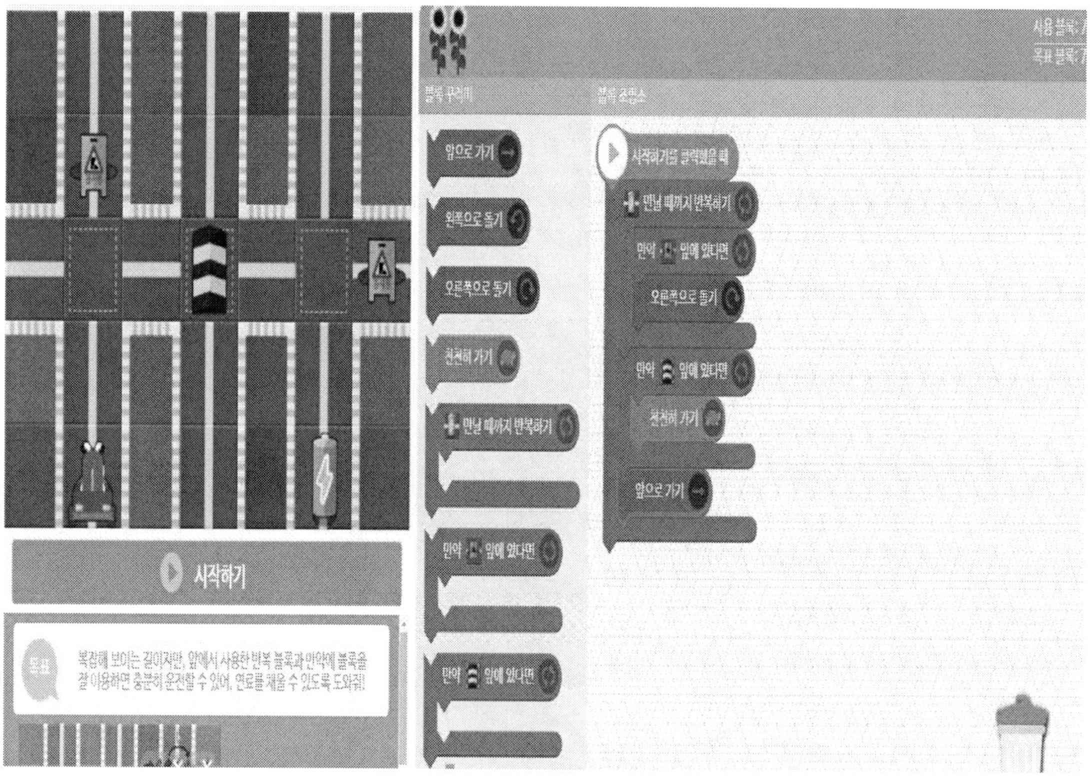

그림 8.7 전기자동차 9단계 블록 코딩 화면

8.8 전기자동차 10단계

그림 8.8에는 전기자동차 9단계 블록 코딩 화면에 대해 표현하였다. 블록 조립소에서 블록 코딩한 순서대로 실행된다. 실행 화면의 상황을 잘 파악해서 엔트리봇이 연료를 챙길 수 있도록 블록 꾸러미에 있는 블록을 이용해서 블록 조립소에서 조립하면 된다. 화면에서 시작하기를 클릭했을 때, 연료를 만날 때까지 반복하기 블록 안에 첫째, 만약 공사 중 앞에 있다면 안에 왼쪽으로 돌기 둘째, 만약 방지턱 앞에 있다면 안에 천천히 가기와 오른쪽으로 돌기 셋째, 앞으로 가기 블록을 순서대로 조립하면 된다. 실제 코딩에서 연료를 만날 때까지 반복하기 블록의 사용과 대체 사용 방법 및 만약 공사 중 앞에 있다면 블록과 만약 방지턱 앞에 있다면 블록의 사용에 대해 세부적으로 분석해야 한다. 전기자동차 10단계에서의 코딩은 엔트리에서만 가능한 방법이며 실제 코딩에서는 불가능한 방법이다. 세부적으로 분석하고 판단해야 한다.

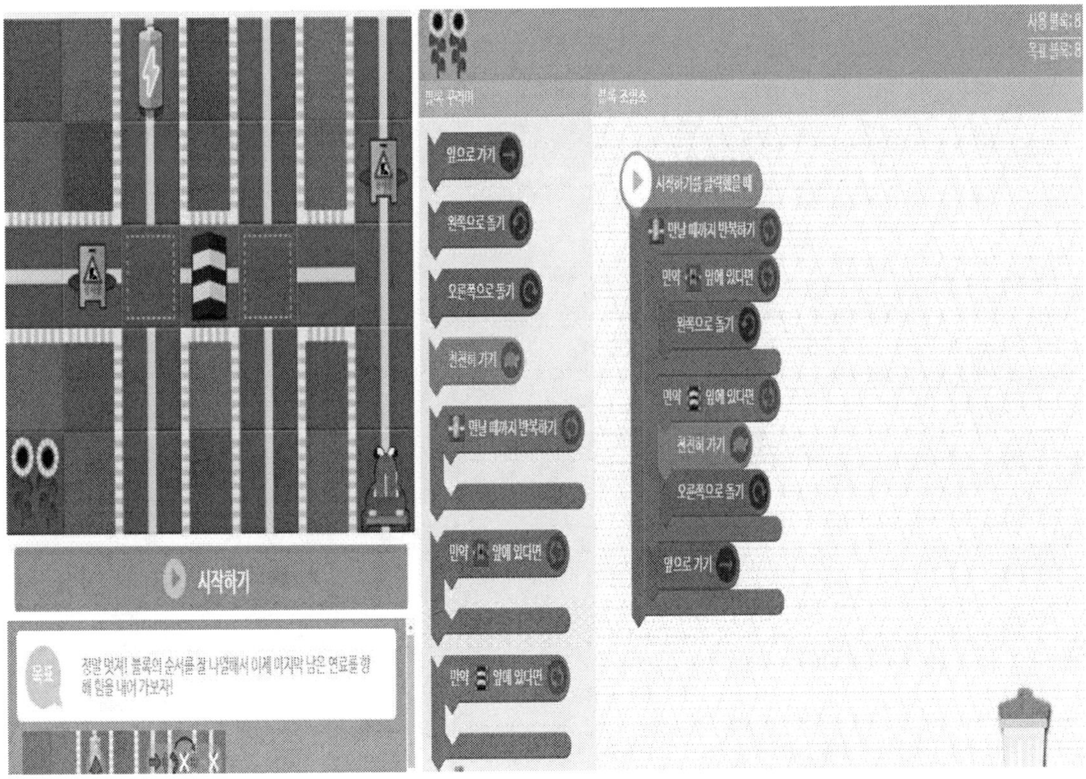

그림 8.8 전기자동차 10단계 블록 코딩 화면

8.9 전기자동차 실제에 가까운 코딩

전기자동차 실제에 가까운 코딩에 대해 세부적으로 살펴보기로 하자. 엔트리에서 제공하는 프로그램의 제한성 때문에 그림 8.9 전기자동차 실제 코딩에 가까운 화면에 실행창에 ■을 표시하였다. ■는 학교를 표시한다. 결과적으로 실행창에는 연료 1개, 공사 중 2개, 방지턱 1개와 학교 1개가 존재한다. 블록 조립소에 코딩된 형태는 엔트리봇을 자동차를 타고 연료를 챙겨 학교에 도착할 수 있도록 하는 것이다. 화면 블록 조립소에는 3개의 블록 코딩이 보이는 데 3개를 연속해서 붙이게 되면 실제에 가까운 코딩으로서 단순히 전기자동차가 어떻게 움직이는지를 세부적으로 보여준다. 이전에 설명했듯이 연료와 학교를 찾는 방식에서 앞쪽, 오른쪽, 뒤쪽, 왼쪽 우선 순위로 하며 길을 선택하는 방식에서 앞쪽, 오른쪽, 왼쪽, 뒤쪽 순서이다. 코딩은 다양하게 실습해 볼 수 있다. 추가하여 다양한 상황을 설정해서 코딩해 볼 수 있다. 충분히 실습해 보기를 바란다.

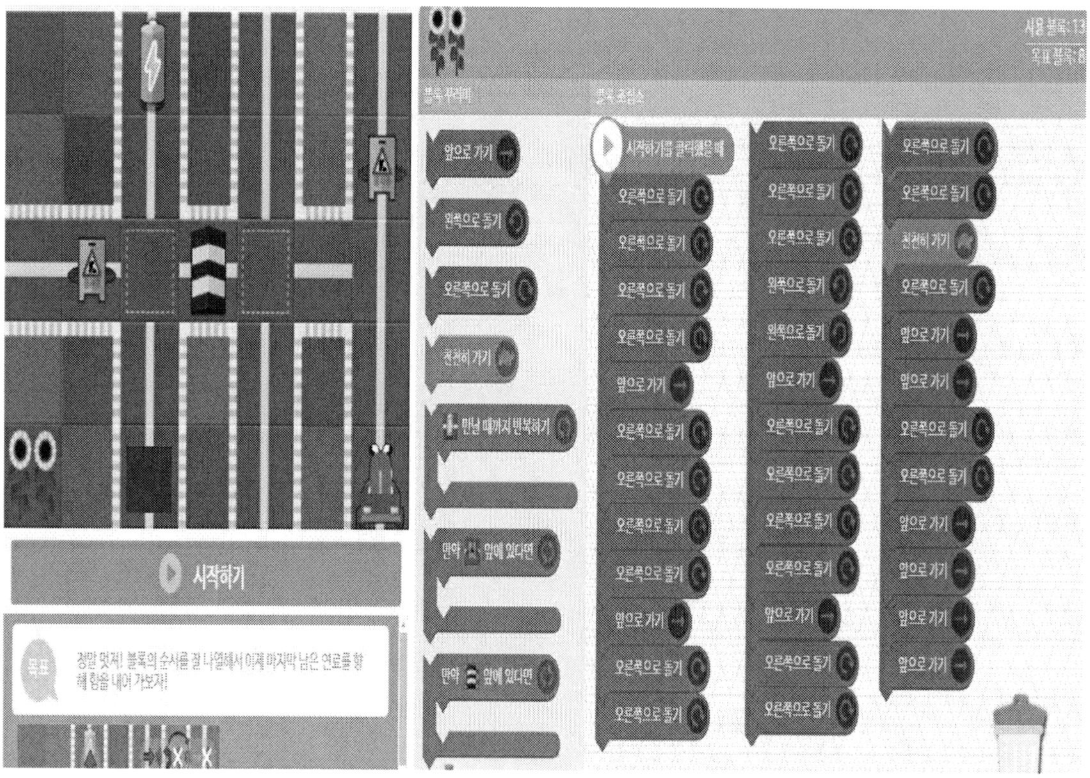

그림 8.9 전기자동차 실제 코딩에 가까운 화면

8.10 전기자동차 실제 코딩

전기자동차 실제 코딩에 대해 세부적으로 살펴보기로 하자. 엔트리에서 제공하는 프로그램의 제한성 때문에 그림 8.10 전기자동차 미로에 연료 1개, 공사 중 2개와 방지턱 1개가 포함되어 있으며 추가로 연료와 학교를 표시하기 위해 ●와 ■을 표시했으며 ●는 연료를 표시하고 ■는 학교를 표시한다. 먼저 엔트리봇을 실제에 가깝게 설계해 보자. 엔트리봇이 이미지를 인식할 수 있도록 이미지 센서, 이미지까지의 거리를 계산할 수 있도록 거리 센서를 달고 움직임은 앞쪽 한 칸 이동, 천천히 가기, 오른쪽 회전과 왼쪽 회전을 할 수 있도록 설계하자. 전기자동차 움직임은 엔트리봇 학교 가는 길 움직임에 천천히 가기가 추가되었다는 것을 유의해야 한다. 실제 코딩에 있어 천천히 가기 추가는 상당한 변화를 가져오게 된다. 또한 이미지를 확인하는 방식에서 우선순위를 두어 앞쪽, 오른쪽, 뒤쪽, 왼쪽 순서로 진행하며 길을 선택하는 방식에서 우선순위를 두어 앞쪽, 오른쪽, 왼쪽, 뒤쪽 순서로 진행한다. 코딩은 실제로 엔트리봇이 연료 1개를 찾는 코딩, 연료 2개를 찾는 코딩, 연료 1개를 챙겨 학교를 찾는 코딩, 연료 2개를 챙겨 학교를 찾는 코딩 등에 대해 알고리즘을 작성해 보고 순서도는 여러분들이 스스로 작성해 보기로 하자.

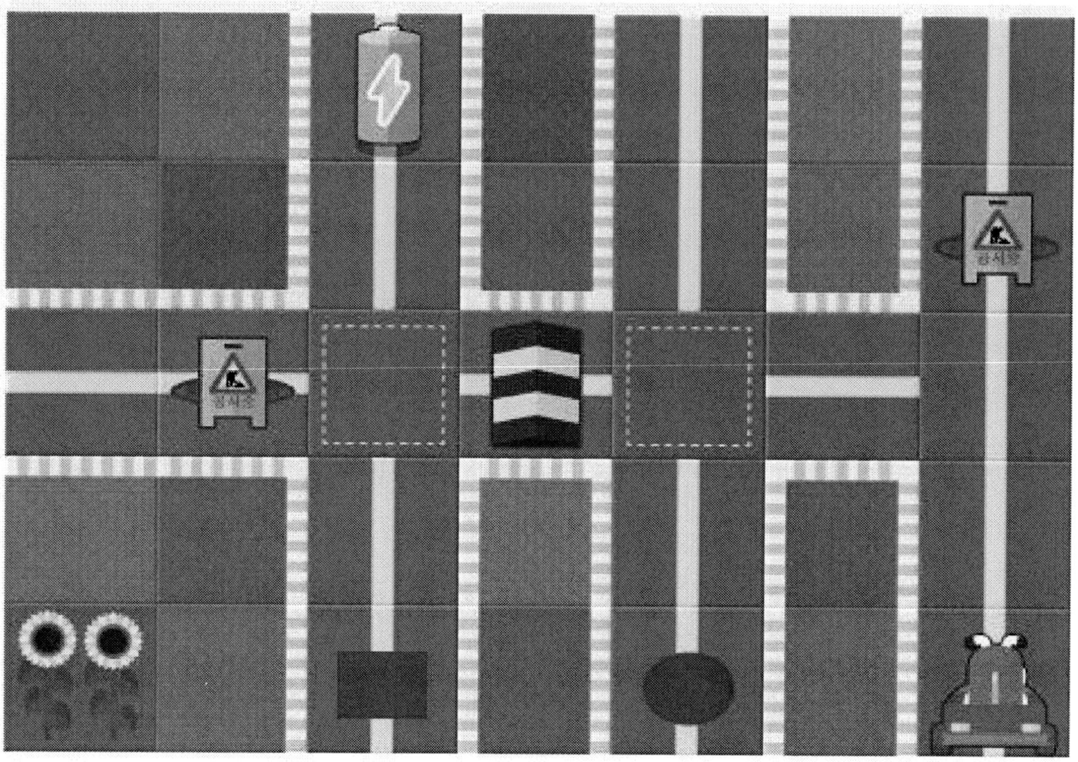

그림 8.10 전기자동차 실제 코딩을 위한 미로

1) 엔트리봇이 연료 1개를 찾는 코딩

앞에서 엔트리봇을 설계하고 이미지 탐색과 길 탐색에 대한 우선순위를 정한 방식에 따라 알고리즘을 먼저 작성하고 순서도를 작성하면 된다.

(1) 알고리즘

그림 8.10을 참고하면서 알고리즘을 작성해 보기로 하자. 엔트리봇에게 연료 1개를 찾도록 명령을 내리면 시작된다.

① 연료를 탐색하기 위해서 자신의 위치에 연료가 있는지를 탐색하고 연료가 있으면 연료를 챙기고 종료한다.

② 연료가 없으면 앞쪽에 연료가 있는지를 탐색하고 있으면 바로 앞에 방지턱이 있는지 확인하고 있으면 천천히 가기를 수행하고 알고리즘의 처음으로 돌아가며 방지턱이 없으면 앞쪽 걷기 후 알고리즘의 처음으로 돌아간다.

③ 앞쪽에 연료가 없으면 오른쪽 회전 후에 앞쪽에 연료가 있는지를 탐색하고 있으면 바로 앞에 방지턱이 있는지 확인하고 있으면 천천히 가기를 수행하고 알고리즘의 처음으로 돌아가며 방지턱이 없으면 앞쪽 걷기 후 알고리즘의 처음으로 돌아간다.

④ 연료가 보이지 않으면 오른쪽 회전 후에 앞쪽에 연료가 있는지를 탐색하고 있으면 바로 앞에 방지턱이 있는지 확인하고 있으면 천천히 가기를 수행하고 알고리즘의 처음으로 돌아가며 방지턱이 없으면 앞쪽 걷기 후 알고리즘의 처음으로 돌아간다.

⑤ 연료가 보이지 않으면 오른쪽 회전 후에 앞쪽에 연료가 있는지를 탐색하고 있으면 바로 앞에 방지턱이 있는지 확인하고 있으면 천천히 가기를 수행하고 알고리즘의 처음으로 돌아가며 방지턱이 없으면 앞쪽 걷기 후 알고리즘의 처음으로 돌아간다.

⑥ 연료가 보이지 않으면 오른쪽 회전 후 길 탐색을 진행한다. 길 탐색은 앞에 길이 있고 바로 앞에 방지턱이 있는지 확인하고 있으면 천천히 가기를 수행하고 알고리즘의 처음으로 돌아가며 방지턱이 없으면 앞쪽 걷기 후 알고리즘의 처음으로 돌아간다.

⑦ 앞쪽에 길이 없으면 오른쪽 회전 후 앞에 길이 있고 바로 앞에 방지턱이 있는지 확인하고 있으면 천천히 가기를 수행하고 알고리즘의 처음으로 돌아가며 방지턱이 없으면 앞쪽 걷기 후 알고리즘의 처음으로 돌아간다.

⑧ 앞쪽에 길이 없으면 오른쪽 회전을 2번 한 후 앞에 길이 있고 바로 앞에 방지턱이 있는지 확인하고 있으면 천천히 가기를 수행하고 알고리즘의 처음으로 돌아가며 방지턱이 없으면 앞쪽 걷기 후 알고리즘의 처음으로 돌아간다.

⑨ 앞쪽에 길이 없으면 왼쪽 회전 후 앞에 길이 있고 바로 앞에 방지턱이 있는지 확인하고 있으면 천천히 가기를 수행하고 알고리즘의 처음으로 돌아가며 방지턱이 없으면 앞쪽 걷기 후 알고리즘의 처음으로 돌아간다.

⑩ 앞쪽에 길이 없으면 강제 종료된다. 마지막 알고리즘은 수행은 대부분 없는 경우이지만 현재의 위치에서 모든 방향의 길이 막혀있는 경우가 된다.

(2) 순서도

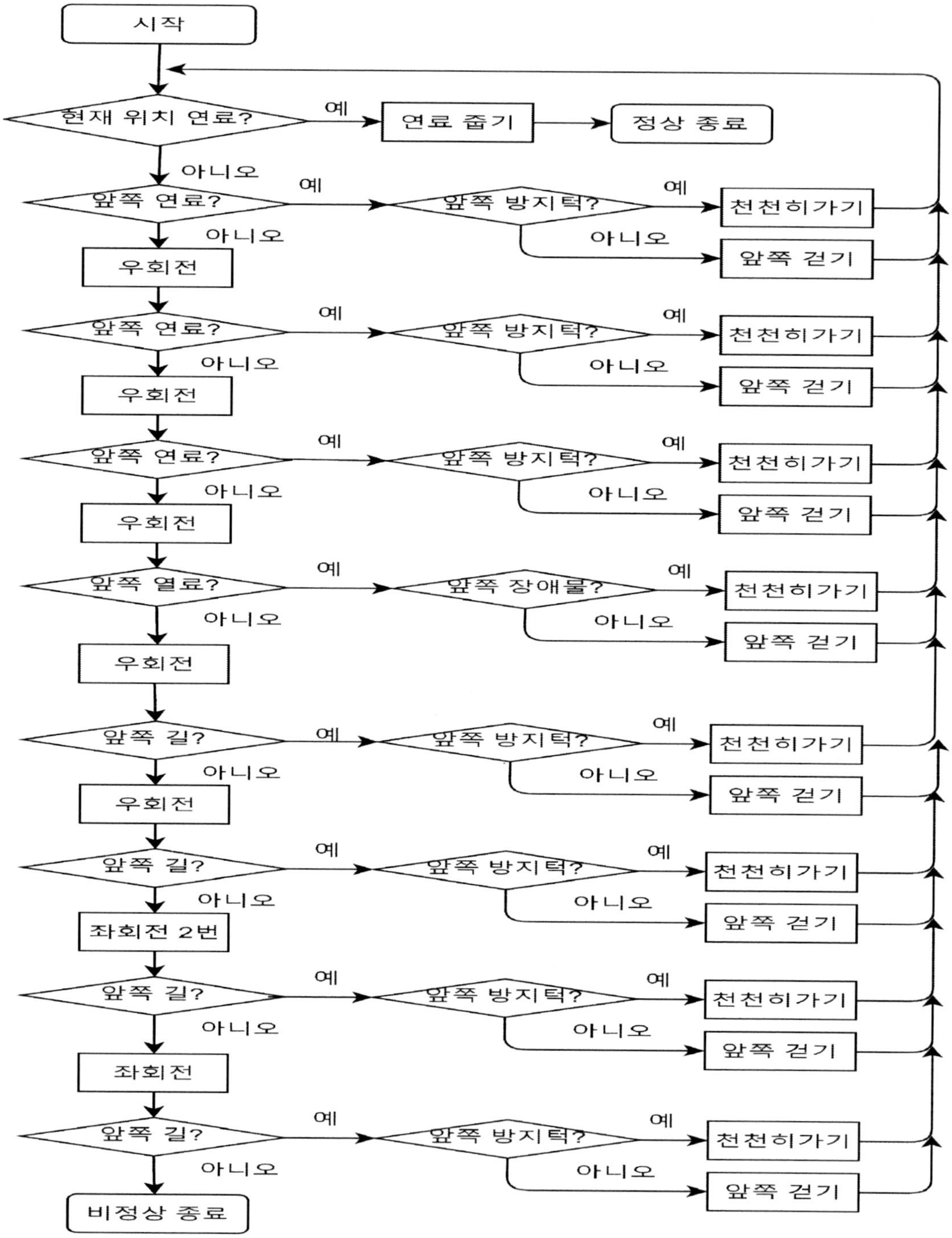

그림 8.11 엔트리봇이 연료를 1개 챙기는 순서도

2) 엔트리봇이 연료 2개를 찾는 코딩

앞에서 엔트리봇을 설계하고 이미지 탐색과 길 탐색에 대한 우선순위를 정한 방식에 따라 알고리즘을 먼저 작성하고 순서도를 작성하면 된다.

(1) 알고리즘

알고리즘은 여러분들이 그림 8.10을 참고해서 스스로 작성해 보자.

(2) 순서도

순서도는 여러분들이 그림 8.10과 알고리즘을 참고해서 스스스로 작성해 보자.

3) 엔트리봇이 연료 1개를 챙겨 학교를 찾는 코딩

앞에서 엔트리봇을 설계하고 이미지 탐색과 길 탐색에 대한 우선순위를 정한 방식에 따라 알고리즘을 먼저 작성하고 순서도를 작성하면 된다.

(1) 알고리즘

그림 8.10을 참고해 알고리즘을 스스로 작성해 보자.

(2) 순서도

순서도는 여러분들이 그림 8.10을 참고해 스스로 작성해 보자.

4) 엔트리봇이 연료 2개를 챙겨 학교를 찾는 코딩

앞에서 엔트리봇을 설계하고 이미지 탐색과 길 탐색에 대한 우선순위를 정한 방식에 따라 알고리즘을 먼저 작성하고 순서도를 작성하면 된다.

(1) 알고리즘

그림 8.10을 참고해 알고리즘을 스스로 작성해 보자.

(2) 순서도

순서도는 여러분들이 그림 8.10을 참고해 스스로 작성해 보자.

제9장 숲속 탐험

숲속 탐험은 엔트리봇이 친구들을 찾아 도울 수 있도록 하는 블록 코딩 단계로서 블록 코딩에서 순차, 반복과 선택에 대한 개념을 학습할 수 있다. 앞에서 학습한 엔트리봇 학교 가는 길, 로봇공장과 전기자동차 코딩과 비교하고 분석하면서 숲속 탐험 블록 코딩을 천천히 시작해 보기로 하자.

9.1 숲속 탐험 1단계

숲속 탐험 1단계를 통해 가장 기초적인 내용부터 설명하자. 그림 9.1에는 숲속 탐험 1단계를 블록 코딩한 화면에 대해 표현하였다. 그림 9.1에서 엔트리에서 블록 코딩을 수행하기 위해서 그림에 나와 있는 기본적인 사항부터 살펴보고 점검해 보자. 그림은 크게 6가지 형태로 구분된다. 최고 위쪽에 다른미션보기 옆에 숫자 1이 보이는데 이것은 1단계를 표시하며 이후로 8단계까지 있으며 마지막에 꽃 모양으로 8단계를 마치면 인증서를 받을 수 있도록 표시하고 있다. 바로 밑에는 사용 블록:3과 목표 블록:3이 보이는 데 사용 블록:3은 현재까지 코딩에 사용된 블록의 개수를 목표 블록:3은 블록 코딩에서 주어진 문제를 해결하는 데 사용할 수 있는 블록의 개수를 의미한다. 블록 코딩에 따라 엔트리봇을 움직이게 하는 즉 실행하는 부분은 상단 왼쪽에 표시되며 시작하기를 누르면 우리가 블록 조립소에서 블록 코딩한 순서대로 실행된다. 도움말과 블록 코딩 목표에 대해 알려주는 부분은 하단 왼쪽에 표시된다. 하나의 기능을 수행하는 블록들을 모아놓은 블록 꾸러미는 상단 오른쪽 첫 번째에 표시되며 블록들을 조립해서 블록 코딩을 직접 수행하는 블록 조립소가 상단 오른쪽 두 번째에 표시되어 있다. 실행 화면의 상황을 잘 파악해서 엔트리봇이 친구들을 찾아 도울 수 있도록 블록 꾸러미에 있는 블록을 이용해서 블록 조립소에서 조립하면 된다. 블록 꾸러미에는 앞으로 가기 블록이 있고 블록 조립소에서 블록을 조립하면 되는 데 시작하기를 클릭했을 때, 5번 반복하기 안에 앞으로 한 칸 이동 블록으로 조립되어 있다. 초기화면을 살펴보면 엔트리봇이 친구들을 찾아 도울 수 있도록 앞으로 한 칸 이동은 컴퓨터 화면을 바라보는 사용자의 관점이 아니라 엔트리봇의 관점에서 바라본 방향이다.

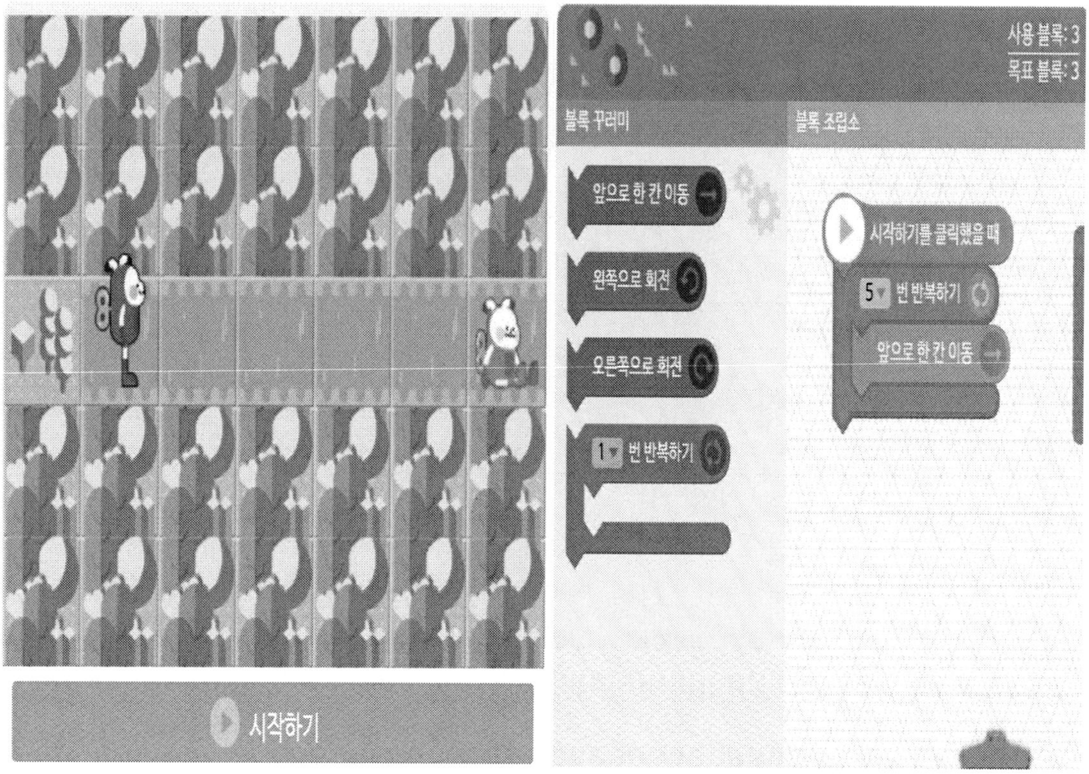

그림 9.1 숲속 탐험 1단계 블록 코딩 화면

블록 코딩 후 시작하기 버튼을 눌러 블록 코딩을 실행한 후 결과를 확인하면 된다. 결과를 통해서 실제 문제 해결에 대한 성공과 실패를 판단하여 성공한 후에는 다음 단계로 가고 실패를 한 경우에는 다시 블록 코딩을 수행하여 성공할 때까지 반복해서 수행하게 된다. 결과는 엔트리봇이 우리가 블록 코딩한 순서에 따라 친구들을 찾아 도울 수 있게 된다.

9.2 숲속 탐험 2단계

그림 9.2에는 숲속 탐험 2단계 블록 코딩 화면에 대해 표현하였다. 그림 9.2에서 엔트리에서 블록 코딩을 수행하기 위해서 그림에 나와 있는 기본적인 사항부터 살펴보고 점검해 보자. 블록 꾸러미에는 앞으로 한 칸 이동, 왼쪽으로 회전, 오른쪽으로 회전, 뛰어넘기, 몇 번 반복하기 블록이 있다. 블록 조립소에서 블록 코딩한 순서대로 실행된다. 실행 화면의 상황을 잘 파악해서 엔트리봇이 친구들을 찾아 도울 수 있도록 블록 꾸러미에 있는 블록을 이용해서 블록 조립소에서 조립하면 된다.

블록 코딩 후 시작하기 버튼을 눌러 블록 코딩을 실행한 후 결과를 확인하면 된다. 결과를 통해서 실제 문제 해결에 대한 성공과 실패를 판단하여 성공한 후에는 다음 단계로 가고 실패를 한 경우에는 다시 블록 코딩을 수행하여 성공할 때까지 반복해서 수행하게 된다. 결과는 엔트리봇이 우리가 블록 코딩한 순서에 따라 친구들을 찾아 도울 수 있게 된다. 숲속 탐험 3단계는 스스로 실습해 보기 바란다.

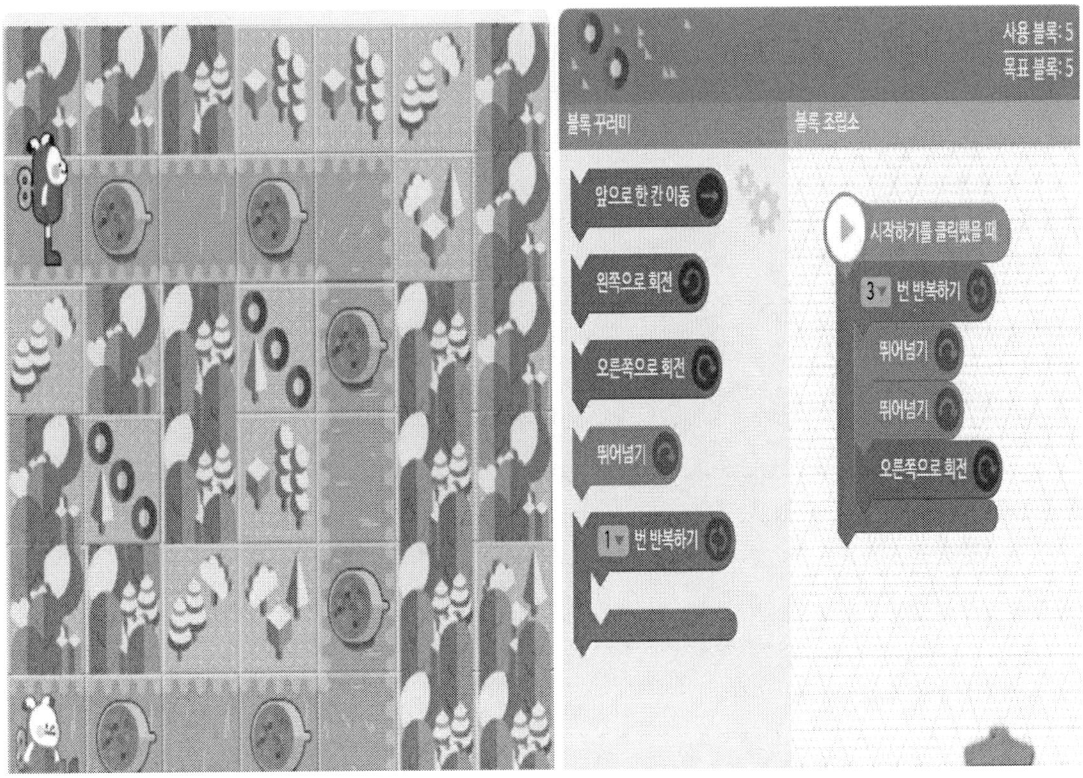

그림 9.2 숲속 탐험 2단계 블록 코딩 화면

9.3 숲속 탐험 4단계

그림 9.3에는 숲속 탐험 4단계 블록 코딩 화면에 대해 표현하였다. 그림 9.3에서 엔트리에서 블록 코딩을 수행하기 위해서 그림에 나와 있는 기본적인 사항부터 살펴보고 점검해 보자. 블록 꾸러미에는 앞으로 한 칸 이동, 왼쪽으로 회전, 오른쪽으로 회전, 친구 만날 때 까지 반복, 만약 앞에 숲이 있다면 블록이 있다. 블록 조립소에서 블록 코딩한 순서대로 실행된다. 실행 화면의 상황을 잘 파악해서 엔트리봇이 친구들을 찾아 도울 수 있도록 블록 꾸러미에 있는 블록을 이용해서 블록 조립소에서 조립하면 된다. 블록 코딩 후 시작하기 버튼을 눌러 블록 코딩을 실행한 후 결과를 확인하면 된다. 결과를 통해서 실제 문제 해결에 대한 성공과 실패를 판단하여 성공한 후에는 다음 단계로 가고 실패를 한 경우에는 다시 블록 코딩을 수행하여 성공할 때까지 반복해서 수행하게 된다. 숲속 탐험 5단계는 스스로 실습해 보기 바란다.

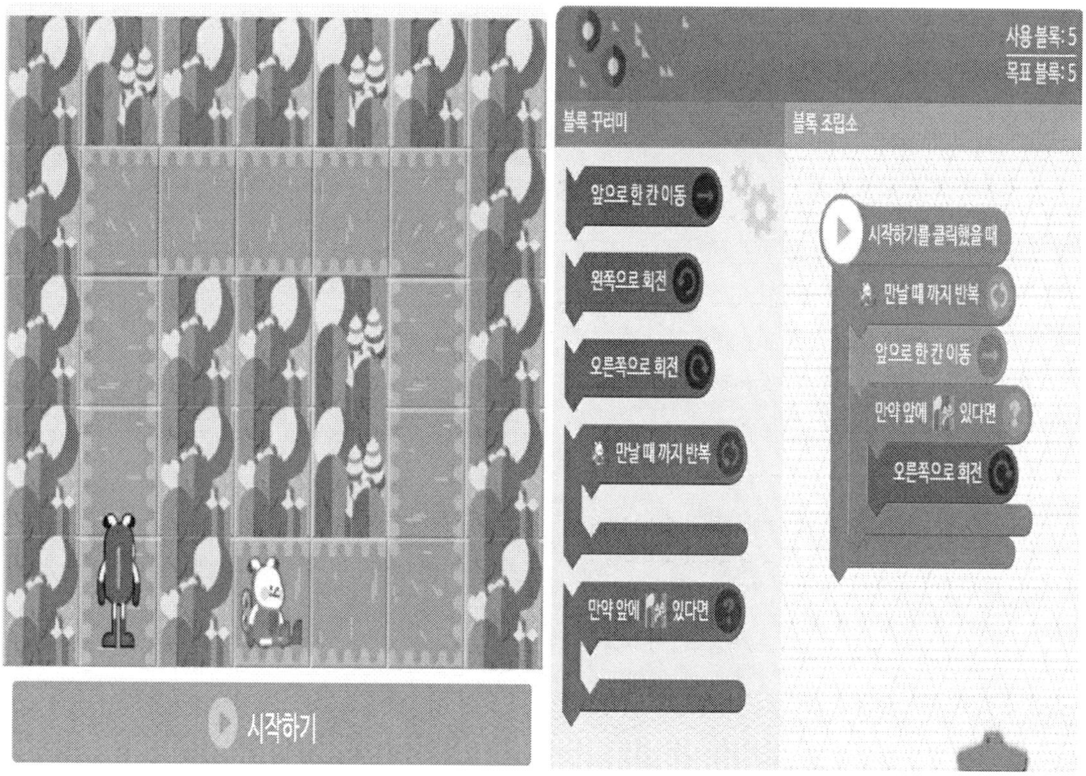

그림 9.3 숲속 탐험 4단계 블록 코딩 화면

9.4 숲속 탐험 6단계

그림 9.4에는 숲속 탐험 6단계 블록 코딩 화면에 대해 표현하였다. 그림 9.4에서 엔트리에서 블록 코딩을 수행하기 위해서 그림에 나와 있는 기본적인 사항부터 살펴보고 점검해 보자. 블록 꾸러미에는 앞으로 한 칸 이동, 왼쪽으로 회전, 오른쪽으로 회전, 뛰어넘기, 친구 만날 때까지 반복, 만약 앞에 숲이 있다면, 만약 앞에 벌집이 있다면 블록이 있다. 블록 조립소에서 블록 코딩한 순서대로 실행된다. 실행 화면의 상황을 잘 파악해서 엔트리봇이 친구들을 찾아 도울 수 있도록 블록 꾸러미에 있는 블록을 이용해서 블록 조립소에서 조립하면 된다. 블록 코딩 후 시작하기 버튼을 눌러 블록 코딩을 실행한 후 결과를 확인하면 된다. 결과를 통해서 실제 문제 해결에 대한 성공과 실패를 판단하여 성공한 후에는 다음 단계로 가고 실패를 한 경우에는 다시 블록 코딩을 수행하여 성공할 때까지 반복해서 수행하게 된다.

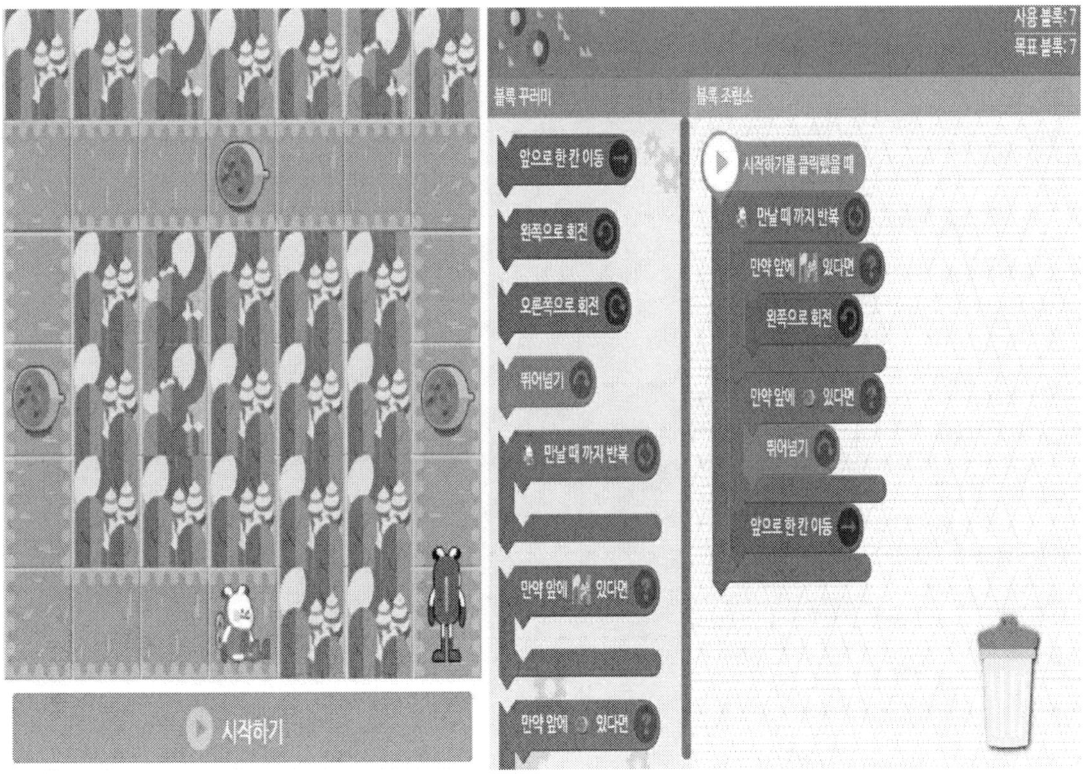

그림 9.4 숲속 탐험 6단계 블록 코딩 화면

9.5 숲속 탐험 7단계

그림 9.5에는 숲속 탐험 7단계 블록 코딩 화면에 대해 표현하였다. 그림 9.5에서 엔트리에서 블록 코딩을 수행하기 위해서 그림에 나와 있는 기본적인 사항부터 살펴보고 점검해 보자. 블록 꾸러미에는 앞으로 한 칸 이동, 왼쪽으로 회전, 오른쪽으로 회전, 몇 번 반복하기, 모든 친구 만날 때까지 반복 블록이 있다. 블록 조립소에서 블록 코딩한 순서대로 실행된다. 실행 화면의 상황을 잘 파악해서 엔트리봇이 친구들을 찾아 도울 수 있도록 블록 꾸러미에 있는 블록을 이용해서 블록 조립소에서 조립하면 된다. 블록 코딩 후 시작하기 버튼을 눌러 블록 코딩을 실행한 후 결과를 확인하면 된다. 중요한 사항은 모든 친구 만날 때까지 반복 블록을 사용하지 않고 블록 7개로도 가능하다. 결과를 통해서 실제 문제 해결에 대한 성공과 실패를 판단하여 성공한 후에는 다음 단계로 가고 실패를 한 경우에는 다시 블록 코딩을 수행하여 성공할 때까지 반복해서 수행하게 된다.

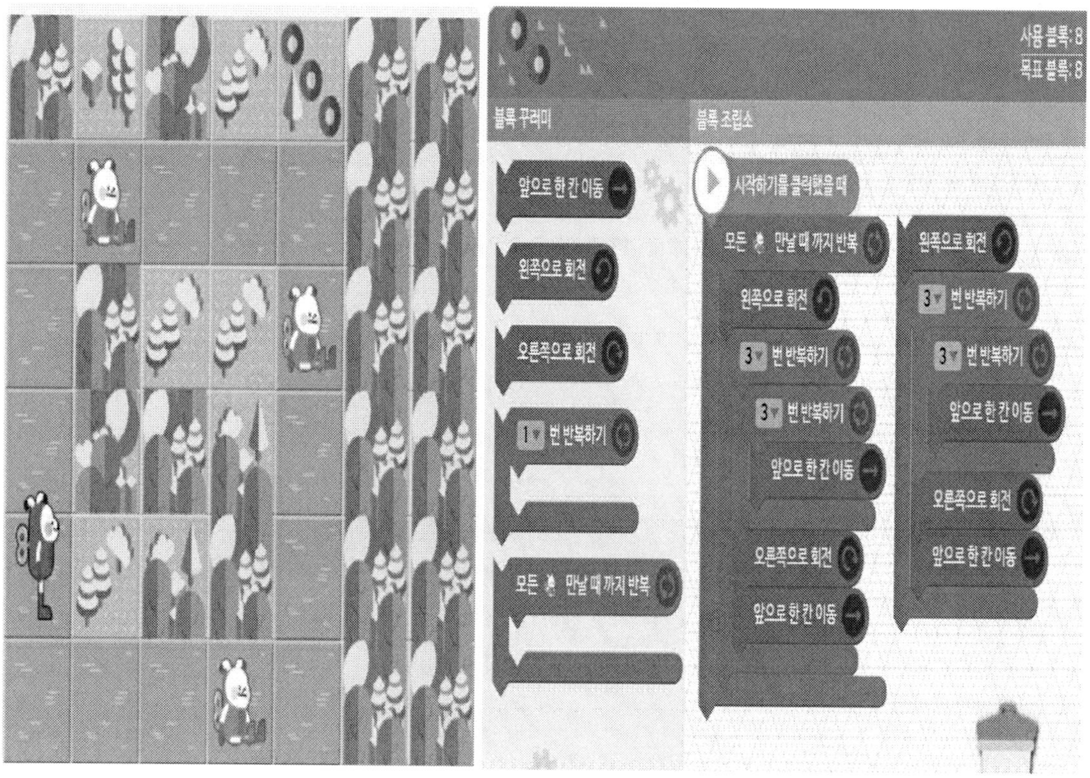

그림 9.5 숲속 탐험 7단계 블록 코딩 화면

9.6 숲속 탐험 8단계

그림 9.6에는 숲속 탐험 8단계 블록 코딩 화면에 대해 표현하였다. 그림 9.6에서 엔트리에서 블록 코딩을 수행하기 위해서 그림에 나와 있는 기본적인 사항부터 살펴보고 점검해 보자. 블록 꾸러미에는 앞으로 한 칸 이동, 왼쪽으로 회전, 오른쪽으로 회전, 몇 번 반복하기, 모든 친구 만날 때까지 반복 블록이 있으며 추가로 숲속 탐험 6단계 블록 꾸러미에서 복사해온 만약 앞에 숲이 있다면, 만약 앞에 벌집이 있다면, 뛰어넘기 블록을 사용할 수 있다. 블록 조립소에서 블록 코딩한 순서대로 실행된다. 실행 화면의 상황을 잘 파악해서 엔트리봇이 친구들을 찾아 도울 수 있도록 블록 꾸러미에 있는 블록을 이용해서 블록 조립소에서 조립하면 된다. 블록 코딩 후 시작하기 버튼을 눌러 블록 코딩을 실행한 후 결과를 확인하면 된다. 결과를 통해서 실제 문제 해결에 대한 성공과 실패를 판단하여 성공한 후에는 다음 단계로 가고 실패를 한 경우에는 다시 블록 코딩을 수행하여 성공할 때까지 반복해서 수행하게 된다. 블록 조립소에는 총 4개의 블록 코딩이 있다. 첫 번째 블록 코딩은 엔트리에서 요구하는 블록 코딩 방법이며 실제 사항에서는 적용하기 어려운 코딩 방법이다. 두 번째 블록 코딩은 첫 번째 방식과 유사한 방식으로서 모든 친구를 만날 때까지 반복 블록을 사용하는 대신에 4번 반복하기 블록을 사용해서 블록 코딩하였다. 결과는 첫 번째 블록 코딩 방식과 같다. 그렇지만 첫 번째 블록 코딩 방식보다는 좀 더 구체적인 방식을 표현한다. 잘 비교해 보기 바란다. 세 번째 방식은 첫 번째, 두 번째 블록 코딩 방식과 결과는 똑같지만 사용된 블록이 9개가 아니라 5개이며 첫 번째, 두 번째 방식과 비교할 때 실제 블록 코딩 방식과 더 유사하다고 할 수 있다. 네 번째 방식은 가장 일반적인 블록 코딩 방식으로서 다양한 환경에서도 결과를 성공적으로 달성할 수 있는 코딩 방식이다. 물론 실제 코딩과 비교했을 때 완벽하지는 않지만 실제 코딩과 유사하게 동작할 수 있는 방식이다. 4가지 방식에 대해 철저하게 분석해서 실제 코딩에 대한 감각을 익히면 앞으로 전개될 실제 코딩에 대비할 수 있으며 사고력과 창의력 배양에도 도움이 될 것이다. 다양한 환경에서 충분한 실습을 하여 실제적인 코딩 방법에 대해서 철저한 분석을 하며 동시에 깊이 있는 사고를 지속해야 한다.

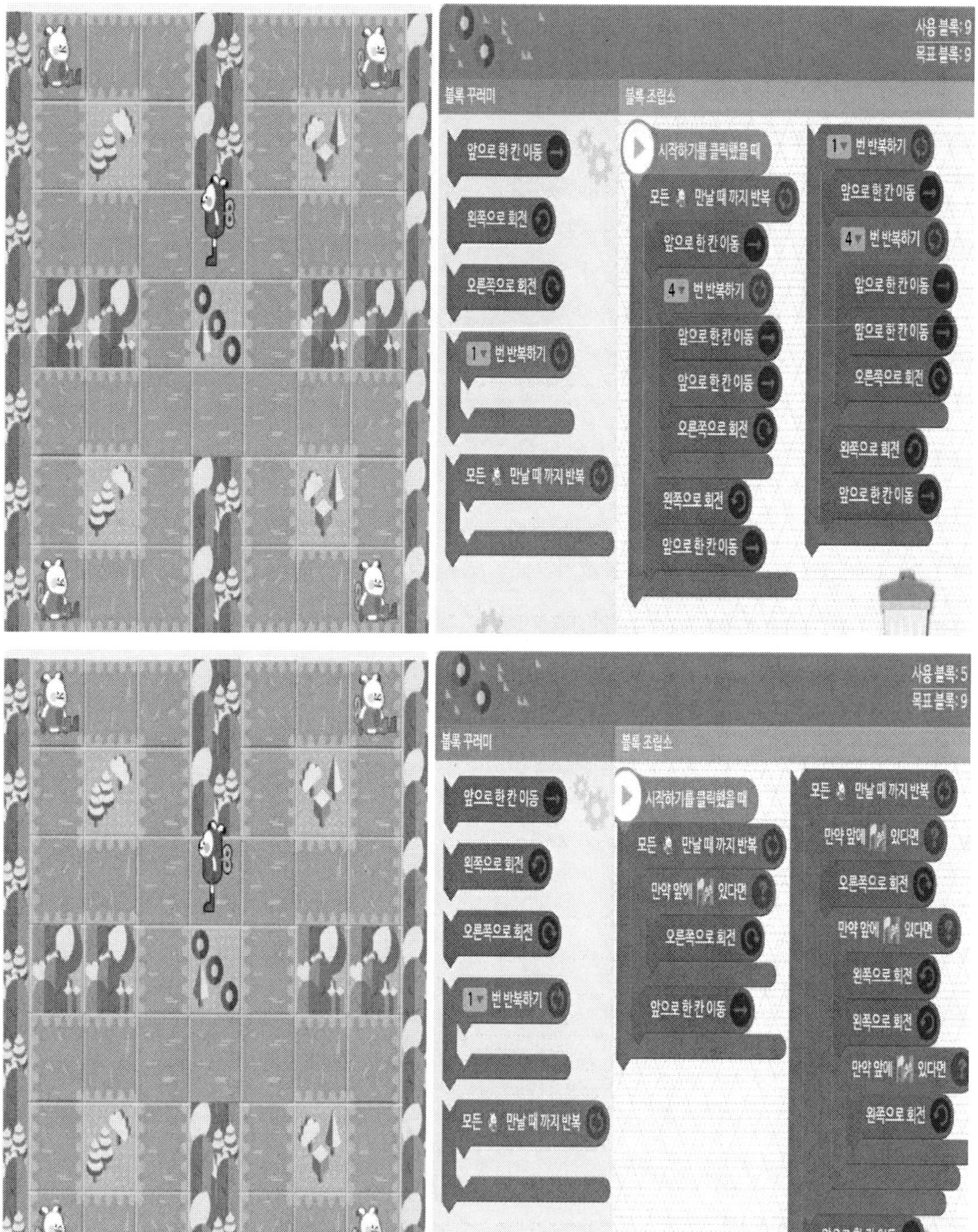

그림 9.6 숲속 탐험 8단계 블록 코딩 화면 해답 1, 2, 3, 4

9.7 숲속 탐험 실제에 가까운 코딩

숲속 탐험 실제에 가까운 코딩에 대해 세부적으로 살펴보기로 하자. 엔트리에서 제공하는 프로그램의 제한성 때문에 그림 9.7 숲속 탐험 실제 코딩에 가까운 화면에 실행 창에 ■와 ●을 표시하였다. ■는 숲을 표시하며 ●는 벌집을 표시한다. 결과적으로 실행 창에는 벌집 2개, 친구가 4명이 존재하며 ■은 숲이기 때문에 엔트리봇이 이 부분을 통해 이동할 수가 없게 된다. 그림 9.7에서 엔트리에서 블록 코딩을 수행하기 위해서 그림에 나와 있는 기본적인 사항부터 살펴보고 점검해 보자. 블록 꾸러미에는 앞으로 한 칸 이동, 왼쪽으로 회전, 오른쪽으로 회전, 몇 번 반복하기, 모든 친구 만날 때까지 반복 블록이 있으며 추가로 숲속 탐험 6단계 블록 꾸러미에서 복사해온 만약 앞에 숲이 있다면, 만약 앞에 벌집이 있다면, 뛰어넘기 블록을 사용할 수 있다. 앞의 코딩과의 차이점은 길 탐색 우선순위가 앞쪽, 오른쪽, 왼쪽, 뒤쪽에서 앞쪽, 왼쪽, 오른쪽, 뒤쪽으로 변경된다는 것이다. 이유에 대해 정확하게 분석해야 한다. 블록 조립소에는 2개의 블록 코딩이 있는데 첫 번째 블록 코딩에 두 번째 블록 코딩을 붙이면 된다. 블록 조립소에서 블록 코딩한 순서대로 실행된다. 실행 화면의 상황을 잘 파악해서 엔트리봇이 친구들을 찾아 도울 수 있도록 블록 꾸러미에 있는 블록을 이용해서 블록 조립소에서 조립하면 된다. 블록 코딩 후 시작하기 버튼을 눌러 블록 코딩을 실행한 후 결과를 확인하면 된다. 결과를 통해서 실제 문제 해결에 대한 성공과 실패를 판단하여 성공한 후에는 다음 단계로 가고 실패를 한 경우에는 다시 블록 코딩을 수행하여 성공할 때까지 반복해서 수행하게 된다. 블록 조립소에 코딩된 형태는 엔트리봇이 친구들을 찾아 도울 수 있도록 한 것이다. 다양한 환경에서 친구들을 찾아 돌볼 수 있는 가장 실제에 가까운 블록 코딩 방식이다. 다양한 방식에 대해 철저하게 분석해서 실제 코딩에 대한 감각을 익히면 앞으로 전개될 실제 코딩에 대비할 수 있으며 사고력과 창의력 배양에도 도움이 될 것이다. 다양한 환경에서 충분한 실습을 하여 실제적인 코딩 방법에 대해서 철저한 분석을 하며 동시에 깊이 있는 사고를 지속해야 한다.

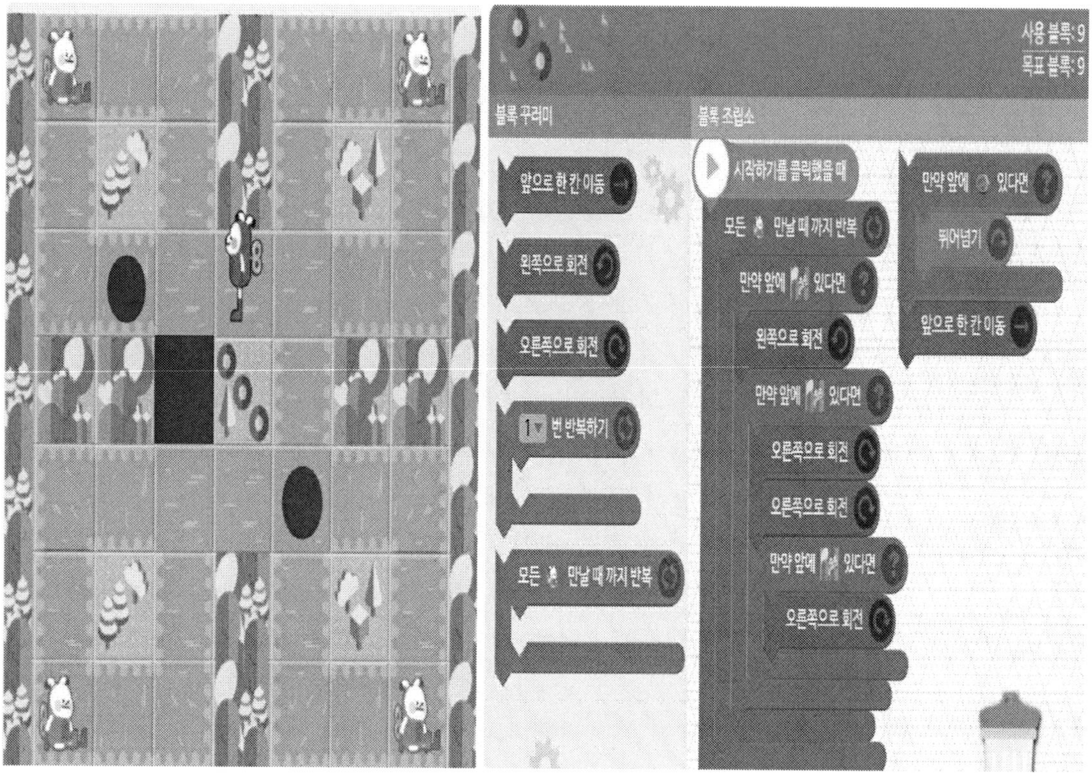

그림 9.7 숲속 탐험 실제 코딩에 가까운 화면

9.8 숲속 탐험 실제 코딩

숲속 탐험 실제 코딩에 대해 세부적으로 살펴보기로 하자. 엔트리에서 제공하는 프로그램의 제한성 때문에 그림 9.8 숲속 탐험 실제 코딩에 가까운 화면에 실행 창에 ■와 ●을 표시하였다. ■는 숲을 표시하며 ●는 벌집을 표시한다. 결과적으로 실행창에는 벌집 2개, 친구가 4명이 존재하며 ■은 숲이기 때문에 엔트리봇이 이 부분을 통해 이동할 수가 없게 된다. 먼저 엔트리봇을 실제에 가깝게 설계해 보자. 엔트리봇이 이미지를 인식할 수 있도록 이미지 센서, 이미지까지의 거리를 계산할 수 있도록 거리 센서를 달고 움직임은 앞으로 한 칸 이동, 뛰어넘기, 오른쪽 회전과 왼쪽 회전을 할 수 있도록 설계하자. 숲속 탐험 움직임은 엔트리봇 학교 가는 길 움직임에 뛰어넘기가 추가되었다는 것을 유의해야 한다. 실제 코딩에 있어 뛰어넘기 추가는 상당한 변화를 가져오게 된다. 또한 이미지를 확인하는 방식에서 우선순위를 두어 앞쪽, 오른쪽, 뒤쪽, 왼쪽 순서로 진행하며 길을 선택하는 방식에서 우선순위를 두어 앞쪽, 오른쪽, 왼쪽, 뒤쪽 순서로 진행한다. 코딩은 실제로 엔트리봇이 친구 1명을 찾아 도울 수 있는 방식, 엔트리봇이 친구 2명을 찾아 도울 수 있는 방식,엔트리봇이 친구 3명을 찾아 도울 수 있는 방식, 엔트리봇이 친구 4명을 찾아 도울 수 있는 방식 등에 대해 알고리즘을 작성해 보고 순서도는 여러분들이 스스로 작성해 보기로 하자.

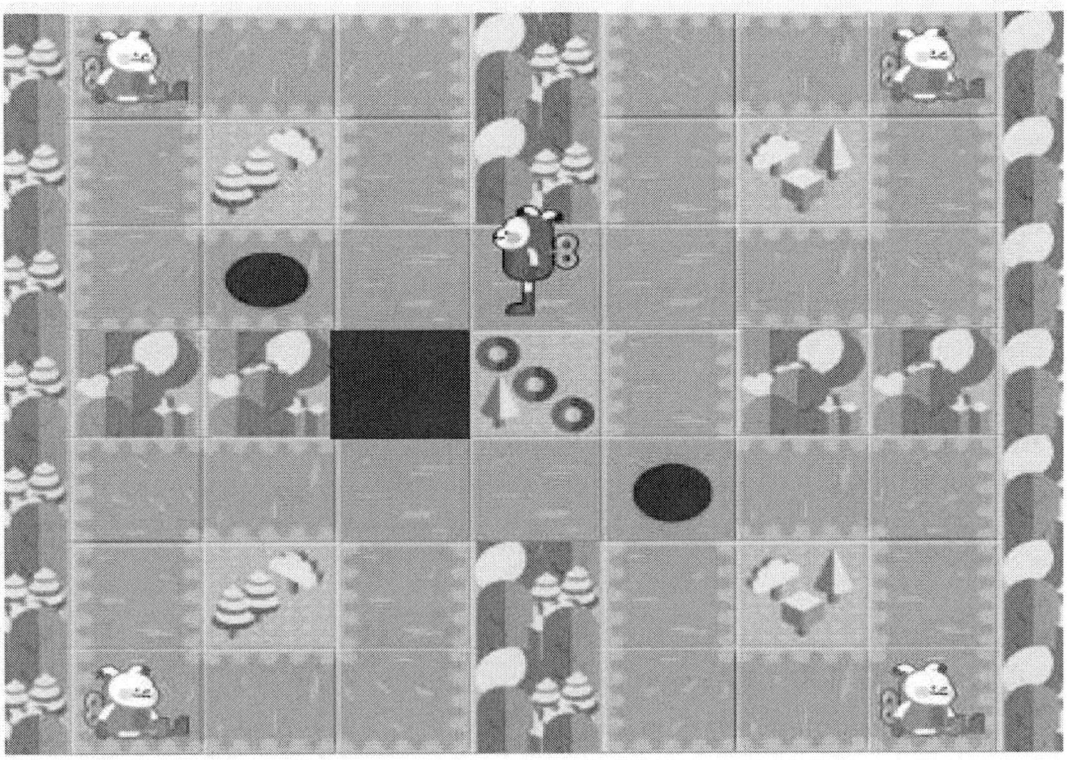

그림 9.8 숲속 탐험 실제 코딩을 위한 미로

1) 엔트리봇이 친구 1명을 찾아 도울 수 있는 코딩

앞에서 엔트리봇을 설계하고 이미지 탐색과 길 탐색에 대한 우선순위를 정한 방식에 따라 알고리즘을 먼저 작성하고 순서도를 작성하면 된다.

(1) 알고리즘

그림 9.8을 참고하면서 알고리즘을 작성해 보기로 하자. 엔트리봇에게 친구 1명을 찾아 도울 수 있도록 명령을 내리면 시작된다.

① 친구를 찾기 위해서 자신의 위치에 친구가 있는지를 찾고 친구가 있으면 친구를 돕

고 종료한다.

② 친구가 없으면 앞쪽에 친구가 있는지를 찾고 있으면 바로 앞에 벌집이 있는지 확인하고 있으면 뛰어넘기를 수행하고 알고리즘의 처음으로 돌아가며 벌집이 없으면 앞쪽 걷기 후 알고리즘의 처음으로 돌아간다.

③ 앞쪽에 친구가 없으면 오른쪽 회전 후에 앞쪽에 친구가 있는지를 찾고 있으면 바로 앞에 벌집이 있는지 확인하고 있으면 뛰어넘기를 수행하고 알고리즘의 처음으로 돌아가며 벌집이 없으면 앞쪽 걷기 후 알고리즘의 처음으로 돌아간다.

④ 친구가 보이지 않으면 오른쪽 회전 후에 앞쪽에 친구가 있는지를 찾고 있으면 바로 앞에 벌집이 있는지 확인하고 있으면 뛰어넘기를 수행하고 알고리즘의 처음으로 돌아가며 벌집이 없으면 앞쪽 걷기 후 알고리즘의 처음으로 돌아간다.

⑤ 친구가 보이지 않으면 오른쪽 회전 후에 앞쪽에 친구가 있는지를 찾고 있으면 바로 앞에 벌집이 있는지 확인하고 있으면 뛰어넘기를 수행하고 알고리즘의 처음으로 돌아가며 벌집이 없으면 앞쪽 걷기 후 알고리즘의 처음으로 돌아간다.

⑥ 친구가 보이지 않으면 오른쪽 회전 후 길 탐색을 진행한다. 길 탐색은 앞에 길이 있고 바로 앞에 벌집이 있는지 확인하고 있으면 뛰어넘기를 수행하고 알고리즘의 처음으로 돌아가며 벌집이 없으면 앞쪽 걷기 후 알고리즘의 처음으로 돌아간다.

⑦ 앞쪽에 길이 없으면 왼쪽 회전 후 앞에 길이 있고 바로 앞에 벌집이 있는지 확인하고 있으면 뛰어넘기를 수행하고 알고리즘의 처음으로 돌아가며 벌집이 없으면 앞쪽 걷기 후 알고리즘의 처음으로 돌아간다.

⑧ 앞쪽에 길이 없으면 오른쪽 회전을 2번 한 후 앞에 길이 있고 바로 앞에 벌집이 있는지 확인하고 있으면 뛰어넘기를 수행하고 알고리즘의 처음으로 돌아가며 벌집이 없으면 앞쪽 걷기 후 알고리즘의 처음으로 돌아간다.

⑨ 앞쪽에 길이 없으면 오른쪽 회전 후 앞에 길이 있고 바로 앞에 벌집이 있는지 확인하고 있으면 뛰어넘기를 수행하고 알고리즘의 처음으로 돌아가며 벌집이 없으면 앞쪽 걷기 후 알고리즘의 처음으로 돌아간다.

⑩ 앞쪽에 길이 없으면 강제 종료된다. 마지막 알고리즘은 수행은 대부분 없는 경우이지만 현재의 위치에서 모든 방향의 길이 막혀있는 경우가 된다.

(2) 순서도

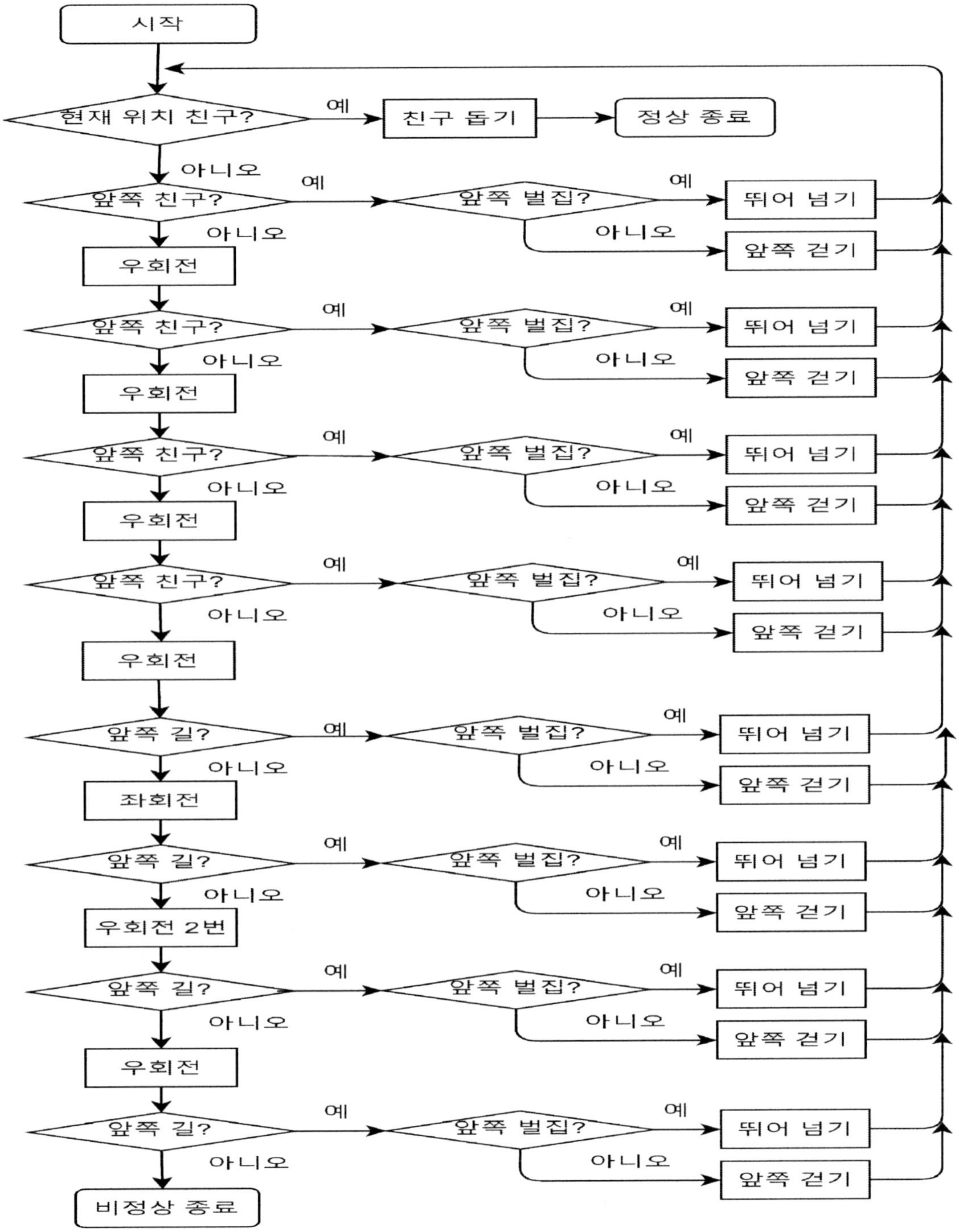

그림 9.9 엔트리봇이 친구 1명을 찾아 돕는 순서도

2) 엔트리봇이 친구 2명을 찾아 도울 수 있는 코딩

앞에서 엔트리봇을 설계하고 이미지 탐색과 길 탐색에 대한 우선순위를 정한 방식에 따라 알고리즘을 먼저 작성하고 순서도를 작성하면 된다.

(1) 알고리즘

알고리즘은 여러분들이 그림 9.8을 참고해서 스스로 작성해 보기 바란다.

(2) 순서도

순서도는 여러분들이 그림 9.8과 알고리즘을 참고해서 스스로 작성해 보기 바란다.

3) 엔트리봇이 친구 3명을 찾아 도울 수 있는 코딩

앞에서 엔트리봇을 설계하고 이미지 탐색과 길 탐색에 대한 우선순위를 정한 방식에 따라 알고리즘을 먼저 작성하고 순서도를 작성하면 된다.

(1) 알고리즘

그림 9.8을 참고해 알고리즘을 작성해 보기로 하자.

(2) 순서도

순서도는 여러분들이 그림 9.8을 참고해 스스로 작성해야 한다.

4) 엔트리봇이 친구 4명을 찾아 도울 수 있는 코딩

앞에서 엔트리봇을 설계하고 이미지 탐색과 길 탐색에 대한 우선순위를 정한 방식에 따라 알고리즘을 먼저 작성하고 순서도를 작성하면 된다.

(1) 알고리즘

그림 9.8을 참고해 알고리즘을 작성해 보기로 하자.

(2) 순서도

순서도는 여러분들이 그림 9.8을 참고해 스스로 작성해야 한다.

제10장 마을 탐험

마을 탐험은 엔트리봇이 배터리을 챙길 수 있도록 하는 블록 코딩 단계로서 블록 코딩에서 순차와 함수에 대한 개념을 학습할 수 있다. 앞에서 학습한 블록 코딩들과 비교하고 분석하면서 마을 탐험 블록 코딩을 천천히 시작해 보기로 하자.

10.1 마을 탐험 1단계

마을 탐험 1단계를 통해 가장 기초적인 내용부터 설명하자. 그림 10.1에는 마을 탐험 1단계 블록 코딩한 화면을 보여준다. 그림 10.1에서 엔트리에서 블록 코딩을 수행하기 위해서 그림에 나와 있는 기본적인 사항부터 살펴보고 점검해 보자. 그림은 크게 6가지 형태로 구분된다. 최고 위쪽에 다른미션보기 옆에 숫자 1이 보이는데 이것은 1단계를 표시하며 이후로 6단계까지 있으며 마지막에 꽃 모양으로 6단계를 마치면 인증서를 받을 수 있도록 표시하고 있다. 바로 밑에는 사용 블록:5와 목표 블록:5가 보이는데 사용 블록:5은 현재까지 코딩에 사용된 블록의 개수를 목표 블록:5는 블록 코딩에서 주어진 문제를 해결하는 데 사용할 수 있는 블록의 개수를 의미한다. 블록 코딩에 따라 엔트리봇을 움직이게 하는 즉 실행하는 부분은 상단 왼쪽에 표시되며 시작하기를 누르면 우리가 블록 조립소에서 블록 코딩한 순서대로 실행된다. 도움말과 블록 코딩 목표에 대해 알려주는 부분은 하단 왼쪽에 표시된다. 하나의 기능을 수행하는 블록들을 모아놓은 블록 꾸러미는 상단 오른쪽 첫 번째에 표시되며 블록들을 조립해서 블록 코딩을 직접 수행하는 블록 조립소가 상단 오른쪽 두 번째에 표시되어 있다. 실행 화면의 상황을 잘 파악해서 엔트리봇이 배터리를 챙길 수 있도록 블록 꾸러미에 있는 블록을 이용해서 블록 조립소에서 조립하면 된다. 블록 꾸러미에는 약속 불러오기 블록이 있고 블록 조립소에는 시작하기를 클릭했을 때 블록 1개와 약속 불러오기 블록 2개가 순서대로 조립되어 있으며 약속하기 블록 안에 앞으로 한 칸 이동 블록과 뛰어넘기 블록이 조합되어 있다. 블록 코딩 후 시작하기 버튼을 눌러 블록 코딩을 실행한 후 결과를 확인하면 된다. 결과를 통해서 실제 문제 해결에 대한 성공과 실패를 판단하여 성공한 후에는 다음 단계로 가고 실패를 한 경우에는 다시 블록 코딩을 수행하여 성공할 때까지 반복해서 수행하게 된다. 결과는 엔트리봇이 우리가 블록 코딩한 순서에 따라 움직여 배터리을 챙기게 된다. 여기서 약속 불러오기 블록과 약속하기 블록을 사용하는 이전에 사용했던 몇 번 반복하기 블록과 유사한 결과를 보이지만 실제 코딩에서는 함수로 사용되어 반복적으로 사용되는 코딩의 어떤 부분을 함수로 정의하여 코딩의 과정에서 필요로 할 때마다 함수를 불러 사용하게 되는 형식을 가진다. 함수는 실제 코딩에서 폭넓게 사용됨으로 잘 이해해 활용하면 코딩을 함에 있어 많은 도움을 받을 수 있다. 이후에 자세하게 논의하기로 하자.

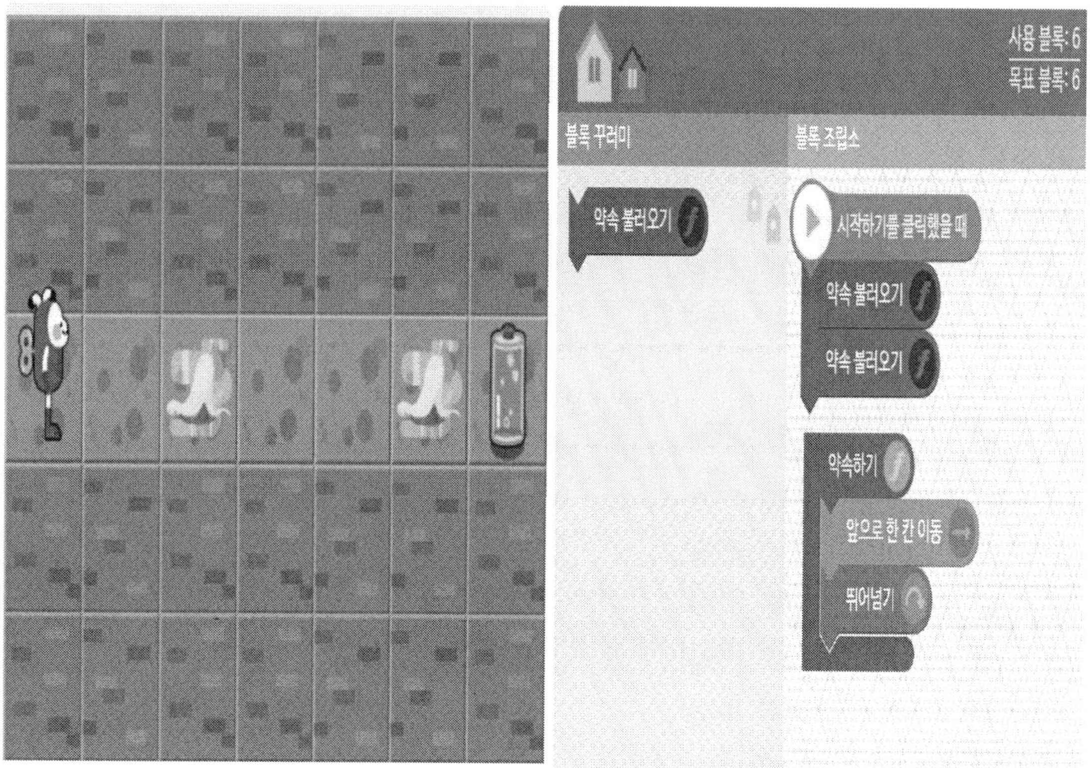

그림 10.1 마을 탐험 1단계 블록 코딩 화면

10.2 마을 탐험 2단계

그림 10.2에는 마을 탐험 2단계 블록 코딩한 화면을 보여준다. 실행 화면의 상황을 잘 파악해서 엔트리봇이 배터리를 챙길 수 있도록 블록 꾸러미에 있는 블록을 이용해서 블록 조립소에서 조립하면 된다. 블록 꾸러미에는 앞으로 한 칸 이동, 왼쪽으로 회전, 오른쪽으로 회전, 약속 불러오기 블록이 있고 블록 조립소에는 시작하기를 클릭했을 때 블록 1개와 약속 불러오기 블록 3개가 순서대로 조립되어 있으며 약속하기 블록 안에 앞으로 한 칸 이동 블록 2개와 오른쪽으로 회전 블록이 조합되어 있다. 블록 코딩 후 시작하기 버튼을 눌러 블록 코딩을 실행한 후 결과를 확인하면 된다. 결과를 통해서 실제 문제 해결에 대한 성공과 실패를 판단하여 성공한 후에는 다음 단계로 가고 실패를 한 경우에는 다시 블록 코딩을 수행하여 성공할 때까지 반복해서 수행하게 된다. 결과는 엔트리봇이 우리가 블록 코딩한 순서에 따라 움직여 배터리를 챙기게 된다.

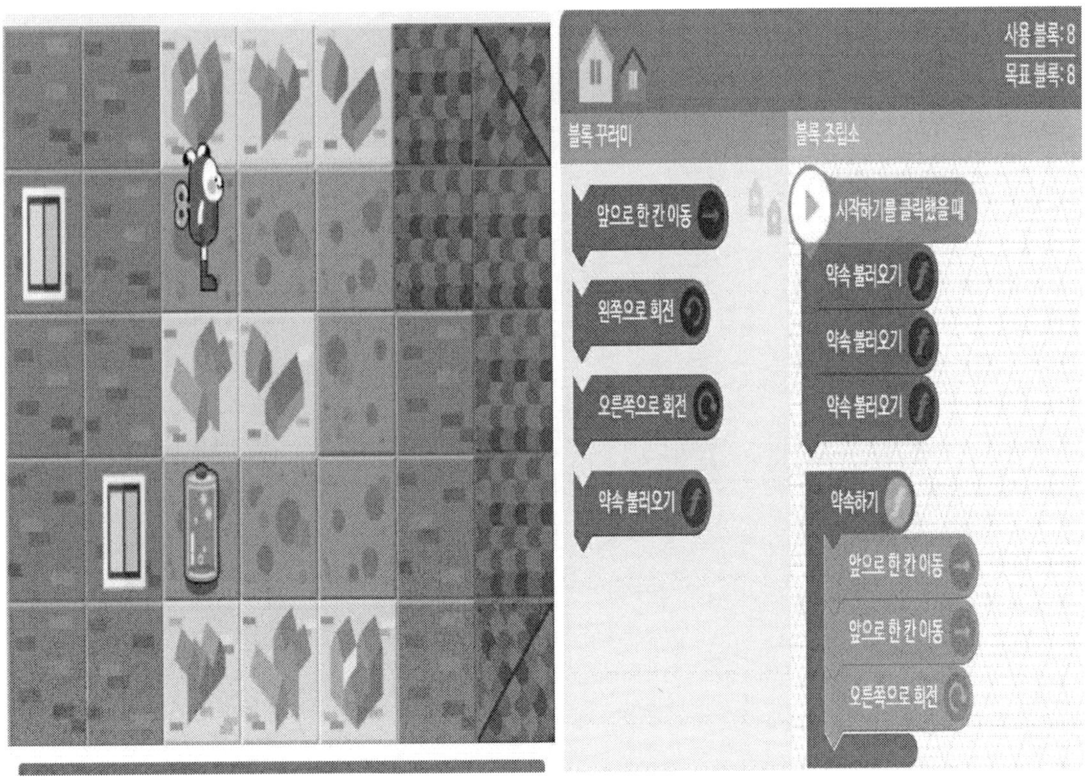

그림 10.2 마을 탐험 2단계 블록 코딩 화면

10.3 마을 탐험 3단계

그림 10.3에는 마을 탐험 3단계 블록 코딩한 화면을 보여준다. 실행 화면의 상황을 잘 파악해서 엔트리봇이 배터리를 챙길 수 있도록 블록 꾸러미에 있는 블록을 이용해서 블록 조립소에서 조립하면 된다. 블록 꾸러미에는 앞으로 한 칸 이동, 왼쪽으로 회전, 오른쪽으로 회전, 약속 불러오기 블록이 있고 블록 조립소에는 시작하기를 클릭했을 때 블록 1개와 약속 불러오기 블록 3개가 순서대로 조립되어 있으며 약속하기 블록 안에 앞으로 한 칸 이동 블록 3개와 왼쪽으로 회전 블록이 조합되어 있다. 블록 코딩 후 시작하기 버튼을 눌러 블록 코딩을 실행한 후 결과를 확인하면 된다. 결과를 통해서 실제 문제 해결에 대한 성공과 실패를 판단하여 성공한 후에는 다음 단계로 가고 실패를 한 경우에는 다시 블록 코딩을 수행하여 성공할 때까지 반복해서 수행하게 된다. 결과는 엔트리봇이 우리가 블록 코딩한 순서에 따라 움직여 배터리를 챙기게 된다.

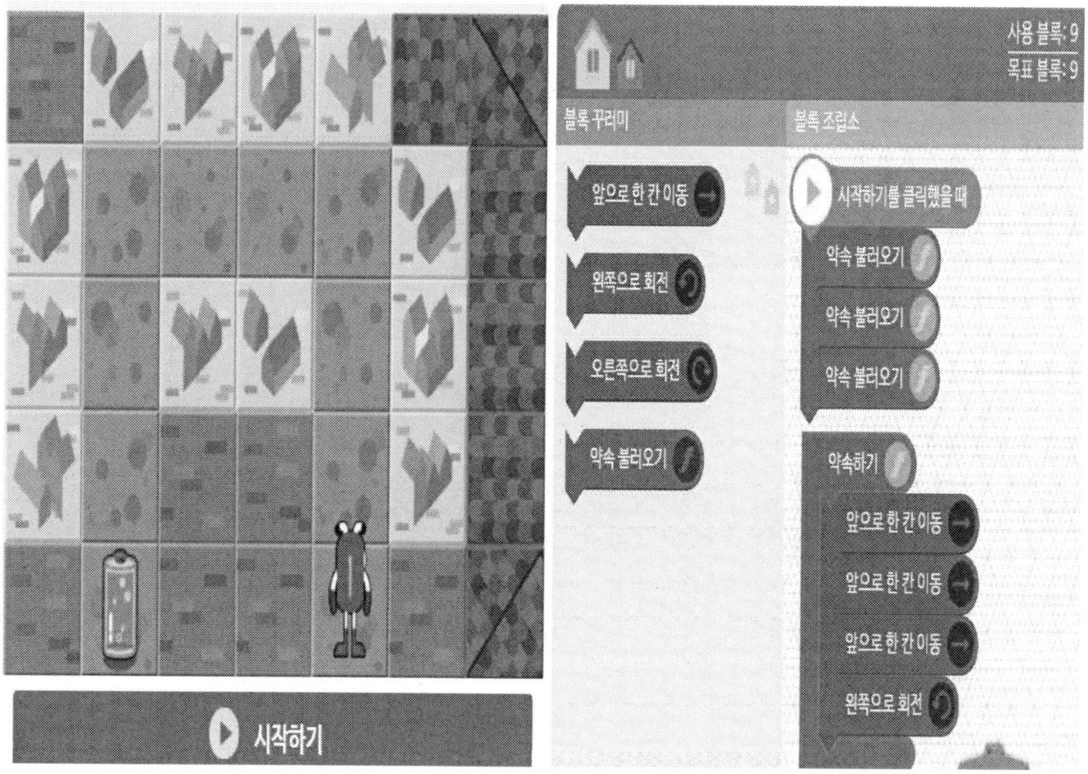

그림 10.3 마을 탐험 3단계 블록 코딩 화면

10.4 마을 탐험 4단계

그림 10.4에는 마을 탐험 4단계 블록 코딩한 화면을 보여준다. 실행 화면의 상황을 잘 파악해서 엔트리봇이 배터리를 챙길 수 있도록 블록 꾸러미에 있는 블록을 이용해서 블록 조립소에서 조립하면 된다. 블록 꾸러미에는 앞으로 한 칸 이동, 왼쪽으로 회전, 오른쪽으로 회전, 약속 불러오기 블록이 있고 블록 조립소에는 시작하기를 클릭했을 때 블록 1개와 약속 불러오기 블록 3개가 순서대로 조립되어 있으며 약속하기 블록 안에 앞으로 한 칸 이동 블록 2개, 뛰어넘기 블록, 오른쪽으로 회전 블록이 조합되어 있다. 블록 코딩 후 시작하기 버튼을 눌러 블록 코딩을 실행한 후 결과를 확인하면 된다. 결과를 통해서 실제 문제 해결에 대한 성공과 실패를 판단하여 성공한 후에는 다음 단계로 가고 실패를 한 경우에는 다시 블록 코딩을 수행하여 성공할 때까지 반복해서 수행하게 된다. 결과는 엔트리봇이 우리가 블록 코딩한 순서에 따라 움직여 배터리를 챙기게 된다.

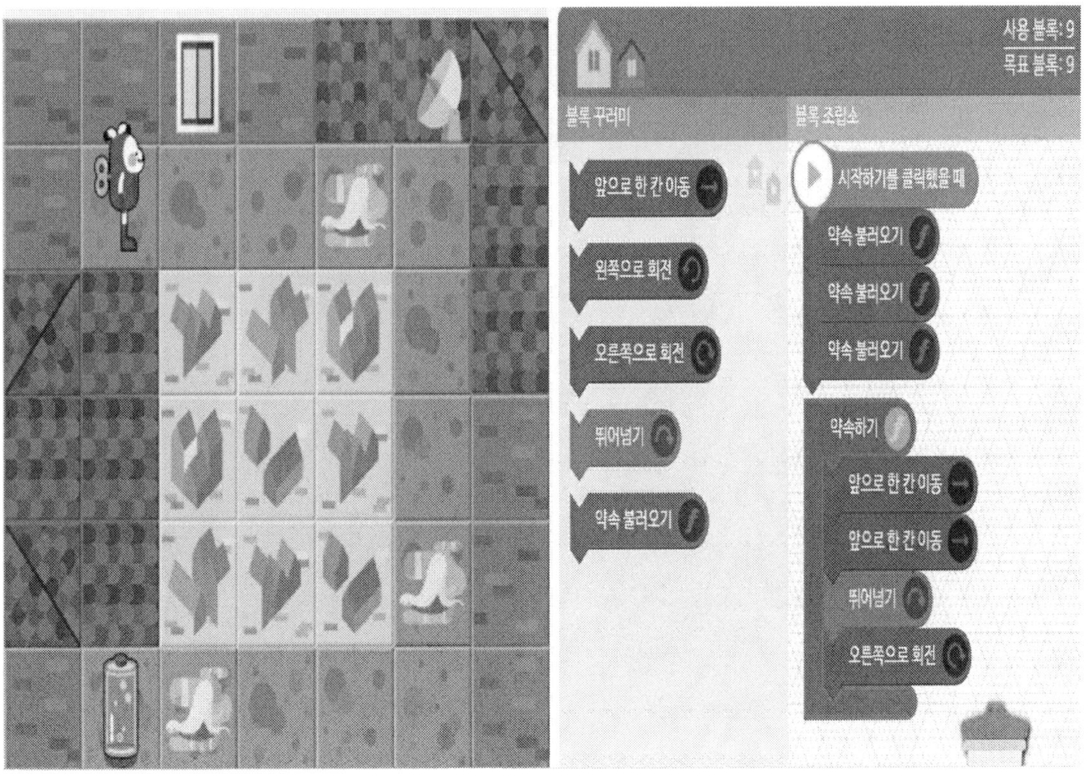

그림 10.4 마을 탐험 4단계 블록 코딩 화면

10.5 마을 탐험 5단계

그림 10.5에는 마을 탐험 5단계 블록 코딩한 화면을 보여준다. 실행 화면의 상황을 잘 파악해서 엔트리봇이 배터리를 챙길 수 있도록 블록 꾸러미에 있는 블록을 이용해서 블록 조립소에서 조립하면 된다. 블록 꾸러미에는 앞으로 한 칸 이동, 왼쪽으로 회전, 오른쪽으로 회전, 약속 불러오기 블록이 있고 블록 조립소에는 시작하기를 클릭했을 때, 오른쪽으로 회전, 약속 불러오기, 왼쪽으로 회전, 약속 불러오기 블록이 순서대로 조립되어 있으며 약속하기 블록 안에 앞으로 한 칸 이동 2개, 오른쪽으로 회전, 앞으로 한 칸 이동 2개, 왼쪽으로 회전, 앞으로 한 칸 이동 2개가 조합되어 있다. 블록 코딩 후 시작하기 버튼을 눌러 블록 코딩을 실행한 후 결과를 확인하면 된다. 결과는 엔트리봇이 우리가 블록 코딩한 순서에 따라 움직여 배터리를 챙기게 된다.

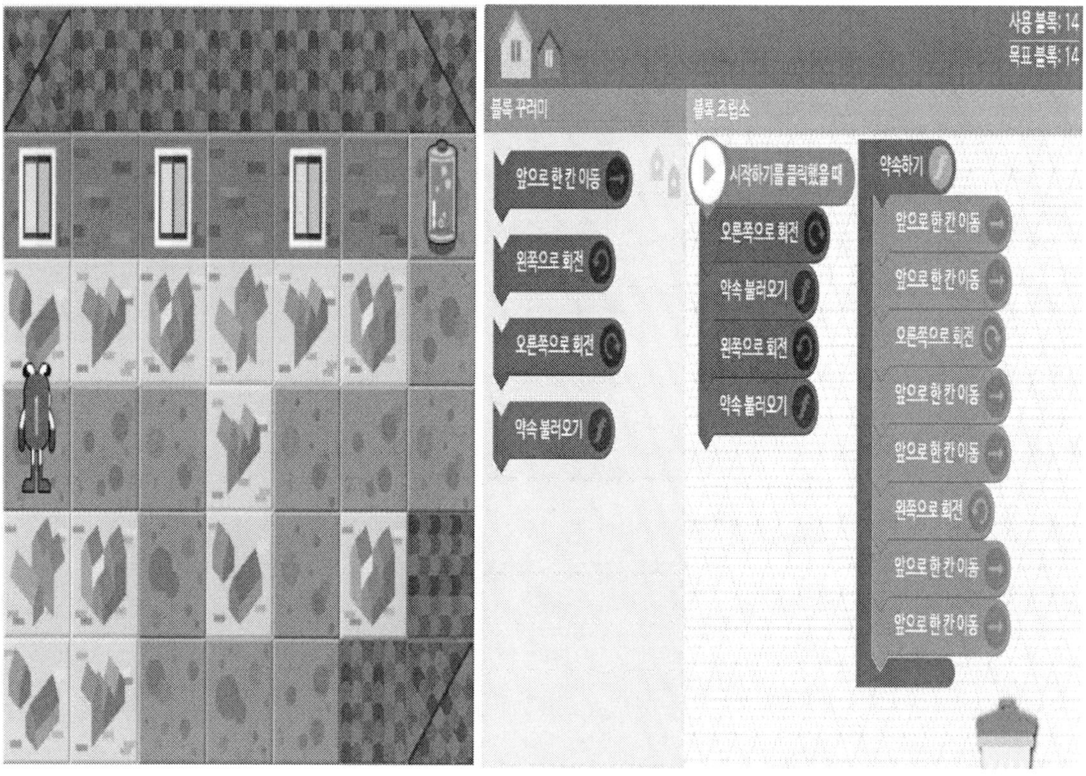

그림 10.5 마을 탐험 5단계 블록 코딩 화면

10.6 마을 탐험 6단계

그림 10.6에는 마을 탐험 6단계 블록 코딩한 화면을 보여준다. 실행 화면의 상황을 잘 파악해서 엔트리봇이 배터리를 챙길 수 있도록 블록 꾸러미에 있는 블록을 이용해서 블록 조립소에서 조립하면 된다. 블록 꾸러미에는 앞으로 한 칸 이동, 왼쪽으로 회전, 오른쪽으로 회전, 약속 불러오기 블록이 있고 블록 조립소에는 시작하기를 클릭했을 때, 약속 불러오기, 앞으로 한 칸 이동, 왼쪽으로 회전, 약속 불러오기, 왼쪽으로 회전, 약속 불러오기 블록이 순서대로 조립되어 있으며 약속하기 블록 안에 앞으로 한 칸 이동 2개, 오른쪽으로 회전, 뛰어넘기, 오른쪽으로 회전, 앞으로 한 칸 이동 블록이 조합되어 있다. 블록 코딩 후 시작하기 버튼을 눌러 블록 코딩을 실행한 후 결과를 확인하면 된다. 결과는 엔트리봇이 우리가 블록 코딩한 순서에 따라 움직여 배터리를 챙기게 된다.

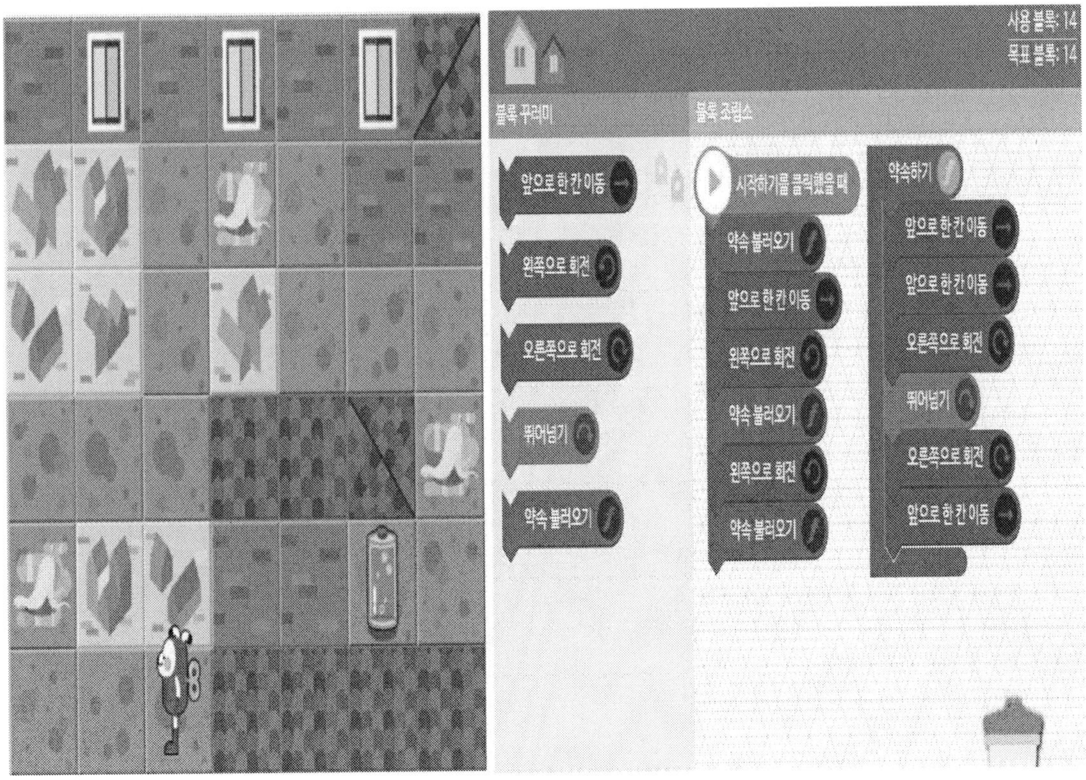

그림 10.6 마을 탐험 6단계 블록 코딩 화면

10.7 마을 탐험 실제에 가까운 코딩

마을 탐험 실제에 가까운 코딩에 대해 세부적으로 살펴보기로 하자. 엔트리에서 제공하는 프로그램의 제한성 때문에 그림 10.7 마을 탐험 실제 코딩에 가까운 화면에 실행창에 ■를 표시하였다. ■는 학교를 표시한다. 즉 화면에는 배터리 1개, 장애물 3개와 학교가 존재한다. 또한 블록 조립소에는 3개의 블록 코딩이 존재한다. 첫 번째와 두 번째를 합치면 배터리 1개를 찾는 움직임이고 세 번째를 더 합하면 배터리 1개를 챙겨 학교에 가는 움직임이다. 이전에 설명했듯이 길을 선택하는 방식에서 우선순위를 두어 코딩했다는 것이다. 우선순위는 엔트리봇 기준으로 앞쪽, 오른쪽, 왼쪽, 뒤쪽 순서이다. 코딩은 다양하게 실습해 볼 수 있다. 엔트리봇 학교 가는 길을 포함하여 배터리, 가방, 연필 등을 추가하여 다양한 상황을 설정해서 코딩해 볼 수 있다. 충분히 실습해 보기를 바란다.

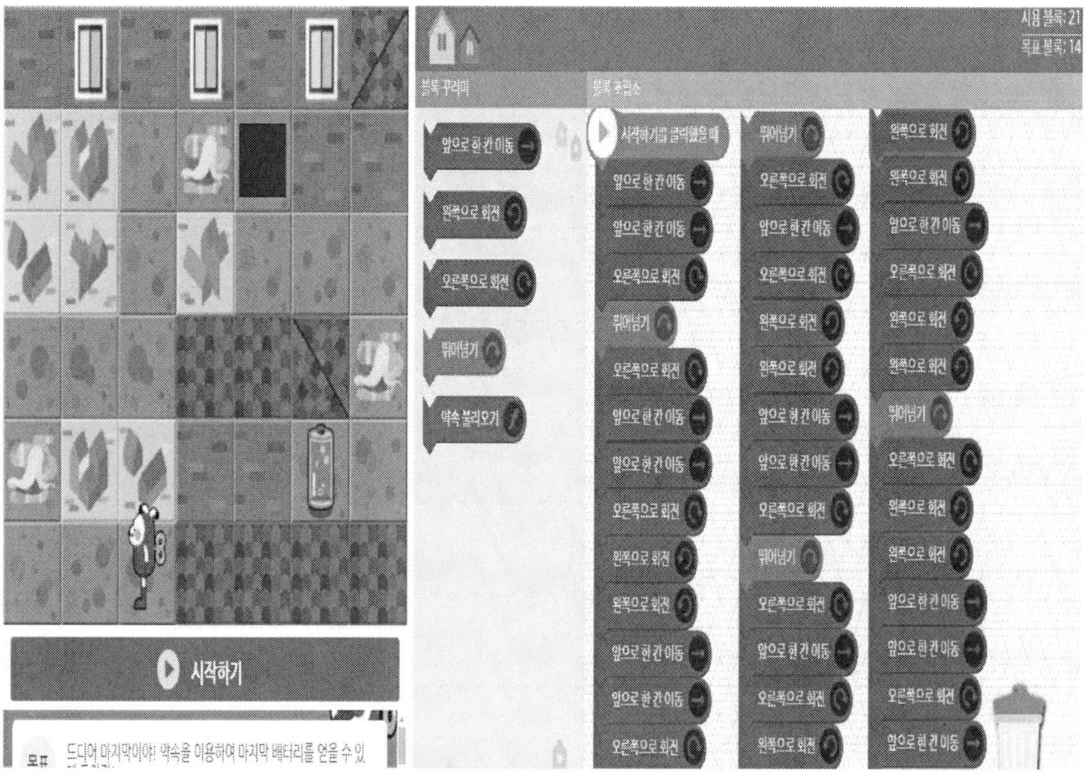

그림 10.7 마을 탐험 실제 코딩에 가까운 화면

10.8 마을 탐험 실제 코딩

마을 탐험 실제 코딩에 대해 세부적으로 살펴보기로 하자. 엔트리에서 제공하는 프로그램의 제한성 때문에 그림 10.8 마을 탐험 미로에 배터리 1개와 장애물 3개가 포함되어 있으며 추가로 배터리과 학교를 표시하기 위해 ●와 ■을 표시했으며 ●는 배터리를 표시하고 ■는 학교를 표시한다. 먼저 엔트리봇을 실제에 가깝게 설계해 보자. 엔트리봇이 이미지를 인식할 수 있도록 이미지 센서, 이미지까지의 거리를 계산할 수 있도록 거리 센서를 달고 움직임은 앞쪽 한 칸 이동, 뛰어넘기, 오른쪽 회전과 왼쪽 회전을 할 수 있도록 설계하자. 마을 탐험 움직임은 엔트리봇 학교 가는 길 움직임에 뛰어넘기가 추가되었다는 것을 유의해야 한다. 실제 코딩에 있어 뛰어넘기 추가는 상당한 변화를 가져오게 된다. 또한 이미지를 확인하는 방식에서 우선순위를 두어 앞쪽, 오른쪽, 뒤쪽, 왼쪽 순서로 진행하며 길을 선택하는 방식에서 우선순위를 두어 앞쪽, 오른쪽, 왼쪽, 뒤쪽 순서로 진행한다. 코딩은 실제로 엔트리봇이 배터리 1개를 찾는 코딩, 배터리 2개를 찾는 코딩, 배터리 1개를 챙겨 학교를 찾는 코딩, 배터리 2개를 챙겨 학교를 찾는 코딩 등에 대해 알고리즘을 작성해 보고 순서도는 여러분들이 스스로 작성해 보기로 하자.

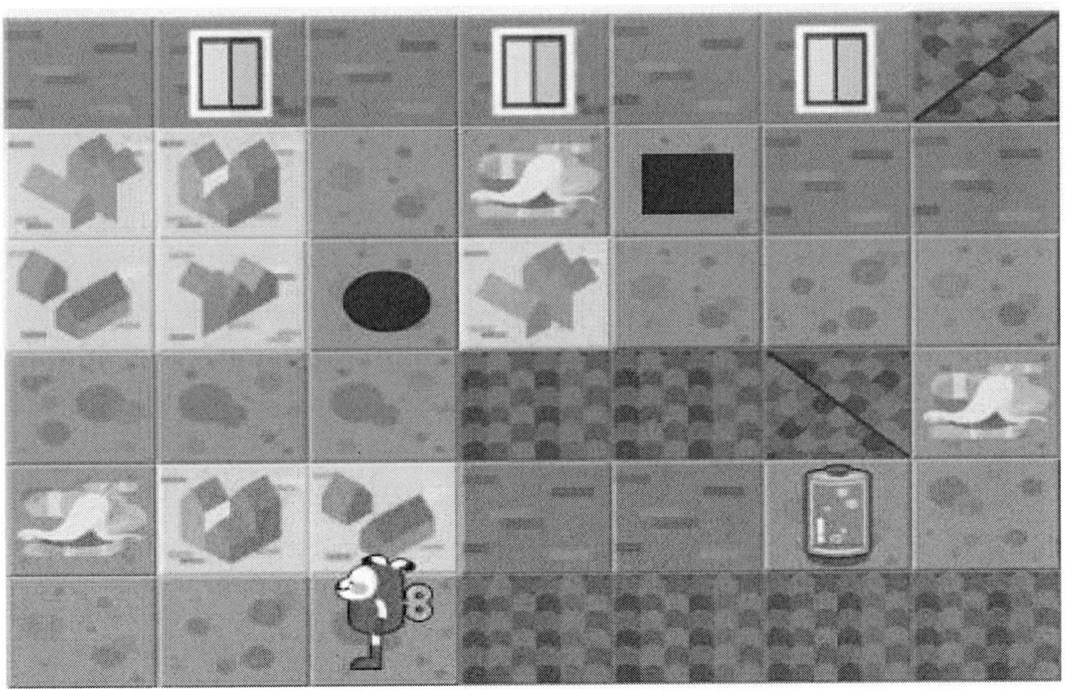

그림 10.8 마을 탐험 실제 코딩을 위한 미로

1) 엔트리봇이 배터리 1개를 찾는 코딩

앞에서 엔트리봇을 설계하고 이미지 탐색과 길 탐색에 대한 우선순위를 정한 방식에 따라 알고리즘을 먼저 작성하고 순서도를 작성하면 된다.

(1) 알고리즘

그림 10.8을 참고하면서 알고리즘을 작성해 보기로 하자. 엔트리봇에게 배터리 1개를 찾도록 명령을 내리면 시작된다.

① 배터리를 탐색하기 위해서 자신의 위치에 배터리가 있는지를 탐색하고 배터리가 있으면 배터리를 챙기고 종료한다.

② 자신의 위치에 배터리가 없으면 앞쪽에 배터리가 있는지를 탐색하고 있으면 바로 앞에 장애물이 있는지 확인하고 있으면 뛰어넘기를 수행하고 알고리즘의 처음으로 돌아가며 장애물이 없으면 앞쪽 걷기 후 알고리즘의 처음으로 돌아간다.

③ 앞쪽에 배터리가 없으면 오른쪽 회전 후에 앞쪽에 배터리가 있는지를 탐색하고 있으면 바로 앞에 장애물이 있는지 확인하고 있으면 뛰어넘기를 수행하고 알고리즘의 처음으로 돌아가며 장애물이 없으면 앞쪽 걷기 후 알고리즘의 처음으로 돌아간다.

④ 앞쪽에 배터리가 없으면 오른쪽 회전 후에 앞쪽에 배터리가 있는지를 탐색하고 있으면 바로 앞에 장애물이 있는지 확인하고 있으면 뛰어넘기를 수행하고 알고리즘의 처음으로 돌아가며 장애물이 없으면 앞쪽 걷기 후 알고리즘의 처음으로 돌아간다.

⑤ 앞쪽에 배터리가 없으면 오른쪽 회전 후에 앞쪽에 배터리가 있는지를 탐색하고 있으면 바로 앞에 장애물이 있는지 확인하고 있으면 뛰어넘기를 수행하고 알고리즘의 처음으로 돌아가며 장애물이 없으면 앞쪽 걷기 후 알고리즘의 처음으로 돌아간다.

⑥ 앞쪽에 배터리가 없으면 오른쪽 회전 후 길 탐색을 진행한다. 길 탐색은 앞에 길이 있고 바로 앞에 장애물이 있는지 확인하고 있으면 뛰어넘기를 수행하고 알고리즘의 처음으로 돌아가며 장애물이 없으면 앞쪽 걷기 후 알고리즘의 처음으로 돌아간다.

⑦ 앞쪽에 길이 없으면 오른쪽 회전 후 앞에 길이 있고 바로 앞에 장애물이 있는지 확인하고 있으면 뛰어넘기를 수행하고 알고리즘의 처음으로 돌아가며 장애물이 없으면 앞쪽 걷기 후 알고리즘의 처음으로 돌아간다.

⑧ 앞쪽에 길이 없으면 오른쪽 회전을 2번 한 후 앞에 길이 있고 바로 앞에 장애물이 있는지 확인하고 있으면 뛰어넘기를 수행하고 알고리즘의 처음으로 돌아가며 장애물이 없으면 앞쪽 걷기 후 알고리즘의 처음으로 돌아간다.

⑨ 앞쪽에 길이 없으면 왼쪽 회전 후 앞에 길이 있고 바로 앞에 장애물이 있는지 확인하고 있으면 뛰어넘기를 수행하고 알고리즘의 처음으로 돌아가며 장애물이 없으면 앞쪽 걷기 후 알고리즘의 처음으로 돌아간다.

⑩ 앞쪽에 길이 없으면 강제 종료된다. 마지막 알고리즘은 수행은 대부분 없는 경우이지만 현재의 위치에서 모든 방향의 길이 막혀있는 경우가 된다.

(2) 순서도

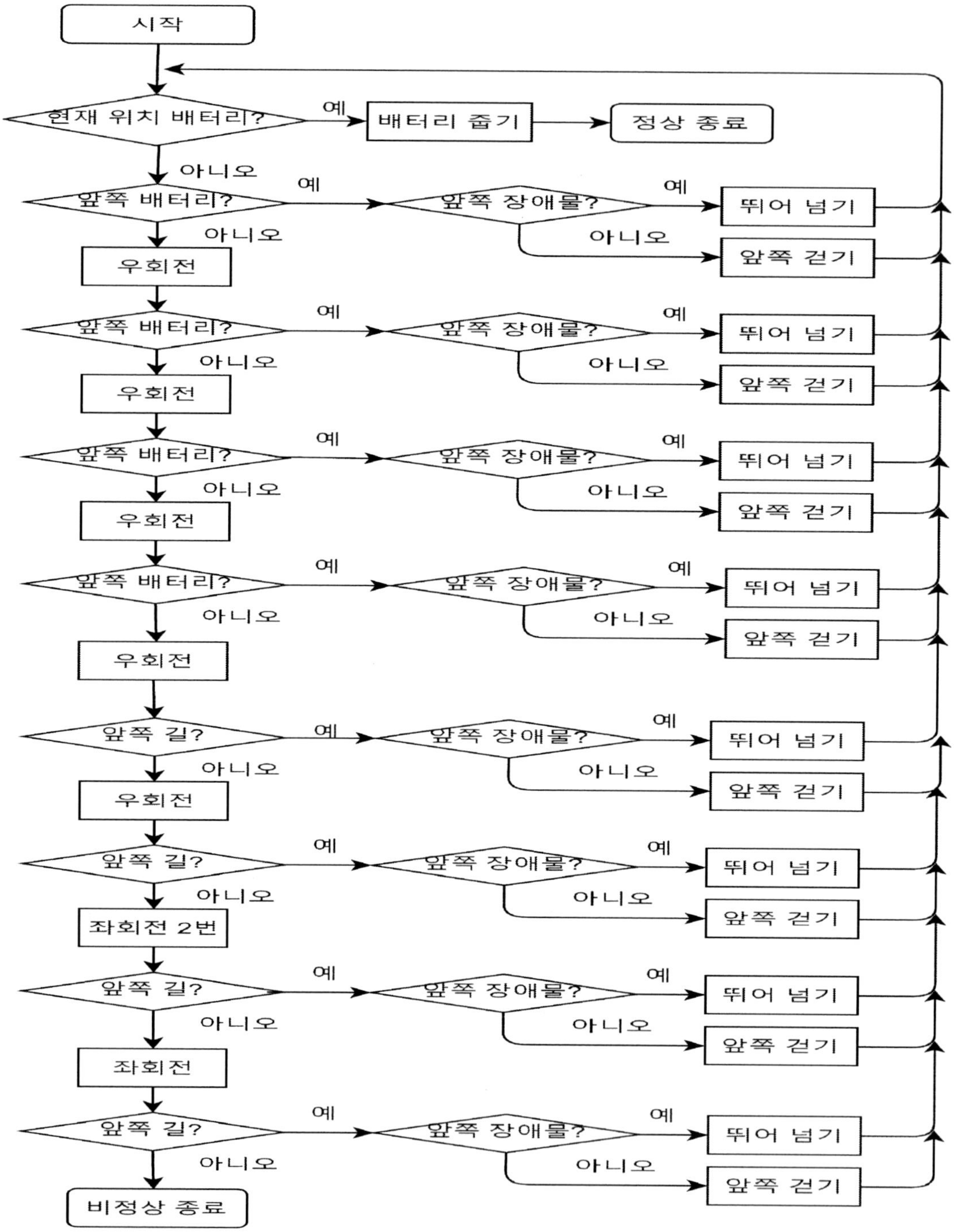

그림 10.9 엔트리봇이 배터리를 1개 챙기는 순서도

2) 엔트리봇이 배터리 2개를 찾는 코딩

앞에서 엔트리봇을 설계하고 이미지 탐색과 길 탐색에 대한 우선순위를 정한 방식에 따라 알고리즘을 먼저 작성하고 순서도를 작성하면 된다.

(1) 알고리즘

알고리즘은 여러분들이 그림 10.8을 참고해서 스스로 작성해 보기 바란다.

(2) 순서도

순서도는 여러분들이 그림 10.8과 알고리즘을 참고해서 스스로 작성해 보기 바란다.

3) 엔트리봇이 배터리 1개를 챙겨 학교를 찾는 코딩

앞에서 엔트리봇을 설계하고 이미지 탐색과 길 탐색에 대한 우선순위를 정한 방식에 따라 알고리즘을 먼저 작성하고 순서도를 작성하면 된다.

(1) 알고리즘

그림 10.8을 참고해 알고리즘을 작성해 보기로 하자.

(2) 순서도

순서도는 여러분들이 그림 10.8을 참고해 스스로 작성해야 한다.

4) 엔트리봇이 배터리 2개를 챙겨 학교를 찾는 코딩

앞에서 엔트리봇을 설계하고 이미지 탐색과 길 탐색에 대한 우선순위를 정한 방식에 따라 알고리즘을 먼저 작성하고 순서도를 작성하면 된다.

(1) 알고리즘

그림 10.8을 참고해 알고리즘을 작성해 보기로 하자.

(2) 순서도

순서도는 여러분들이 그림 10.8을 참고해 스스로 작성해야 한다.

제11장 라인 레인저스와 샐리 구하기

라인 레인저스와 샐리 구하기는 순차, 반복을 사용하는 샐리를 찾아서, 순차, 반복, 선택을 사용하는 샐리 구하기와 순차, 반복, 선택을 사용하는 샐리와 탈출하기에 대해 블록 코딩 단계로서 블록 코딩에서 순차, 반복과 선택에 대한 개념을 학습할 수 있다. 앞에서 학습한 엔트리봇 학교 가는 길, 로봇공장, 전기자동차, 숲속 탐험과 마을 탐험 코딩과 비교하고 분석하면서 라인 레인저스와 샐리 구하기 블록 코딩을 천천히 시작해 보기로 하자.

11.1 샐리를 찾아서

1) 샐리를 찾아서 1단계

샐리를 찾아서 1단계를 통해 가장 기초적인 내용부터 설명하자. 그림 11.1에는 샐리를 찾아서 1단계를 블록 코딩한 화면에 대해 표현하였다. 그림 11.1에서 엔트리에서 블록 코딩을 수행하기 위해서 그림에 나와 있는 기본적인 사항부터 살펴보고 점검해 보자. 그림은 크게 6가지 형태로 구분된다. 최고 위쪽에 다른미션보기 옆에 숫자 1이 보이는데 이것은 1단계를 표시하며 이후로 8단계까지 있으며 마지막에 꽂 모양으로 8단계를 마치면 인증서를 받을 수 있도록 표시하고 있다. 바로 밑에는 하트가 5개 보이는 데 사용 블록 개수를 표시하는 것으로서 블록 코딩에서 주어진 문제를 해결하는 데 사용할 수 있는 블록의 개수를 의미한다. 블록 코딩에 따라 엔트리봇을 움직이게 하는 즉 실행하는 부분은 상단 왼쪽에 표시되며 시작하기를 누르면 우리가 블록 조립소에서 블록 코딩한 순서대로 실행된다. 도움말과 블록 코딩 목표에 대해 알려주는 부분은 하단 왼쪽에 표시된다. 하나의 기능을 수행하는 블록들을 모아놓은 블록 꾸러미는 상단 오른쪽 첫 번째에 표시되며 블록들을 조립해서 블록 코딩을 직접 수행하는 블록 조립소가 상단 오른쪽 두 번째에 표시되어 있다. 실행 화면의 상황을 잘 파악해서 라인 레인저스가 샐리를 찾을 수 있도록 블록 꾸러미에 있는 블록을 이용해서 블록 조립소에서 조립하면 된다. 블록 꾸러미에는 앞으로 가기 블록이 있고 블록 조립소에서 블록을 조립하면 되는 데 시작하기를 클릭했을 때, 앞으로 가기 4개 블록으로 조립되어 있다.

블록 코딩 후 시작하기 버튼을 눌러 블록 코딩을 실행한 후 결과를 확인하면 된다. 결

과를 통해서 실제 문제 해결에 대한 성공과 실패를 판단하여 성공한 후에는 다음 단계로 가고 실패를 한 경우에는 다시 블록 코딩을 수행하여 성공할 때까지 반복해서 수행하게 된다. 2, 3단계는 스스로 실습해 보기 바란다.

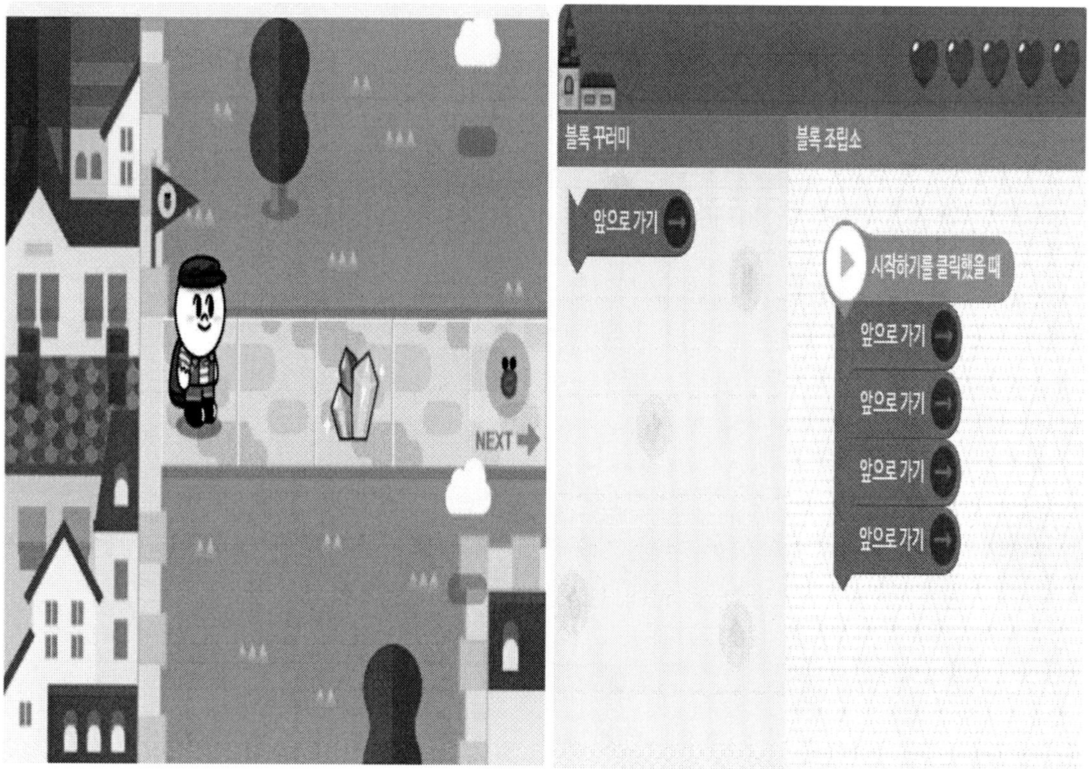

그림 11.1 샐리를 찾아서 1단계 블록 코딩 화면

2) 샐리를 찾아서 4단계

그림 11.2에는 샐리를 찾아서 4단계 블록 코딩 화면에 대해 표현하였다. 그림 11.2에서 엔트리에서 블록 코딩을 수행하기 위해서 그림에 나와 있는 기본적인 사항부터 살펴보고 점검해 보자. 블록 꾸러미에는 앞으로 가기, 왼쪽으로 돌기, 오른쪽으로 돌기, 발차기 하기 블록이 있다. 블록 조립소에서 블록 코딩한 순서대로 실행된다.

블록 코딩 후 시작하기 버튼을 눌러 블록 코딩을 실행한 후 결과를 확인하면 된다. 결과를 통해서 실제 문제 해결에 대한 성공과 실패를 판단하여 성공한 후에는 다음 단계로 가고 실패를 한 경우에는 다시 블록 코딩을 수행하여 성공할 때까지 반복해서 수행하게 된다. 5, 6단계는 스스로 실습해 보기 바란다.

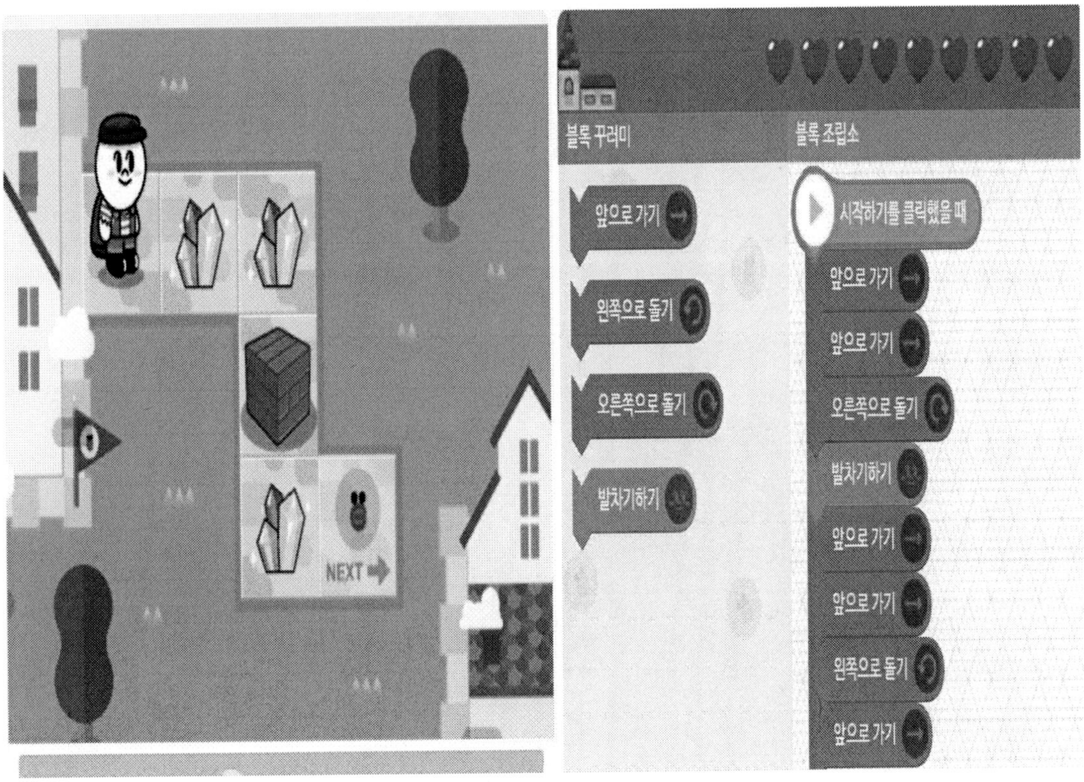

그림 11.2 샐리를 찾아서 4단계 블록 코딩 화면

3) 샐리를 찾아서 7단계

그림 11.3에는 샐리를 찾아서 7단계 블록 코딩 화면에 대해 표현하였다. 그림 11.3에서 엔트리에서 블록 코딩을 수행하기 위해서 그림에 나와 있는 기본적인 사항부터 살펴보고 점검해 보자. 블록 꾸러미에는 앞으로 가기, 왼쪽으로 돌기, 오른쪽으로 돌기, 꽃 던지기, 몇 번 반복하기 블록이 있다. 블록 조립소에서 블록 코딩한 순서대로 실행된다. 꽃 던지기는 거미집을 제거하는 블록이다.

블록 코딩 후 시작하기 버튼을 눌러 블록 코딩을 실행한 후 결과를 확인하면 된다. 결과를 통해서 실제 문제 해결에 대한 성공과 실패를 판단하여 성공한 후에는 다음 단계로 가고 실패를 한 경우에는 다시 블록 코딩을 수행하여 성공할 때까지 반복해서 수행하게 된다. 8, 9단계는 스스로 실습해 보기 바란다.

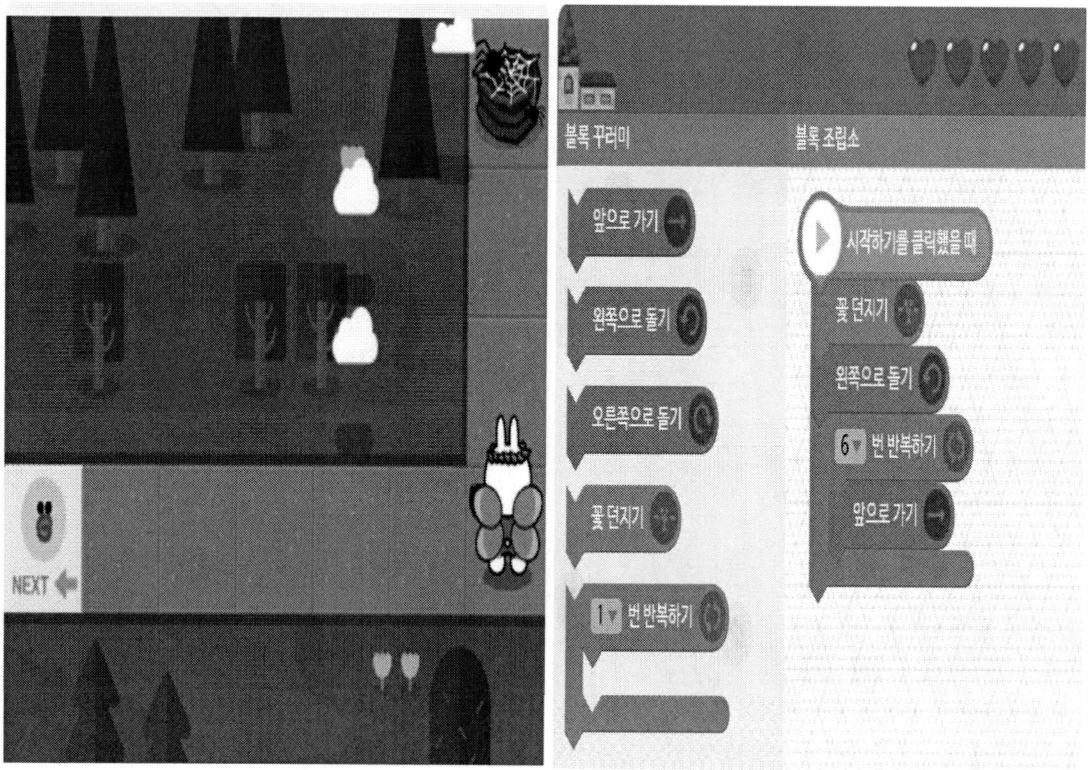

그림 11.3 샐리를 찾아서 7단계 블록 코딩 화면

4) 샐리를 찾아서 10단계

그림 11.4에는 샐리를 찾아서 10단계 블록 코딩 화면에 대해 표현하였다. 그림 11.4에서 엔트리에서 블록 코딩을 수행하기 위해서 그림에 나와 있는 기본적인 사항부터 살펴보고 점검해 보자. 블록 꾸러미에는 앞으로 가기, 왼쪽으로 돌기, 오른쪽으로 돌기, 꽃 던지기, NEXT에 도착할 때까지 반복하기 블록이 있다. 블록 조립소에서 블록 코딩한 순서대로 실행된다.

블록 코딩 후 시작하기 버튼을 눌러 블록 코딩을 실행한 후 결과를 확인하면 된다. 결과를 통해서 실제 문제 해결에 대한 성공과 실패를 판단하여 성공한 후에는 다음 단계로 가고 실패를 한 경우에는 다시 블록 코딩을 수행하여 성공할 때까지 반복해서 수행하게 된다. 11단계는 스스로 실습해 보기 바란다.

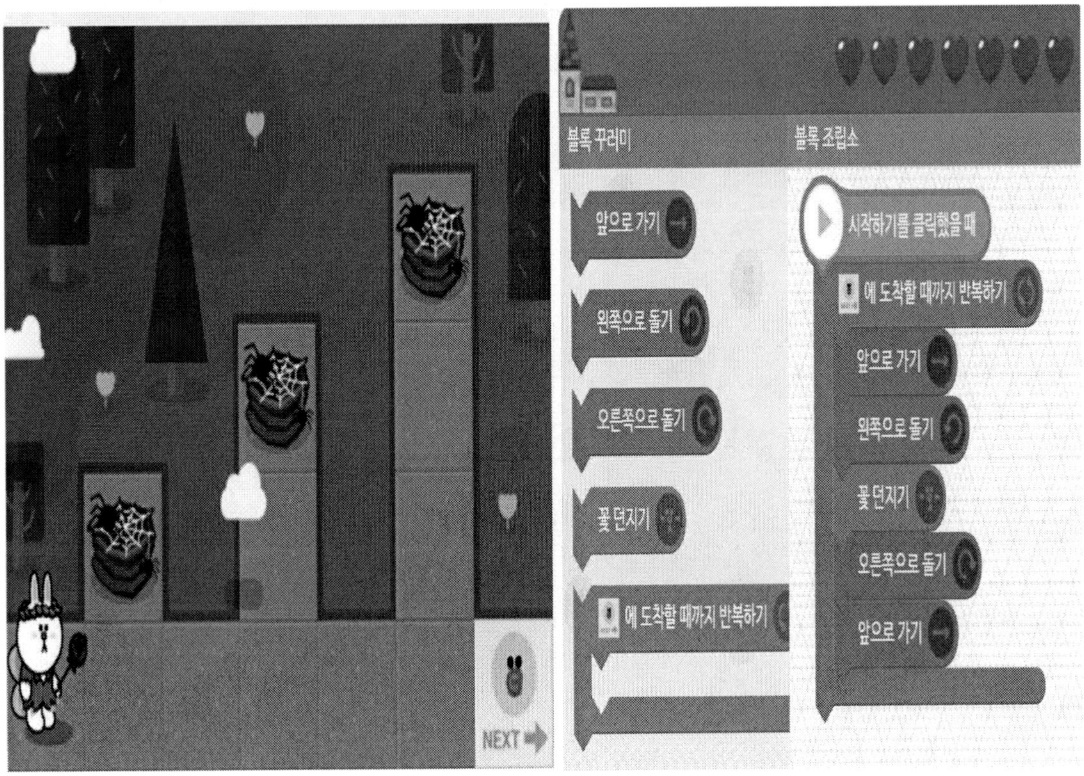

그림 11.4 샐리를 찾아서 10단계 블록 코딩 화면

5) 샐리를 찾아서 12단계

그림 11.5에는 샐리를 찾아서 12단계 블록 코딩 화면에 대해 표현하였다. 그림 11.5에서 엔트리에서 블록 코딩을 수행하기 위해서 그림에 나와 있는 기본적인 사항부터 살펴보고 점검해 보자. 블록 꾸러미에는 앞으로 가기, 왼쪽으로 돌기, 오른쪽으로 돌기, 꽃 던지기, 몇 번 반복하기, NEXT에 도착할 때까지 반복하기 블록이 있다. 블록 조립소에서 블록 코딩한 순서대로 실행된다.

블록 코딩 후 시작하기 버튼을 눌러 블록 코딩을 실행한 후 결과를 확인하면 된다. 결과를 통해서 실제 문제 해결에 대한 성공과 실패를 판단하여 성공한 후에는 다음 단계로 가고 실패를 한 경우에는 다시 블록 코딩을 수행하여 성공할 때까지 반복해서 수행하게 된다. 블록 조립소에는 2개 블록 코딩이 있는데 첫 번째 아래에 두 번째를 붙이면 된다.

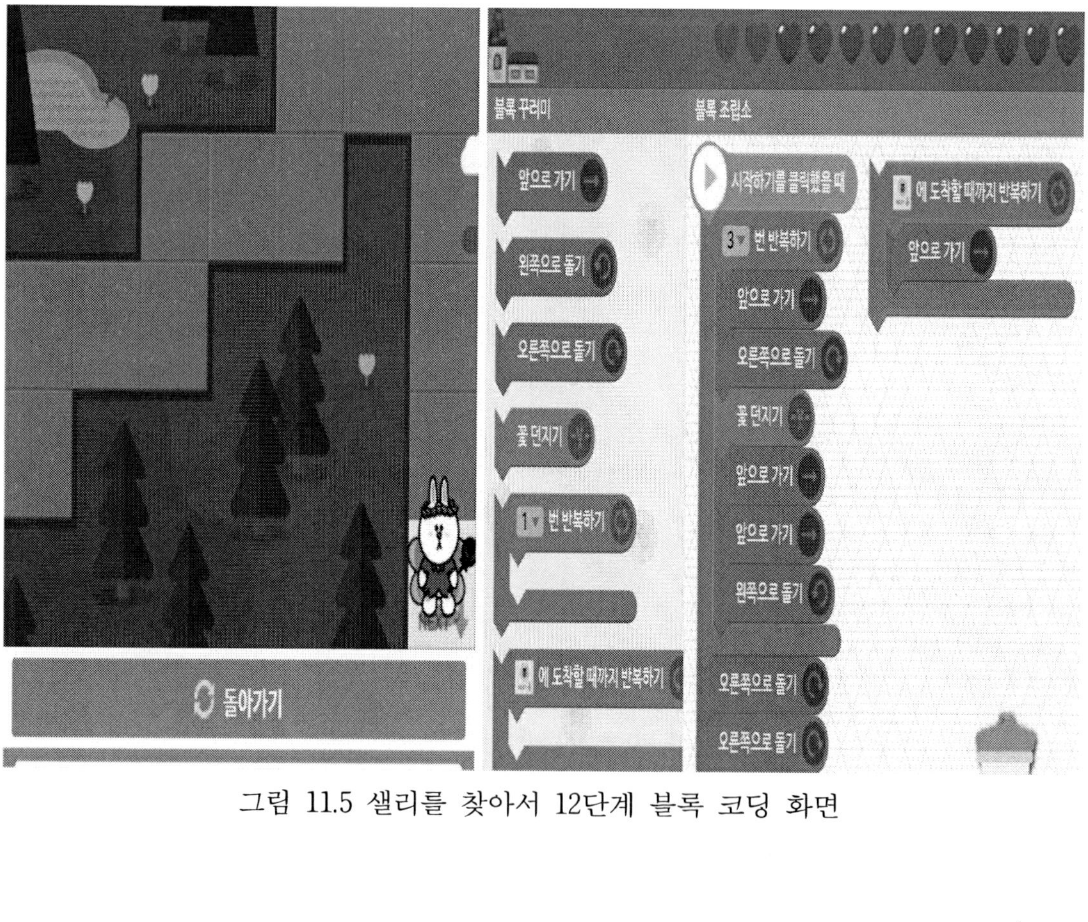

그림 11.5 샐리를 찾아서 12단계 블록 코딩 화면

6) 샐리를 찾아서 실제에 가까운 코딩

샐리를 찾아서 실제에 가까운 코딩에 대해 세부적으로 살펴보기로 하자. 엔트리에서 제공하는 프로그램의 제한성 때문에 그림 11.6 샐리를 찾아서 실제 코딩에 가까운 화면에 실행 창에 ●을 표시하였다. ●는 추가적인 거미집을 표시한다. 결과적으로 실행창에는 거미집 4개, 미네랄 2개가 존재한다. 그림 11.6에서 엔트리에서 블록 코딩을 수행하기 위해서 그림에 나와 있는 기본적인 사항부터 살펴보고 점검해 보자. 블록 꾸러미에는 앞으로 가기, 왼쪽으로 돌기, 오른쪽으로 돌기, 꽃 던지기, 몇 번 반복하기, NEXT에 도착할 때까지 반복하기 블록이 있다. 블록 조립소에서 블록 코딩한 순서대로 실행된다. 실행 화면의 상황을 잘 파악해서 엔트리봇이 친구들을 찾아 도울 수 있도록 블록 꾸러미에 있는 블록을 이용해서 블록 조립소에서 조립하면 된다. 블록 코딩 후 시작하기 버튼을 눌러 블록 코딩을 실행한 후 결과를 확인하면 된다. 결과를 통해서 실제 문제 해결에 대한 성공과 실패를 판단하여 성공한 후에는 다음 단계로 가고 실패를 한 경우에는 다시 블록 코딩을 수행하여 성공할 때까지 반복해서 수행하게 된다. 블록 조립소에 코딩된 형태는 라인 레인저스가 거미집을 제거하고 미네랄을 얻어 NEXT에 도착할 수 있도록 한 것이다. 엔트리에서 제공하는 프로그램의 제한성 때문에 거미집은 보이는 것만 제거하고 미네랄은 찾아서 취득하고 난 후 NEXT에 도달하는 방식으로 진행하면서 NEXT에 도착할 수 있도록 길을 찾는 움직임을 기준으로 블록 코딩하기로 하자. 화면 블록 조립소에는 3개의 블록 코딩이 보이는데 3개의 블록 코딩을 순서대로 붙이면 된다. 라인 레인저스의 길 탐색 움직임에 근거하여 작성하였다. 다양한 방식에 대해 철저하게 분석해서 실제 코딩에 대한 감각을 익히면 앞으로 전개될 실제 코딩에 대비할 수 있다.

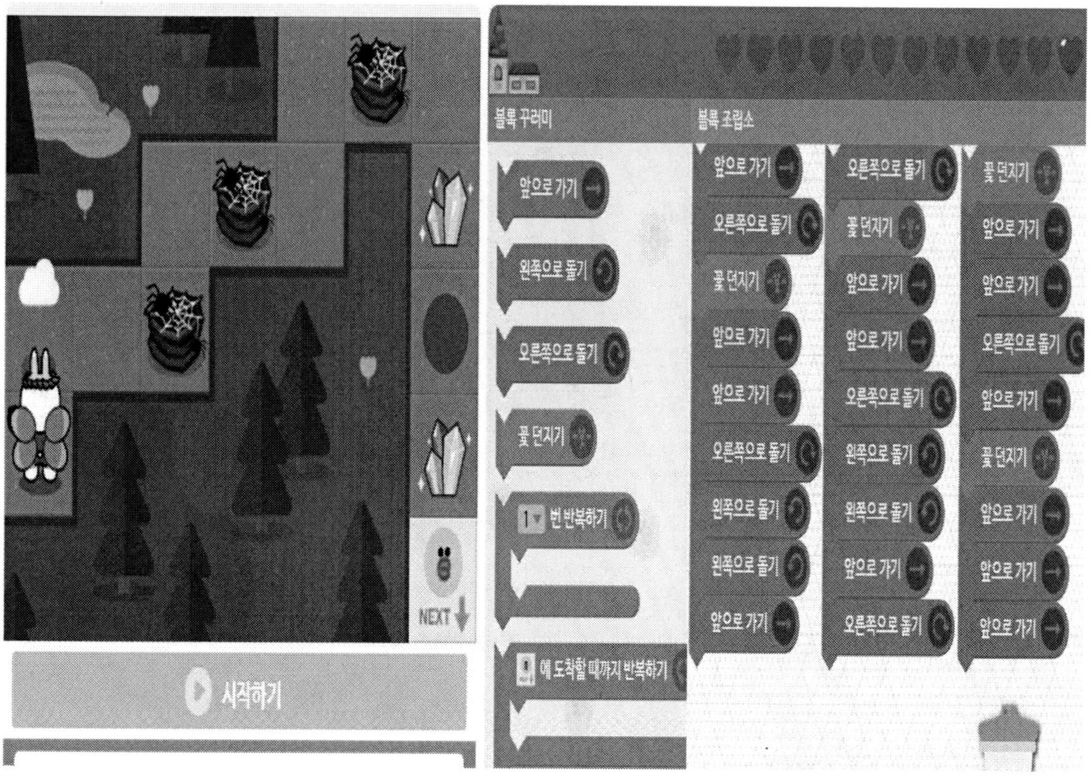

그림 11.6 샐리를 찾아서 실제 코딩에 가까운 화면

7) 샐리를 찾아서 실제 코딩

샐리를 찾아서 실제 코딩에 대해 세부적으로 살펴보기로 하자. 엔트리에서 제공하는 프로그램의 제한성 때문에 그림 11.7 샐리를 찾아서 실제 코딩을 위한 미로에 ●을 표시하였다. ●는 추가적인 거미집을 표시한다. 결과적으로 미로에는 거미집 4개, 미네랄 2개가 존재한다. 먼저 라인 레인저스를 실제에 가깝게 설계해 보자. 라인 레인저스가 이미지를 인식할 수 있도록 이미지 센서, 이미지까지의 거리를 계산할 수 있도록 거리 센서를 달고 움직임은 앞으로 한 칸 이동, 꽃 던지기, 오른쪽 회전과 왼쪽 회전을 할 수 있도록 설계하자. 샐리를 찾아서 움직임은 엔트리봇 학교 가는 길 움직임에 꽃 던지기가 추가되었다는 것을 유의해야 한다. 실제 코딩에 있어 꽃 던지기 추가는 상당한 변화를 가져오게 된다. 또한 이미지를 확인하는 방식에서 우선순위를 두어 앞쪽, 오른쪽, 뒤쪽, 왼쪽 순서로 진행하며 길을 선택하는 방식에서 우선순위를 두어 앞쪽, 오른쪽, 왼쪽, 뒤쪽 순서로 진행한다. 코딩은 실제로 라인 레인저스가 보이는 거미집을 제거하고 미네랄 1개를 취득해 NEXT에 도착할 수 있는 방식, 라인 레인저스가 보이는 거미집을 제거하고 미네랄 2개를 취득해 NEXT에 도착할 수 있는 방식, 라인 레인저스가 거미집을 찾아 제거하고 미네랄 1개를 취득해 NEXT에 도착할 수 있는 방식, 라인 레인저스가 거미집을 찾아 제거하고 미네랄 2개를 취득해 NEXT에 도착할 수 있는 방식 등에 대해 알고리즘을 작성해 보고 순서도는 여러분들이 스스로 작성해 보기로 하자. 여기서 보이는 거미집을 제거하는 것과 거미집을 찾아서 제거하는 것은 차이가 있다. 여기서 보이는 거미집을 제거하는 것과 거미집을 찾아서 제거하는 것은 차이가 있다. 보이는 거미집을 제거한다는 것은 미네랄과 NEXT를 탐색하는 과정에서 로봇이 움직이는 경로에 있는 거미집만을 제거하는 것을 말하며 거미집을 찾아서 제거하는 것은 미네랄과 NEXT를 탐색하는 과정에서 보이는 모든 거미집을 제거한다는 것을 말한다. 하지만 모든 거미집을 찾아 제거하는 것이 아니라 정해진 미네랄을 취득하고 NEXT에 도착할 때까지만 거미집을 찾아 제거하는 것을 의미한다. 서로의 차이를 잘 이해해야만 실제 코딩에서 다양한 방법을 시도해 볼 수 있을 것이다.

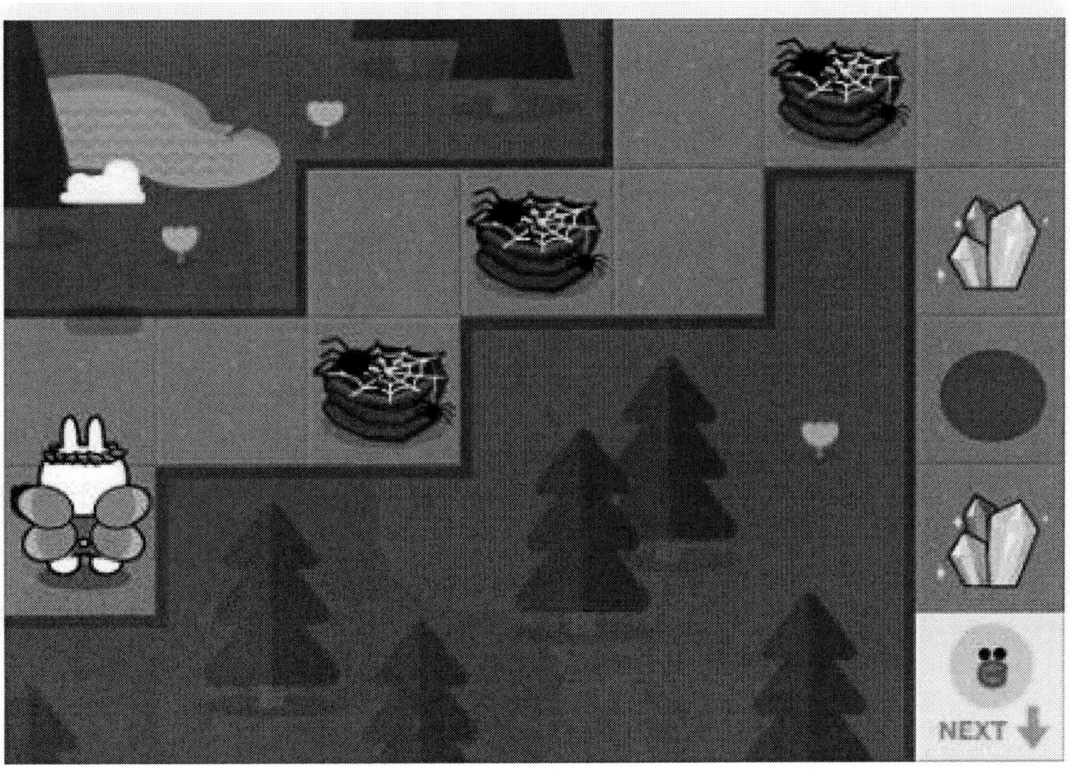

그림 11.7 샐리를 찾아서 실제 코딩을 위한 미로

(1) 라인 레인저스가 보이는 거미집을 제거하고 미네랄 1개를 취득해 NEXT에 도착하는 코딩

앞에서 라인 레인저스을 설계하고 이미지 탐색과 길 탐색에 대한 우선순위를 정한 방식에 따라 알고리즘을 먼저 작성하고 순서도를 작성하면 된다.

(가) 알고리즘

그림 11.7을 참고하면서 알고리즘을 작성해 보기로 하자. 라인 레인저스에게 보이는 거미집을 제거하고 미네랄 1개를 취득해 NEXT에 도착하도록 명령을 내리면 시작된다.

① 현재 미네랄 1개를 취득했는지를 확인한다. 만약 미네랄 1개를 취득했다면 NEXT를 탐색한다. 만약 미네랄 1개를 아직 취득하지 못했다면 미네랄을 탐색한다.

② 만약 미네랄 1개를 취득했다면 NEXT를 탐색한다. NEXT을 찾기 위해서 자신의 위치가 NEXT이면 종료한다.

③ NEXT가 아니면 앞쪽에 NEXT가 있는지를 찾고 있으면 앞에 거미집이 있는지 확인하고 있으면 꽃 던지기와 앞쪽 걷기를 수행하고 알고리즘의 처음으로 돌아가며 거미집이 아니면 앞쪽 걷기 후 알고리즘의 처음으로 돌아간다.

④ 앞쪽에 NEXT가 아니면 오른쪽 회전 후에 앞쪽에 NEXT가 있는지를 찾고 있으면 앞에 거미집이 있는지 확인하고 있으면 꽃 던지기와 앞쪽 걷기를 수행하고 알고리즘의 처음으로 돌아가며 거미집이 아니면 앞쪽 걷기 후 알고리즘의 처음으로 돌아간다.

⑤ NEXT가 보이지 않으면 오른쪽 회전 후에 앞쪽에 NEXT가 있는지를 찾고 있으면 앞에 거미집이 있는지 확인하고 있으면 꽃 던지기와 앞쪽 걷기를 수행하고 알고리즘의 처음으로 돌아가며 거미집이 아니면 앞쪽 걷기 후 알고리즘의 처음으로 돌아간다.

⑥ NEXT가 보이지 않으면 오른쪽 회전 후에 앞쪽에 NEXT가 있는지를 찾고 있으면 앞에 거미집이 있는지 확인하고 있으면 꽃 던지기와 앞쪽 걷기를 수행하고 알고리즘의 처음으로 돌아가며 거미집이 아니면 앞쪽 걷기 후 알고리즘의 처음으로 돌아간다.

⑦ NEXT가 보이지 않으면 오른쪽 회전 후 길 탐색을 진행한다. 길 탐색은 앞에 길이 있고 앞에 거미집이 있는지 확인하고 있으면 꽃 던지기와 앞쪽 걷기를 수행하고 알고리즘의 처음으로 돌아가며 거미집이 아니면 앞쪽 걷기 후 알고리즘의 처음으로 돌아간다.

⑧ 앞쪽에 길이 없으면 오른쪽 회전 후 앞에 길이 있고 앞에 거미집이 있는지 확인하고 있으면 꽃 던지기와 앞쪽 걷기를 수행하고 알고리즘의 처음으로 돌아가며 거미집이 아니면 앞쪽 걷기 후 알고리즘의 처음으로 돌아간다.

⑨ 앞쪽에 길이 없으면 오른쪽 회전을 2번 한 후 앞에 길이 있고 앞에 거미집이 있는지 확인하고 있으면 꽃 던지기와 앞쪽 걷기를 수행하고 알고리즘의 처음으로 돌아가며 거미집이 아니면 앞쪽 걷기 후 알고리즘의 처음으로 돌아간다.

⑩ 앞쪽에 길이 없으면 왼쪽 회전 후 앞에 길이 있고 앞에 거미집이 있는지 확인하고 있으면 꽃 던지기와 앞쪽 걷기를 수행하고 알고리즘의 처음으로 돌아가며 거미집이 아니면 앞쪽 걷기 후 알고리즘의 처음으로 돌아간다.

⑪ 앞쪽에 길이 없으면 강제 종료된다. 마지막 알고리즘은 수행은 대부분 없는 경우이지만 현재의 위치에서 모든 방향의 길이 막혀있는 경우가 된다.

⑫ 만약 미네랄 1개를 아직 취득하지 못했다면 미네랄을 탐색한다. 미네랄을 찾기 위해서 자신의 위치에 미네랄이 있는지를 찾고 미네랄이 있으면 미네랄을 취득하고 알고리즘의 처음으로 돌아간다.

⑬ 미네랄이 없으면 앞쪽에 미네랄이 있는지를 찾고 있으면 앞에 거미집이 있는지 확인하고 있으면 꽃 던지기와 앞쪽 걷기를 수행하고 알고리즘의 처음으로 돌아가며 거미집이 없으면 앞쪽 걷기 후 알고리즘의 처음으로 돌아간다.

⑭ 앞쪽에 미네랄이 없으면 오른쪽 회전 후에 앞쪽에 미네랄이 있는지를 찾고 있으면 앞에 거미집이 있는지 확인하고 있으면 꽃 던지기와 앞쪽 걷기를 수행하고 알고리즘의 처음으로 돌아가며 거미집이 없으면 앞쪽 걷기 후 알고리즘의 처음으로 돌아간다.

⑮ 미네랄이 보이지 않으면 오른쪽 회전 후에 앞쪽에 미네랄이 있는지를 찾고 있으면 앞에 거미집이 있는지 확인하고 있으면 꽃 던지기와 앞쪽 걷기를 수행하고 알고리즘의 처음으로 돌아가며 거미집이 없으면 앞쪽 걷기 후 알고리즘의 처음으로 돌아간다.

⑯ 미네랄이 보이지 않으면 오른쪽 회전 후에 앞쪽에 미네랄이 있는지를 찾고 있으면 앞에 거미집이 있는지 확인하고 있으면 꽃 던지기와 앞쪽 걷기를 수행하고 알고리즘의 처음으로 돌아가며 거미집이 없으면 앞쪽 걷기 후 알고리즘의 처음으로 돌아간다.

⑰ 미네랄이 보이지 않으면 오른쪽 회전 후 길 탐색을 진행한다. 길 탐색은 앞에 길이 있고 앞에 거미집이 있는지 확인하고 있으면 꽃 던지기와 앞쪽 걷기를 수행하고 알고리즘의 처음으로 돌아가며 거미집이 없으면 앞쪽 걷기 후 알고리즘의 처음으로 돌아간다.

⑱ 앞쪽에 길이 없으면 오른쪽 회전 후 앞에 길이 있고 앞에 거미집이 있는지 확인하고 있으면 꽃 던지기와 앞쪽 걷기를 수행하고 알고리즘의 처음으로 돌아가며 거미집이 없으면 앞쪽 걷기 후 알고리즘의 처음으로 돌아간다.

⑲ 앞쪽에 길이 없으면 오른쪽 회전을 2번 한 후 앞에 길이 있고 앞에 거미집이 있는지 확인하고 있으면 꽃 던지기와 앞쪽 걷기를 수행하고 알고리즘의 처음으로 돌아가며

거미집이 없으면 앞쪽 걷기 후 알고리즘의 처음으로 돌아간다.

⑳ 앞쪽에 길이 없으면 왼쪽 회전 후 앞에 길이 있고 앞에 거미집이 있는지 확인하고 있으면 꽃 던지기와 앞쪽 걷기를 수행하고 알고리즘의 처음으로 돌아가며 거미집이 없으면 앞쪽 걷기 후 알고리즘의 처음으로 돌아간다.

㉑ 앞쪽에 길이 없으면 강제 종료된다. 마지막 알고리즘은 수행은 대부분 없는 경우이지만 현재의 위치에서 모든 방향의 길이 막혀있는 경우가 된다.

(나) 순서도

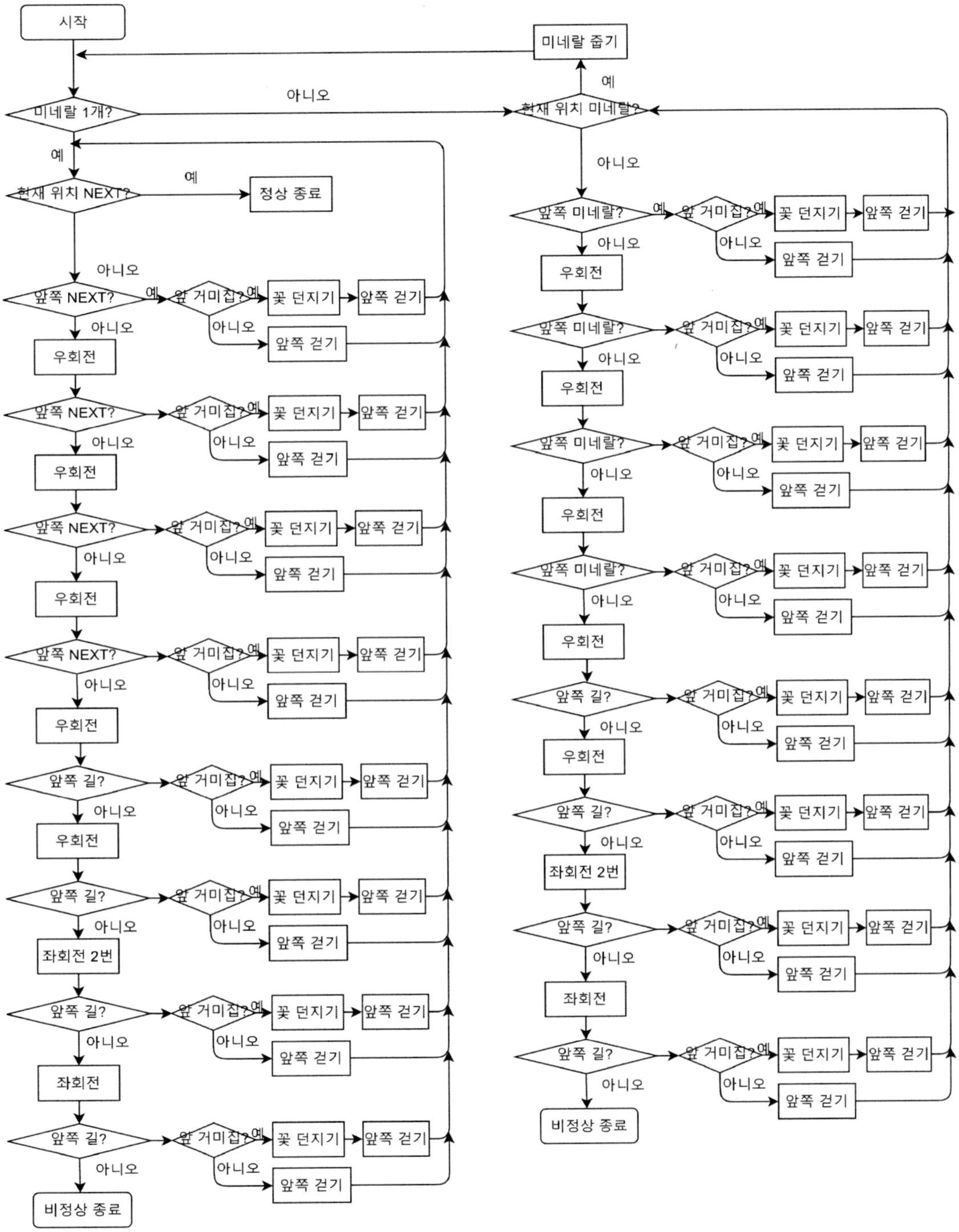

그림 11.8 엔트리봇이 미네랄을 1개 챙겨 NEXT에 가는 순서도

(2) 라인 레인저스가 보이는 거미집을 제거하고 미네랄 2개를 취득해 NEXT에 도착하는 코딩

앞에서 라인 레인저스을 설계하고 이미지 탐색과 길 탐색에 대한 우선순위를 정한 방식에 따라 알고리즘을 먼저 작성하고 순서도를 작성하면 된다.

(가) 알고리즘

알고리즘은 여러분들이 그림 11.7을 참고해서 스스로 작성해 보기 바란다.

(나) 순서도

순서도는 여러분들이 그림 11.7과 알고리즘을 참고해서 스스로 작성해 보기 바란다.

(3) 라인 레인저스가 보이는 거미집 찾아 제거하고 미네랄 1개를 취득해 NEXT에 도착하는 코딩

앞에서 라인 레인저스을 설계하고 이미지 탐색과 길 탐색에 대한 우선순위를 정한 방식에 따라 알고리즘을 먼저 작성하고 순서도를 작성하면 된다.

(가) 알고리즘

그림 11.7을 참고해 알고리즘을 작성해 보기로 하자.

(나) 순서도

순서도는 여러분들이 그림 11.7을 참고해 스스로 작성해야 한다.

(4) 라인 레인저스가 보이는 거미집 찾아 제거하고 미네랄 2개를 취득해 NEXT에 도착하는 코딩

앞에서 라인 레인저스을 설계하고 이미지 탐색과 길 탐색에 대한 우선순위를 정한 방식에 따라 알고리즘을 먼저 작성하고 순서도를 작성하면 된다.

(가) 알고리즘

그림 11.7을 참고해 알고리즘을 작성해 보기로 하자.

(나) 순서도

순서도는 여러분들이 그림 11.7을 참고해 스스로 작성해야 한다.

11.2 샐리 구하기

1) 샐리 구하기 1단계

샐리 구하기 1단계를 통해 가장 기초적인 내용부터 설명하자. 그림 11.9에는 샐리 구하기 1단계를 블록 코딩한 화면에 대해 표현하였다. 그림 11.9에서 엔트리에서 블록 코딩을 수행하기 위해서 그림에 나와 있는 기본적인 사항부터 살펴보고 점검해 보자. 그림은 크게 6가지 형태로 구분된다. 최고 위쪽에 다른미션보기 옆에 숫자 1이 보이는데 이것은 1단계를 표시하며 이후로 12단계까지 있으며 마지막에 꽃 모양으로 12단계를 마치면 인증서를 받을 수 있도록 표시하고 있다. 바로 밑에는 하트가 7개 보이는 데 사용 블록 개수를 표시하는 것으로서 블록 코딩에서 주어진 문제를 해결하는 데 사용할 수 있는 블록의 개수를 의미한다. 블록 코딩에 따라 엔트리봇을 움직이게 하는 즉 실행하는 부분은 상단 왼쪽에 표시되며 시작하기를 누르면 우리가 블록 조립소에서 블록 코딩한 순서대로 실행된다. 도움말과 블록 코딩 목표에 대해 알려주는 부분은 하단 왼쪽에 표시된다. 하나의 기능을 수행하는 블록들을 모아놓은 블록 꾸러미는 상단 오른쪽 첫 번째에 표시되며 블록들을 조립해서 블록 코딩을 직접 수행하는 블록 조립소가 상단 오른쪽 두 번째에 표시되어 있다. 실행 화면의 상황을 잘 파악해서 라인 레인저스가 샐리를 구할 수 있도록 블록 꾸러미에 있는 블록을 이용해서 블록 조립소에서 조립하면 된다. 블록 꾸러미에는 앞으로 가기 블록, 왼쪽으로 돌기, 오른쪽으로 돌기 블록이 있고 블록 조립소에서 블록을 조립하면 되는 데 시작하기를 클릭했을 때, 앞으로 가기 2개, 왼쪽으로 돌기, 앞으로 가기, 오른쪽으로 돌기, 앞으로 가기 블록으로 조립되어 있다.

블록 코딩 후 시작하기 버튼을 눌러 블록 코딩을 실행한 후 결과를 확인하면 된다. 결과를 통해서 실제 문제 해결에 대한 성공과 실패를 판단하여 성공한 후에는 다음 단계로 가고 실패를 한 경우에는 다시 블록 코딩을 수행하여 성공할 때까지 반복해서 수행하게 된다.

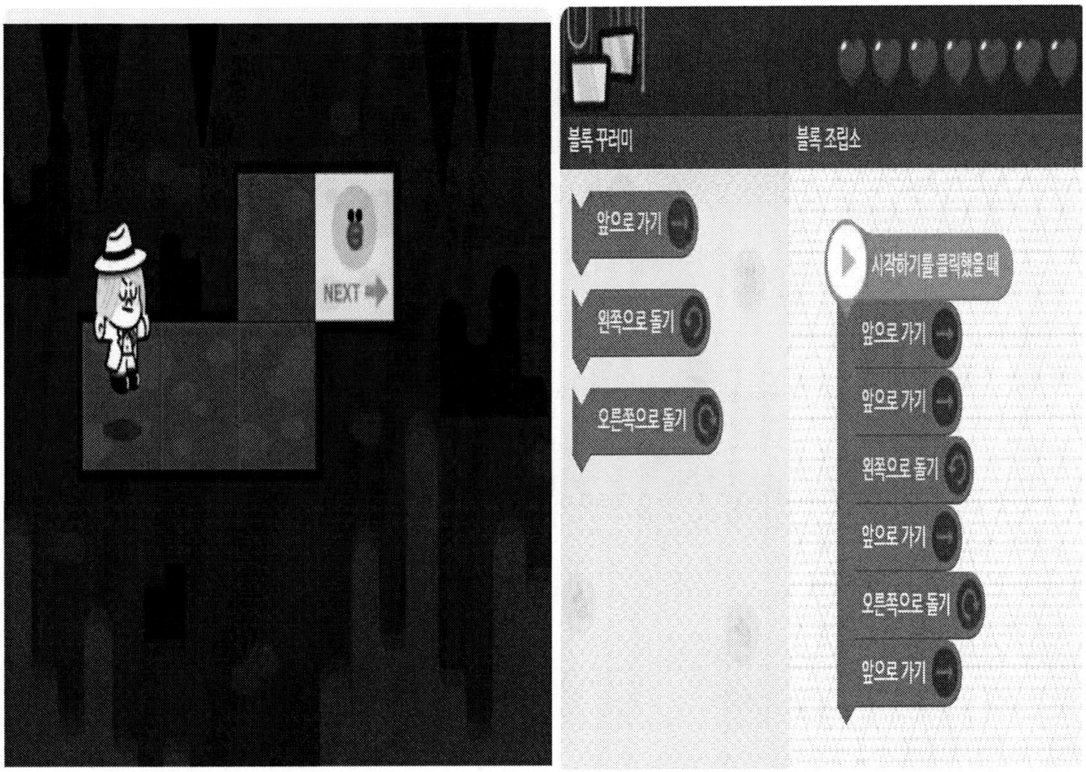

그림 11.9 샐리 구하기 1단계 블록 코딩 화면

2) 샐리 구하기 2단계

샐리 구하기 2단계를 통해 가장 기초적인 내용부터 설명하자. 그림 11.10에는 샐리 구하기 1단계를 블록 코딩한 화면에 대해 표현하였다. 그림 11.10에서 엔트리에서 블록 코딩을 수행하기 위해서 그림에 나와 있는 기본적인 사항부터 살펴보고 점검해 보자. 실행 화면의 상황을 잘 파악해서 라인 레인저스가 샐리를 구할 수 있도록 블록 꾸러미에 있는 블록을 이용해서 블록 조립소에서 조립하면 된다. 블록 꾸러미에는 앞으로 가기, 왼쪽으로 돌기, 오른쪽으로 돌기, 하트 날리기 블록이 있고 블록 조립소에서 블록을 조립하면 되는 데 시작하기를 클릭했을 때, 하트 날리기 앞으로 가기 3개, 왼쪽으로 돌기, 하트 날리기, 앞으로 가기 2개 블록으로 조립되어 있다.

블록 코딩 후 시작하기 버튼을 눌러 블록 코딩을 실행한 후 결과를 확인하면 된다. 결과를 통해서 실제 문제 해결에 대한 성공과 실패를 판단하여 성공한 후에는 다음 단계로 가고 실패를 한 경우에는 다시 블록 코딩을 수행하여 성공할 때까지 반복해서 수행하게 된다. 3, 4단계는 스스로 실습해 보기 바란다.

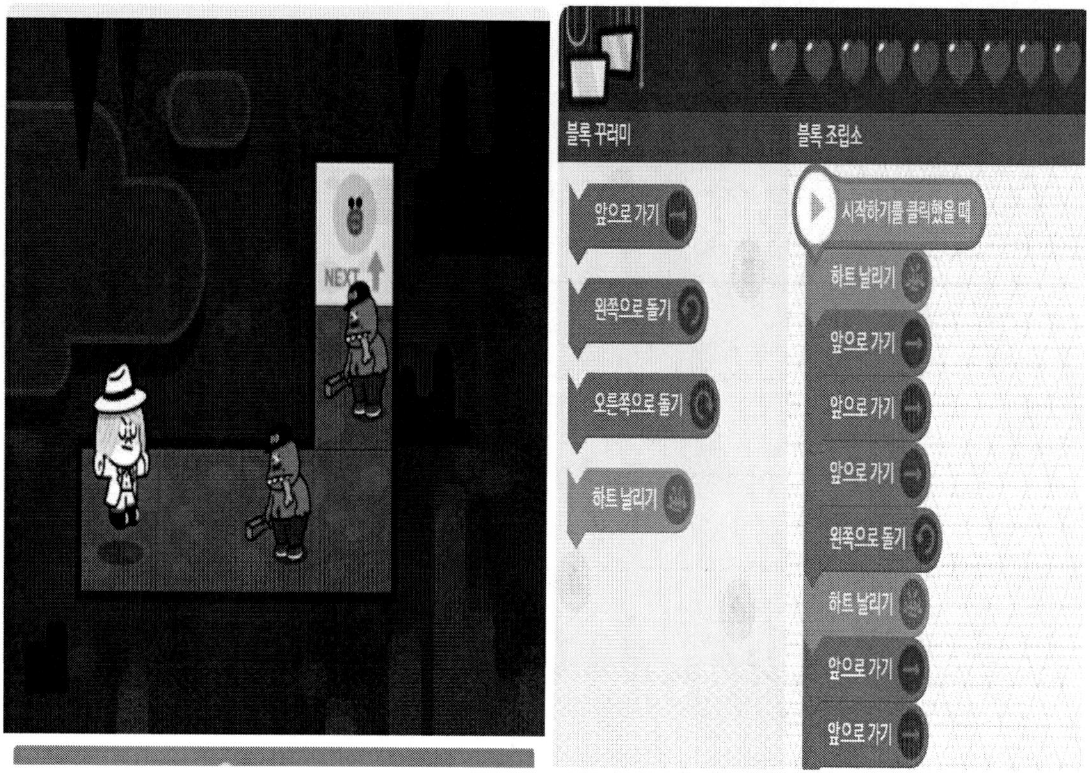

그림 11.10 샐리 구하기 2단계 블록 코딩 화면

3) 샐리 구하기 5단계

그림 11.11에는 샐리 구하기 5단계 블록 코딩 화면에 대해 표현하였다. 그림 11.11에서 엔트리에서 블록 코딩을 수행하기 위해서 그림에 나와 있는 기본적인 사항부터 살펴보고 점검해 보자. 실행 화면의 상황을 잘 파악해서 라인 레인저스가 샐리를 구할 수 있도록 블록 꾸러미에 있는 블록을 이용해서 블록 조립소에서 조립하면 된다. 블록 꾸러미에는 앞으로 가기, 왼쪽으로 돌기, 오른쪽으로 돌기, 하트 날리기, NEXT에 도착할 때까지 반복하기 블록이 있고 블록 조립소에서 블록을 조립하면 되는 데 시작하기를 클릭했을 때, NEXT에 도착할 때까지 반복하기, NEXT에 도착할 때까지 반복하기 안에 왼쪽으로 돌기, 하트 날리기 앞으로 가기 3개 블록으로 조립되어 있다.

블록 코딩 후 시작하기 버튼을 눌러 블록 코딩을 실행한 후 결과를 확인하면 된다. 결과를 통해서 실제 문제 해결에 대한 성공과 실패를 판단하여 성공한 후에는 다음 단계로 가고 실패를 한 경우에는 다시 블록 코딩을 수행하여 성공할 때까지 반복해서 수행하게 된다.

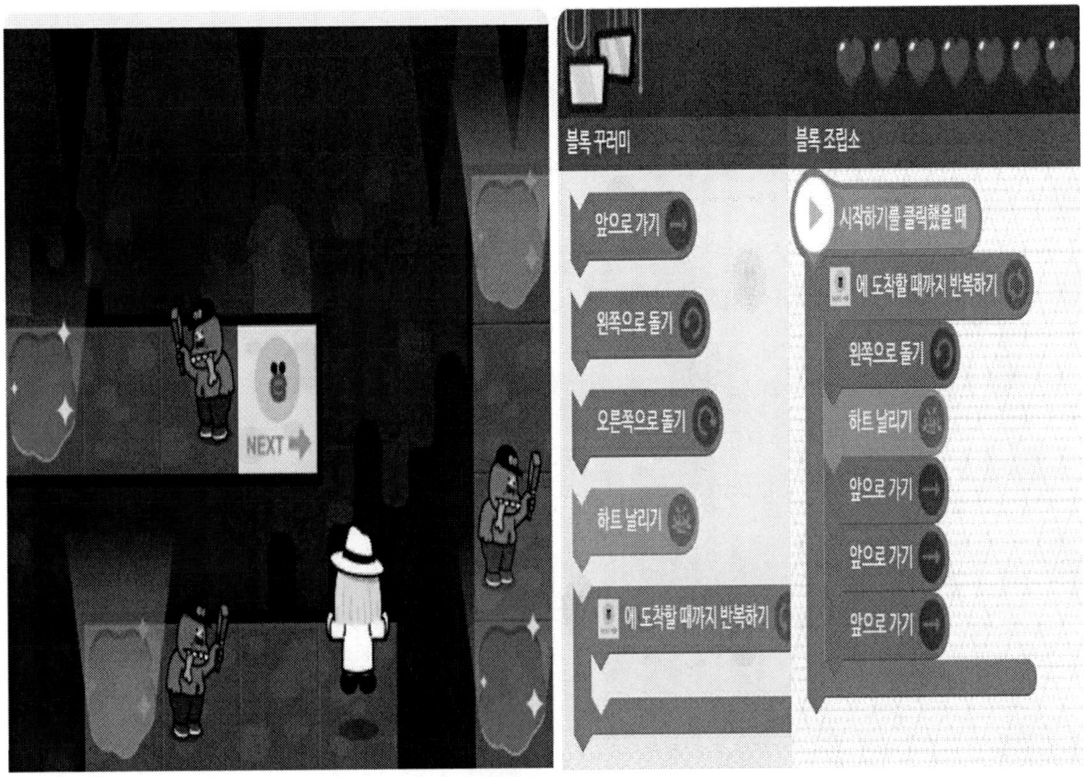

그림 11.11 샐리 구하기 5단계 블록 코딩 화면

4) 샐리 구하기 6단계

그림 11.12에는 샐리 구하기 6단계 블록 코딩 화면에 대해 표현하였다. 그림 11.12에서 엔트리에서 블록 코딩을 수행하기 위해서 그림에 나와 있는 기본적인 사항부터 살펴보고 점검해 보자. 실행 화면의 상황을 잘 파악해서 라인 레인저스가 샐리를 구할 수 있도록 블록 꾸러미에 있는 블록을 이용해서 블록 조립소에서 조립하면 된다. 블록 꾸러미에는 앞으로 가기, 왼쪽으로 돌기, 오른쪽으로 돌기, 하트 날리기, NEXT에 도착할 때까지 반복하기 블록이 있고 블록 조립소에서 블록을 조립하면 되는 데 블록 조립소에는 3개의 블록 코딩이 있는데 첫 번째와 두 번째를 연결하면 1번 코딩이고 첫 번째와 세 번째를 연결하면 2번 코딩이 된다. 1번 코딩은 13개의 블록을 사용하며 엔트리에서 요구하는 블록 코딩 방법이며 2번 코딩은 12개의 블록을 사용하는 방식으로서 블록을 1개 작게 사

용하는 방식이다. 서로 잘 비교해 보기 바란다. 또한 엔트리에서 요구하는 블록의 개수보다 작게 사용해서 블록 코딩을 할 수 있는 방법이 있는지에 대해 잘 분석하고 노력해야 한다. 블록 코딩 후 시작하기 버튼을 눌러 블록 코딩을 실행한 후 결과를 확인하면 된다.

결과를 통해서 실제 문제 해결에 대한 성공과 실패를 판단하여 성공한 후에는 다음 단계로 가고 실패를 한 경우에는 다시 블록 코딩을 수행하여 성공할 때까지 반복해서 수행하게 된다.

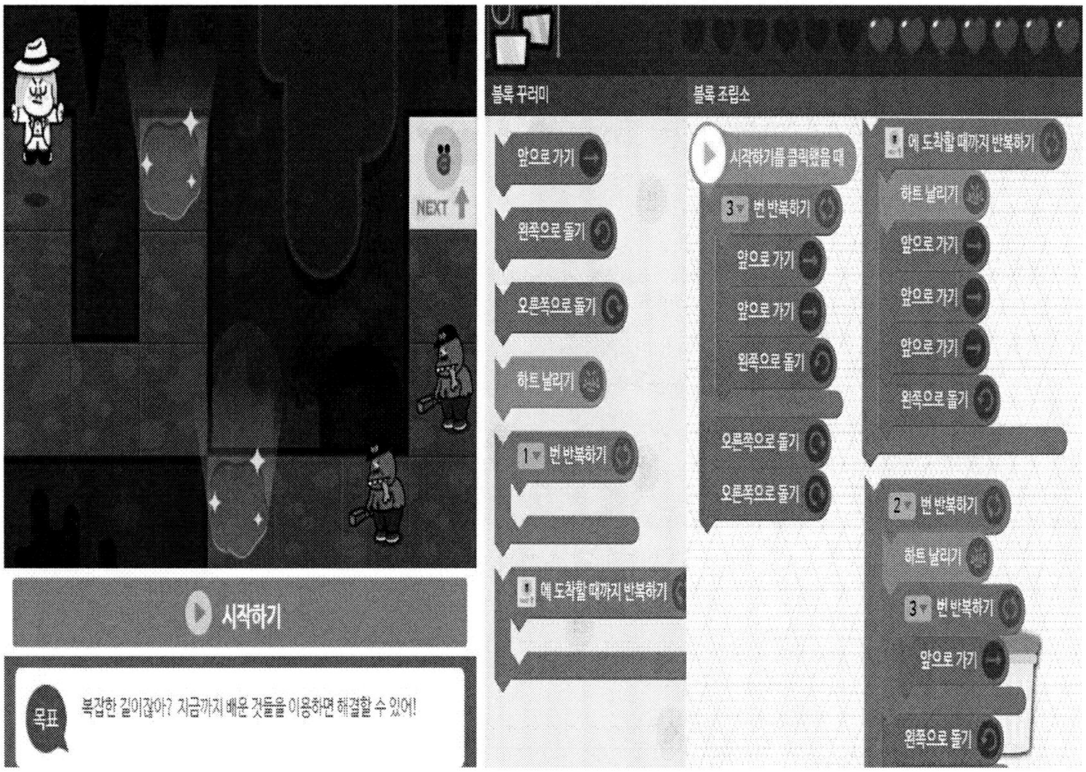

그림 11.12 샐리 구하기 6단계 블록 코딩 화면

5) 샐리 구하기 7단계

그림 11.13에는 샐리 구하기 7단계 블록 코딩 화면에 대해 표현하였다. 그림 11.13에서 엔트리에서 블록 코딩을 수행하기 위해서 그림에 나와 있는 기본적인 사항부터 살펴보고 점검해 보자. 실행 화면의 상황을 잘 파악해서 라인 레인저스가 샐리를 구할 수 있도록 블록 꾸러미에 있는 블록을 이용해서 블록 조립소에서 조립하면 된다. 블록 꾸러미에

는 앞으로 가기, 왼쪽으로 돌기, 오른쪽으로 돌기, NEXT에 도착할 때까지 반복하기, 만약 앞에 길이 없다면 블록이 있고 블록 조립소에서 블록을 조립하면 된다.

블록 코딩 후 시작하기 버튼을 눌러 블록 코딩을 실행한 후 결과를 확인하면 된다. 결과를 통해서 실제 문제 해결에 대한 성공과 실패를 판단하여 성공한 후에는 다음 단계로 가고 실패를 한 경우에는 다시 블록 코딩을 수행하여 성공할 때까지 반복해서 수행하게 된다. 8단계는 스스로 실습해 보기 바란다.

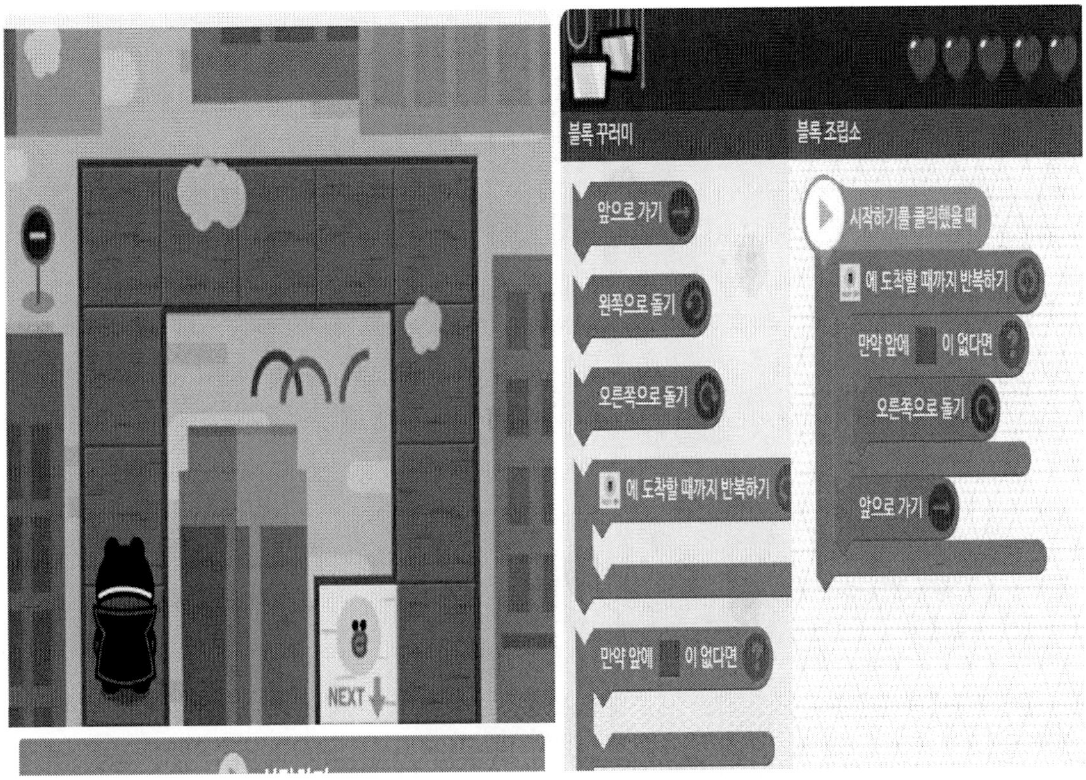

그림 11.13 샐리 구하기 7단계 블록 코딩 화면

6) 샐리 구하기 9단계

그림 11.14에는 샐리 구하기 9단계 블록 코딩 화면에 대해 표현하였다. 그림 11.14에서 엔트리에서 블록 코딩을 수행하기 위해서 그림에 나와 있는 기본적인 사항부터 살펴보고 점검해 보자. 실행 화면의 상황을 잘 파악해서 라인 레인저스가 샐리를 구할 수 있도록 블록 꾸러미에 있는 블록을 이용해서 블록 조립소에서 조립하면 된다. 블록 꾸러미에는 앞으로 가기, 왼쪽으로 돌기, 오른쪽으로 돌기, 주먹 날리기, NEXT에 도착할 때까지

반복하기, 만약 앞에 길이 없다면, 만약 앞에 얼음이 있다면 블록이 있고 블록 조립소에서 블록을 조립하면 된다.

블록 코딩 후 시작하기 버튼을 눌러 블록 코딩을 실행한 후 결과를 확인하면 된다. 결과를 통해서 실제 문제 해결에 대한 성공과 실패를 판단하여 성공한 후에는 다음 단계로 가고 실패를 한 경우에는 다시 블록 코딩을 수행하여 성공할 때까지 반복해서 수행하게 된다. 10, 11단계는 스스로 실습해 보기 바란다.

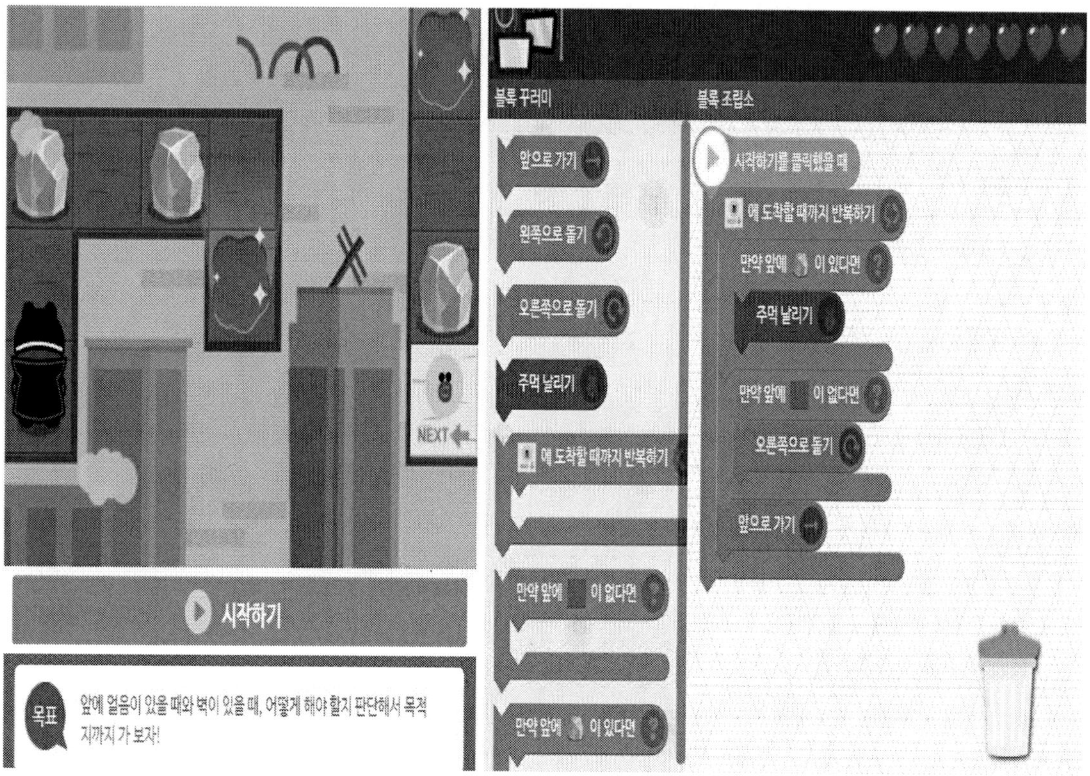

그림 11.14 샐리 구하기 9단계 블록 코딩 화면

7) 샐리 구하기 12단계

그림 11.15에는 샐리 구하기 12단계 블록 코딩 화면에 대해 표현하였다. 그림 11.15에서 엔트리에서 블록 코딩을 수행하기 위해서 그림에 나와 있는 기본적인 사항부터 살펴보고 점검해 보자. 실행 화면의 상황을 잘 파악해서 라인 레인저스가 샐리를 구할 수 있도록 블록 꾸러미에 있는 블록을 이용해서 블록 조립소에서 조립하면 된다. 블록 꾸러미에는 앞으로 가기, 왼쪽으로 돌기, 오른쪽으로 돌기, 주먹 날리기, NEXT에 도착할 때까

지 반복하기, 만약 앞에 길이 없다면, 만약 앞에 얼음이 있다면 블록이 있고 블록 조립소에서 블록을 조립하면 된다.

블록 코딩 후 시작하기 버튼을 눌러 블록 코딩을 실행한 후 결과를 확인하면 된다. 결과를 통해서 실제 문제 해결에 대한 성공과 실패를 판단하여 성공한 후에는 다음 단계로 가고 실패를 한 경우에는 다시 블록 코딩을 수행하여 성공할 때까지 반복해서 수행하게 된다.

그림 11.15 샐리 구하기 12단계 블록 코딩 화면

8) 샐리 구하기 실제에 가까운 코딩

샐리 구하기 실제에 가까운 코딩에 대해 세부적으로 살펴보기로 하자. 엔트리에서 제공하는 프로그램의 제한성 때문에 그림 11.16 샐리 구하기 실제 코딩에 가까운 화면에 실행 창에 ●을 표시하였다. ●는 추가적인 얼음을 표시한다. 결과적으로 실행창에는 얼음 3개, 포털 2개가 존재한다. 그림 11.15에서 엔트리에서 블록 코딩을 수행하기 위해서 그림에 나와 있는 기본적인 사항부터 살펴보고 점검해 보자. 블록 꾸러미에는 앞으로 가기, 왼쪽으로 돌기, 오른쪽으로 돌기, 주먹 날리기, NEXT에 도착할 때까지 반복하기, 만약 앞에 길이 없다면, 만약 앞에 얼음이 있다면 블록이 있다. 블록 조립소에서 블록 코딩한 순서대로 실행된다. 실행 화면의 상황을 잘 파악해서 엔트리봇이 친구들을 찾아 도울 수 있도록 블록 꾸러미에 있는 블록을 이용해서 블록 조립소에서 조립하면 된다. 블록 코딩 후 시작하기 버튼을 눌러 블록 코딩을 실행한 후 결과를 확인하면 된다. 결과를 통해서 실제 문제 해결에 대한 성공과 실패를 판단하여 성공한 후에는 다음 단계로 가고 실패를 한 경우에는 다시 블록 코딩을 수행하여 성공할 때까지 반복해서 수행하게 된다. 블록 조립소에 코딩된 형태는 라인 레인저스가 얼음을 제거하고 NEXT에 도착할 수 있도록 한 것이다. 엔트리에서 제공하는 프로그램의 제한성 때문에 얼음은 보이는 것만 제거하고 난 후 NEXT에 도달하는 방식으로 진행하면서 NEXT에 도착할 수 있도록 길을 찾는 움직임을 기준으로 블록 코딩하기로 하자. 화면 블록 조립소에는 2개의 블록 코딩이 보이는데 첫 번째와 두 번째 블록 코딩은 서로 연결되어 있으며 라인 레인저스의 길 탐색 움직임에 근거하여 작성하였다. 이전에서 샐리 구하기 12단계를 블록 코딩한 것은 현재 시나리오에서는 성공하지 못하며 2가지 방식에 대해 철저하게 분석해서 실제 코딩에 대한 감각을 익히면 앞으로 전개될 실제 코딩에 대비할 수 있다.

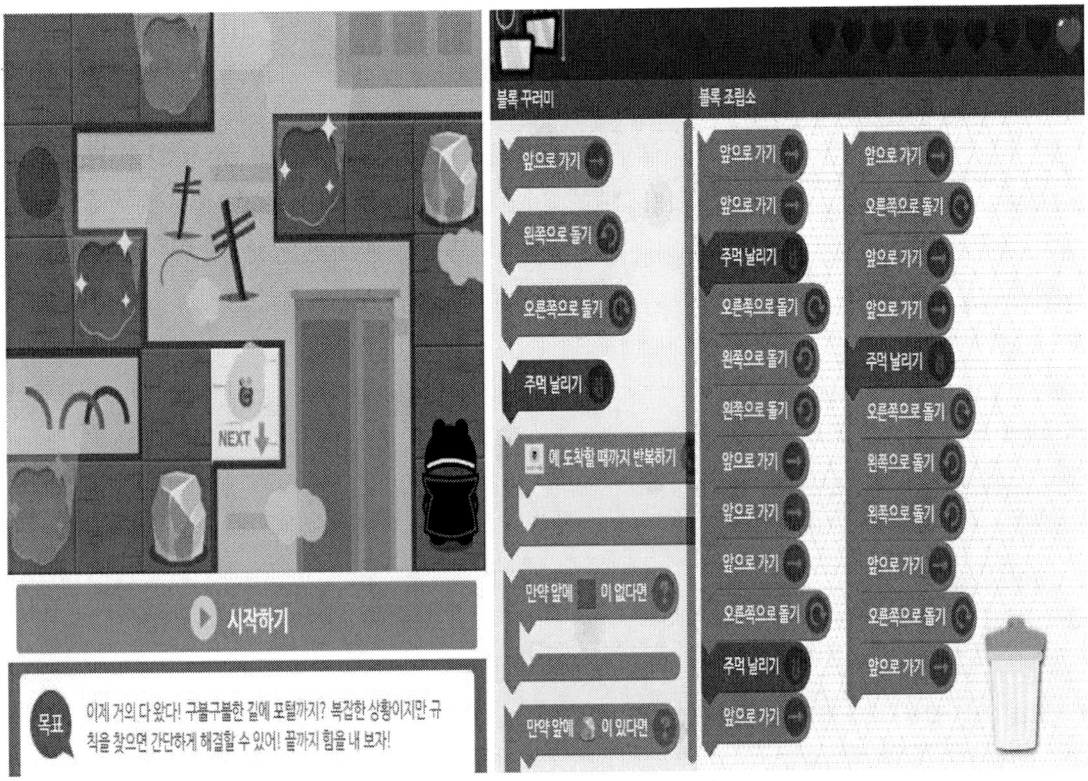

그림 11.16 섈리 구하기 실제 코딩에 가까운 화면

9) 섈리 구하기 실제 코딩

섈리 구하기 실제 코딩에 대해 세부적으로 살펴보기로 하자. 엔트리에서 제공하는 프로그램의 제한성 때문에 그림 11.17 섈리 구하기 실제 코딩을 위한 미로에 ●을 표시하였다. ●는 추가적인 얼음을 표시한다. 결과적으로 미로에는 얼음 3개, 포털 2개가 존재한다. 먼저 라인 레인저스를 실제에 가깝게 설계해 보자. 라인 레인저스가 이미지를 인식할 수 있도록 이미지 센서, 이미지까지의 거리를 계산할 수 있도록 거리 센서를 달고 움직임은 앞으로 한 칸 이동, 주먹 날리기, 오른쪽 회전과 왼쪽 회전을 할 수 있도록 설계하자. 섈리 구하기 움직임은 엔트리봇 학교 가는 길 움직임에 주먹 날리기가 추가되었다는 것을 유의해야 한다. 실제 코딩에 있어 주먹 날리기 추가는 상당한 변화를 가져오게 된다. 또한 이미지를 확인하는 방식에서 우선순위를 두어 앞쪽, 오른쪽, 뒤쪽, 왼쪽 순서로 진행하며 길을 선택하는 방식에서 우선순위를 두어 앞쪽, 오른쪽, 왼쪽, 뒤쪽 순서로 진행한다. 코딩은 실제로 라인 레인저스가 보이는 얼음을 제거하고 NEXT에 도착할 수 있는 방식에 대해 알고리즘을 작성해 보고 순서도는 여러분들이 스스로 작성해 보기로 하자. 여기서 보이는 얼음을 제거하는 것과 얼음 찾아서 제거하는 것은 상당한 차이가 있다. 보이는 얼음을 제거하는 것은 NEXT를 탐색하는 과정에서 의도하지 않았지만 보이는 얼음을 제거하는 것을 말하며 즉 NEXT를 탐색하는 경로에 있는 얼음을 제거하는 것을 말한다. 얼음을 찾아서 제거하는 것은 얼음도 NEXT와 마찬가지로 탐색하는 것을 말한다. 하지만 모든 얼음을 찾아 제거하는 것이 아니라 NEXT에 도착할 때까지만 얼음을 찾아 제거하는 것을 의미한다. 서로의 차이를 잘 이해해야만 실제 코딩에서 다양한 방법을 시도해 볼 수 있을 것이다.

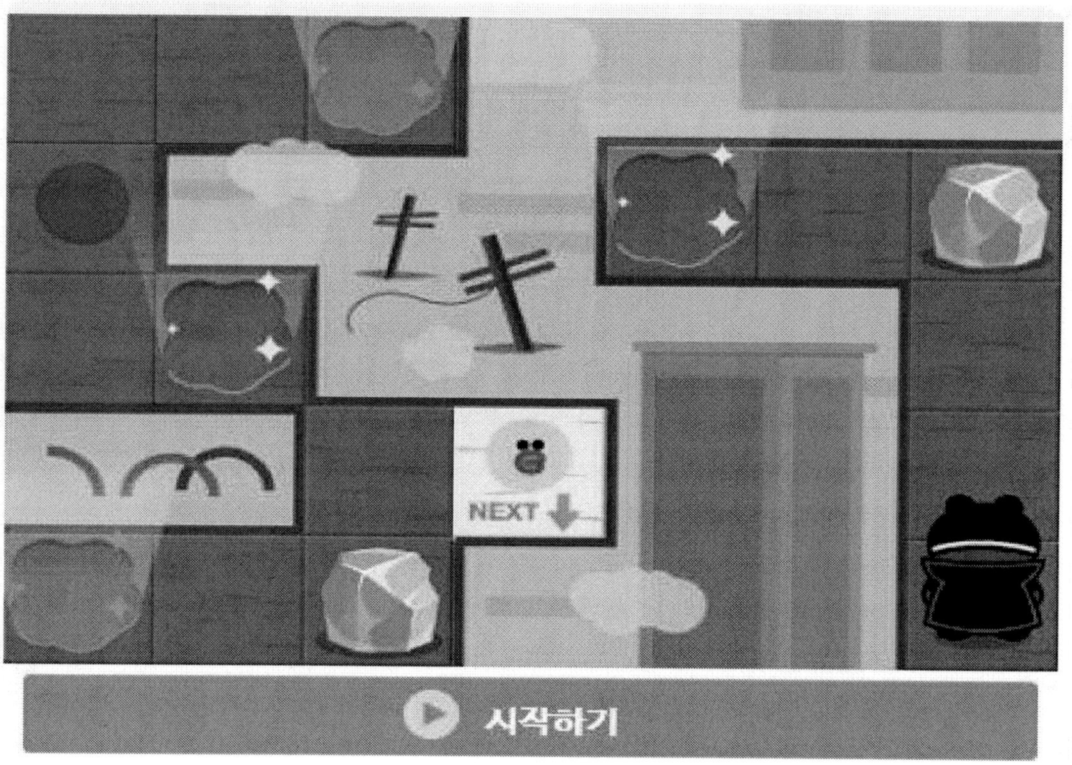

그림 11.17 샐리 구하기 실제 코딩을 위한 미로

(1) 라인 레인저스가 보이는 얼음을 제거하고 NEXT에 도착하는 코딩

앞에서 라인 레인저스을 설계하고 이미지 탐색과 길 탐색에 대한 우선순위를 정한 방식에 따라 알고리즘을 먼저 작성하고 순서도를 작성하면 된다.

(가) 알고리즘

그림 11.16을 참고하면서 알고리즘을 작성해 보기로 하자. 라인 레인저스에게 보이는 얼음을 제거하고 NEXT에 도착하도록 명령을 내리면 시작된다.

① NEXT를 탐색한다. NEXT을 찾기 위해서 자신의 위치가 NEXT이면 종료한다.

② 자신의 위치가 NEXT가 아니면 앞쪽에 NEXT가 있는지를 찾고 있으면 앞에 얼음이 있는지 확인하고 있으면 주먹 날리기와 앞쪽 걷기를 수행하고 알고리즘의 처음으로 돌아가며 얼음이 없으면 앞쪽 걷기 후 알고리즘의 처음으로 돌아간다.

③ 앞쪽에 NEXT가 없으면 오른쪽 회전 후에 앞쪽에 NEXT가 있는지를 찾고 있으면 앞에 얼음이 있는지 확인하고 있으면 주먹 날리기와 앞쪽 걷기를 수행하고 알고리즘의 처음으로 돌아가며 얼음이 없으면 앞쪽 걷기 후 알고리즘의 처음으로 돌아간다.

④ NEXT가 보이지 않으면 오른쪽 회전 후에 앞쪽에 NEXT가 있는지를 찾고 있으면 앞에 얼음이 있는지 확인하고 있으면 주먹 날리기와 앞쪽 걷기를 수행하고 알고리즘의 처음으로 돌아가며 얼음이 없으면 앞쪽 걷기 후 알고리즘의 처음으로 돌아간다.

⑤ NEXT가 보이지 않으면 오른쪽 회전 후에 앞쪽에 NEXT가 있는지를 찾고 있으면 앞에 얼음이 있는지 확인하고 있으면 주먹 날리기와 앞쪽 걷기를 수행하고 알고리즘의 처음으로 돌아가며 얼음이 없으면 앞쪽 걷기 후 알고리즘의 처음으로 돌아간다.

⑥ NEXT가 보이지 않으면 오른쪽 회전 후 길 탐색을 진행한다. 길 탐색은 앞에 길이 있고 앞에 얼음이 있는지 확인하고 있으면 주먹 날리기와 앞쪽 걷기를 수행하고 알고리즘의 처음으로 돌아가며 얼음이 없으면 앞쪽 걷기 후 알고리즘의 처음으로 돌아간다.

⑦ 앞쪽에 길이 없으면 오른쪽 회전 후 앞에 길이 있고 앞에 얼음이 있는지 확인하고 있으면 주먹 날리기와 앞쪽 걷기를 수행하고 알고리즘의 처음으로 돌아가며 얼음이 없으면 앞쪽 걷기 후 알고리즘의 처음으로 돌아간다.

⑧ 앞쪽에 길이 없으면 오른쪽 회전을 2번 한 후 앞에 길이 있고 앞에 얼음이 있는지 확인하고 있으면 주먹 날리기와 앞쪽 걷기를 수행하고 알고리즘의 처음으로 돌아가며 얼음이 없으면 앞쪽 걷기 후 알고리즘의 처음으로 돌아간다.

⑨ 앞쪽에 길이 없으면 왼쪽 회전 후 앞에 길이 있고 앞에 얼음이 있는지 확인하고 있으면 주먹 날리기와 앞쪽 걷기를 수행하고 알고리즘의 처음으로 돌아가며 얼음이 없으면 앞쪽 걷기 후 알고리즘의 처음으로 돌아간다.

⑩ 앞쪽에 길이 없으면 강제 종료된다. 마지막 알고리즘은 수행은 대부분 없는 경우이지만 현재의 위치에서 모든 방향의 길이 막혀있는 경우가 된다.

(나) 순서도

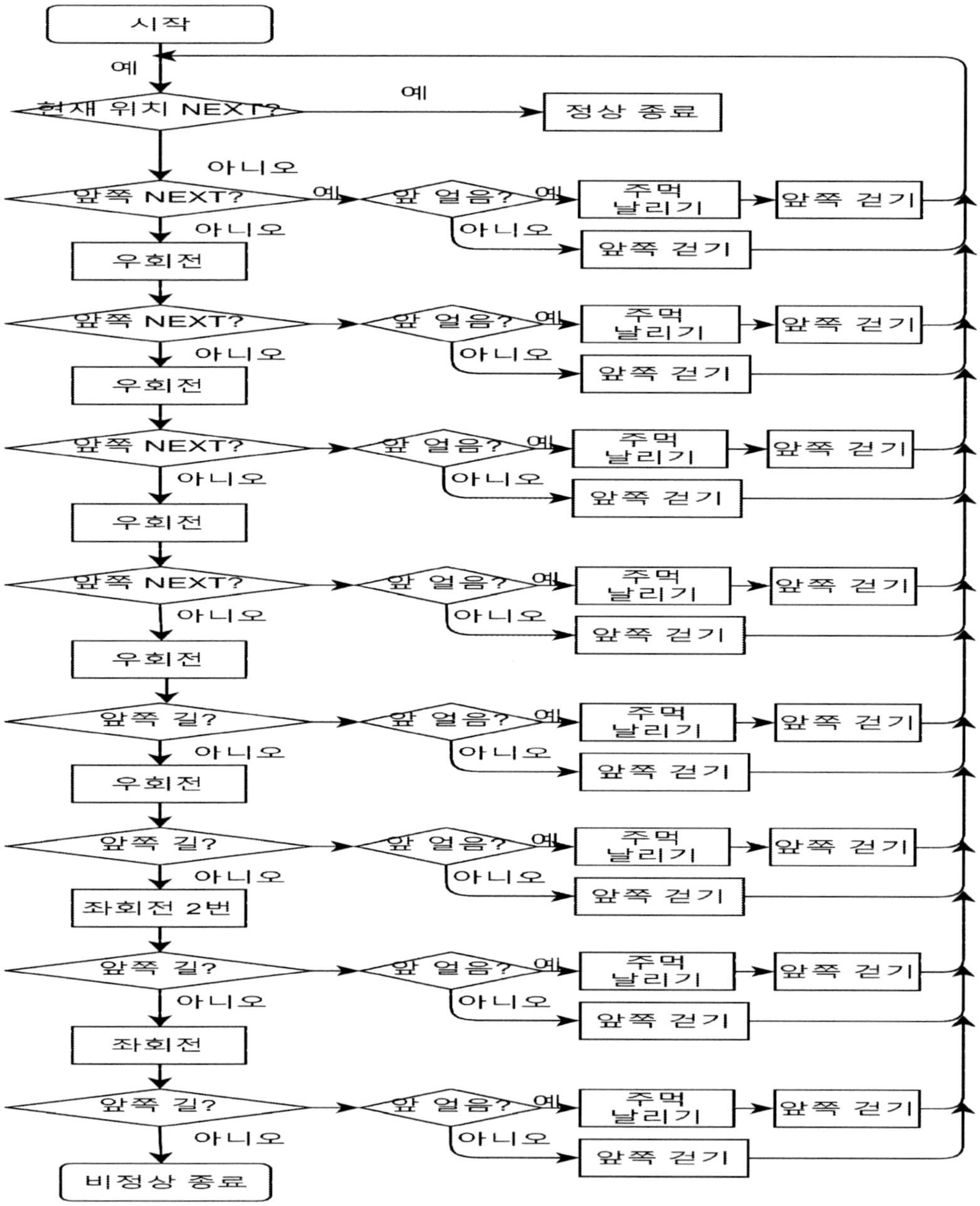

그림 11.18 엔트리봇이 보이는 얼음을 제거하고 NEXT에 도착하는 순서도

(2) 라인 레인저스가 보이는 얼음 찾아 제거하고 NEXT에 도착하는 코딩

앞에서 라인 레인저스을 설계하고 이미지 탐색과 길 탐색에 대한 우선순위를 정한 방식에 따라 알고리즘을 먼저 작성하고 순서도를 작성하면 된다.

(가) 알고리즘

알고리즘은 여러분들이 그림 11.17을 참고해서 스스로 작성해 보기 바란다.

(나) 순서도

순서도는 여러분들이 스스로 작성해 보기 바란다.

11.3 샐리와 탈출하기

1) 샐리와 탈출하기 1단계

샐리와 탈출하기 1단계를 통해 가장 기초적인 내용부터 설명하자. 그림 11.19에는 샐리와 탈출하기 1단계를 블록 코딩한 화면에 대해 표현하였다. 그림 11.19에서 엔트리에서 블록 코딩을 수행하기 위해서 그림에 나와 있는 기본적인 사항부터 살펴보고 점검해 보자. 그림은 크게 3가지 형태로 구분된다. 블록 코딩에 따라 엔트리봇을 움직이게 하는 즉 실행하는 부분이 표시되며 시작하기를 누르면 우리가 블록 조립소에서 블록 코딩한 순서대로 실행된다. 왼쪽에는 하나의 기능을 수행하는 블록들을 모아놓은 블록 꾸러미가 표시되며 바로 옆에는 블록들을 조립해서 블록 코딩을 직접 수행하는 블록 조립소가 표시되어 있다. 특히 실행화면의 가장 위쪽에 거리1 : 길, 거리2 : 함정, 거리3 : 길이 표시되어 있는데 실제 코딩과 비교하면 거리 센서와 이미지 센서를 함께 사용해 알 수 있는 내용이다. 이 부분을 잘 분석해서 블록 코딩에 활용해야 한다. 실행 화면의 상황을 잘 파악해서 라인 레인저스가 샐리를 구할 수 있도록 블록 꾸러미에 있는 블록을 이용해서 블록 조립소에서 조립하면 된다. 블록 꾸러미에는 앞으로 가기, 뛰어넘기 블록이 있고 블록 조립소에서 블록을 조립하면 되는 데 시작하기를 클릭했을 때, 앞으로 가기, 뛰어넘기, 앞으로 가기, 뛰어넘기 2개, 앞으로 가기 블록으로 조립되어 있다. 블록 조립소에는 2개의 블록 코딩이 보이는데 2개를 붙이면 완성된 코딩이 된다. 화면 크기 문제로 분리하였다.

블록 코딩 후 시작하기 버튼을 눌러 블록 코딩을 실행한 후 결과를 확인하면 된다. 결과를 통해서 실제 문제 해결에 대한 성공과 실패를 판단하여 성공한 후에는 다음 단계로 가고 실패를 한 경우에는 다시 블록 코딩을 수행하여 성공할 때까지 반복해서 수행하게 된다.

그림 11.19 샐리와 탈출하기 1단계 블록 코딩 화면

2) 샐리와 탈출하기 2단계

샐리와 탈출하기 2단계를 통해 가장 기초적인 내용부터 설명하자. 그림 11.20에는 샐리와 탈출하기 2단계를 블록 코딩한 화면에 대해 표현하였다. 그림 11.20에서 엔트리에서 블록 코딩을 수행하기 위해서 그림에 나와 있는 기본적인 사항부터 살펴보고 점검해 보자. 실행 화면의 상황을 잘 파악해서 라인 레인저스가 샐리를 구할 수 있도록 블록 꾸러미에 있는 블록을 이용해서 블록 조립소에서 조립하면 된다. 블록 꾸러미에는 앞으로 가기, 하트 날리기 블록이 있고 블록 조립소에서 블록을 조립하면 된다. 블록 조립소에는 2개의 블록 코딩이 보이는데 2개를 붙이면 완성된 코딩이 된다. 화면 크기 문제로 분리하였다. 블록 코딩 후 시작하기 버튼을 눌러 블록 코딩을 실행한 후 결과를 확인하면 된다. 결과를 통해서 실제 문제 해결에 대한 성공과 실패를 판단하여 성공한 후에는 다음 단계로 가고 실패를 한 경우에는 다시 블록 코딩을 수행하여 성공할 때까지 반복해서 수행하게 된다.

그림 11.20 샐리와 탈출하기 2단계 블록 코딩 화면

3) 샐리와 탈출하기 3단계

샐리와 탈출하기 3단계를 통해 가장 기초적인 내용부터 설명하자. 그림 11.21에는 샐리와 탈출하기 3단계를 블록 코딩한 화면에 대해 표현하였다. 그림 11.21에서 엔트리에서 블록 코딩을 수행하기 위해서 그림에 나와 있는 기본적인 사항부터 살펴보고 점검해 보자. 실행 화면의 상황을 잘 파악해서 라인 레인저스가 샐리를 구할 수 있도록 블록 꾸러미에 있는 블록을 이용해서 블록 조립소에서 조립하면 된다. 블록 꾸러미에는 앞으로 가기, 장애물 조종하기, 목적지에 도착할 때까지 반복하기 블록이 있고 블록 조립소에서 블록을 조립하면 된다.

블록 코딩 후 시작하기 버튼을 눌러 블록 코딩을 실행한 후 결과를 확인하면 된다. 결과를 통해서 실제 문제 해결에 대한 성공과 실패를 판단하여 성공한 후에는 다음 단계로 가고 실패를 한 경우에는 다시 블록 코딩을 수행하여 성공할 때까지 반복해서 수행하게 된다. 4, 5단계는 스스로 실습해 보기 바란다.

그림 11.21 샐리와 탈출하기 3단계 블록 코딩 화면

4) 샐리와 탈출하기 6단계

샐리와 탈출하기 6단계를 통해 가장 기초적인 내용부터 설명하자. 그림 11.22에는 샐리와 탈출하기 6단계를 블록 코딩한 화면에 대해 표현하였다. 그림 11.22에서 엔트리에서 블록 코딩을 수행하기 위해서 그림에 나와 있는 기본적인 사항부터 살펴보고 점검해 보자. 실행 화면의 상황을 잘 파악해서 라인 레인저스가 샐리를 구할 수 있도록 블록 꾸러미에 있는 블록을 이용해서 블록 조립소에서 조립하면 된다. 블록 꾸러미에는 앞으로 가기, 하트 날리기, 장애물 조종하기, 목적지에 도착할 때까지 반복하기, 만약 참이라면, 거리(1, 2)에 함정(몬스터, 장애물)이 있다 블록이 있고 블록 조립소에서 블록을 조립하면

된다. 블록 조립소에는 두 가지 블록 코딩 방식이 있는데 결과는 순차이므로 서로 같다. 잘 분석해 보기 바란다.

블록 코딩 후 시작하기 버튼을 눌러 블록 코딩을 실행한 후 결과를 확인하면 된다. 결과를 통해서 실제 문제 해결에 대한 성공과 실패를 판단하여 성공한 후에는 다음 단계로 가고 실패를 한 경우에는 다시 블록 코딩을 수행하여 성공할 때까지 반복해서 수행하게 된다. 7단계는 스스로 실습해 보기 바란다.

그림 11.22 샐리와 탈출하기 6단계 블록 코딩 화면

5) 샐리와 탈출하기 8단계

샐리와 탈출하기 8단계를 통해 가장 기초적인 내용부터 설명하자. 그림 11.23에는 샐리와 탈출하기 8단계를 블록 코딩한 화면에 대해 표현하였다. 그림 11.23에서 엔트리에서 블록 코딩을 수행하기 위해서 그림에 나와 있는 기본적인 사항부터 살펴보고 점검해

보자. 실행 화면의 상황을 잘 파악해서 라인 레인저스가 샐리를 구할 수 있도록 블록 꾸러미에 있는 블록을 이용해서 블록 조립소에서 조립하면 된다. 블록 꾸러미에는 앞으로 가기, 장애물 조종하기, 하트 날리기, 목적지에 도착할 때까지 반복하기, 만약 참이라면, 만약 참이라면 아니면, 거리(1, 2)에 함정(몬스터, 장애물)이 있다 블록이 있고 블록 조립소에서 블록을 조립하면 된다. 블록 조립소에는 두 가지 블록 코딩 방식이 있는데 결과는 순차이므로 서로 같다. 잘 분석해 보기 바란다.

블록 코딩 후 시작하기 버튼을 눌러 블록 코딩을 실행한 후 결과를 확인하면 된다. 결과를 통해서 실제 문제 해결에 대한 성공과 실패를 판단하여 성공한 후에는 다음 단계로 가고 실패를 한 경우에는 다시 블록 코딩을 수행하여 성공할 때까지 반복해서 수행하게 된다. 9, 10단계는 스스로 실습해 보기 바란다.

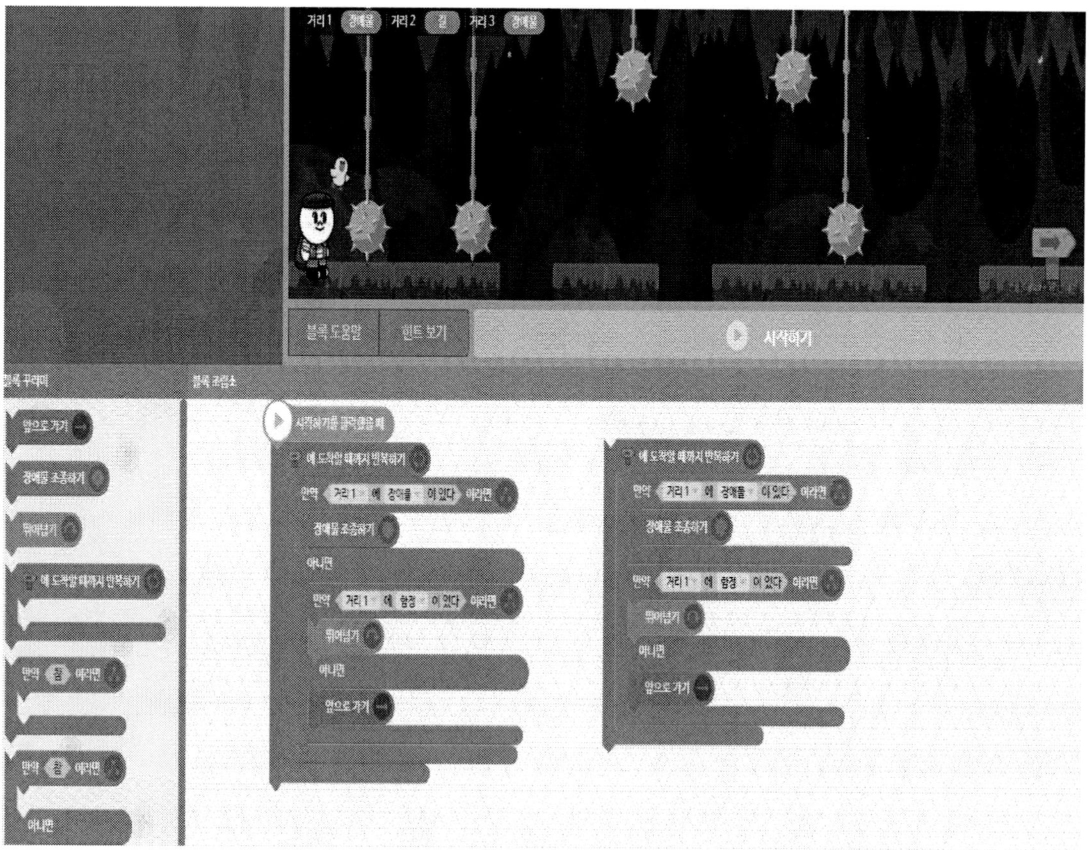

그림 11.23 샐리와 탈출하기 8단계 블록 코딩 화면

6) 샐리와 탈출하기 11단계

샐리와 탈출하기 11단계를 통해 가장 기초적인 내용부터 설명하자. 그림 11.24에서 엔트리에서 블록 코딩을 표시하였다. 실행 화면의 상황을 잘 파악해서 라인 레인저스가 샐리를 구할 수 있도록 블록 꾸러미에 있는 블록을 이용해서 블록 조립소에서 조립하면 된다. 블록 꾸러미에는 앞으로 가기, 뛰어넘기, 장애물 조종하기, 목적지에 도착할 때까지 반복하기, 만약 참이라면, 만약 참이라면 아니면, 거리1(2)에 함정(몬스터, 장애물)이 있다 블록이 있고 블록 조립소에서 블록을 조립하면 된다. 블록 조립소에는 2개의 블록 코딩이 보이는데 2개를 붙이면 완성된 코딩이 된다. 화면 크기 문제로 분리하였다. 블록 코딩 후 시작하기 버튼을 눌러 블록 코딩을 실행한 후 결과를 확인하면 된다. 결과를 통해서 실제 문제 해결에 대한 성공과 실패를 판단하여 성공한 후에는 다음 단계로 가고 실패를 한 경우에는 다시 블록 코딩을 수행하여 성공할 때까지 반복해서 수행하게 된다.

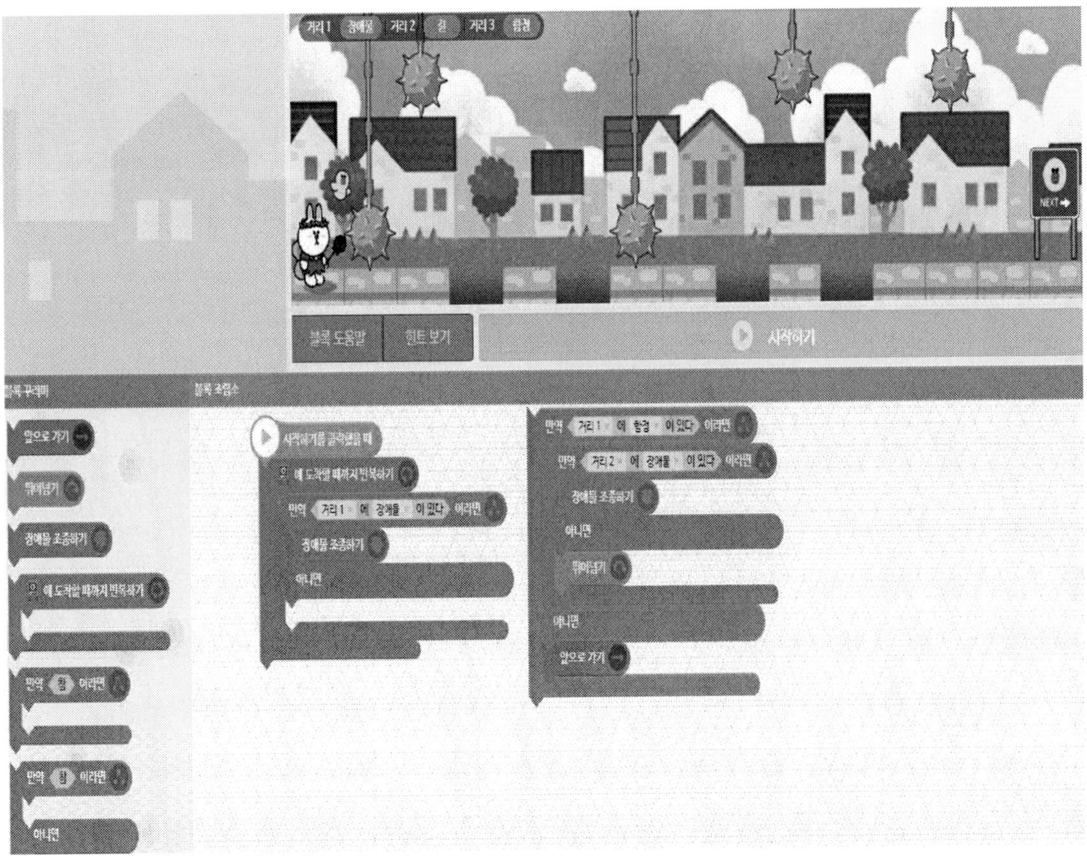

그림 11.24 샐리와 탈출하기 11단계 블록 코딩 화면

7) 샐리와 탈출하기 12단계

샐리와 탈출하기 12단계를 통해 가장 기초적인 내용부터 설명하자. 그림 11.23에서 엔트리에서 블록 코딩을 수행하기 위해서 실행 화면의 상황을 잘 파악해서 라인 레인저스가 샐리를 구할 수 있도록 블록 꾸러미에 있는 블록을 이용해서 블록 조립소에서 조립하면 된다. 블록 꾸러미에는 앞으로 가기, 뛰어넘기, 꽃 던지기, 장애물 조종하기, 목적지에 도착할 때까지 반복하기, 만약 참이라면, 만약 참이라면 아니면, 거리(1, 2)에 함정(몬스터, 장애물)이 있다 블록이 있고 블록 조립소에서 블록을 조립하면 된다. 12단계에서는 11단계까지와는 다르게 실행 시나리오가 시작하기 버튼을 누를 때마다 변화한다. 유의해서 블록 코딩해야 한다. 블록 코딩 후 시작하기 버튼을 눌러 블록 코딩을 실행한 후 결과를 확인하면 된다. 결과를 통해서 실제 문제 해결에 대한 성공과 실패를 판단하여 성공한 후에는 다음 단계로 가고 실패를 한 경우에는 다시 블록 코딩을 수행하여 성공할 때까지 반복해서 수행하게 된다.

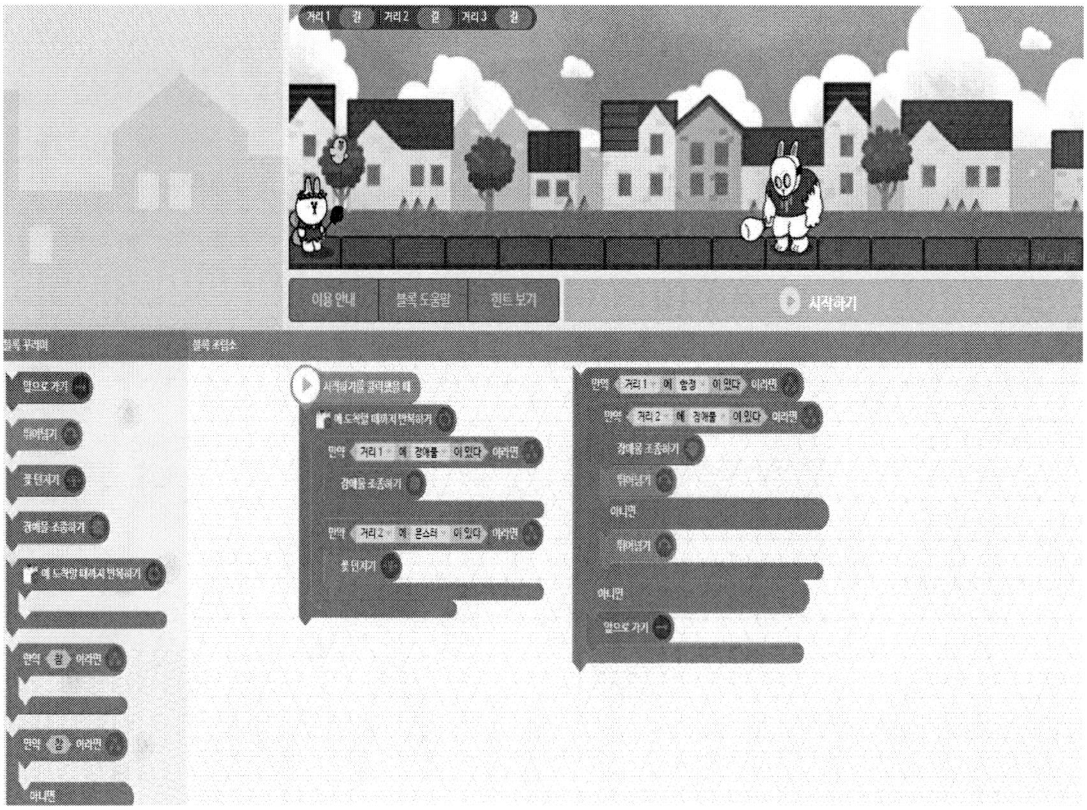

그림 11.25 샐리와 탈출하기 12단계 블록 코딩 화면

9) 섈리와 탈출하기 실제 코딩

섈리와 탈출하기 실제 코딩에 대해 세부적으로 살펴보기로 하자. 엔트리에서 제공하는 프로그램의 제한성 때문에 그림 11.24 섈리와 탈출하기 실제 코딩을 위한 시나리오 맵 설정에 대해 표시하였다. 섈리와 탈출하기 12단계에서는 시작하기 버튼을 누를 때마다 시나리오 맵이 변화한다. 맵에 가능한 패턴은 그림 11.24에서 위쪽 5개 패턴의 경우이고 아래쪽 1개의 패턴은 불가능한 패턴으로 정의되어 있다. 실제 코딩을 위해서 아래쪽 1개의 패턴이 가능하다고 생각하고 실제 코딩에 대해서 분석해 보자. 여기서 아래쪽 1개의 패턴에서 몬스터 대신에 장애물이 있다면 위쪽 5개의 패턴에서 3번째와 1번째가 연결되어 있다고 생각하면 된다. 다른 경우는 이같이 분석하면 된다. 먼저 라인 레인저스를 실제에 가깝게 설계해 보자. 라인 레인저스가 이미지를 인식할 수 있도록 이미지 센서, 이미지까지의 거리를 계산할 수 있도록 거리 센서를 달면 된다. 섈리와 탈출하기 엔트리에서 제공하는 것처럼 이미지 센서와 거리 센서는 3칸 앞까지 확인할 수 있다고 생각하면 된다. 두 가지 방식으로 코딩을 해 보자. 첫 번째는 엔트리에서 제공하는 블록들을 약간 변화시켜 엔트리에서 블록 코딩하고 두 번째는 실제 코딩을 해 보자. 첫 번째, 엔트리에서 블록 코딩을 위해서 블록은 엔트리에서 제공하는 것과 약간의 블록을 추가해 보자. 일단 엔트리에서 제공하는 블록은 앞으로 가기, 뛰어넘기, 꽃 던지기, 장애물 조종하기, 목적지에 도착할 때까지 반복하기, 만약 참이라면, 만약 참이라면 아니면, 거리 1(2)에 함정(몬스터, 장애물)이 있다 블록이다. 여기서 추가하면 거리3에 몬스터가 있다 블록과 거리3에 있는 몬스터를 공격하기 위해서 꽃 던지기와 꽃 던지기 블록이다. 첫 번째와 두 번째 코딩 방식의 차이를 잘 이해해야만 실제 코딩에서 다양한 방법을 시도해 볼 수 있을 것이다.

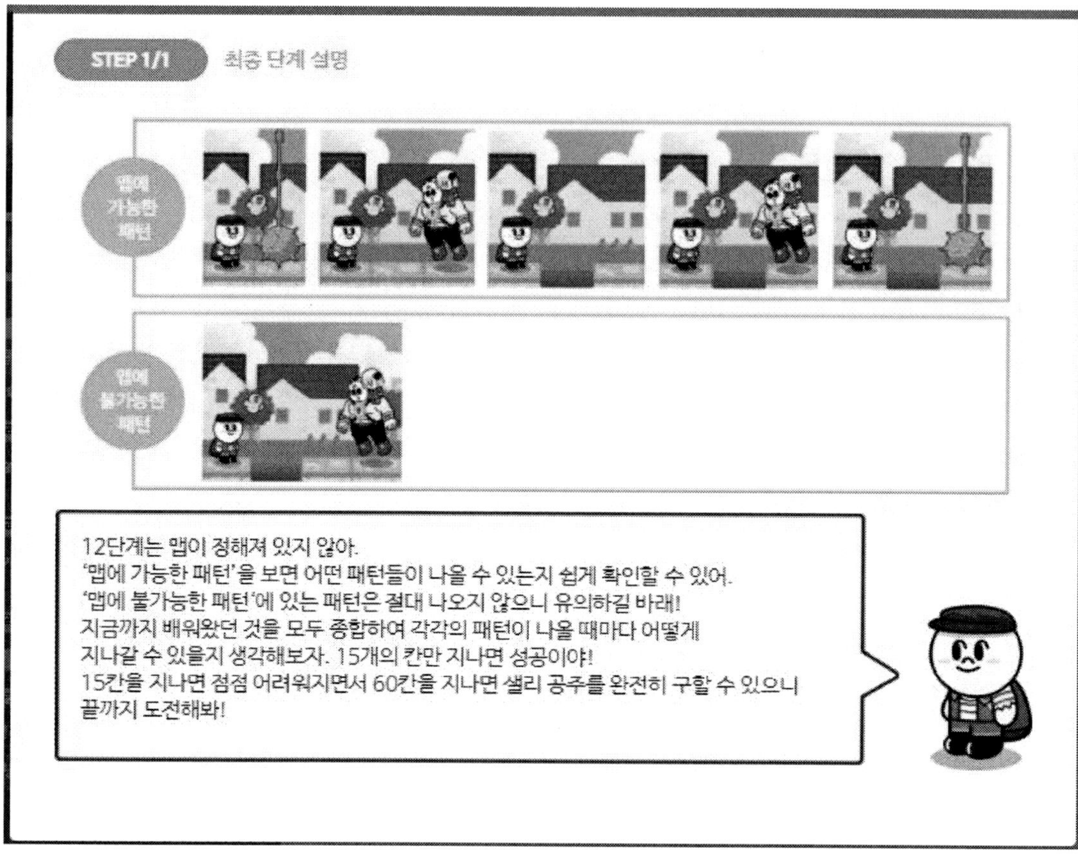

그림 11.26 샐리와 탈출하기 실제 코딩을 위한 시나리오 맵 설정

(1) 라인 레인저스가 엔트리 기반으로 목적지에 도착하는 코딩

앞에서 라인 레인저스을 설계한 것을 기준으로 알고리즘을 먼저 작성하고 순서도를 작성하면 된다.

(가) 알고리즘

그림 11.25를 참고하면서 알고리즘을 작성해 보기로 하자. 라인 레인저스에게 보이는 몬스터를 제거하고 목적지에 도착하도록 명령을 내리면 시작된다.

① 목적지에 도착할 때까지 반복한다.

② 만약 거리1에 장애물이 있다면 장애물을 조종한다.

③ 만약 거리2에 몬스터가 있다면 꽃을 던진다.

④ 만약 거리1에 함정이 있고 동시에 만약 거리2에 장애물이 있다면 장애물을 조종한다.

⑤ 만약 거리1에 함정이 있고 거리2에 장애물이 없고 만약 거리3에 몬스터가 있다면 꽃을 2번 던진다.

⑥ 만약 거리1에 함정이 있지만 거리2에 장애물이 없고 만약 거리3에 몬스터가 없다면 뛰어넘기를 한다.

⑦ 만약 거리1에 함정이 없다면 앞으로 1칸 간다.

(나) 순서도

그림 11.27에는 샐리와 탈출하기 엔트리에서의 실제 코딩을 표시하였다. 그림 11.27에 보이는 만약 직사각형 네모라면 안의 명령어는 거리 3에 몬스터가 있다 이며 또한 블록과 거리 3에 있는 몬스터를 공격하기 위해서 꽃 던지기 블록이 2개 연속 사용되었다.

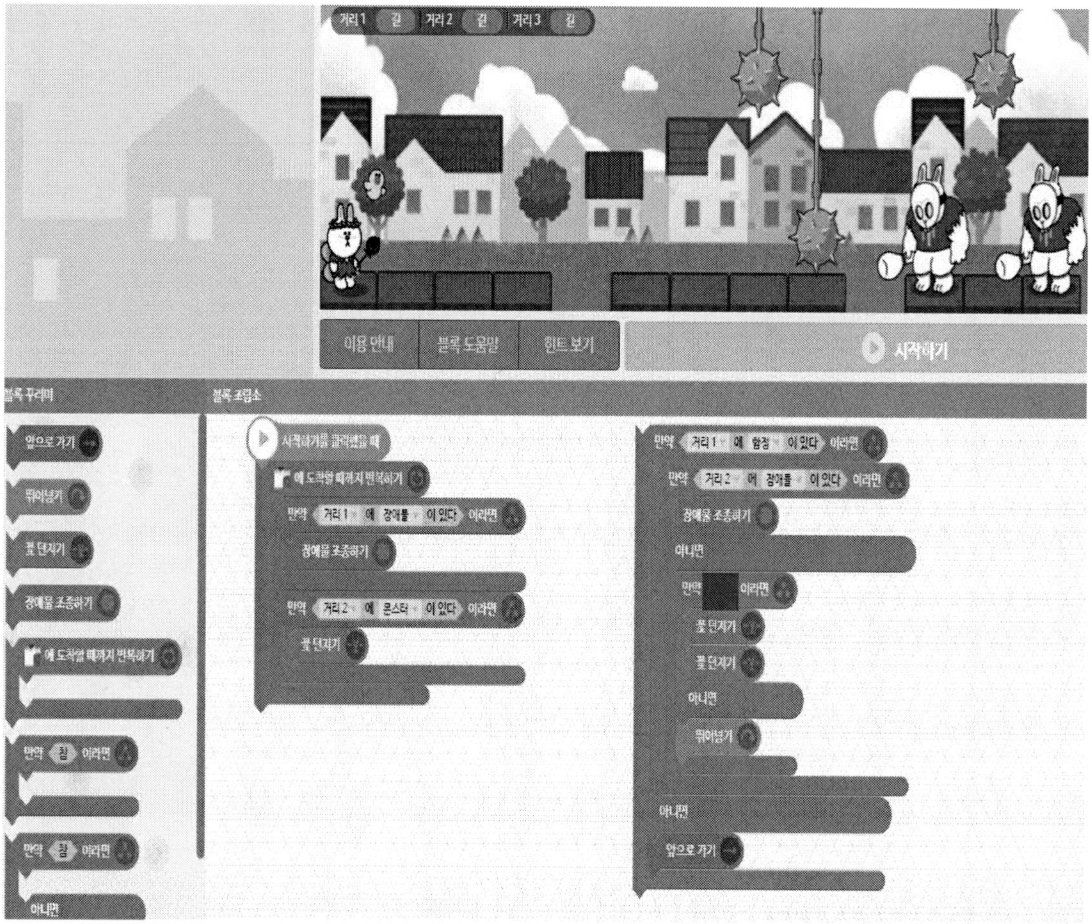

그림 11.27 샐리와 탈출하기 엔트리에서의 실제 코딩

(2) 라인 레인저스가 목적지에 도착하는 실제 코딩

앞에서 라인 레인저스을 설계한 것을 기준으로 알고리즘을 먼저 작성하고 순서도를 작성하면 된다.

(가) 알고리즘

그림 11.27를 참고하면서 알고리즘을 작성해 보기로 하자. 라인 레인저스에게 보이는 몬스터를 제거하고 목적지에 도착하도록 명령을 내리면 시작된다.

① 현재 위치가 목적지이면 정상 종료한다.

② 현재 위치가 목적지가 아니고 만약 거리1에 장애물이 있다면 장애물을 조종한다.

③ 만약 거리2에 몬스터가 있다면 꽃을 던진다.

④ 만약 거리1에 함정이 있고 동시에 만약 거리2에 장애물이 있다면 장애물을 조종하고 뛰어넘기를 수행하고 알고리즘의 처음으로 돌아간다.

⑤ 만약 거리1에 함정이 있지만 거리2에 장애물이 없고 만약 거리3에 몬스터가 있다면 돌(거리3에 있는 몬스터를 제거하는 명령어)을 던지고 뛰어넘기를 수행하고 알고리즘의 처음으로 돌아간다.

⑥ 만약 거리1에 함정이 있지만 거리2에 장애물이 없고 만약 거리3에 몬스터가 없다면 뛰어넘기를 하고 알고리즘의 처음으로 돌아간다.

⑦ 만약 거리1에 함정이 없다면 앞쪽 걷기를 수행하고 알고리즘의 처음으로 돌아간다.

(나) 순서도

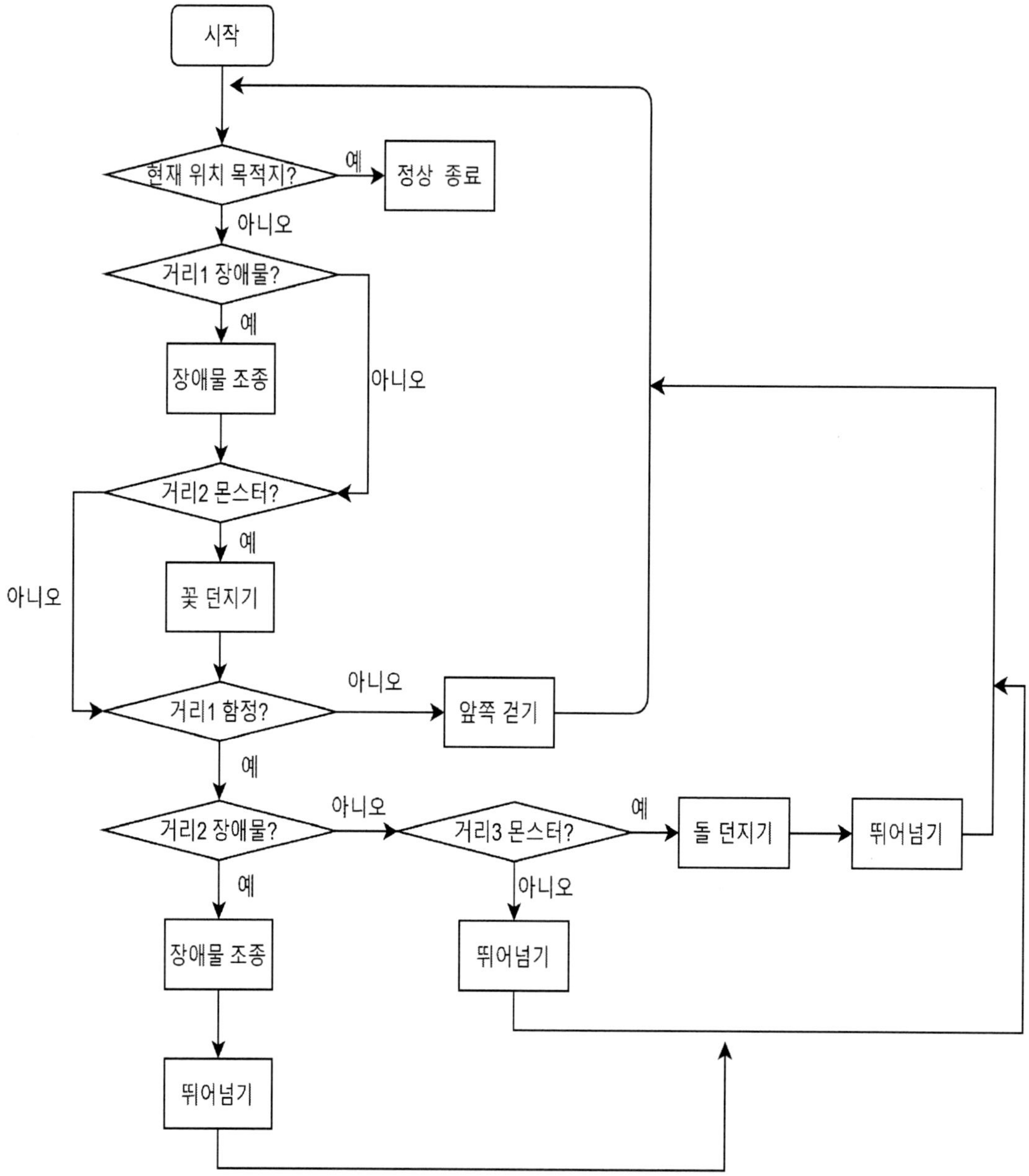

그림 11.28 엔트리봇이 몬스터를 제거하고 목적지에 도착하는 순서도

제12장 핑크빈과 신나는 메이플 월드로

핑크빈과 함께 신나는 메이플 월드로는 순차, 반복을 사용하는 헤네시스, 순차, 반복, 선택을 사용하는 엘리니아와 순차, 반복, 선택을 사용하는 엘나스에 대해 블록 코딩 단계로서 블록 코딩에서 순차, 반복과 선택에 대한 개념을 학습할 수 있다. 앞에서 학습한 엔트리봇 학교 가는 길, 로봇공장, 전기자동차, 숲속 탐험, 마을 탐험 과 라인레인저스와 샐리 구하기 코딩과 비교하고 분석하면서 핑크빈과 함께 신나는 메이플 월드로 블록 코딩을 천천히 시작해 보기로 하자.

12.1 헤네시스

1) 헤네시스 1단계

헤네시스 1단계를 통해 가장 기초적인 내용부터 설명하자. 그림 12.1에는 헤네시스 1단계를 블록 코딩한 화면에 대해 표현하였다. 그림 12.1에서 엔트리에서 블록 코딩을 수행하기 위해서 그림에 나와 있는 기본적인 사항부터 살펴보고 점검해 보자. 그림은 크게 6가지 형태로 구분된다. 최고 위쪽에 숫자 1이 보이는데 이것은 1단계를 표시하며 이후로 12단계까지 있으며 마지막에 꽃 모양으로 12단계를 마치면 인증서를 받을 수 있도록 표시하고 있다. 바로 밑에는 하트가 5개 보이는 데 사용 블록 개수를 표시하는 것으로서 블록 코딩에서 주어진 문제를 해결하는 데 사용할 수 있는 블록의 개수를 의미한다. 블록 코딩에 따라 핑크빈을 움직이게 하는 즉 실행하는 부분은 상단 왼쪽에 표시되며 시작하기를 누르면 우리가 블록 조립소에서 블록 코딩한 순서대로 실행된다. 도움말과 블록 코딩 목표에 대해 알려주는 부분은 하단 왼쪽에 표시된다. 하나의 기능을 수행하는 블록들을 모아놓은 블록 꾸러미는 상단 오른쪽 첫 번째에 표시되며 블록들을 조립해서 블록 코딩을 직접 수행하는 블록 조립소가 상단 오른쪽 두 번째에 표시되어 있다. 실행 화면의 상황을 잘 파악해서 라인 레인저스가 샐리를 찾을 수 있도록 블록 꾸러미에 있는 블록을 이용해서 블록 조립소에서 조립하면 된다. 블록 꾸러미에는 앞으로 가기 블록이 있고 블록 조립소에서 블록을 조립하면 되는 데 시작하기를 클릭했을 때, 앞으로 가기 5개 블록으로 조립되어 있다.

블록 코딩 후 시작하기 버튼을 눌러 블록 코딩을 실행한 후 결과를 확인하면 된다. 결

과를 통해서 실제 문제 해결에 대한 성공과 실패를 판단하여 성공한 후에는 다음 단계로 가고 실패를 한 경우에는 다시 블록 코딩을 수행하여 성공할 때까지 반복해서 수행하게 된다. 2, 3, 4단계는 스스로 실습해 보기 바란다.

그림 12.1 헤네시스 1단계 블록 코딩 화면

2) 헤네시스 5단계

그림 12.2에는 헤네시스 5단계 블록 코딩 화면에 대해 표현하였다. 그림 12.2에서 엔트리에서 블록 코딩을 수행하기 위해서 그림에 나와 있는 기본적인 사항부터 살펴보고 점검해 보자. 블록 꾸러미에는 앞으로 가기, 뛰어넘기, 사다리 타기 블록이 있다. 블록 조립소에서 블록 코딩한 순서대로 실행된다. 블록 조립소에는 2개의 블록 코딩이 보이는데 2개를 붙이면 완성된 코딩이 된다. 화면 크기 문제로 분리하였다.

블록 코딩 후 시작하기 버튼을 눌러 블록 코딩을 실행한 후 결과를 확인하면 된다. 결과를 통해서 실제 문제 해결에 대한 성공과 실패를 판단하여 성공한 후에는 다음 단계로 가고 실패를 한 경우에는 다시 블록 코딩을 수행하여 성공할 때까지 반복해서 수행하게 된다. 6, 7단계는 스스로 실습해 보기 바란다.

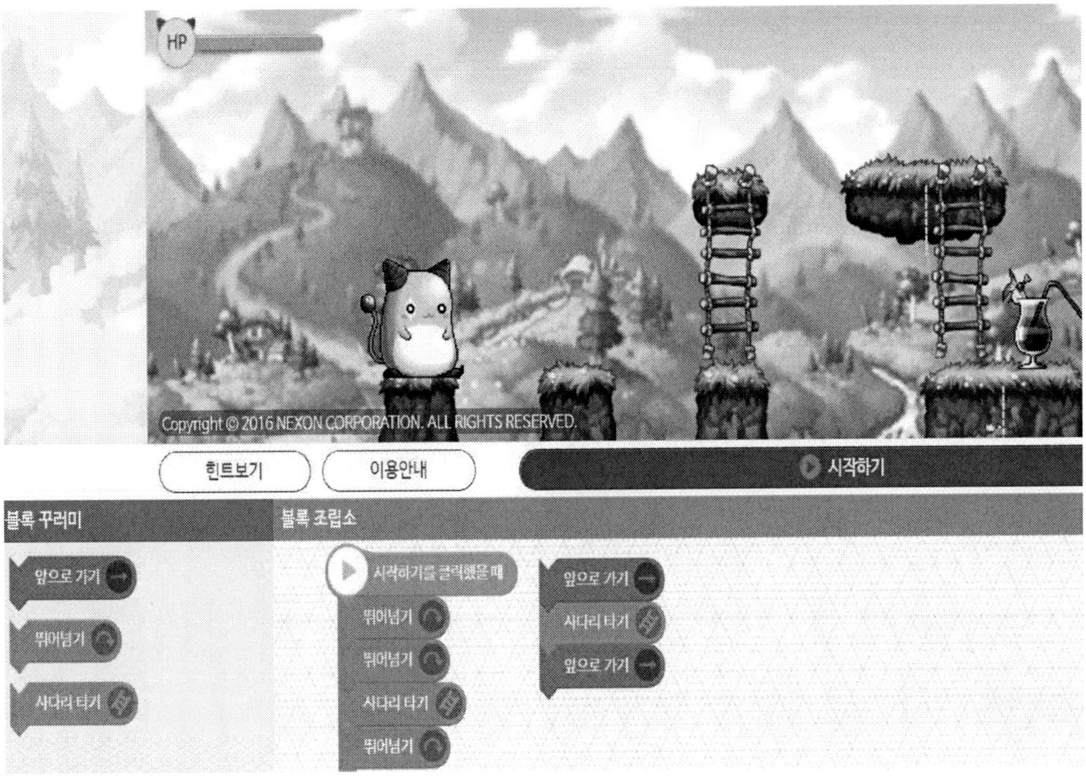

그림 12.2 헤네시스 5단계 블록 코딩 화면

3) 헤네시스8단계

그림 12.3에는 헤네시스 8단계 블록 코딩 화면에 대해 표현하였다. 그림 12.3에서 엔트리에서 블록 코딩을 수행하기 위해서 그림에 나와 있는 기본적인 사항부터 살펴보고 점검해 보자. 블록 꾸러미에는 앞으로 가기, 뛰어넘기, 음식 먹기, 몇 번 반복하기 블록이 있다. 블록 조립소에서 블록 코딩한 순서대로 실행된다.

블록 코딩 후 시작하기 버튼을 눌러 블록 코딩을 실행한 후 결과를 확인하면 된다. 결과를 통해서 실제 문제 해결에 대한 성공과 실패를 판단하여 성공한 후에는 다음 단계로 가고 실패를 한 경우에는 다시 블록 코딩을 수행하여 성공할 때까지 반복해서 수행하게 된다. 9, 10, 11단계는 스스로 실습해 보기 바란다.

그림 12.3 헤네시스 8단계 블록 코딩 화면

4) 헤네시스 12단계

그림 12.4에는 헤네시스 12단계 블록 코딩 화면에 대해 표현하였다. 그림 12.4에서 엔트리에서 블록 코딩을 수행하기 위해서 그림에 나와 있는 기본적인 사항부터 살펴보고 점검해 보자. 블록 꾸러미에는 앞으로 가기, 뛰어넘기, 사다리 타기, 음식 먹기, 몇 번 반복하기 블록이 있다. 블록 조립소에서 블록 코딩한 순서대로 실행된다. 블록 조립소에는 2개의 블록 코딩이 보이는데 2개를 붙이면 완성된 코딩이 된다. 화면 크기 문제로 분리하였다.

블록 코딩 후 시작하기 버튼을 눌러 블록 코딩을 실행한 후 결과를 확인하면 된다. 결과를 통해서 실제 문제 해결에 대한 성공과 실패를 판단하여 성공한 후에는 다음 단계로 가고 실패를 한 경우에는 다시 블록 코딩을 수행하여 성공할 때까지 반복해서 수행하게 된다.

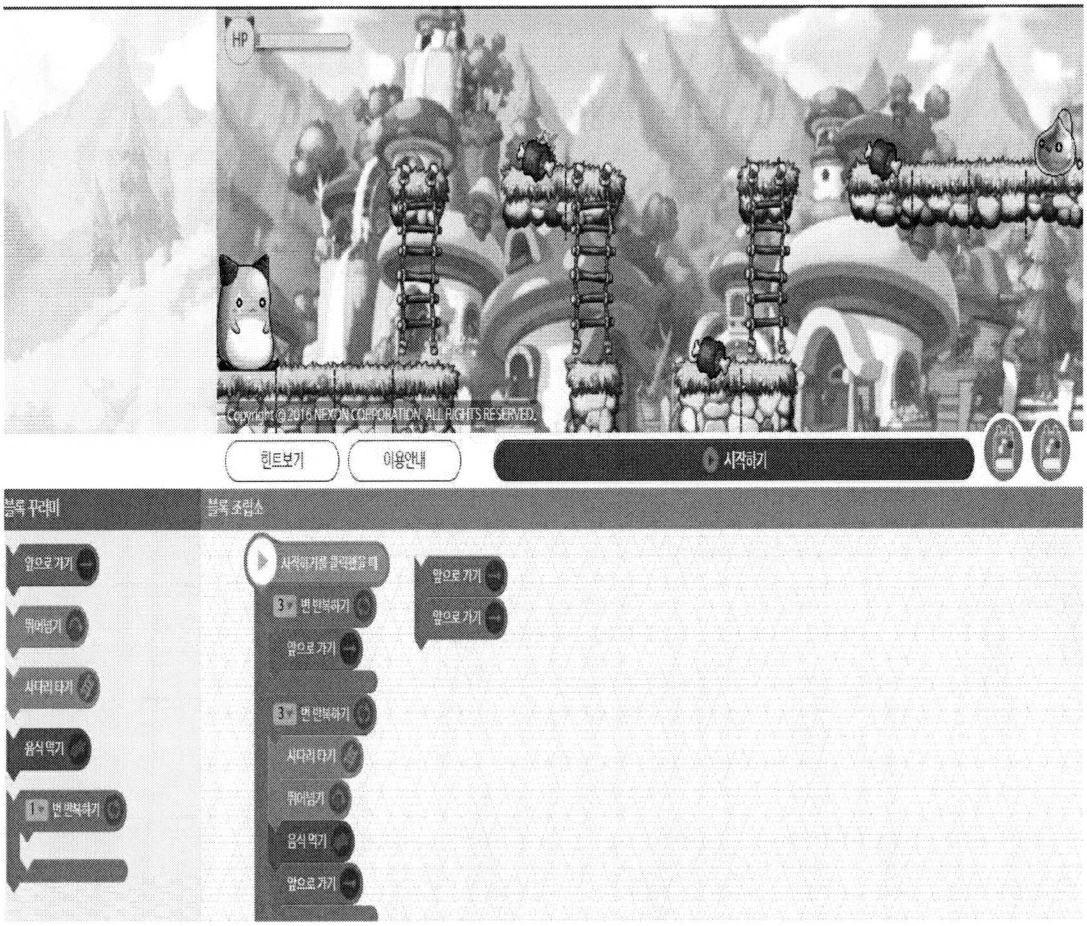

그림 12.4 헤네시스 12단계 블록 코딩 화면

5) 헤네시스 실제에 가까운 코딩

헤네시스 실제에 가까운 코딩에 대해 세부적으로 살펴보기로 하자. 엔트리에서 제공하는 프로그램의 제한성 때문에 그림 12.5 헤네시스 실제 코딩에 가까운 화면에 실행 창에 ●을 표시하였다. ●는 추가적인 음식을 표시한다. 결과적으로 실행창에는 음식 4개가 존재한다. 그림 12.5에서 엔트리에서 블록 코딩을 수행하기 위해서 그림에 나와 있는 기본적인 사항부터 살펴보고 점검해 보자. 블록 꾸러미에는 앞으로 가기, 뛰어넘기, 사다리 타기, 음식 먹기, 몇 번 반복하기 블록이 있다. 블록 조립소에서 블록 코딩한 순서대로 실행된다. 실행 화면의 상황을 잘 파악해서 핑크빈이 목적지에 도착할 수 있도록 블록 꾸러미에 있는 블록을 이용해서 블록 조립소에서 조립하면 된다. 블록 코딩 후 시작하기 버튼을 눌러 블록 코딩을 실행한 후 결과를 확인하면 된다. 결과를 통해서 실제 문제 해결에 대한 성공과 실패를 판단하여 성공한 후에는 다음 단계로 가고 실패를 한 경우에는 다시 블록 코딩을 수행하여 성공할 때까지 반복해서 수행하게 된다. 블록 조립소에 코딩된 형태는 펭크빈이 음식을 먹고 목적지에 도착할 수 있도록 한 것이다. 엔트리에서 제공하는 프로그램의 제한성 때문에 음식은 보이는 것만 먹고 목적지에 도달하는 방식으로 진행하면서 목적지에 도착할 수 있도록 길을 찾는 움직임을 기준으로 블록 코딩하기로 하자. 화면 블록 조립소에는 4개의 블록 코딩이 보이는데 첫 번째와 두 번째를 연결하면 헤네시스 12단계를 블록 코딩한 것이고 세 번째와 네 번째 블록 코딩 서로 연결되어 있으며 펭크빈의 길 탐색 움직임에 근거하여 작성하였다. 2가지 방식에 대해 철저하게 분석해서 실제 코딩에 대한 감각을 익히면 앞으로 전개될 실제 코딩에 대비할 수 있다.

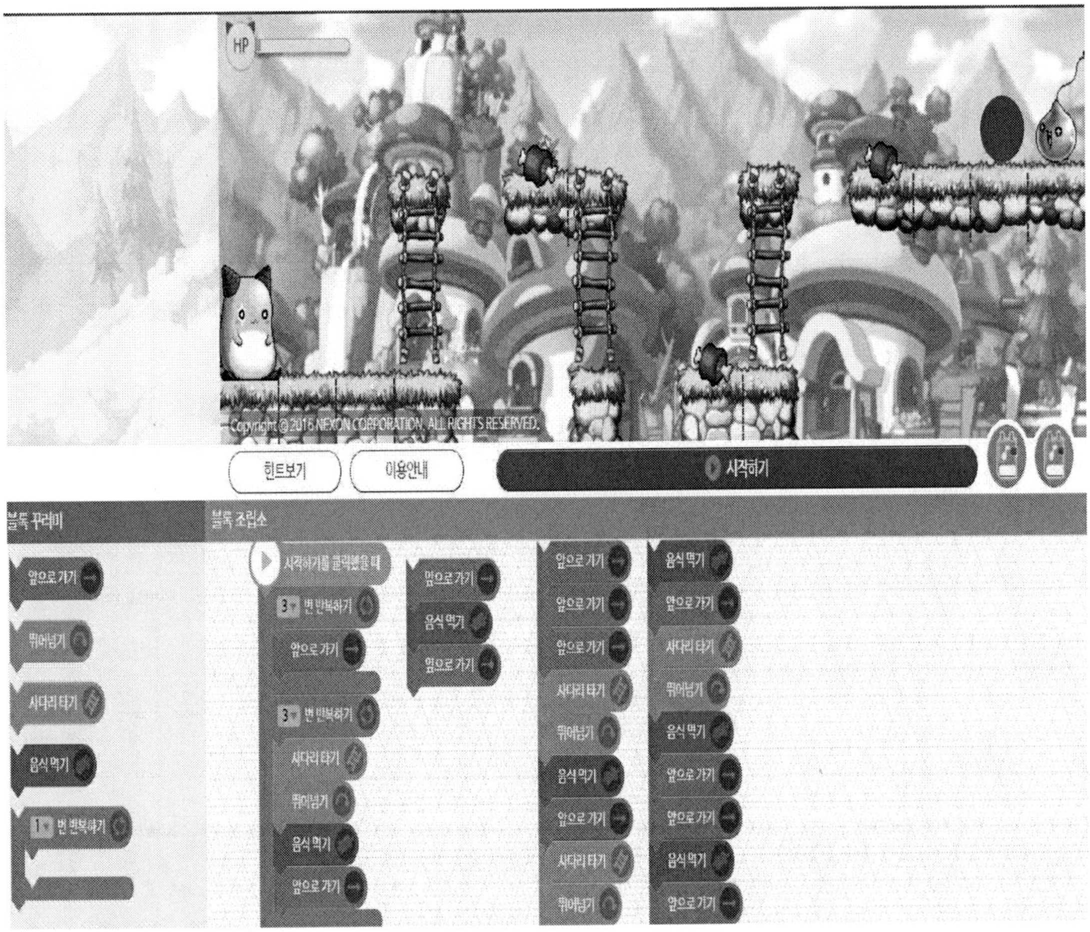

그림 12.5 헤네시스 실제 코딩에 가까운 화면

6) 헤네시스 실제 코딩

헤네시스 실제 코딩에 대해 세부적으로 살펴보기로 하자. 엔트리에서 제공하는 프로그램의 제한성 때문에 그림 12.6 헤네시스 실제 코딩을 위한 미로에 ●을 표시하였다. ●는 추가적인 음식을 표시한다. 결과적으로 미로에는 음식 5개가 존재한다. 먼저 핑크빈을 실제에 가깝게 설계해 보자. 핑크빈이 이미지를 인식할 수 있도록 이미지 센서, 이미지까지의 거리를 계산할 수 있도록 거리 센서를 달고 움직임은 앞으로 가기, 뛰어넘기, 사다리 타기, 음식 먹기, 오른쪽 회전과 왼쪽 회전을 할 수 있도록 설계하자. 헤네시스 움직임은 엔트리봇 학교 가는 길 움직임에 꽃 던지기가 추가되었다는 것을 유의해야 한다. 실제 코딩에 있어 뛰어넘기, 사다리 타기, 음식 먹기 추가는 상당한 변화를 가져오게 된다. 또한 이미지를 확인하는 방식에서 우선순위를 두어 앞쪽, 오른쪽, 뒤쪽, 왼쪽 순서로 진행하며 이미지를 확인하는 경우는 위쪽과 아래쪽은 확인하지 못하는 것으로 생각한다. 물론 위쪽과 아래쪽도 이미지를 확인할 수 있다고 가정하고 코딩을 해도 된다. 길을 선택하는 방식에서 우선순위를 두어 앞쪽, 오른쪽, 왼쪽, 위쪽, 아래쪽, 뒤쪽 순서로 진행한다. 지금까지의 방식과 비교하여 이미지 확인 우선순위는 같지만 길을 선택하는 우선순위는 위쪽과 아래쪽이 추가되었다. 코딩은 실제로 핑크빈이 음식 1개 찾아서 먹고 목적지에 도착할 수 있는 방식, 핑크빈이 보이는 음식 2개 찾아서 먹고 목적지에 도착할 수 있는 방식 등에 대해 알고리즘을 작성해 보고 순서도는 여러분들이 스스로 작성해 보기로 하자. 추가로 이미지를 위쪽과 아래쪽도 확인할 수 있는 것으로 생각해 알고리즘을 작성해 보는 것도 스스로 해 보기 바란다. 또한 여기서 보이는 음식을 먹는 것과 음식을 찾아서 먹는 것은 상당한 차이가 있다. 보이는 음식을 먹는 것은 목적지를 탐색하는 과정에서 의도하지 않았지만 보이는 음식을 먹는 것을 말하며 즉 목적지를 탐색하는 경로에 있는 음식만을 먹는 경우이고 음식을 찾아서 먹는 것은 음식도 목적지와 마찬가지로 탐색하는 경우이다. 하지만 모든 음식을 무조건 찾아 먹는 것이 아니라 목적지에 도착할 때까지만 필요한 개수만큼 음식을 찾아 먹는 것을 의미한다. 서로의 차이를 잘 이해해야만 실제 코딩에서 다양한 방법을 시도해 볼 수 있을 것이다.

그림 12.6 헤네시스 실제 코딩을 위한 미로

(1) 핑크빈이 음식을 1개 찾아서 먹고 목적지에 도착하는 코딩

앞에서 핑크빈을 설계하고 이미지 탐색과 길 탐색에 대한 우선순위를 정한 방식에 따라 알고리즘을 먼저 작성하고 순서도를 작성하면 된다.

(가) 알고리즘

그림 12.6을 참고하면서 알고리즘을 작성해 보기로 하자. 핑크빈에게 보이는 음식을 1개 먹고 취득해 목적지에 도착하도록 명령을 내리면 시작된다.

① 현재 음식 1개를 먹었는지 확인한다. 만약 음식 1개를 먹었다면 목적지를 탐색한다. 만약 음식 1개를 아직 먹지 못했다면 음식을 탐색한다.

② 만약 음식 1개를 먹었다면 목적지를 탐색한다. 현재 자신의 위치가 목적지이면 정상 종료한다.

③ 현재 자신의 위치가 목적지가 아니면 앞쪽에 목적지가 있는지를 찾고 있으면 바로 앞에 구멍이 있는지 확인하고 있으면 뛰어넘기를 수행하고 알고리즘의 처음으로 돌아가며 구멍이 아니면 앞쪽 걷기 후 알고리즘의 처음으로 돌아간다.

④ 앞쪽에 목적지가 보이지 않으면 오른쪽 회전 후에 앞쪽에 목적지가 있는지를 찾고 있으면 바로 앞에 구멍이 있는지 확인하고 있으면 뛰어넘기를 수행하고 알고리즘의 처음으로 돌아가며 구멍이 아니면 앞쪽 걷기 후 알고리즘의 처음으로 돌아간다.

⑤ 앞쪽에 목적지가 보이지 않으면 오른쪽 회전 후에 앞쪽에 목적지가 있는지를 찾고 있으면 바로 앞에 구멍이 있는지 확인하고 있으면 뛰어넘기를 수행하고 알고리즘의 처음으로 돌아가며 구멍이 아니면 앞쪽 걷기 후 알고리즘의 처음으로 돌아간다.

⑥ 앞쪽에 목적지가 보이지 않으면 오른쪽 회전 후에 앞쪽에 목적지가 있는지를 찾고 있으면 바로 앞에 구멍이 있는지 확인하고 있으면 뛰어넘기를 수행하고 알고리즘의 처음으로 돌아가며 구멍이 아니면 앞쪽 걷기 후 알고리즘의 처음으로 돌아간다.

⑦ 앞쪽에 목적지가 보이지 않으면 오른쪽 회전 후 길 탐색을 진행한다. 길 탐색은 앞에 길이 있고 바로 앞에 구멍이 있는지 확인하고 있으면 뛰어넘기를 수행하고 알고리즘의 처음으로 돌아가며 구멍이 아니면 앞쪽 걷기 후 알고리즘의 처음으로 돌아간다.

⑧ 앞쪽에 길이 없으면 오른쪽 회전 후 앞에 길이 있고 바로 앞에 구멍이 있는지 확인하고 있으면 뛰어넘기를 수행하고 알고리즘의 처음으로 돌아가며 구멍이 아니면 앞쪽 걷기 후 알고리즘의 처음으로 돌아간다.

⑨ 앞쪽에 길이 없으면 좌회전 2번 한 후 앞에 길이 있고 바로 앞에 구멍이 있는지 확

인하고 있으면 뛰어넘기를 수행하고 알고리즘의 처음으로 돌아가며 구멍이 아니면 앞쪽 걷기 후 알고리즘의 처음으로 돌아간다.

⑩ 앞쪽에 길이 없지만, 위쪽에 길이 있으면 사다리 타기를 수행하고 알고리즘의 처음으로 돌아간다.

⑪ 위쪽에 길이 없으면 좌회전을 2번 한 후 아래쪽에 길이 있으면 사다리 타기를 수행하고 알고리즘의 처음으로 돌아간다.

⑫ 아래쪽에서 길이 없으면 오른쪽 회전 후 앞에 길이 있고 바로 앞에 구멍이 있는지 확인하고 있으면 뛰어넘기를 수행하고 알고리즘의 처음으로 돌아가며 구멍이 아니면 앞쪽 걷기 후 알고리즘의 처음으로 돌아간다.

⑬ 앞쪽에 길이 없으면 강제 종료된다. 마지막 알고리즘은 대부분 없는 경우이지만 현재의 위치에서 모든 방향의 길이 막혀있는 경우가 된다.

⑭ 만약 음식 1개를 아직 먹지 못했다면 음식을 탐색한다. 현재 위치에 음식이 있는지를 찾고 음식이 있으면 음식을 먹고 알고리즘의 처음으로 돌아간다.

⑮ 현재 위치에 음식이 없으면 앞쪽에 음식이 있는지를 찾고 있으면 바로 앞에 구멍이 있는지 확인하고 있으면 뛰어넘기를 수행하고 알고리즘의 처음으로 돌아가며 구멍이 없으면 앞쪽 걷기 후 알고리즘의 처음으로 돌아간다.

⑯ 앞쪽에 음식이 보이지 않으면 오른쪽 회전 후에 앞쪽에 음식이 있는지를 찾고 있으면 바로 앞에 구멍이 있는지 확인하고 있으면 뛰어넘기를 수행하고 알고리즘의 처음으로 돌아가며 구멍이 없으면 앞쪽 걷기 후 알고리즘의 처음으로 돌아간다.

⑰ 앞쪽에 음식이 보이지 않으면 오른쪽 회전 후에 앞쪽에 음식이 있는지를 찾고 있으면 바로 앞에 구멍이 있는지 확인하고 있으면 뛰어넘기를 수행하고 알고리즘의 처음으로 돌아가며 구멍이 없으면 앞쪽 걷기 후 알고리즘의 처음으로 돌아간다.

⑱ 앞쪽에 음식이 보이지 않으면 오른쪽 회전 후에 앞쪽에 음식이 있는지를 찾고 있으면 바로 앞에 구멍이 있는지 확인하고 있으면 뛰어넘기를 수행하고 알고리즘의 처음으로 돌아가며 구멍이 없으면 앞쪽 걷기 후 알고리즘의 처음으로 돌아간다.

⑲ 앞쪽에 음식이 보이지 않으면 오른쪽 회전 후 길 탐색을 진행한다. 길 탐색은 앞에 길이 있고 바로 앞에 구멍이 있는지 확인하고 있으면 뛰어넘기를 수행하고 알고리즘의 처음으로 돌아가며 구멍이 없으면 앞쪽 걷기 후 알고리즘의 처음으로 돌아간다.

⑳ 앞쪽에 길이 없으면 오른쪽 회전 후 앞에 길이 있고 바로 앞에 구멍이 있는지 확인하고 있으면 뛰어넘기를 수행하고 알고리즘의 처음으로 돌아가며 구멍이 없으면 앞쪽 걷기 후 알고리즘의 처음으로 돌아간다.

㉑ 앞쪽에 길이 없으면 좌회전을 2번 한 후 앞에 길이 있고 바로 앞에 구멍이 있는지 확인하고 있으면 뛰어넘기를 수행하고 알고리즘의 처음으로 돌아가며 구멍이 없으면 앞쪽 걷기 후 알고리즘의 처음으로 돌아간다.

㉒ 앞쪽에 길이 없지만, 위쪽에 길이 있으면 사다리 타기를 수행하고 알고리즘의 처음으로 돌아간다.

㉓ 위쪽에 길이 없으면 좌회전을 2번 한 후 아래쪽에 길이 있으면 사다리 타기를 수행하고 알고리즘의 처음으로 돌아간다.

㉔ 아래쪽에서 길이 없으면 오른쪽 회전 후 앞에 길이 있고 바로 앞에 구멍이 있는지 확인하고 있으면 뛰어넘기를 수행하고 알고리즘의 처음으로 돌아가며 구멍이 아니면 앞쪽 걷기 후 알고리즘의 처음으로 돌아간다.

㉕ 아래쪽에서 길이 없으면 강제 종료된다. 마지막 알고리즘은 수행은 대부분 없는 경우이지만 현재의 위치에서 모든 방향의 길이 막혀있는 경우가 된다.

(나) 순서도

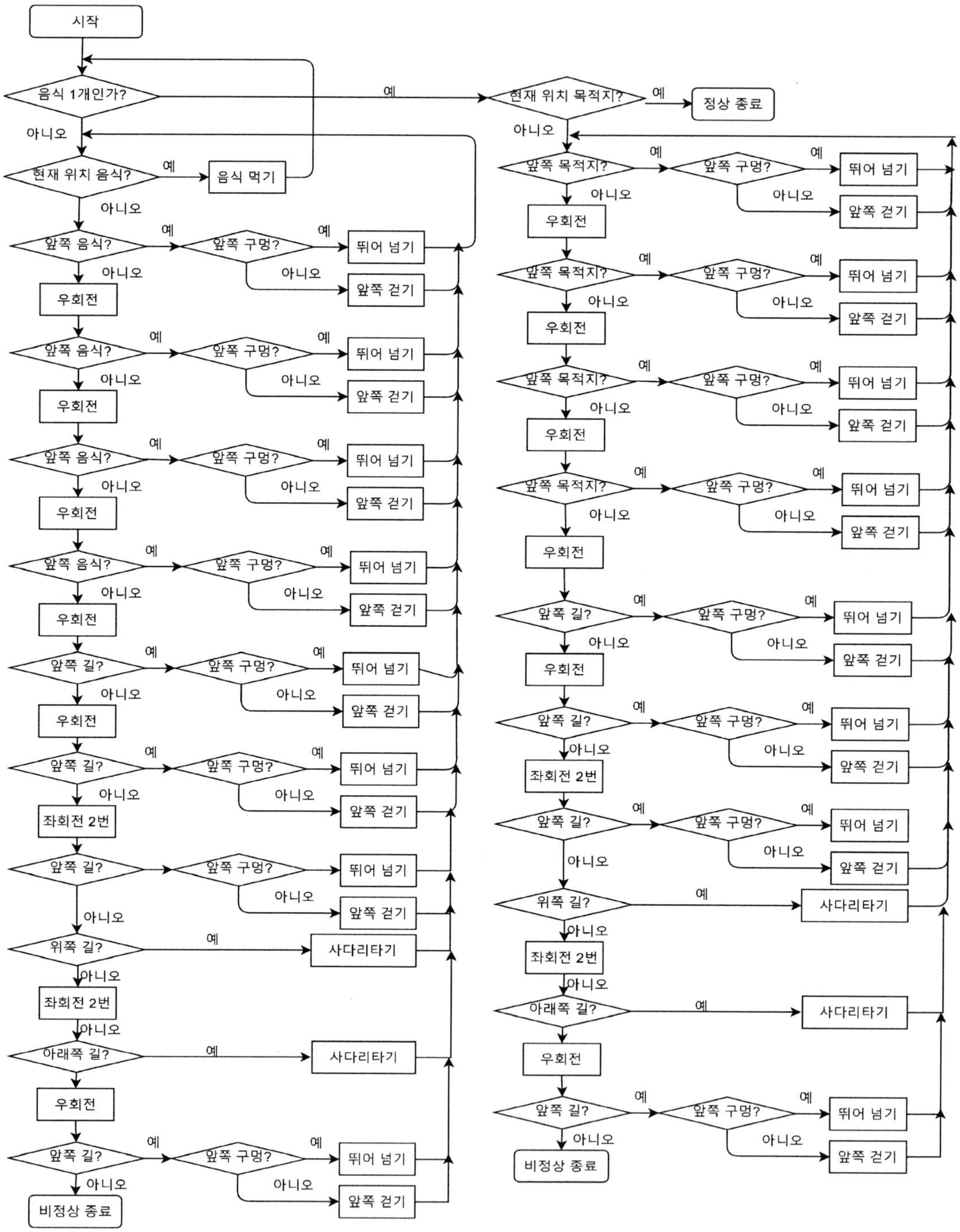

그림 12.7 엔트리봇이 음식을 1개 찾아서 먹고 목적지에 도착하는 순서도

(2) 핑크빈이 음식을 2개 찾아서 먹고 목적지에 도착하는 코딩

앞에서 핑크빈을 설계하고 이미지 탐색과 길 탐색에 대한 우선순위를 정한 방식에 따라 알고리즘을 먼저 작성하고 순서도를 작성하면 된다.

(가) 알고리즘

알고리즘은 여러분들이 그림 12.6을 참고해서 스스로 작성해 보기 바란다.

(나) 순서도

순서도는 여러분들이 그림 12.7과 알고리즘을 참고해서 스스로 작성해 보기 바란다.

(3) 핑크빈이 음식을 2개 찾아서 먹고 목적지에 도착하는 코딩(이미지 탐색 변화)

앞에서 핑크빈을 설계하고 이미지 탐색과 길 탐색에 대한 우선순위를 정한 방식에 따라 알고리즘을 먼저 작성하고 순서도를 작성하면 된다. 여기서 이미지 탐색의 우선순위가 앞쪽, 오른쪽, 뒤쪽, 왼쪽, 위쪽, 아래쪽 순서이며 길 탐색의 우선순위는 앞쪽, 오른쪽, 왼쪽, 위쪽, 아래쪽 뒤쪽 순서이다.

(가) 알고리즘

알고리즘은 여러분들이 그림 12.6을 참고해서 스스로 작성해 보기 바란다.

(나) 순서도

순서도는 여러분들이 그림 12.6과 알고리즘을 참고해서 스스로 작성해 보기 바란다.

12.2 엘리니아

1) 엘리니아 1단계

엘리니아 1단계를 통해 가장 기초적인 내용부터 설명하자. 그림 12.8에는 엘리니아 1단계를 블록 코딩한 화면에 대해 표현하였다. 그림 12.8에서 엔트리에서 블록 코딩을 수행하기 위해서 그림에 나와 있는 기본적인 사항부터 살펴보고 점검해 보자. 그림은 크게 6가지 형태로 구분된다. 최고 위쪽에 숫자 1이 보이는데 이것은 1단계를 표시하며 이후로 12단계까지 있으며 마지막에 꽃 모양으로 12단계를 마치면 인증서를 받을 수 있도록 표시하고 있다. 바로 밑에는 하트가 5개 보이는 데 사용 블록 개수를 표시하는 것으로서 블록 코딩에서 주어진 문제를 해결하는 데 사용할 수 있는 블록의 개수를 의미한다. 블록 코딩에 따라 핑크빈을 움직이게 하는 즉 실행하는 부분은 상단 왼쪽에 표시되며 시작하기를 누르면 우리가 블록 조립소에서 블록 코딩한 순서대로 실행된다. 도움말과 블록 코딩 목표에 대해 알려주는 부분은 하단 왼쪽에 표시된다. 하나의 기능을 수행하는 블록들을 모아놓은 블록 꾸러미는 상단 오른쪽 첫 번째에 표시되며 블록들을 조립해서 블록 코딩을 직접 수행하는 블록 조립소가 상단 오른쪽 두 번째에 표시되어 있다. 실행 화면의 상황을 잘 파악해서 라인 레인저스가 샐리를 찾을 수 있도록 블록 꾸러미에 있는 블록을 이용해서 블록 조립소에서 조립하면 된다. 블록 꾸러미에는 앞으로 가기, 뛰어넘기 블록이 있고 블록 조립소에서 블록을 조립하면 되는 데 시작하기를 클릭했을 때, 앞으로 가기 5개 블록으로 조립되어 있다.

블록 코딩 후 시작하기 버튼을 눌러 블록 코딩을 실행한 후 결과를 확인하면 된다. 결과를 통해서 실제 문제 해결에 대한 성공과 실패를 판단하여 성공한 후에는 다음 단계로 가고 실패를 한 경우에는 다시 블록 코딩을 수행하여 성공할 때까지 반복해서 수행하게 된다. 2, 3단계는 스스로 실습해 보기 바란다.

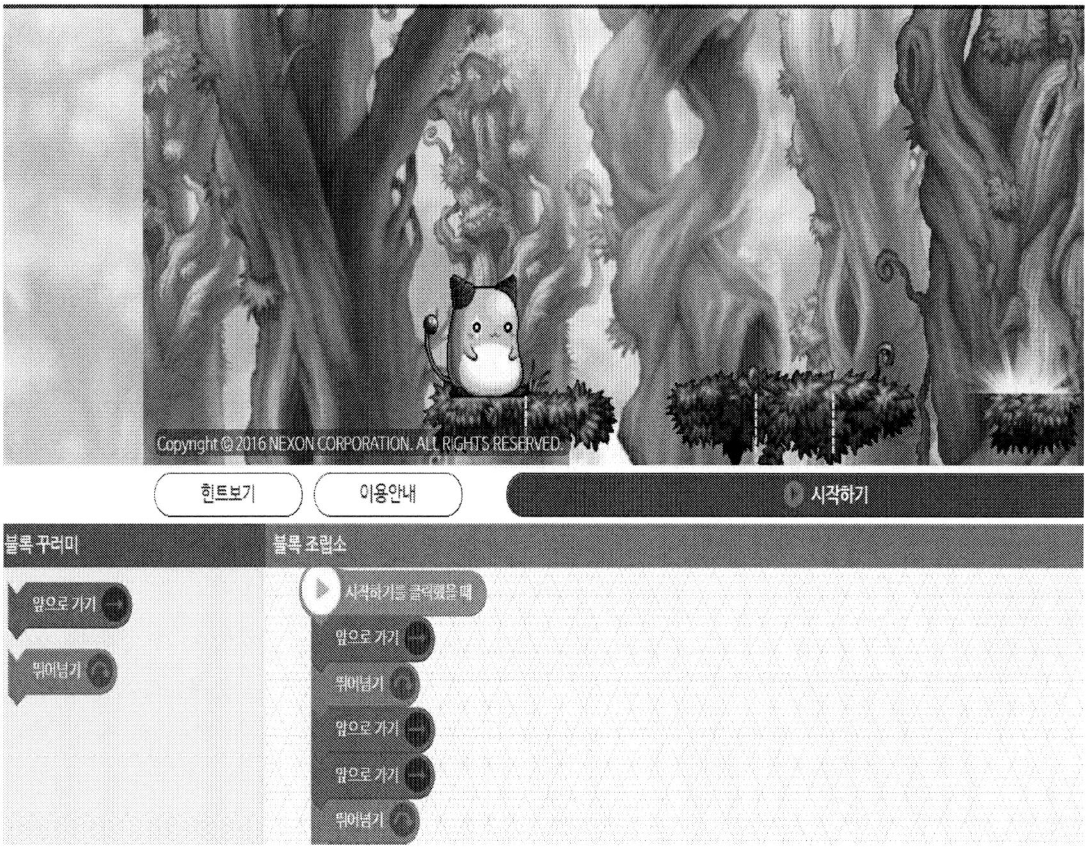

그림 12.8 엘리니아 1단계 블록 코딩 화면

2) 엘리니아 4단계

그림 12.9에는 엘리니아 4단계 블록 코딩 화면에 대해 표현하였다. 그림 12.9에서 엔트리에서 블록 코딩을 수행하기 위해서 그림에 나와 있는 기본적인 사항부터 살펴보고 점검해 보자. 블록 꾸러미에는 앞으로 가기, 뛰어넘기, 공격하기, 목적지에 도착할 때까지 반복하기 블록이 있다. 블록 조립소에서 블록 코딩한 순서대로 실행된다.

블록 코딩 후 시작하기 버튼을 눌러 블록 코딩을 실행한 후 결과를 확인하면 된다. 결과를 통해서 실제 문제 해결에 대한 성공과 실패를 판단하여 성공한 후에는 다음 단계로 가고 실패를 한 경우에는 다시 블록 코딩을 수행하여 성공할 때까지 반복해서 수행하게 된다.

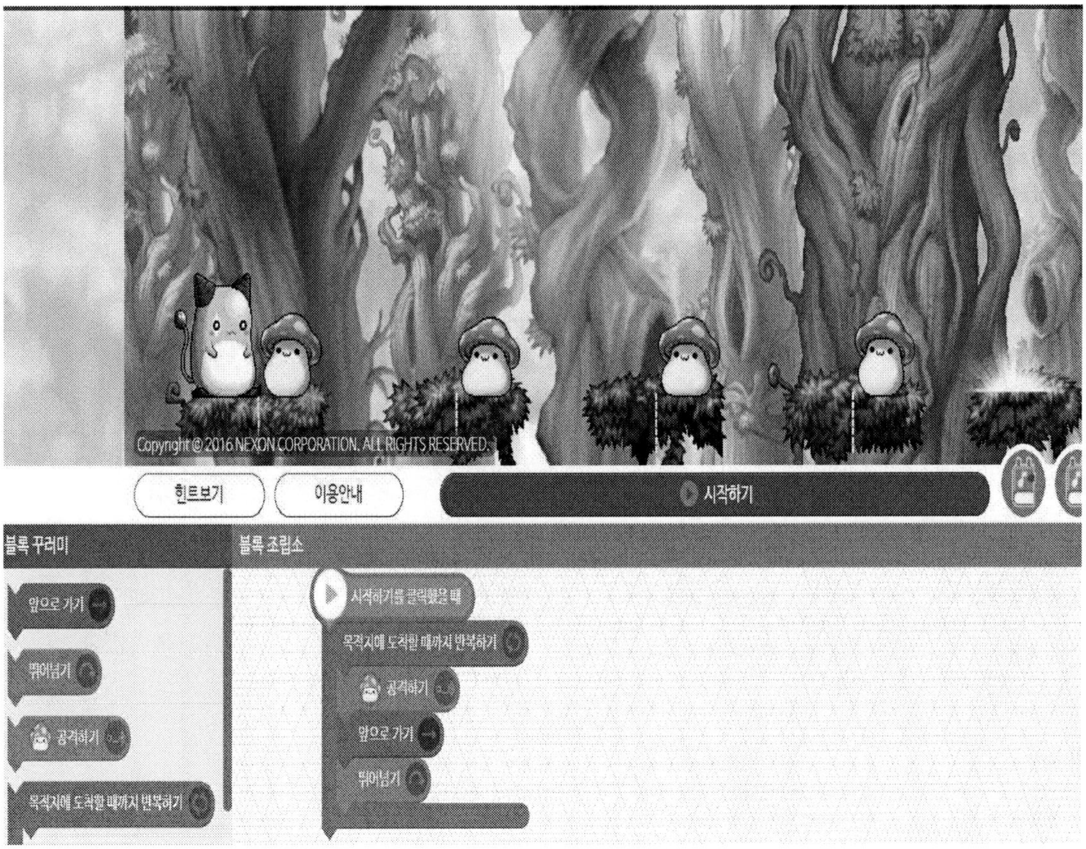

그림 12.9 엘리니아 4단계 블록 코딩 화면

3) 엘리니아 5단계

그림 12.10에는 엘리니아 4단계 블록 코딩 화면에 대해 표현하였다. 그림 12.10에서 엔트리에서 블록 코딩을 수행하기 위해서 그림에 나와 있는 기본적인 사항부터 살펴보고 점검해 보자. 블록 꾸러미에는 앞으로 가기, 뛰어넘기, 사다리 타기, 주황 버섯 공격하기, 목적지에 도착할 때까지 반복하기 블록이 있다. 블록 조립소에서 블록 코딩한 순서대로 실행된다.

블록 코딩 후 시작하기 버튼을 눌러 블록 코딩을 실행한 후 결과를 확인하면 된다. 결과를 통해서 실제 문제 해결에 대한 성공과 실패를 판단하여 성공한 후에는 다음 단계로 가고 실패를 한 경우에는 다시 블록 코딩을 수행하여 성공할 때까지 반복해서 수행하게 된다.

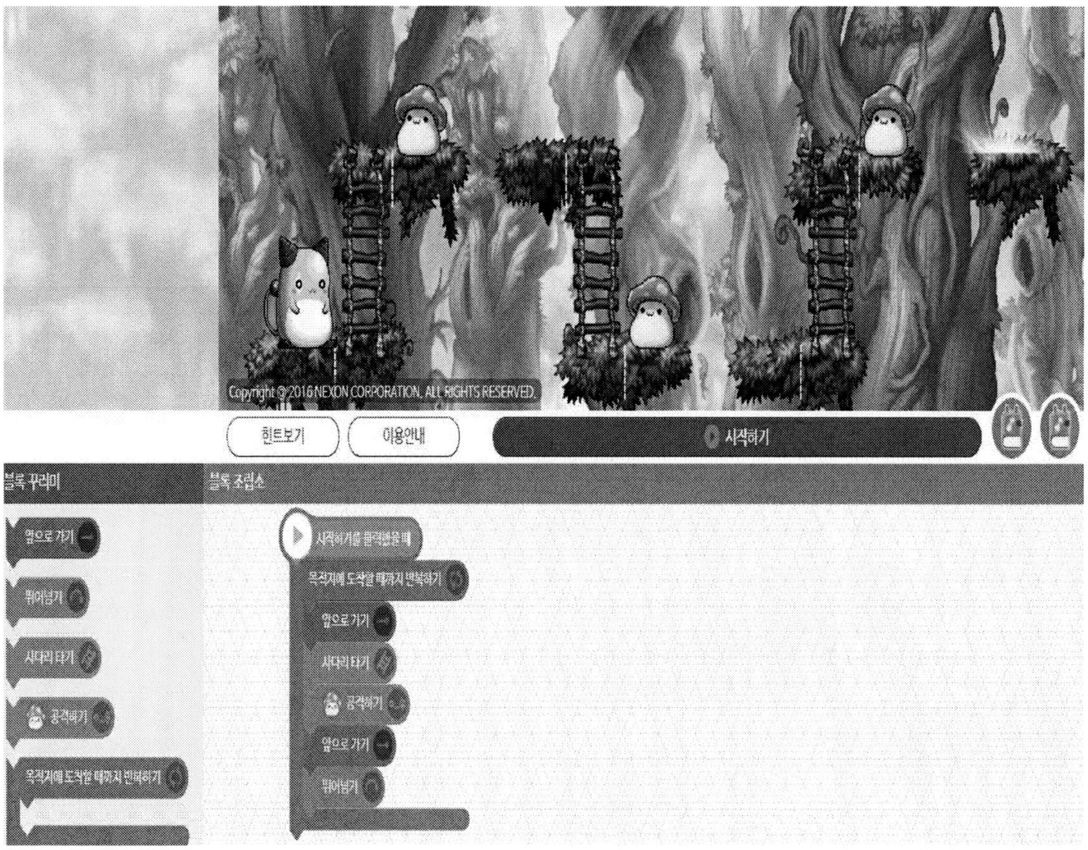

그림 12.10 엘리니아 5단계 블록 코딩 화면

4) 엘리니아 6단계

그림 12.11에는 엘리니아 4단계 블록 코딩 화면에 대해 표현하였다. 그림 12.11에서 엔트리에서 블록 코딩을 수행하기 위해서 그림에 나와 있는 기본적인 사항부터 살펴보고 점검해 보자. 블록 꾸러미에는 앞으로 가기, 뛰어넘기, 주황 버섯 공격하기, 목적지에 도착할 때까지 반복하기 블록이 있다. 블록 조립소에서 블록 코딩한 순서대로 실행된다.

블록 코딩 후 시작하기 버튼을 눌러 블록 코딩을 실행한 후 결과를 확인하면 된다. 결과를 통해서 실제 문제 해결에 대한 성공과 실패를 판단하여 성공한 후에는 다음 단계로 가고 실패를 한 경우에는 다시 블록 코딩을 수행하여 성공할 때까지 반복해서 수행하게 된다. 7, 8, 9, 10단계는 스스로 실습해 보기 바란다.

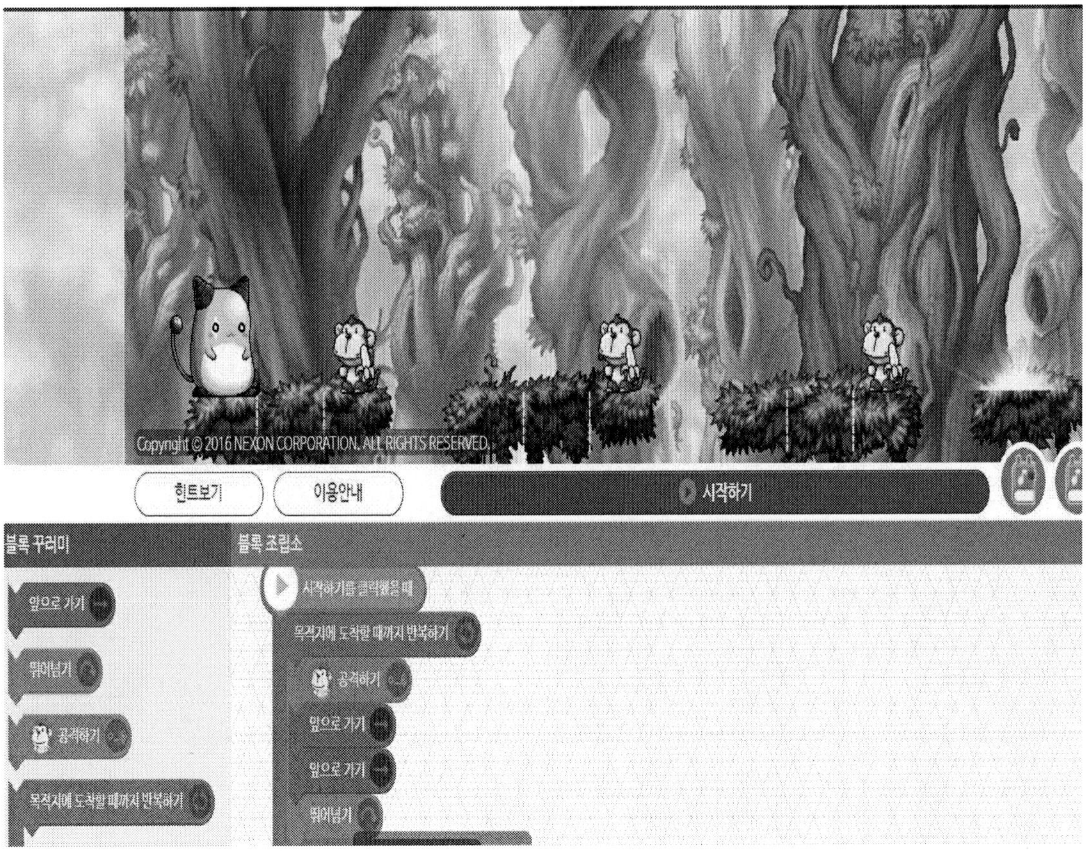

그림 12.11 엘리니아 6단계 블록 코딩 화면

5) 엘리니아 11단계

그림 12.12에는 엘리니아 4단계 블록 코딩 화면에 대해 표현하였다. 그림 12.12에서 엔트리에서 블록 코딩을 수행하기 위해서 그림에 나와 있는 기본적인 사항부터 살펴보고 점검해 보자. 블록 꾸러미에는 앞으로 가기, 사다리 타기, 루팡 공격하기, 목적지에 도착할 때까지 반복하기, 만약 한 칸 앞에 주황 버섯이 있다면 아니면, 만약 한 칸 앞에 사다리가 있다면 아니면 블록이 있다. 블록 조립소에서 블록 코딩한 순서대로 실행된다.

블록 코딩 후 시작하기 버튼을 눌러 블록 코딩을 실행한 후 결과를 확인하면 된다. 결과를 통해서 실제 문제 해결에 대한 성공과 실패를 판단하여 성공한 후에는 다음 단계로 가고 실패를 한 경우에는 다시 블록 코딩을 수행하여 성공할 때까지 반복해서 수행하게 된다.

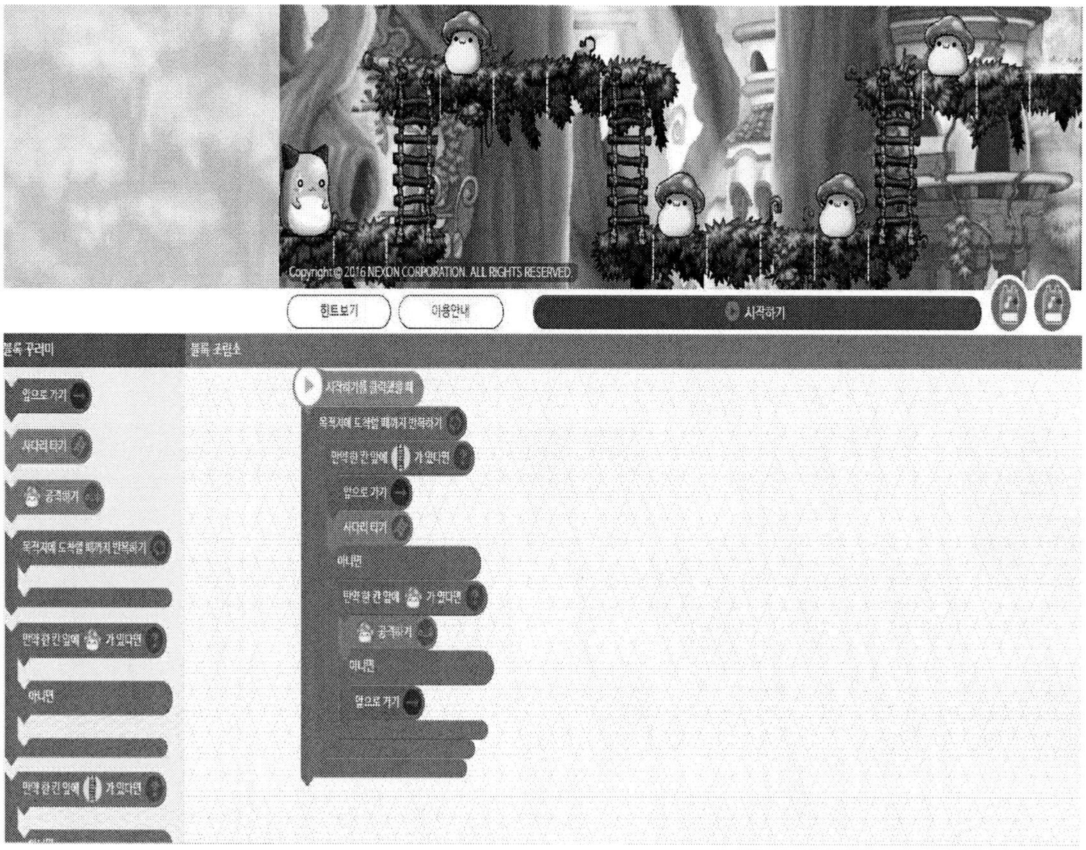

그림 12.12 엘리니아 11단계 블록 코딩 화면

6) 엘리니아 12단계

그림 12.13에는 엘리니아 4단계 블록 코딩 화면에 대해 표현하였다. 그림 12.13에서 엔트리에서 블록 코딩을 수행하기 위해서 그림에 나와 있는 기본적인 사항부터 살펴보고 점검해 보자. 블록 꾸러미에는 앞으로 가기, 사다리 타기, 루팡 공격하기, 목적지에 도착할 때까지 반복하기, 만약 두 칸 앞에 루팡이 있다면 아니면, 만약 한 칸 앞에 사다리가 있다면 아니면 블록이 있다. 블록 조립소에서 블록 코딩한 순서대로 실행된다.

블록 코딩 후 시작하기 버튼을 눌러 블록 코딩을 실행한 후 결과를 확인하면 된다. 결과를 통해서 실제 문제 해결에 대한 성공과 실패를 판단하여 성공한 후에는 다음 단계로 가고 실패를 한 경우에는 다시 블록 코딩을 수행하여 성공할 때까지 반복해서 수행하게 된다.

그림 12.13 엘리니아 12단계 블록 코딩 화면

7) 엘리니아 실제에 가까운 코딩

엘리니아 실제에 가까운 코딩에 대해 세부적으로 살펴보기로 하자. 엔트리에서 제공하는 프로그램의 제한성 때문에 그림 12.14 엘리니아 실제 코딩에 가까운 화면에 실행창에 ●을 표시하였다. ●는 추가적인 주황 버섯을 표시한다. 결과적으로 실행창에는 주황 버섯 2개, 루팡 4개가 존재한다. 그림 12.14에서 엔트리에서 블록 코딩을 수행하기 위해서 그림에 나와 있는 기본적인 사항부터 살펴보고 점검해 보자. 블록 꾸러미에는 앞으로 가기, 사다리 타기, 주황 버섯 공격하기, 루팡 공격하기, 목적지에 도착할 때까지 반복하기, 만약 한 칸 앞에 주황 버섯이 있다면 아니면, 만약 두 칸 앞에 루팡이 있다면 아니면, 만약 한 칸 앞에 사다리가 있다면 아니면 블록이 있다. 블록 조립소에서 블록 코딩한 순서대로 실행된다. 실행 화면의 상황을 잘 파악해서 핑크빈이 목적지에 도착할 수 있도록 블록 꾸러미에 있는 블록을 이용해서 블록 조립소에서 조립하면 된다. 블록 코딩 후 시작하기 버튼을 눌러 블록 코딩을 실행한 후 결과를 확인하면 된다. 결과를 통해서 실제 문제 해결에 대한 성공과 실패를 판단하여 성공한 후에는 다음 단계로 가고 실패를 한 경우에는 다시 블록 코딩을 수행하여 성공할 때까지 반복해서 수행하게 된다. 블록 조립소에 코딩된 형태는 핑크빈이 음식을 먹고 목적지에 도착할 수 있도록 한 것이다. 엔트리에서 제공하는 프로그램의 제한성 때문에 음식은 보이는 것만 먹고 목적지에 도달하는 방식으로 진행하면서 목적지에 도착할 수 있도록 길을 찾는 움직임을 기준으로 블록 코딩하기로 하자. 블록 조립소에는 2개의 블록 코딩이 보이는데 2개를 붙이면 완성된 코딩이 된다. 화면 크기 문제로 분리하였다. 다양한 방식에 대해 철저하게 분석해서 실제 코딩에 대한 감각을 익히면 앞으로 전개될 실제 코딩에 대비할 수 있다.

그림 12.14 엘리니아 실제 코딩에 가까운 화면

8) 엘리니아 실제 코딩

엘리니아 실제 코딩에 대해 세부적으로 살펴보기로 하자. 엔트리에서 제공하는 프로그램의 제한성 때문에 그림 12.15 엘리니아 실제 코딩을 위한 미로에 ●와 ■를 표시하였다. ●는 추가적인 주황 버섯, ■는 구멍을 표시한다. 결과적으로 미로에는 주황 버섯 2개, 루팡 4개와 구멍 1개가 존재한다. 먼저 핑크빈을 실제에 가깝게 설계해 보자. 핑크빈이 이미지를 인식할 수 있도록 이미지 센서, 이미지까지의 거리를 계산할 수 있도록 거리 센서를 달고 움직임은 앞으로 가기, 사다리 타기, 주황 버섯 공격하기, 루팡 공격하기, 오른쪽 회전과 왼쪽 회전을 할 수 있도록 설계하자. 엘리니아 움직임은 엔트리봇 학교 가는 길 움직임에 사다리 타기, 주황 버섯 공격하기, 루팡 공격하기가 추가되었다는 것을 유의해야 한다. 실제 코딩에 있어 사다리 타기, 주황 버섯 공격하기, 루팡 공격하기 추가는 상당한 변화를 가져오게 된다. 또한 이미지를 확인하는 방식에서 우선순위를 두어 앞쪽, 오른쪽, 뒤쪽, 왼쪽 순서로 진행하며 이미지를 확인하는 경우는 위쪽과 아래쪽을 확인하는 경우와 확인하지 못하는 경우로 구분하여 생각한다. 물론 위쪽과 아래쪽도 이미지를 확인할 수 있다고 가정하고 코딩을 하는 것이 복잡하기는 하지만 좀 더 실제적인 코딩에 가깝다고 할 수 있다. 길을 선택하는 방식에서 우선순위를 두어 앞쪽, 오른쪽, 왼쪽, 위쪽, 아래쪽, 뒤쪽 순서로 진행한다. 지금까지의 방식과 비교하여 이미지 확인 우선순위는 같거나 또는 다르지만 길을 선택하는 우선순위는 위쪽과 아래쪽이 추가되었다. 코딩은 실제로 핑크빈이 주황 버섯과 루팡을 제거하고 목적지에 도착할 수 있는 방식과 이미지 탐색 우선순위를 다르게 하면서 핑크빈이 주황 버섯과 루팡을 제거하고 목적지에 도착할 수 있는 방식 등에 대해 알고리즘을 작성해 보고 순서도는 여러분들이 스스로 작성해 보기로 하자. 추가로 이미지를 위쪽과 아래쪽도 확인할 수 있는 것으로 생각해 알고리즘을 작성해 보는 것도 스스로 해 보기 바란다. 서로의 차이를 잘 이해해야만 실제 코딩에서 다양한 방법을 시도해 볼 수 있을 것이다.

그림 12.15 엘리니아 실제 코딩을 위한 미로

(1) 핑크빈이 주황 버섯과 루팡을 없애고 목적지에 도착하는 코딩

앞에서 핑크빈을 설계하고 이미지 탐색과 길 탐색에 대한 우선순위를 정한 방식에 따라 알고리즘을 먼저 작성하고 순서도를 작성하면 된다. 여기서 이미지 탐색의 우선순위가 앞쪽, 오른쪽, 뒤쪽, 왼쪽 순서이며 길 탐색의 우선순위는 앞쪽, 오른쪽, 왼쪽, 위쪽, 아래쪽 뒤쪽 순서이다.

(가) 알고리즘

그림 12.15을 참고하면서 알고리즘을 작성해 보기로 하자. 핑크빈에게 주황 버섯과 루팡을 없애고 목적지에 도착하도록 명령을 내리면 시작된다.

① 현재 위치가 목적지이면 종료한다.

② 현재 위치가 목적지가 아니면 앞쪽에 목적지가 있는지를 찾고 있으면 한 칸 앞에 버섯이 있거나 두 칸 앞에 루팡이 있으면 공격하고 없으면 한 칸 앞에 구멍이 있는지 확인하고 있으면 뛰어넘기를 수행하고 알고리즘의 처음으로 돌아가며 한 칸 앞에 구멍이 아니면 앞으로 가기 후 알고리즘의 처음으로 돌아간다.

③ 앞쪽에 목적지가 아니면 오른쪽 회전 후에 앞쪽에 목적지가 있는지를 찾고 있으면 한 칸 앞에 버섯이 있거나 두 칸 앞에 루팡이 있으면 공격하고 없으면 한 칸 앞에 구멍이 있는지 확인하고 있으면 뛰어넘기를 수행하고 알고리즘의 처음으로 돌아가며 한 칸 앞에 구멍이 아니면 앞으로 가기 후 알고리즘의 처음으로 돌아간다.

④ 목적지가 보이지 않으면 오른쪽 회전 후에 앞쪽에 목적지가 있는지를 찾고 있으면 한 칸 앞에 버섯이 있거나 두 칸 앞에 루팡이 있으면 공격하고 없으면 한 칸 앞에 구멍이 있는지 확인하고 있으면 뛰어넘기를 수행하고 알고리즘의 처음으로 돌아가며 한 칸 앞에 구멍이 아니면 앞으로 가기 후 알고리즘의 처음으로 돌아간다.

⑤ 목적지가 보이지 않으면 오른쪽 회전 후에 앞쪽에 목적지가 있는지를 찾고 있으면 한 칸 앞에 버섯이 있거나 두 칸 앞에 루팡이 있으면 공격하고 없으면 한 칸 앞에 구멍이 있는지 확인하고 있으면 뛰어넘기를 수행하고 알고리즘의 처음으로 돌아가며 한 칸 앞에 구멍이 아니면 앞으로 가기 후 알고리즘의 처음으로 돌아간다.

⑥ 목적지가 보이지 않으면 오른쪽 회전 후 길 탐색을 진행한다. 길 탐색은 앞에 길이 있으면 한 칸 앞에 버섯이 있거나 두 칸 앞에 루팡이 있으면 공격하고 없으면 한 칸 앞에 구멍이 있는지 확인하고 있으면 뛰어넘기를 수행하고 알고리즘의 처음으로 돌아가며 한 칸 앞에 구멍이 아니면 앞으로 가기 후 알고리즘의 처음으로 돌아간다.

⑦ 앞쪽에 길이 없으면 오른쪽 회전 후 앞에 길이 있으면 한 칸 앞에 버섯이 있거나 두 칸 앞에 루팡이 있으면 공격하고 없으면 한 칸 앞에 구멍이 있는지 확인하고 있으면 뛰어넘기를 수행하고 알고리즘의 처음으로 돌아가며 한 칸 앞에 구멍이 아니면 앞으로 가기 후 알고리즘의 처음으로 돌아간다.

⑧ 앞쪽에 길이 없으면 오른쪽 회전을 2번 한 후 앞에 길이 있으면 한 칸 앞에 버섯이 있거나 두 칸 앞에 루팡이 있으면 공격하고 없으면 한 칸 앞에 구멍이 있는지 확인하고 있으면 뛰어넘기를 수행하고 알고리즘의 처음으로 돌아가며 한 칸 앞에 구멍이 아니면 앞으로 가기 후 알고리즘의 처음으로 돌아간다.

⑨ 앞쪽에 길이 없는데 위쪽에 길이 있으면 버섯 공격하기와 루팡 공격하기를 수행한 후 사다리 타기를 수행하고 알고리즘의 처음으로 돌아간다.

⑩ 위쪽에 길이 없으면 오른쪽 회전을 2번 한 후 아래쪽에 길이 있으면 버섯 공격하기와 루팡 공격하기를 수행한 후 사다리 타기를 수행하고 알고리즘의 처음으로 돌아간다.

⑪ 아래쪽에서 길이 없으면 오른쪽 회전 후 앞에 길이 있으면 한 칸 앞에 버섯이 있거나 두 칸 앞에 루팡이 있으면 공격하고 없으면 한 칸 앞에 구멍이 있는지 확인하고 있으면 뛰어넘기를 수행하고 알고리즘의 처음으로 돌아가며 한 칸 앞에 구멍이 아니면 앞으로 가기 후 알고리즘의 처음으로 돌아간다.

⑫ 앞쪽에 길이 없으면 강제 종료된다. 마지막 알고리즘은 수행은 대부분 없는 경우이지만 현재의 위치에서 모든 방향의 길이 막혀있는 경우가 된다.

(나) 순서도

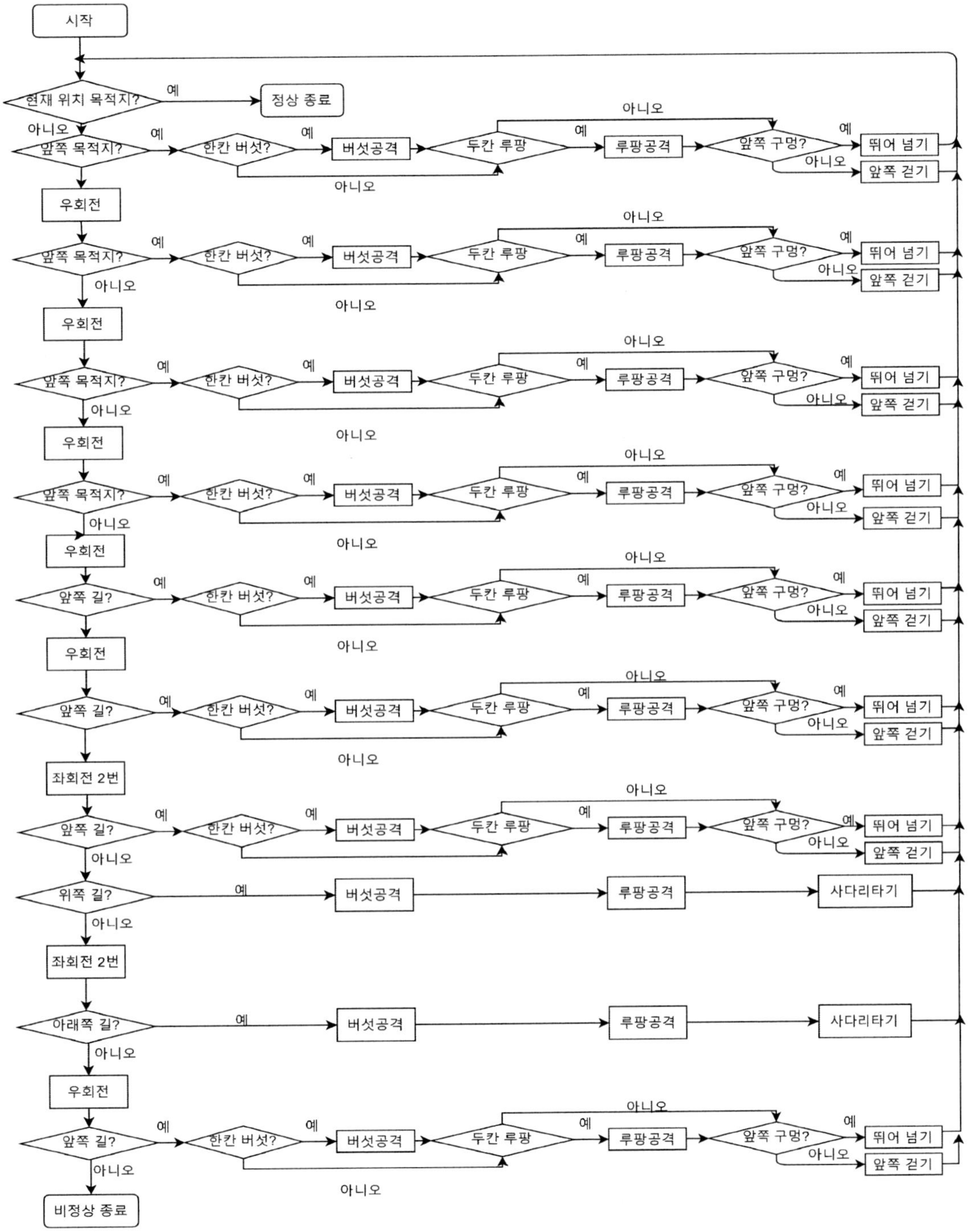

12.16 엔트리봇이 버섯과 루팡을 없애고 목적지에 도착

(2) 핑크빈이 주황 버섯과 루팡을 없애고 목적지에 도착하는 코딩(이미지 탐색 변화)

앞에서 핑크빈을 설계하고 이미지 탐색과 길 탐색에 대한 우선순위를 정한 방식에 따라 알고리즘을 먼저 작성하고 순서도를 작성하면 된다. 여기서 이미지 탐색의 우선순위가 앞쪽, 오른쪽, 뒤쪽, 왼쪽, 위쪽, 아래쪽 순서이며 길 탐색의 우선순위는 앞쪽, 오른쪽, 왼쪽, 위쪽, 아래쪽 뒤쪽 순서이다.

(가) 알고리즘

그림 12.15을 참고하면서 알고리즘을 작성해 보기로 하자. 핑크빈에게 주황 버섯과 루팡을 없애고 목적지에 도착하도록 명령을 내리면 시작된다. 알고리즘은 스스로 작성해 보기 바란다.

(나) 순서도

순서도는 여러분들이 그림 12.15과 알고리즘을 참고해서 스스로 작성해 보기 바란다.

12.3 엘나스

1) 엘나스 1단계

엘나스 1단계를 통해 가장 기초적인 내용부터 설명하자. 그림 12.17에는 엘나스 1단계를 블록 코딩한 화면에 대해 표현하였다. 그림 12.17에서 엔트리에서 블록 코딩을 수행하기 위해서 그림에 나와 있는 기본적인 사항부터 살펴보고 점검해 보자. 그림은 크게 6가지 형태로 구분된다. 최고 위쪽에 숫자 1이 보이는데 이것은 1단계를 표시하며 이후로 12단계까지 있으며 마지막에 꽃 모양으로 12단계를 마치면 인증서를 받을 수 있도록 표시하고 있다. 실행창 위에는 공격 가능 횟수가 표시되어 있는데 몬스터 예티 공격 횟수, 몬스터 페페 공격 횟수, 양옆 공격 횟수를 말한다. 바로 밑에는 하트가 5개 보이는 데 사용 블록 개수를 표시하는 것으로서 블록 코딩에서 주어진 문제를 해결하는 데 사용할 수 있는 블록의 개수를 의미한다. 블록 코딩에 따라 핑크빈을 움직이게 하는 즉 실행하는 부분은 상단에 표시되며 시작하기를 누르면 우리가 블록 조립소에서 블록 코딩한 순서대로 실행된다. 도움말과 블록 코딩 목표에 대해 알려주는 부분은 실행창 하단에 표시된다. 하나의 기능을 수행하는 블록들을 모아놓은 블록 꾸러미는 하단 왼쪽 첫 번째에 표시되며 블록들을 조립해서 블록 코딩을 직접 수행하는 블록 조립소가 하단 왼쪽 두 번째에 표시되어 있다. 실행 화면의 상황을 잘 파악해서 핑크빈이 몬스터를 물리칠 수 있도록 블록 꾸러미에 있는 블록을 이용해서 블록 조립소에서 조립하면 된다. 블록 꾸러미에는 앞으로 가기, 뛰어넘기 블록이 있고 블록 조립소에서 블록을 조립하면 되는 데 시작하기를 클릭했을 때 예티 공격하기 3개 블록으로 조립되어 있다.

블록 코딩 후 시작하기 버튼을 눌러 블록 코딩을 실행한 후 결과를 확인하면 된다. 결과를 통해서 실제 문제 해결에 대한 성공과 실패를 판단하여 성공한 후에는 다음 단계로 가고 실패를 한 경우에는 다시 블록 코딩을 수행하여 성공할 때까지 반복해서 수행하게 된다.

그림 12.17 엘나스 1단계 블록 코딩 화면

2) 엘나스 2단계

그림 12.18에는 엘나스 2단계 블록 코딩 화면에 대해 표현하였다. 그림 12.18에서 엔트리에서 블록 코딩을 수행하기 위해서 그림에 나와 있는 기본적인 사항부터 살펴보고 점검해 보자. 블록 꾸러미에는 예티 공격하기, 왼쪽 바라보기, 오른쪽 바라보기 블록이 있다. 여기서 바라보기는 화면에서 보는 기준이다. 블록 조립소에서 블록 코딩한 순서대로 실행된다.

블록 코딩 후 시작하기 버튼을 눌러 블록 코딩을 실행한 후 결과를 확인하면 된다. 결과를 통해서 실제 문제 해결에 대한 성공과 실패를 판단하여 성공한 후에는 다음 단계로 가고 실패를 한 경우에는 다시 블록 코딩을 수행하여 성공할 때까지 반복해서 수행하게 된다. 3단계는 스스로 실습해 보기 바란다.

그림 12.18 엘나스 2단계 블록 코딩 화면

3) 엘나스 4단계

그림 12.19에는 엘나스 4단계 블록 코딩 화면에 대해 표현하였다. 그림 12.19 서 엔트리에서 블록 코딩을 수행하기 위해서 그림에 나와 있는 기본적인 사항부터 살펴보고 점검해 보자. 블록 꾸러미에는 예티 공격하기, 페페 공격하기, 왼쪽 바라보기, 오른쪽 바라보기 블록이 있다. 여기서 바라보기는 화면에서 보는 기준이다. 블록 조립소에서 블록 코딩한 순서대로 실행된다. 블록 조립소에는 2개의 블록 코딩이 보이는데 2개를 붙이면 완성된 코딩이 된다. 화면 크기 문제로 분리하였다.

블록 코딩 후 시작하기 버튼을 눌러 블록 코딩을 실행한 후 결과를 확인하면 된다. 결과를 통해서 실제 문제 해결에 대한 성공과 실패를 판단하여 성공한 후에는 다음 단계로 가고 실패를 한 경우에는 다시 블록 코딩을 수행하여 성공할 때까지 반복해서 수행하게 된다.

그림 12.19 엘나스 4단계 블록 코딩 화면

4) 엘나스 5단계

그림 12.20에는 엘나스 5단계 블록 코딩 화면에 대해 표현하였다. 그림 12.20에서 엔트리에서 블록 코딩을 수행하기 위해서 그림에 나와 있는 기본적인 사항부터 살펴보고 점검해 보자. 블록 꾸러미에는 예티 공격하기, 양옆 공격하기 블록이 있다. 블록 조립소에서 블록 코딩한 순서대로 실행된다. 블록 조립소에는 2개의 블록 코딩이 보이는데 2개를 붙이면 완성된 코딩이 된다. 화면 크기 문제로 분리하였다.

블록 코딩 후 시작하기 버튼을 눌러 블록 코딩을 실행한 후 결과를 확인하면 된다. 결과를 통해서 실제 문제 해결에 대한 성공과 실패를 판단하여 성공한 후에는 다음 단계로 가고 실패를 한 경우에는 다시 블록 코딩을 수행하여 성공할 때까지 반복해서 수행하게 된다. 6, 7단계는 스스로 실습해 보기 바란다.

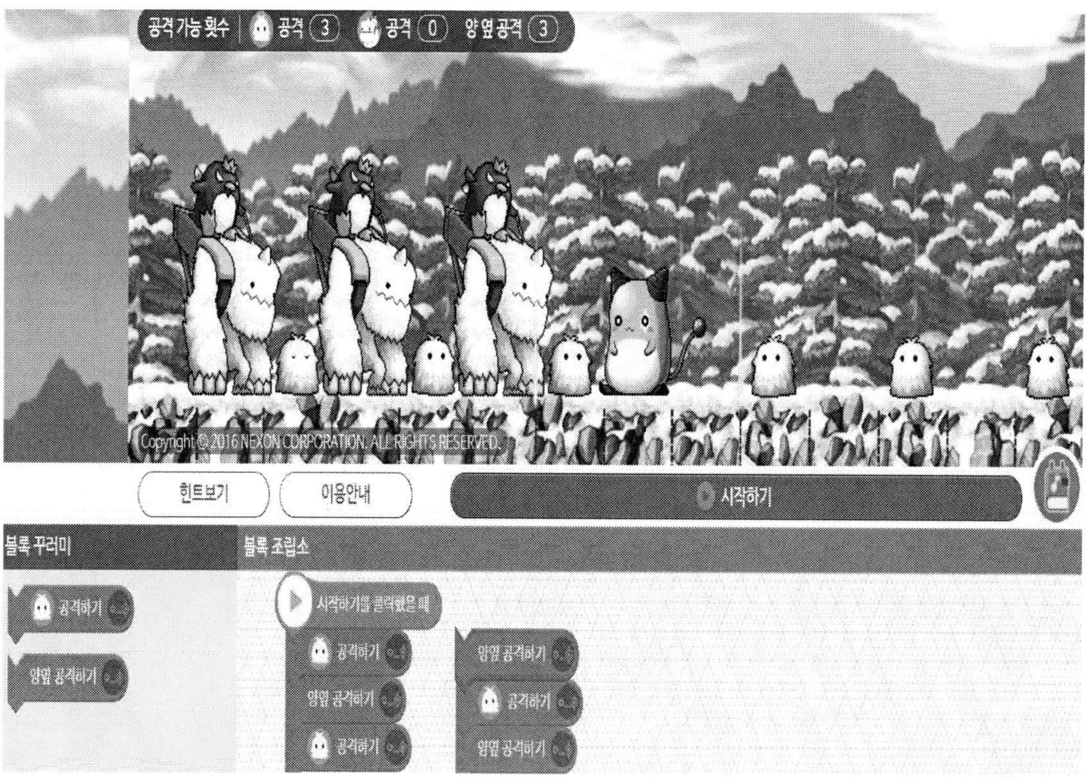

그림 12.20 엘나스 5단계 블록 코딩 화면

5) 엘나스 8단계

그림 12.21에는 엘나스 8단계 블록 코딩 화면에 대해 표현하였다. 그림 12.21에서 엔트리에서 블록 코딩을 수행하기 위해서 그림에 나와 있는 기본적인 사항부터 살펴보고 점검해 보자. 블록 꾸러미에는 예티 공격하기, 왼쪽 바라보기, 오른쪽 바라보기, 만약 왼쪽 공격 범위에 몬스터가 있다면 아니면 블록이 있다. 블록 조립소에서 블록 코딩한 순서대로 실행된다. 블록 조립소에는 2개의 블록 코딩이 보이는데 2개를 붙이면 완성된 코딩이 된다. 화면 크기 문제로 분리하였다.

블록 코딩 후 시작하기 버튼을 눌러 블록 코딩을 실행한 후 결과를 확인하면 된다. 결과를 통해서 실제 문제 해결에 대한 성공과 실패를 판단하여 성공한 후에는 다음 단계로 가고 실패를 한 경우에는 다시 블록 코딩을 수행하여 성공할 때까지 반복해서 수행하게 된다. 9단계는 스스로 실습해 보기 바란다.

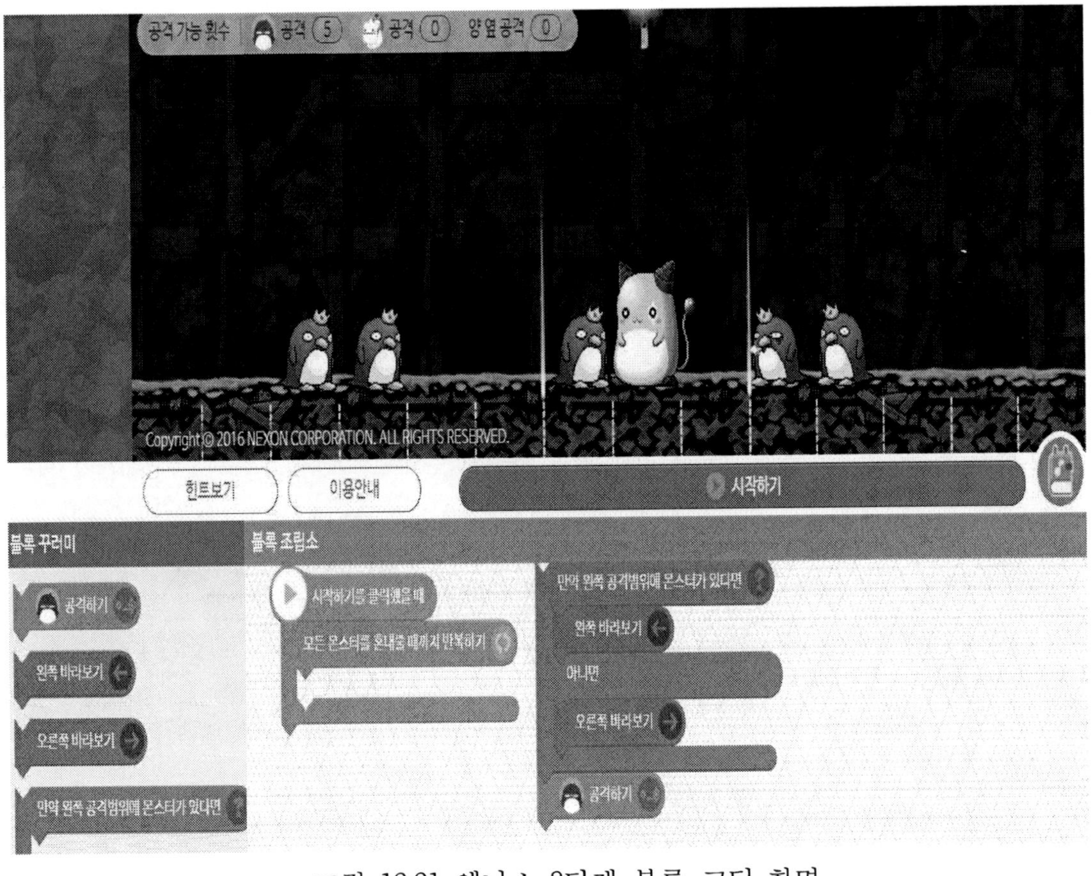

그림 12.21 엘나스 8단계 블록 코딩 화면

6) 엘나스 10단계

그림 12.22에는 엘나스 10단계 블록 코딩 화면에 대해 표현하였다. 그림 12.22에서 엔트리에서 블록 코딩을 수행하기 위해서 그림에 나와 있는 기본적인 사항부터 살펴보고 점검해 보자. 블록 꾸러미에는 예티 공격하기, 페페 공격하기, 왼쪽 바라보기, 오른쪽 바라보기, 만약 왼쪽 공격 범위에 몬스터가 있다면 아니면, 만약 앞에 예티가 있다면 아니면 블록이 있다. 블록 조립소에서 블록 코딩한 순서대로 실행된다. 블록 조립소에는 2개의 블록 코딩이 보이는데 2개를 붙이면 완성된 코딩이 된다. 화면 크기 문제로 분리하였다. 블록 코딩 후 시작하기 버튼을 눌러 블록 코딩을 실행한 후 결과를 확인하면 된다. 결과를 통해서 실제 문제 해결에 대한 성공과 실패를 판단하여 성공한 후에는 다음 단계로 가고 실패를 한 경우에는 다시 블록 코딩을 수행하여 성공할 때까지 반복해서 수행하게 된다.

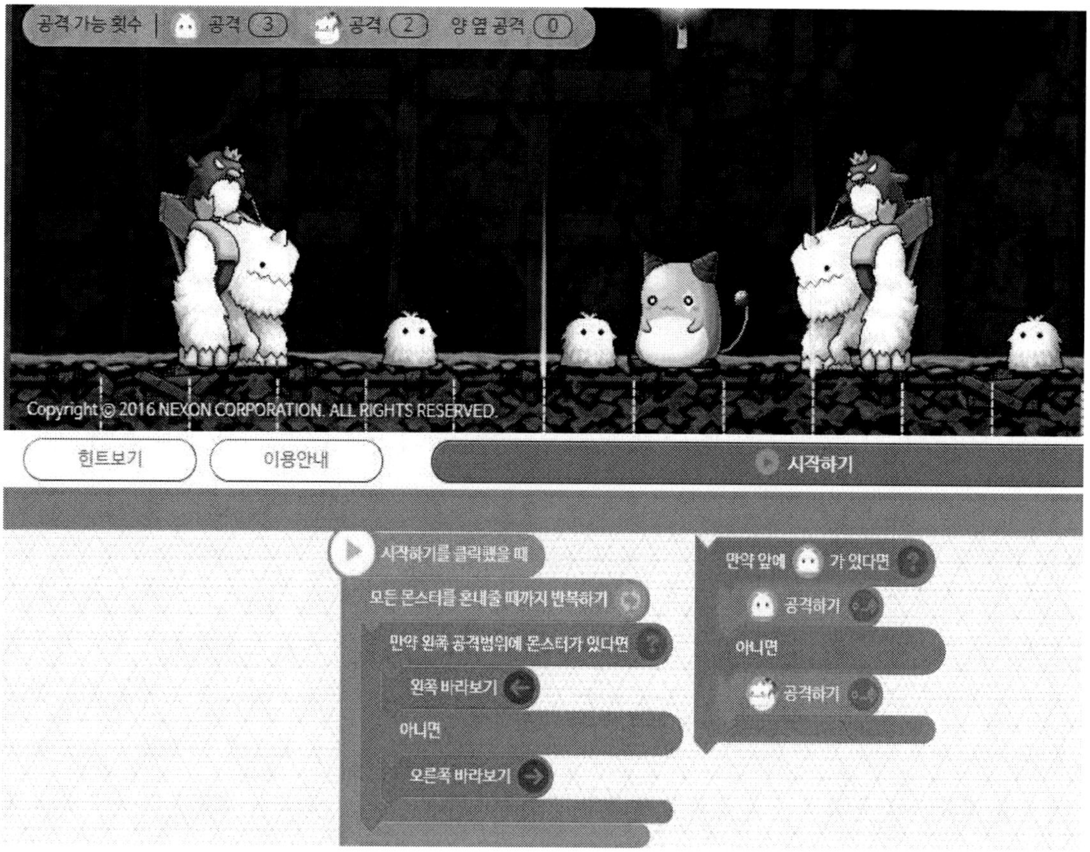

그림 12.22 엘나스 10단계 블록 코딩 화면

7) 엘나스 11단계

그림 12.23에는 엘나스 11단계 블록 코딩 화면에 대해 표현하였다. 그림 12.23에서 엔트리에서 블록 코딩을 수행하기 위해서 그림에 나와 있는 기본적인 사항부터 살펴보고 점검해 보자. 블록 꾸러미에는 예티 공격하기, 페페 공격하기, 오른쪽 바라보기, 만약 왼쪽 공격 범위에 몬스터가 있다면 아니면, 만약 오른쪽 공격 범위에 몬스터가 있다면 아니면, 만약 앞에 예티가 있다면 아니면 블록이 있다. 블록 조립소에서 블록 코딩한 순서대로 실행된다. 블록 조립소에는 2개의 블록 코딩이 보이는데 2개를 붙이면 완성된 코딩이 된다. 화면 크기 문제로 분리하였다. 블록 코딩 후 시작하기 버튼을 눌러 블록 코딩을 실행한 후 결과를 확인하면 된다. 결과를 통해서 실제 문제 해결에 대한 성공과 실패를 판단하여 성공한 후에는 다음 단계로 가고 실패를 한 경우에는 다시 블록 코딩을 수행하여 성공할 때까지 반복해서 수행하게 된다.

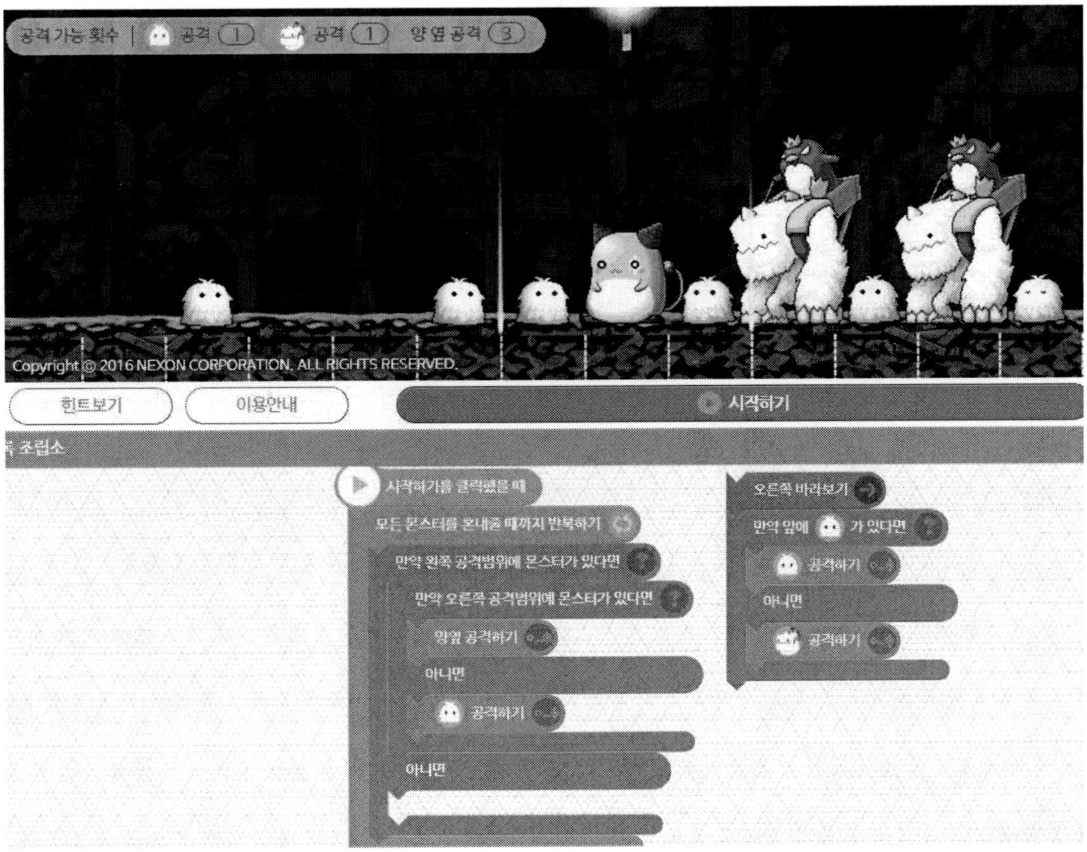

그림 12.23 엘나스 11단계 블록 코딩 화면

8) 엘나스 12단계

그림 12.23에는 엘나스 12단계 블록 코딩 화면에 대해 표현하였다. 그림 12.23에서 엔트리에서 블록 코딩을 수행하기 위해서 그림에 나와 있는 기본적인 사항부터 살펴보고 점검해 보자. 블록 꾸러미에는 예티 공격하기, 페페 공격하기, 왼쪽 바라보기, 오른쪽 바라보기, 만약 왼쪽 공격 범위에 몬스터가 있다면 아니면, 만약 오른쪽 공격 범위에 몬스터가 있다면 아니면, 만약 앞에 예티가 있다면 아니면 블록이 있다. 블록 조립소에서 블록 코딩한 순서대로 실행된다. 블록 조립소에는 3개의 블록 코딩이 보이는데 3개를 붙이면 완성된 코딩이 된다. 화면 크기 문제로 분리하였다. 블록 코딩 후 시작하기 버튼을 눌러 블록 코딩을 실행한 후 결과를 확인하면 된다. 결과를 통해서 실제 문제 해결에 대한 성공과 실패를 판단하여 성공한 후에는 다음 단계로 가고 실패를 한 경우에는 다시 블록 코딩을 수행하여 성공할 때까지 반복해서 수행하게 된다.

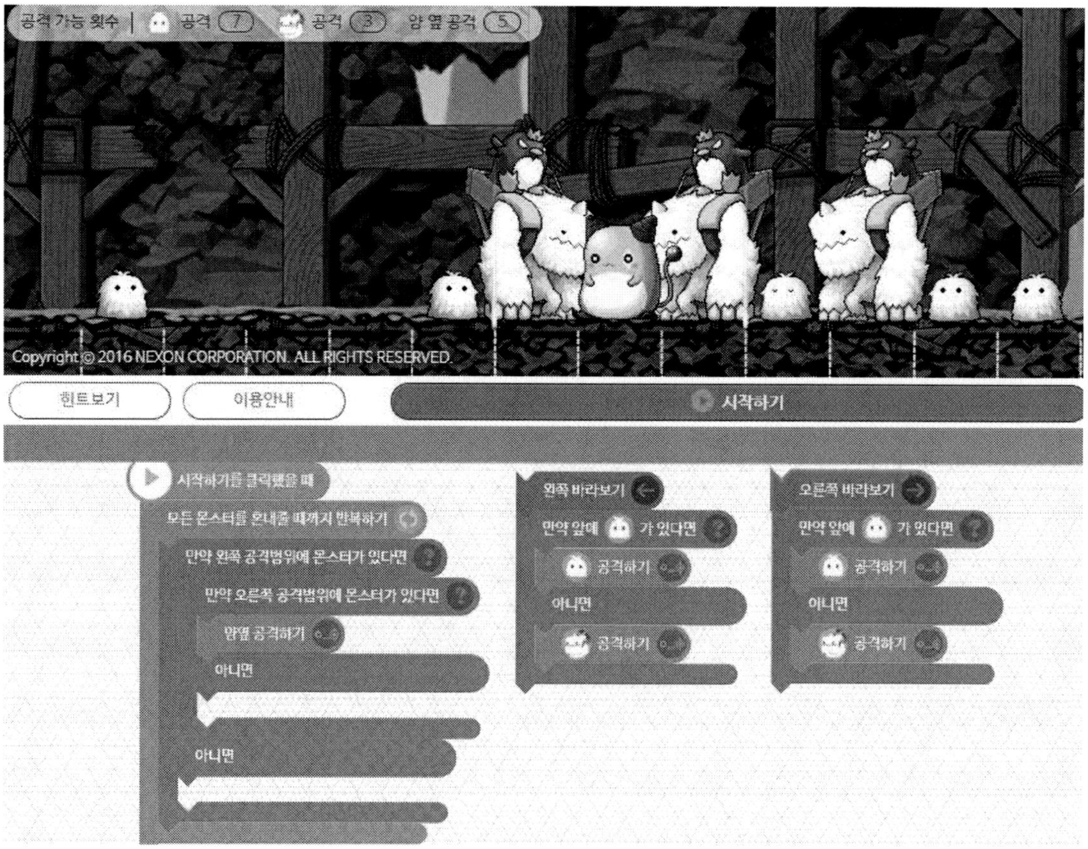

그림 12.24 엘나스 12단계 블록 코딩 화면

9) 엘나스 실제에 가까운 코딩

엘나스 실제에 가까운 코딩에 대해 세부적으로 살펴보기로 하자. 엔트리에서 제공하는 프로그램의 제한성 때문에 그림 12.25 엘나스 실제 코딩에 가까운 화면의 블록 조립소에 ■를 표시하였다. ■는 예티 공격하기 대신에 페페 공격하기를 표현하기 위해 추가하였다. 그림 12.25에서 엔트리에서 블록 코딩을 수행하기 위해서 그림에 나와 있는 기본적인 사항부터 살펴보고 점검해 보자. 블록 꾸러미에는 예티 공격하기, 페페 공격하기, 왼쪽 바라보기, 오른쪽 바라보기, 만약 왼쪽 공격 범위에 몬스터가 있다면 아니면, 만약 오른쪽 공격 범위에 몬스터가 있다면 아니면, 만약 앞에 예티가 있다면 아니면, 만약 앞에 페페가 있다면 아니면 블록이 있다. 여기서 만약 앞에 페페가 있다면 아니면 블록은 실제에 가까운 코딩을 위해 추가한 블록이다. 블록 조립소에서 블록 코딩한 순서대로 실행된다. 실행 화면의 상황을 잘 파악해서 핑크빈이 몬스터를 제거할 수 있도록 블록 꾸러미에 있는 블록을 이용해서 블록 조립소에서 조립하면 된다. 블록 코딩 후 시작하기 버튼을 눌러 블록 코딩을 실행한 후 결과를 확인하면 된다. 결과를 통해서 실제 문제 해결에 대한 성공과 실패를 판단하여 성공한 후에는 다음 단계로 가고 실패를 한 경우에는 다시 블록 코딩을 수행하여 성공할 때까지 반복해서 수행하게 된다. 블록 조립소에 코딩된 형태는 핑크빈이 몬스터를 없앴을 있도록 한 것이다. 화면 블록 조립소에는 3개의 블록 코딩이 보이는데 첫 번째, 두 번째와 세 번째를 연결하면 실제 코딩에 가깝게 작성하였다. 엘나스 12단계와 비교하면 왼쪽 또는 오른쪽 바라보기를 수행한 후 왼쪽 또는 오른쪽에 몬스터가 있는지를 확인하는 경우와 확인하지 않는 경우이다. 엘나스 12단계 코딩은 몬스터가 없는 경우에도 필요 없이 페페 공격하기를 수행하는 경우이고 아래 방식은 없는 경우 공격하기를 수행하지 않는다는 것이다. 2가지 방식에 대해 철저하게 분석해서 실제 코딩에 대한 감각을 익히면 앞으로 전개될 실제 코딩에 대비할 수 있다.

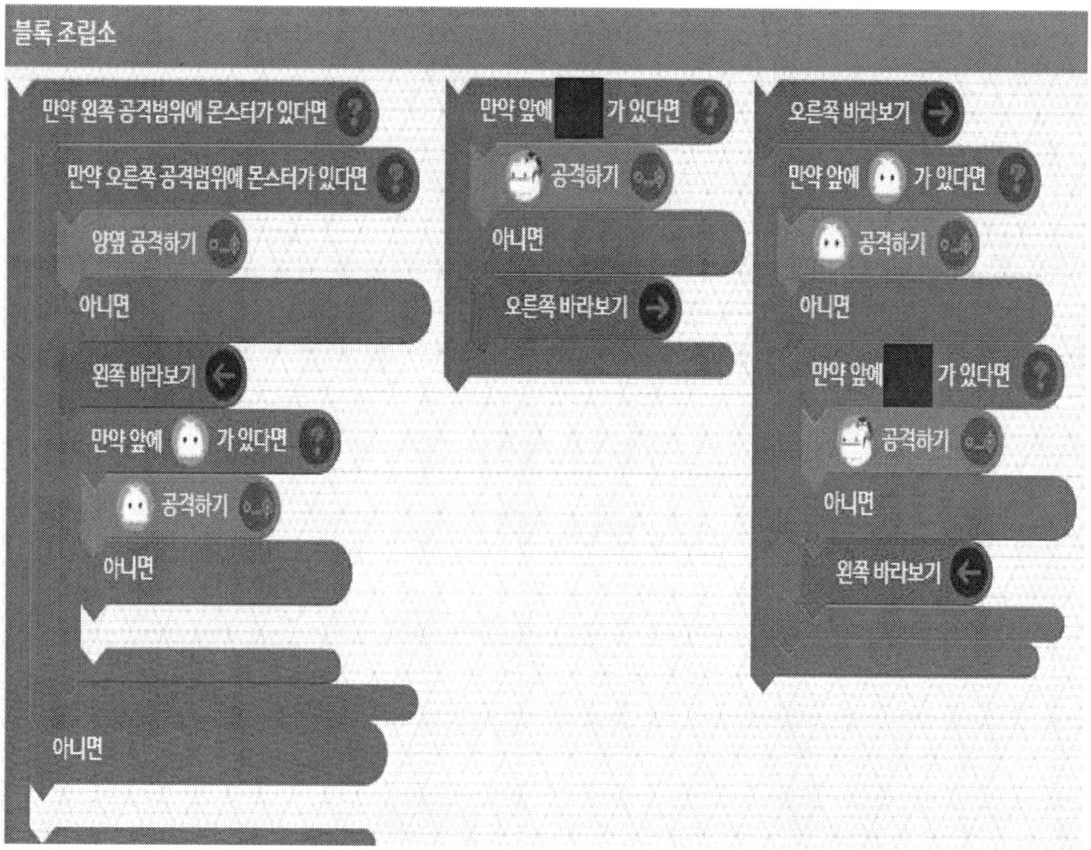

그림 12.25 엘나스 실제에 가까운 코딩

10) 엘나스 실제 코딩

엘나스 실제 코딩에 대해 세부적으로 살펴보기로 하자. 엘나스 실제에 가까운 코딩에 대해 세부적으로 살펴보기로 하자. 엔트리에서 제공하는 프로그램의 제한성 때문에 그림 12.26에 엘나스 몬스터 등장 규칙을 표시하였으며 추가적으로 몬스터가 왼쪽, 오른쪽 모두에 등장하지 않는 경우도 존재한다는 것을 생각하자. 물론 엔트리에서는 제공되지 않는 등장 규칙이다. 그림 12.27에는 일반적인 엘나스 실제 코딩을 위한 미로를 표시하였다. 실제로 미로는 항상 변화하고 있다는 것을 고려해야 한다. 엔트리에서 블록 코딩을 수행하기 위해서 사용하는 블록을 실세 코딩에 적용하기 위해서 먼저 블록에 대해 살펴보자. 예티 공격하기, 페페 공격하기, 왼쪽 바라보기, 오른쪽 바라보기, 만약 왼쪽 공격범위에 몬스터가 있다면 아니면, 만약 오른쪽 공격 범위에 몬스터가 있다면 아니면, 만약 앞에 예티가 있다면 아니면, 만약 앞에 페페가 있다면 아니면 블록이 있다. 앞에서 언급한 블록들을 잘 분석하여 실제 코딩을 진행하기로 하자.

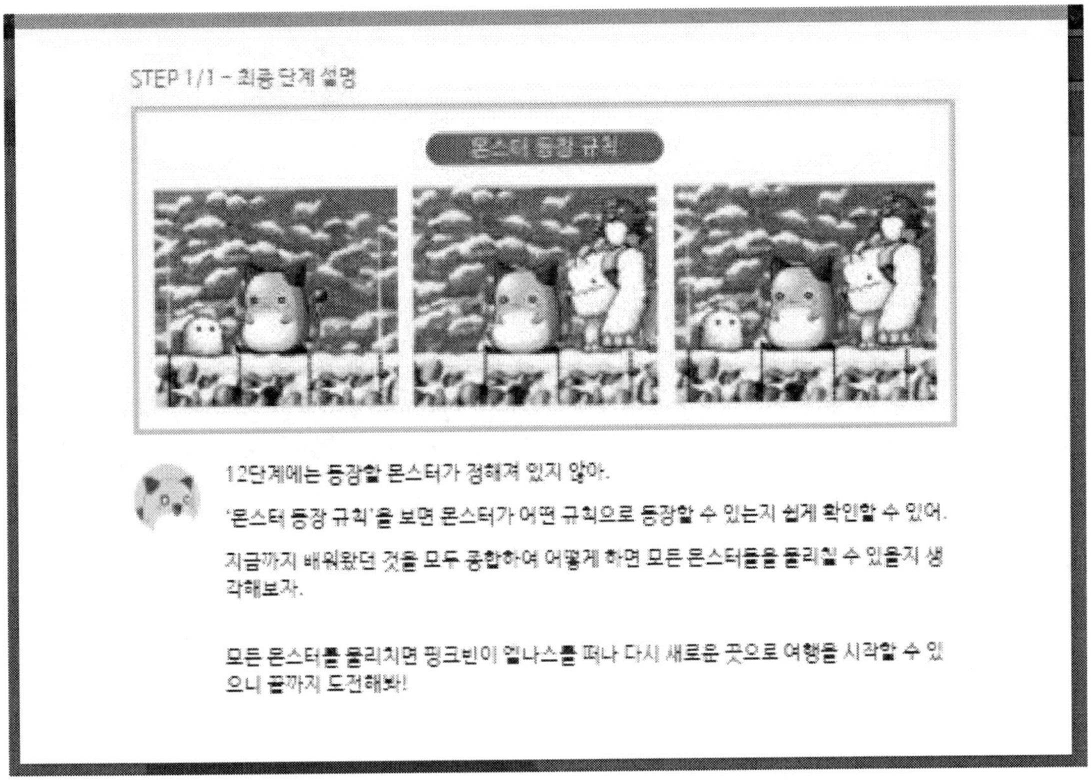

그림 12.26 엘나스 몬스터 등장 규칙

실제 코딩에 있어 예티 공격하기, 페페 공격하기, 왼쪽 바라보기, 오른쪽 바라보기를 정확하게 활용해야 한다. 코딩은 실제로 핑크빈이 몬스터를 모두 제거하는 방식에 대해 알고리즘을 작성해 보고 순서도는 여러분들이 스스로 작성해 보기로 하자.

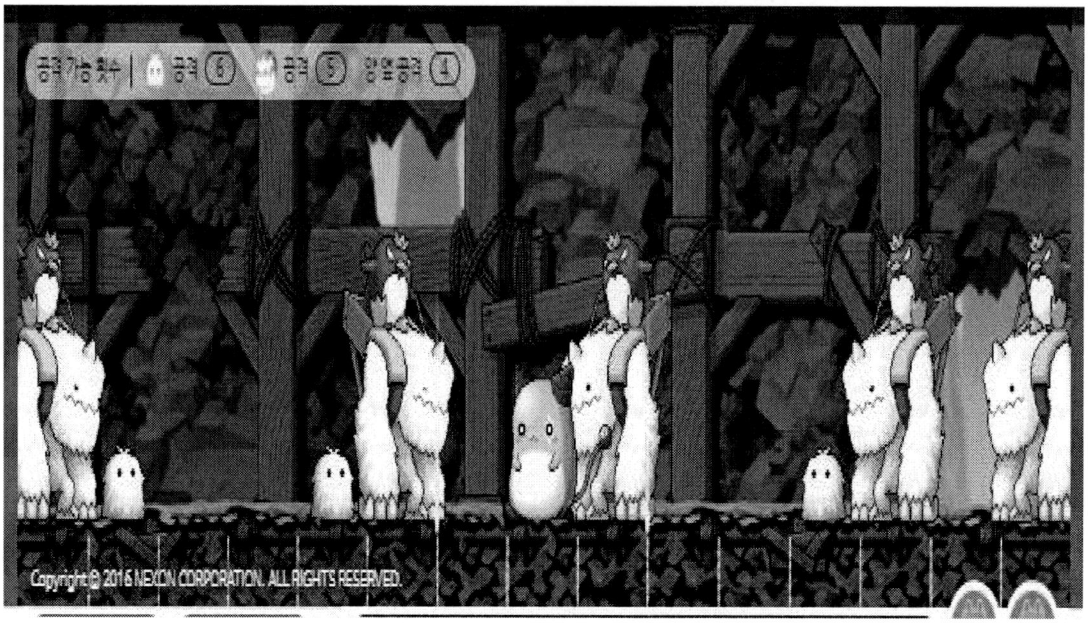

그림 12.27 엘나스 실제 코딩을 위한 미로

(1) 핑크빈이 몬스터를 모두 없애는 코딩

앞에서 핑크빈을 설계하고 이미지 탐색과 길 탐색에 대한 우선순위를 정한 방식에 따라 알고리즘을 먼저 작성하고 순서도를 작성하면 된다. 여기서 이미지 탐색의 우선순위가 앞쪽, 오른쪽, 뒤쪽, 왼쪽 순서이며 길 탐색의 우선순위는 앞쪽, 오른쪽, 왼쪽, 위쪽, 아래쪽 뒤쪽 순서이다.

(가) 알고리즘

그림 12.27을 참고하면서 알고리즘을 작성해 보기로 하자. 핑크빈에게 몬스터를 없애라고 명령을 내리면 시작된다. 로봇은 시작 시점에서는 정면을 바라보고 있는 것으로 가정한다.

① 오른쪽 바라보기 이후 다섯 칸 전방까지에 몬스터가 없고 전방 바라보기와 왼쪽 바라보기 이후 다섯 칸 전방까지에 몬스터가 없으면 종료한다.

② 아니면 정면 바라보기를 수행한다.

③ 오른쪽 바라보기 이후 만약 몬스터가 있고 전방 바라보기와 왼쪽 바라보기 이후 만약 몬스터가 있다면 양쪽 공격하기를 수행하고 알고리즘의 처음으로 돌아간다.

④ 만약 오른쪽 공격 범위에만 몬스터가 있다면 전방 바라보기와 오른쪽 바라보기를 수행 후 몬스터가 예티이면 예티 공격하기를 수행하고 아니고 몬스터가 페페이면 페페 공격하기를 수행하고 전방 바라보기 이후 알고리즘의 처음으로 돌아간다.

⑤ 만약 왼쪽 공격 범위에만 몬스터가 있다면 후 몬스터가 예티이면 예티 공격하기를 수행하고 아니고 몬스터가 페페이면 페페 공격하기를 수행하고 알고리즘의 처음으로 돌아간다.

⑥ 만약 오른쪽과 왼쪽 모두 공격 범위에 몬스터가 없다면 알고리즘의 처음으로 돌아간다.

(나) 순서도

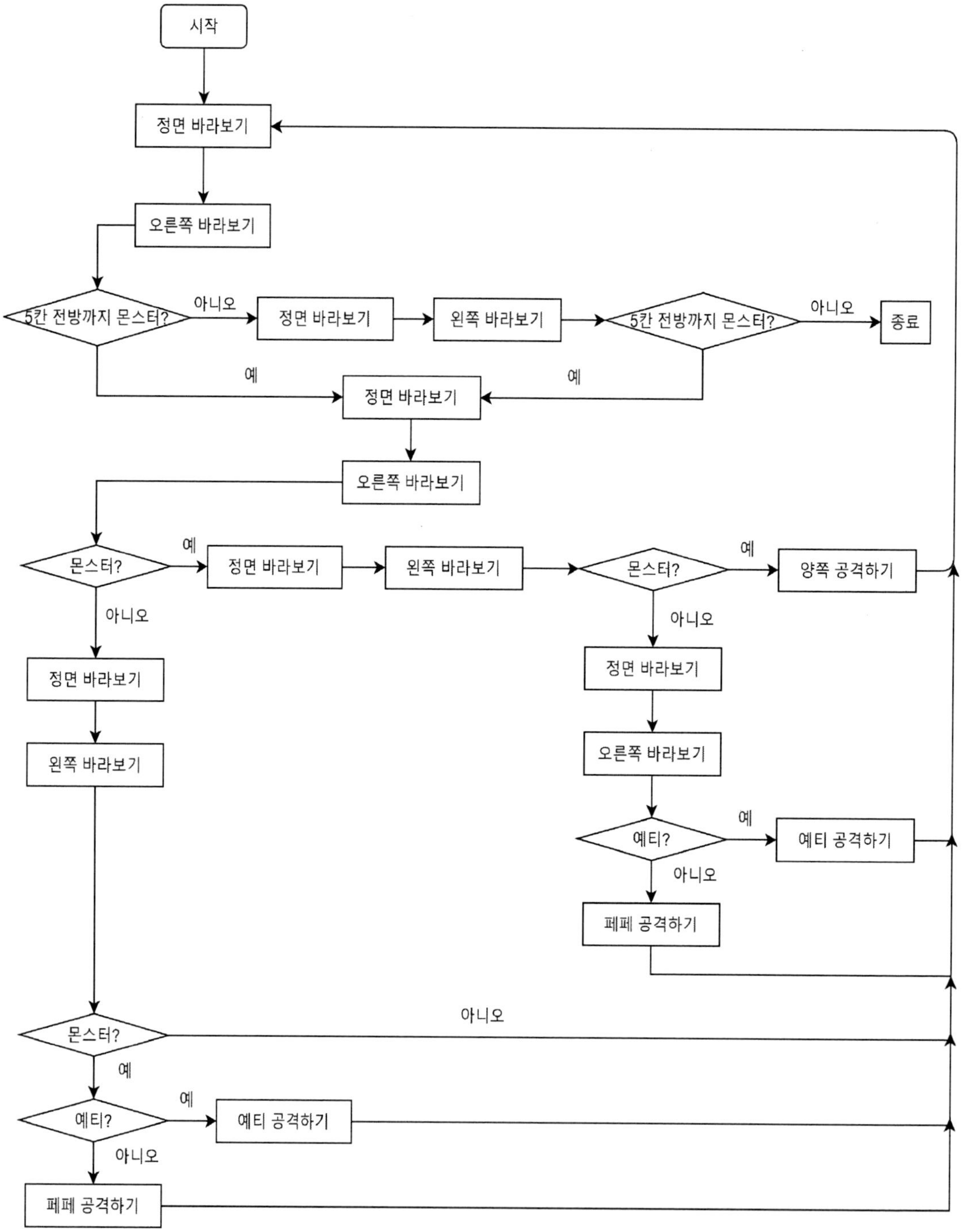

그림 12.28 엔트리봇이 몬스터(예티와 페페)를 제거하는 코딩

제13장 우주여행

우주여행은 우주탐사를 마친 엔트리봇이 우주선을 타고 돌을 피해 목적지인 지구에 도착할 수 있도록 하는 블록 코딩 단계로서 블록 코딩에서 순차, 반복, 선택과 비교 연산에 대한 개념을 학습할 수 있다. 엔트리봇 학교 가는 길(순차, 반복), 로봇공장(순차, 반복), 전기자동차(순차, 반복, 선택), 숲속 탐험(순차, 반복, 선택), 마을 탐험(순차, 함수), 라인레인저스와 샐리 구하기(순차, 반복, 선택), 핑크빈과 함께 신나는 메이플 월드로(순차, 반복, 선택) 등 에서 학습한 내용을 잘 비교하고 분석하며 또한 실습하면서 우주 주행을 통해 블록 코딩과 텍스트코딩에 익숙해지는 계기가 되도록 하자. 엔트리봇 우주여행은 아주 쉽고 특정한 환경에서 동작하는 1단계 블록 코딩에서부터 실제 엔트리봇을 세부적으로 움직이고 레이더(거리센서 및 이미지센서)를 사용해 앞쪽 길을 살펴보는 과정 등을 포함하는 10단계까지 다소 복잡한 블록 코딩까지 학습할 수 있으며 10단계를 잘 활용하고 문제점을 파악하여 실제 코딩과 유사하게 코딩하는 방법을 사용할 수도 있다. 여러분들이 분석하고 비교하여 새로운 블록 코딩 방식을 개발할 수도 있다. 많은 분석과 실습을 해 보기 바란다.

엔트리봇 우주여행은 엔트리봇이 돌을 피해 목적지까지 안전하게 도착할 수 있도록 효율적인 블록 코딩을 수행할 수 있도록 학습하는 형태를 가지고 있으며 최소한의 블록을 사용하는 것이 기본적으로 성능 관점에서는 우수하다고 할 수 있다. 따라서 가장 중요한 고려사항은 목적지에 안전하게 도착하는 것이며 다음으로는 가능하다면 사용하는 블록 수를 줄이는 것이다. 블록 수를 고려하지 않는다면 목적지에 안전하게 도착할 수 있도록 하는 블록 코딩 방법은 하나가 아니라 여러 가지가 가능하며 또한 아주 많은 경우가 가능하기도 하다. 우리는 많은 가능한 블록 코딩 방법 중에서 가장 성능이 좋은 방법 즉, 사용 블록 수가 적은 것을 선택해야 한다. 추가로 블록 코딩의 성능을 결정하는 요소에는 안전하게 목적지 도착, 사용 블록 수와 다른 여러 가지 다양한 요소들이 존재하게 된다. 추후 세부적으로 살펴보기로 하자. 엔트리봇 우주여행에서 사용되는 레이더를 세부적으로 설명하면 우리가 실제 사항에서 사용하는 거리센서와 이미지센서를 합쳐놓은 기능을 하게 된다. 즉 엔트리봇이 앞쪽, 위쪽, 아래쪽으로 레이더를 사용하여 어떤 물체인지 또한 물체와의 거리가 얼마나 되는지에 대한 정보를 갱신하게 된다. 지금은 레이더 기능이 크게 중요하지 않은 것으로 보이지만 나중에는 실제로 중요한 요소로 동작하게 됨으로 잘 비교 분석해야 한다.

엔트리봇 우주여행을 통해 기본적인 블록 코딩 방법에 대해 고찰해 보고 천천히 시작해 보기로 하자.

13.1 우주여행 1단계

우주여행 1단계를 통해 가장 기초적인 내용부터 설명하자. 그림 13.1에는 우주여행 1단계를 블록 코딩한 화면에 대해 표현하였다. 그림 13.1에서 엔트리에서 블록 코딩을 수행하기 위해서 그림에 나와 있는 기본적인 사항부터 살펴보고 점검해 보자. 그림은 크게 6가지 형태로 구분된다. 최고 위쪽에 다른미션보기 옆에 숫자 1이 보이는데 이것은 1단계를 표시하며 이후로 10단계까지 있으며 마지막에 꽃 모양으로 10단계를 마치면 인증서를 받을 수 있도록 표시하고 있다. 바로 밑에는 사용 블록:6과 목표 블록:6이 보이는데 사용 블록:6은 현재까지 코딩에 사용된 블록의 개수를 목표 블록:6은 블록 코딩에서 주어진 문제를 해결하는 데 사용할 수 있는 블록의 개수를 의미한다.

좋은 아이디어를 사용해서 목표 블록보다 더 적은 블록을 사용할 수 있도록 끊임없이 분석하고 노력해야 한다. 블록 코딩에 따라 엔트리봇을 움직이게 하는 즉 실행하는 부분은 상단 왼쪽에 표시되며 시작하기를 누르면 우리가 블록 조립소에서 블록 코딩한 순서대로 실행된다. 여기서 앞쪽 레이더:4와 앞쪽 물체:목적지가 보이는 데 실제 코딩 사항과 비교하면 거리 센서와 이미지 센서를 사용하는 것과 유사하게 동작한다. 즉 현재 엔트리봇 위치에서 앞쪽에 돌이 있는데 돌까지의 거리가 4라는 것을 말한다. 앞쪽, 위쪽, 아래쪽 레이더를 잘 활용하면 유용한 블록 코딩을 하는 데 많은 도움을 받을 수 있을 것이다. 잘 분석해서 사용해 보기 바란다. 도움말과 블록 코딩 목표에 대해 알려주는 부분은 하단 왼쪽에 표시된다. 하나의 기능을 수행하는 블록들을 모아놓은 블록 꾸러미는 상단 오른쪽 첫 번째에 표시된다. 블록 꾸러미에는 엔트리봇의 움직임을 결정하는 앞쪽으로 가기, 위쪽으로 가기, 아래쪽으로 가기 블록들이 있다. 추가로 블록 꾸러미에는 없지만 블록 조립소에서 미리 사용한 시작하기를 클릭했을 때 블록이 존재한다. 블록들을 조립해서 블록 코딩을 직접 수행하는 블록 조립소가 상단 오른쪽 두 번째에 표시되어 있다. 실행 화면의 상황을 잘 파악해서 엔트리봇이 지구에 도착할 수 있도록 블록 꾸러미에 있는 블록을 이용해서 블록 조립소에서 조립하면 된다. 시작하기를 클릭했을 때 블록은 실행 화면에 있는 시작하기 버튼을 누르면 시작하기를 클릭했을 때 블록에 연결된 블록들을 순차적으로 실행할 수 있다. 블록 조립소에는 목적지에 도달하기 위해서 두 가지 블록 코딩이 있는데 첫 번째 블록 코딩은 앞쪽으로 가기 3번, 위쪽으로 가기 1번 및 앞쪽으로 가가 1번으로 블록 코딩이 이루어져 있다. 블록 조립소에서 블록 코딩 후 실행 화면에서 시작하기 버튼을 누르게 되면 엔트리봇이 블록 코딩에 따라 앞쪽으로 가기 3번, 위쪽으로 가기 1번 및 앞쪽으로 가기 1번을 이동하여 목적지에 안전하게 도착하게 된다. 총 사용한 블록 수는 시작하기를 클릭했을 때 블록과 함께 6개가 된다.

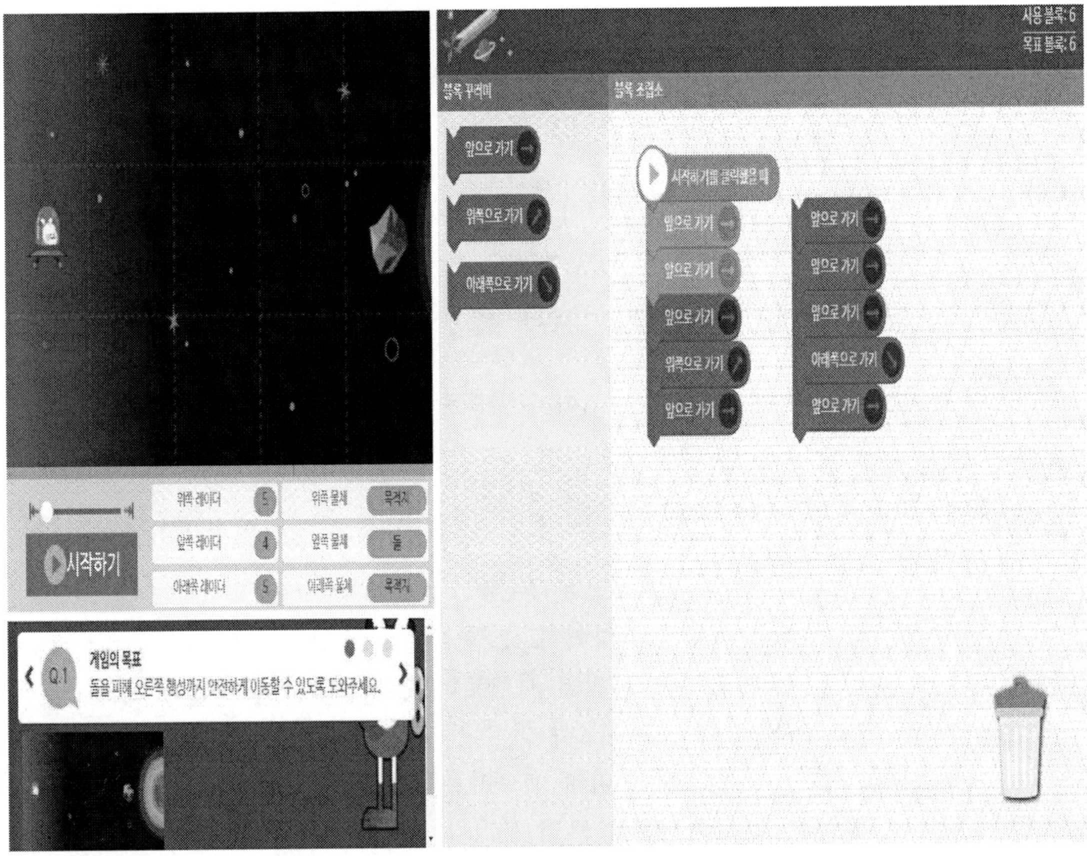

그림 13.1 우주여행 1단계

블록 코딩 방법은 여러 가지 방법이 있을 수 있는데 두 가지 블록 코딩만 표시하였다. 잘 분석해서 살펴보고 실습해 보기 바란다. 블록 코딩 후 시작하기 버튼을 눌러 블록 코딩을 실행한 후 결과를 확인하면 된다. 결과를 통해서 실제 문제 해결에 대한 성공과 실패를 판단하여 성공한 후에는 다음 단계로 가고 실패를 한 경우에는 다시 블록 코딩을 수행하여 성공할 때까지 반복해서 수행하게 된다.

우주여행 1단계에서 분석된 결과는 우주의 형태를 결정하는 시나리오가 아주 단순하고 간단해서 다양한 블록 코딩 방법이 존재하기는 하지만 블록 코딩 차이에 따른 블록 수와 성능 면에서는 차이가 없고 단지 블록 코딩을 구성하는 블록의 종류에 약간의 차이가 있다는 것이다. 우주여행 1단계에서 블록 코딩에 대해 살펴보았는데 실제적인 블록 코딩으로 확장하기에는 여러 가지 문제점이 생긴다. 첫째, 블록 코딩을 하는 주체인 우리가 엔트리봇이 목적지에 도착할 수 있도록 이미 목적지와 돌의 위치를 모두 알고 있다는 가정에서 블록 코딩이 가능하다. 우리가 목적지와 돌의 위치를 모르는 경우 엔트리봇을 어떻게 블록 코딩 해야 하는지에 대한 효율적인 고찰이 필요하다. 엔트리봇이 하나의 블록 코딩에 의해 돌을 피해 목적지를 찾을 수 있는 일반화된 방법과 다양한 경로 사이의 비교 분석에 대한 필요성이 대두된다. 둘째, 블록 코딩을 통해 엔트리봇이 레이더 즉 거리센서와 이미지센서를 사용하는 방식이 너무 제한적이며 구체적이지 않아 실제 거리센서와 이미지센서를 사용하는 방식과는 상당한 차이점이 있다. 따라서 위에서 언급한 실제 방식과 비교하여 발생하는 차이점과 문제점에 대해 정확한 분석과 실행이 필요하다. 엔트리봇 우주여행을 통해 완전한 블록 코딩을 구현하기는 어렵지만, 우리는 철저하게 분석하고 비교하는 과정을 통해 사고력과 창의력 향상에 노력해야 한다.

13.2 우주여행 2단계

우주여행 2단계를 통해 가장 기초적인 내용부터 설명하자. 그림 13.2에는 우주여행 2단계를 블록 코딩한 화면에 대해 표현하였다. 그림 13.2에서 엔트리에서 블록 코딩을 수행하기 위해서 그림에 나와 있는 기본적인 사항부터 살펴보고 점검해 보자.

좋은 아이디어를 사용해서 목표 블록보다 더 적은 블록을 사용할 수 있도록 끊임없이 분석하고 노력해야 한다. 블록 코딩에 따라 엔트리봇을 움직이게 하는 즉 실행하는 부분은 상단 왼쪽에 표시되며 시작하기를 누르면 우리가 블록 조립소에서 블록 코딩한 순서대로 실행된다. 실행 화면의 상황을 잘 파악해서 엔트리봇이 지구에 도착할 수 있도록 블록 꾸러미에 있는 블록을 이용해서 블록 조립소에서 조립하면 된다. 시작하기를 클릭했을 때 블록은 실행 화면에 있는 시작하기 버튼을 누르면 시작하기를 클릭했을 때 블록에 연결된 블록들을 순차적으로 실행할 수 있다. 블록 조립소에는 목적지에 도달하기 위한 블록 코딩이 있는데 위쪽으로 가기 2번, 아래쪽으로 가기 2번, 위쪽으로 가기 2번, 앞으로 가기 블록으로 블록 코딩이 이루어져 있다. 블록 조립소에서 블록 코딩 후 실행 화면에서 시작하기 버튼을 누르게 되면 엔트리봇이 블록 코딩에 따라 이동하여 목적지에 안전하게 도착하게 된다.

블록 코딩 후 시작하기 버튼을 눌러 블록 코딩을 실행한 후 결과를 확인하면 된다. 결

과를 통해서 실제 문제 해결에 대한 성공과 실패를 판단하여 성공한 후에는 다음 단계로 가고 실패를 한 경우에는 다시 블록 코딩을 수행하여 성공할 때까지 반복해서 수행하게 된다.

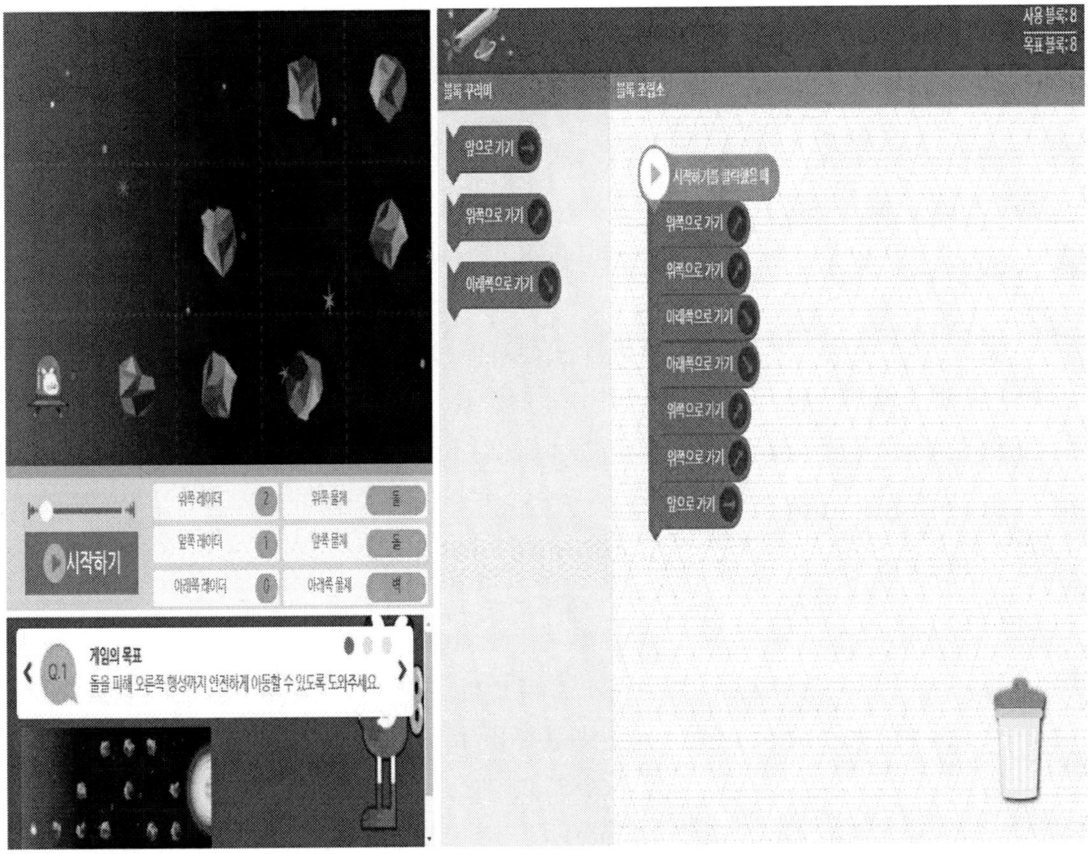

그림 13.2 우주여행 2단계

13.3 우주여행 3단계

우주여행 3단계를 통해 가장 기초적인 내용부터 설명하자. 그림 13.3에는 우주여행 3단계를 블록 코딩한 화면에 대해 표현하였다. 그림 13.3에서 엔트리에서 블록 코딩을 수행하기 위해서 그림에 나와 있는 기본적인 사항부터 살펴보고 점검해 보자.

좋은 아이디어를 사용해서 목표 블록보다 더 적은 블록을 사용할 수 있도록 끊임없이 분석하고 노력해야 한다. 블록 코딩에 따라 엔트리봇을 움직이게 하는 즉 실행하는 부분은 상단 왼쪽에 표시되며 시작하기를 누르면 우리가 블록 조립소에서 블록 코딩한 순서대로 실행된다. 실행 화면의 상황을 잘 파악해서 엔트리봇이 지구에 도착할 수 있도록 블록 꾸러미에 있는 블록을 이용해서 블록 조립소에서 조립하면 된다. 시작하기를 클릭했을 때 블록은 실행 화면에 있는 시작하기 버튼을 누르면 시작하기를 클릭했을 때 블록에 연결된 블록들을 순차적으로 실행할 수 있다. 블록 조립소에서 블록 코딩 후 실행 화면에서 시작하기 버튼을 누르게 되면 엔트리봇이 블록 코딩에 따라 이동하여 목적지에 안전하게 도착하게 된다.

블록 코딩 후 시작하기 버튼을 눌러 블록 코딩을 실행한 후 결과를 확인하면 된다. 결과를 통해서 실제 문제 해결에 대한 성공과 실패를 판단하여 성공한 후에는 다음 단계로 가고 실패를 한 경우에는 다시 블록 코딩을 수행하여 성공할 때까지 반복해서 수행하게 된다.

엔트리봇 우주여행 3단계는 1, 2단계에 비해서는 우주 시나리오가 복잡하고 블록의 종류도 1개가 추가되어 있지만, 블록 코딩 관점에서는 크게 차이점은 없다고 할 수 있다. 단순히 목적지로 가기 위한 경로상에 돌들이 많이 존재하지만 1단계보다 블록 코딩의 수는 제한적이다. 3단계에서는 블록 코딩 수는 하나만이 존재하게 된다. 물론 우주여행 3단계에서 최소한의 블록 수를 사용하지 않고 블록 수를 많이 사용하게 되면 블록 코딩 방법이 여러 가지가 되지만 성능과 효율성을 고려하는 경우는 오직 한 가지 방식만이 존재한다. 우주여행 2단계의 블록 코딩 블록 수는 8개인 것과 비교하면 우주여행 시나리오는 더 복잡하지만 사용된 블록 수는 6개로 줄었다. 결과적으로 우주여행 시나리오에서 규칙성을 발견해 목적지에 도달할 때까지 블록을 효율적으로 사용했기에 가능한 일이다. 만약에 우주여행 2단계 방식으로 우주여행 3단계를 블록 코딩한다면 사용된 블록 수는 시작하기를 클릭했을 때 블록 1번, 위쪽으로 가기 2번, 아래쪽으로 가기 2번, 위쪽으로 가기 2번, 아래쪽으로 가기 2번, 위쪽으로 가기 2번, 아래쪽으로 가기 2번, 위쪽으로 가기 1번으로 총 14개가 될 것이다. 물론 이전에도 언급했지만 이미 사용자인 우리가 우주 시나리오에 대해 알고 있다는 전제하에 가능한 일이기도 하다. 만약 우리가 우주 시나리오에 미리 알지를 못한 상태에서 엔트리봇이 목적지에 안전하게 도착하도록 블록 코딩을 하는 것은 복잡한 변수가 존재하기 때문에 다양하고 분석적인 사고력이 요구된다고 할 수 있다.

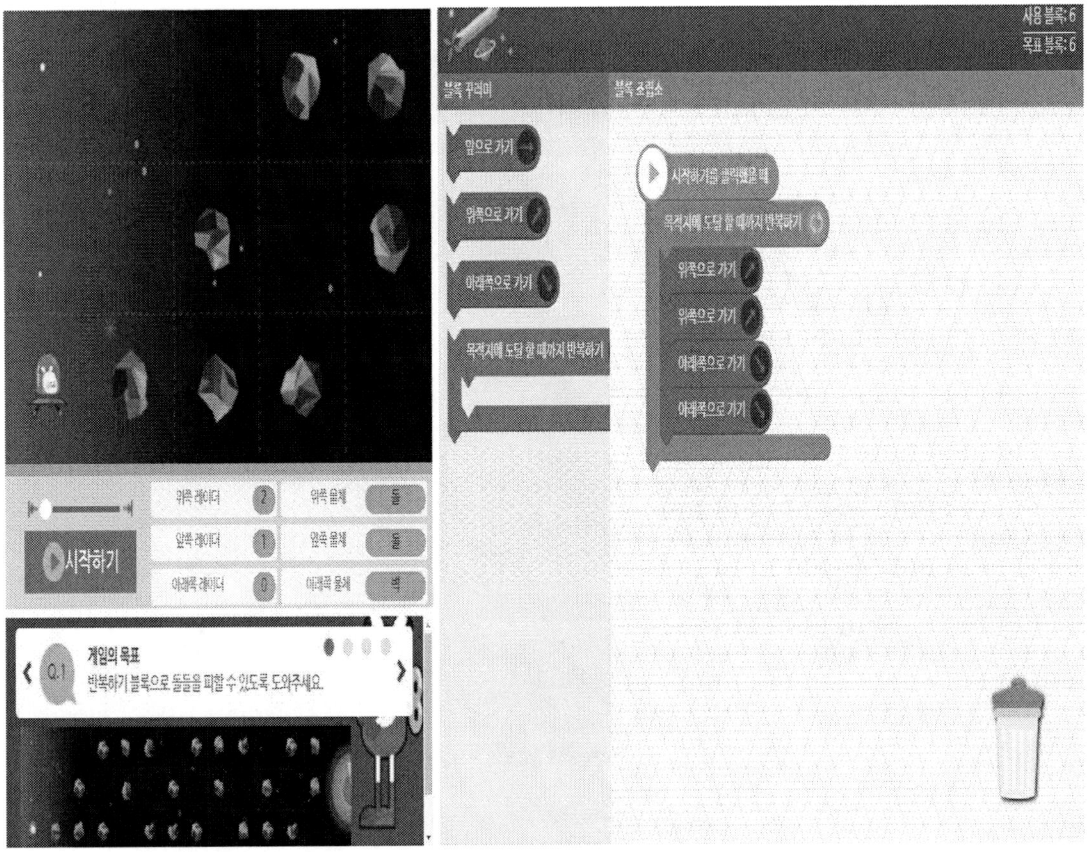

그림 13.3 우주여행 3단계

13.4 우주여행 4단계

우주여행 4단계를 통해 가장 기초적인 내용부터 설명하자. 그림 13.4에는 우주여행 4단계를 블록 코딩한 화면에 대해 표현하였다. 그림 13.4에서 엔트리에서 블록 코딩을 수행하기 위해서 그림에 나와 있는 기본적인 사항부터 살펴보고 점검해 보자. 우주여행 4단계는 3단계에 비해서는 우주 시나리오가 복잡하지는 않지만, 블록의 종류가 두 개가 추가되어 블록 코딩 관점에서도 약간의 차이점이 존재한다. 단순히 목적지로 가기 위한 경로상에 돌들이 많이 존재하지만, 우주여행 1단계보다 블록 코딩의 수는 적다. 2단계에선 블록 코딩 수가 2개, 3단계에서는 블록 코딩 수는 하나만이 존재하게 된다. 물론 우주여행 3단계에서 최소한의 블록 수를 사용하지 않고 블록 수를 많이 사용하게 되면 블록 코딩 방법이 여러 가지가 되지만 성능과 효율성을 고려하는 경우 오직 한 가지 방식만이 존재한다. 우주여행 4단계도 3단계와 유사하게 원칙적으로는 블록 코딩 수는 하나만이 존재하게 된다. 물론 우주여행 4단계에서 최소한의 블록 수를 사용하지 않고 블록 수를 많이 사용하게 되면 블록 코딩 방법이 여러 가지가 되지만 성능과 효율성을 고려하는 경우 오직 한 가지 방식만이 존재한다.

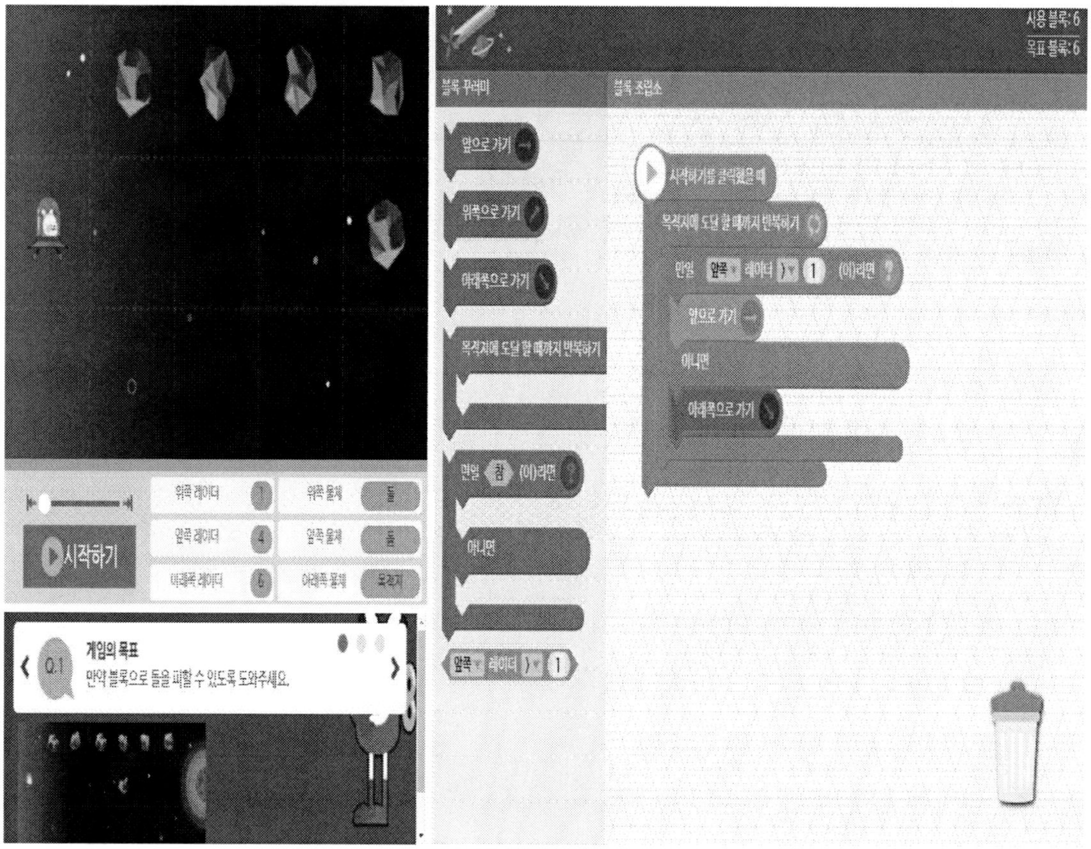

그림 13.4 우주여행 4단계

그림 13.4에서 블록 꾸러미에는 엔트리봇의 움직임을 결정하는 앞으로 가기, 위쪽으로 가기, 아래쪽으로 가기, 목적지에 도달할 때까지 반복하기, 만일 참이라면 아니면, 앞쪽(위쪽, 아래쪽) 레이더 >(>=, =, <, <=)1인 블록이 있다. 만일 참이라면 아니면 블록은 참인 부분에 어떤 조건식을 사용해서 조건식이 참이 되면 바로 아래 명령을 수행하고 거짓이 되면 아니면 다음 명령을 수행하는 선택 수행 명령어이며 거리 센서에 해당하는 기능을 수행하며 앞쪽 레이더 >1인 블록은 바로 앞에 설명했던 조건식으로 앞쪽 레이더를 통해 살펴본 앞쪽에 어떤 물체가 있는 장소까지의 거리가 1보다 큰지를 결정해서 참과

거짓을 판명하는 블록이다. 추가로 블록 꾸러미에는 없지만, 블록 조립소에서 미리 사용된 시작하기를 클릭했을 때 블록이 존재한다. 시작하기를 클릭했을 때 블록은 실행 화면에 있는 시작하기 버튼을 누르면 연결된 블록들을 순차적으로 실행할 수 있도록 한다. 블록 조립소에는 목적지에 도달하기 위해서 목적지에 도달할 때까지 반복하기 블록 안에 만일 참이라는 블록을 사용하면 되고 조건식은 앞쪽 레이더>1인 블록을 사용하여 참의 경우 앞으로 가기를 수행하고 거짓의 경우 아래쪽으로 가기를 수행하도록 블록 코딩이 이루어져 있다. 결과적으로 우주여행 3단계에서도 언급하였듯이 우주여행 시나리오에서 규칙성을 발견해 목적지에 도달할 때까지 블록을 효율적으로 사용했기 때문에 가능한 일이다. 또한 우주여행 4단계는 3단계와는 다른 판단을 사용해 두 가지 일을 선택적으로 수행할 수 있는 블록 코딩한 방식으로서 실제 블록 코딩 방식과 유사한 형태를 가진다.

만약에 우주여행 3단계 방식으로 우주여행 4단계를 블록 코딩하면 사용된 블록 수는 시작하기를 클릭했을 때 블록 1번, 목적지에 도달할 때까지 반복하기 블록 1번, 앞쪽으로 가기 3번, 아래쪽으로 가기 1번으로 총 6개가 될 것이다. 물론 이전에도 언급했지만 이미 사용자인 우리가 우주 시나리오에 대해 알고 있다는 전제하에 가능한 일이기도 하다. 만약 우리가 우주 시나리오에 미리 알지를 못한 상태에서 엔트리봇이 목적지에 안전하게 도착하도록 블록 코딩을 하는 것은 더욱 복잡한 변수가 존재하기 때문에 다양하고 분석적인 사고력이 요구된다고 할 수 있다.

좋은 아이디어를 사용해서 목표 블록보다 더 적은 블록을 사용할 수 있도록 끊임없이 분석하고 노력해야 한다. 블록 코딩에 따라 엔트리봇을 움직이게 하는 즉 실행하는 부분은 상단 왼쪽에 표시되며 시작하기를 누르면 우리가 블록 조립소에서 블록 코딩한 순서대로 실행된다. 실행 화면의 상황을 잘 파악해서 엔트리봇이 지구에 도착할 수 있도록 블록 꾸러미에 있는 블록을 이용해서 블록 조립소에서 조립하면 된다. 시작하기를 클릭했을 때 블록은 실행 화면에 있는 시작하기 버튼을 누르면 시작하기를 클릭했을 때 블록에 연결된 블록들을 순차적으로 실행할 수 있다. 블록 조립소에서 블록 코딩 후 실행 화면에서 시작하기 버튼을 누르게 되면 엔트리봇이 블록 코딩에 따라 이동하여 목적지에 안전하게 도착하게 된다.

블록 코딩 후 시작하기 버튼을 눌러 블록 코딩을 실행한 후 결과를 확인하면 된다. 결과를 통해서 실제 문제 해결에 대한 성공과 실패를 판단하여 성공한 후에는 다음 단계로 가고 실패를 한 경우에는 다시 블록 코딩을 수행하여 성공할 때까지 반복해서 수행하게 된다.

우리가 우주 시나리오에 미리 알지를 못한 상태에서 엔트리봇이 목적지에 안전하게 도착하도록 블록 코딩을 하는 것은 복잡한 변수가 존재하기 때문에 다양하고 분석적인 사고력이 요구된다고 할 수 있다.

13.5 우주여행 5단계

우주여행 5단계를 통해 가장 기초적인 내용부터 설명하자. 그림 13.5에는 우주여행 5단계를 블록 코딩한 화면에 대해 표현하였다. 결론적으로 말하면 우주여행 5단계와 4단계는 거의 유사하다고 말할 수 있다. 그림 13.5에서 엔트리에서 블록 코딩을 수행하기 위해서 그림에 나와 있는 기본적인 사항부터 살펴보고 점검해 보자. 우주여행 5단계는 4단계와 마찬가지로 3단계에 비해서는 우주 시나리오가 복잡하지는 않지만, 블록의 종류가 두 개가 추가되어 블록 코딩 관점에서도 약간의 차이점이 존재한다. 단순히 목적지로 가기 위한 경로상에 돌들이 많이 존재하지만, 우주여행 1단계보다 블록 코딩의 수는 적다. 2단계에선 블록 코딩 수가 2개, 3단계에서는 블록 코딩 수는 하나만이 존재하게 된다. 물론 우주여행 3단계에서 최소한의 블록 수를 사용하지 않고 블록 수를 많이 사용하게 되면 블록 코딩 방법이 여러 가지가 되지만 성능과 효율성을 고려하는 경우 오직 한 가지 방식만이 존재한다. 우주여행 5단계도 4단계, 3단계와 유사하게 원칙적으로는 블록 코딩 수는 하나만이 존재하게 된다. 물론 우주여행 5단계에서 최소한의 블록 수를 사용하지 않고 블록 수를 많이 사용하게 되면 블록 코딩 방법이 여러 가지가 되지만 성능과 효율성을 고려하는 경우 오직 한 가지 방식만이 존재한다.

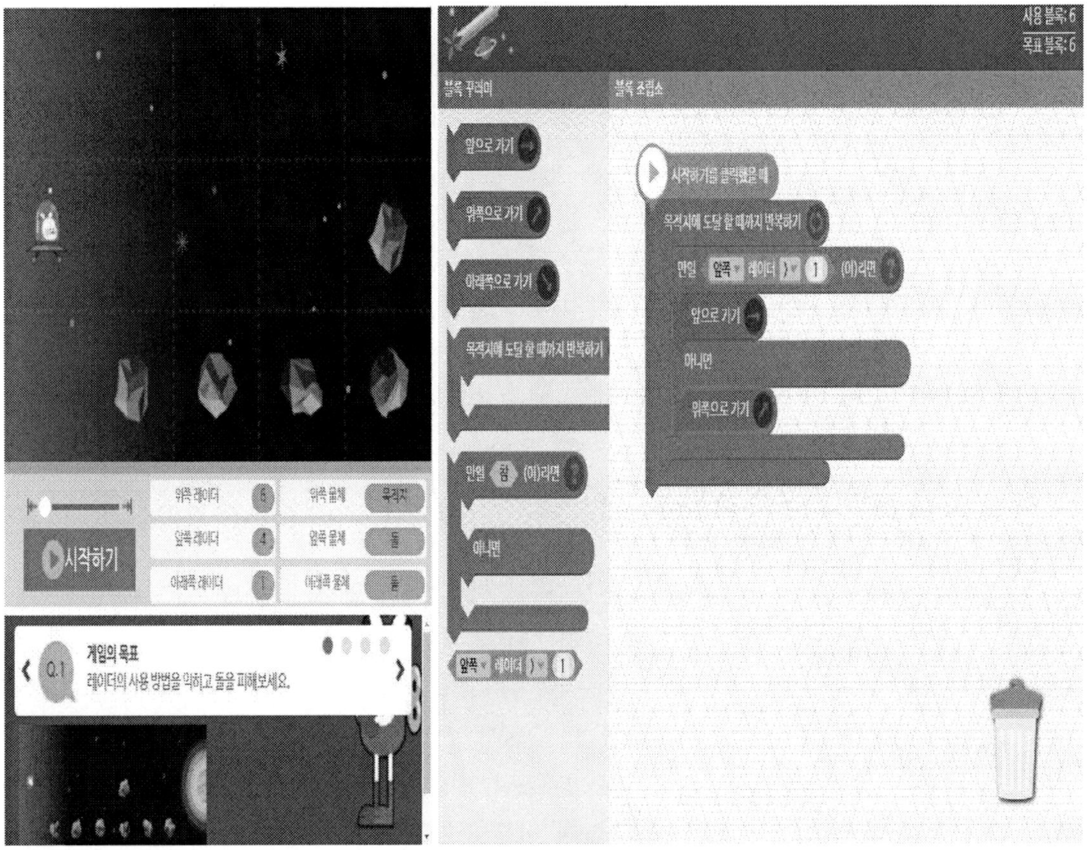

그림 13.5 우주여행 5단계

그림 13.5에서 블록 꾸러미에는 엔트리봇의 움직임을 결정하는 앞으로 가기, 위쪽으로 가기, 아래쪽으로 가기, 목적지에 도달할 때까지 반복하기, 만일 참이라면 아니면, 앞쪽(위쪽, 아래쪽) 레이더 >(>=, =, <, <=)1인 블록이 있다. 만일 참이라면 아니면 블록은 참인 부분에 어떤 조건식을 사용해서 조건식이 참이 되면 바로 아래 명령을 수행하고 거짓이 되면 아니면 다음 명령을 수행하는 선택 수행 명령어이며 거리 센서에 해당하는 기능을 수행하며 앞쪽 레이더 >1인 블록은 바로 앞에 설명했던 조건식으로 앞쪽 레이더를 통해 살펴본 앞쪽에 어떤 물체가 있는 장소까지의 거리가 1보다 큰지를 결정해서 참과 거짓을 판명하는 블록이다. 추가로 블록 꾸러미에는 없지만, 블록 조립소에서 미리 사용된 시작하기를 클릭했을 때 블록이 존재한다. 시작하기를 클릭했을 때 블록은 실행 화면에 있는 시작하기 버튼을 누르면 연결된 블록들을 순차적으로 실행할 수 있도록 한다. 블록 조립소에는 목적지에 도달하기 위해서 목적지에 도달할 때까지 반복하기 블록 안

에 만일 참이라는 블록을 사용하면 되고 조건식은 앞쪽 레이더>1인 블록을 사용하여 참의 경우 앞으로 가기를 수행하고 거짓의 경우 아래쪽으로 가기를 수행하도록 블록 코딩이 이루어져 있다. 우주여행 5단계는 3단계와는 다른 판단을 사용해 두 가지 일을 선택적으로 수행할 수 있는 블록 코딩한 방식으로서 실제 블록 코딩 방식과 유사한 형태를 가진다.

만약에 우주여행 3단계 방식으로 우주여행 5단계를 블록 코딩하면 사용된 블록 수는 시작하기를 클릭했을 때 블록 1번, 목적지에 도달할 때까지 반복하기 블록 1번, 앞쪽으로 가기 3번, 위쪽으로 가기 1번으로 총 6개가 될 것이다. 물론 이전에도 언급했지만 이미 사용자인 우리가 우주 시나리오에 대해 알고 있다는 전제하에 가능한 일이기도 하다. 만약 우리가 우주 시나리오에 미리 알지를 못한 상태에서 엔트리봇이 목적지에 안전하게 도착하도록 블록 코딩을 하는 것은 더욱 복잡한 변수가 존재하기 때문에 다양하고 분석적인 사고력이 요구된다고 할 수 있다.

좋은 아이디어를 사용해서 목표 블록보다 더 적은 블록을 사용할 수 있도록 끊임없이 분석하고 노력해야 한다. 블록 코딩에 따라 엔트리봇을 움직이게 하는 즉 실행하는 부분은 상단 왼쪽에 표시되며 시작하기를 누르면 우리가 블록 조립소에서 블록 코딩한 순서대로 실행된다. 실행 화면의 상황을 잘 파악해서 엔트리봇이 지구에 도착할 수 있도록 블록 꾸러미에 있는 블록을 이용해서 블록 조립소에서 조립하면 된다. 시작하기를 클릭했을 때 블록은 실행 화면에 있는 시작하기 버튼을 누르면 시작하기를 클릭했을 때 블록에 연결된 블록들을 순차적으로 실행할 수 있다. 블록 조립소에서 블록 코딩 후 실행 화면에서 시작하기 버튼을 누르게 되면 엔트리봇이 블록 코딩에 따라 이동하여 목적지에 안전하게 도착하게 된다.

블록 코딩 후 시작하기 버튼을 눌러 블록 코딩을 실행한 후 결과를 확인하면 된다. 결과를 통해서 실제 문제 해결에 대한 성공과 실패를 판단하여 성공한 후에는 다음 단계로 가고 실패를 한 경우에는 다시 블록 코딩을 수행하여 성공할 때까지 반복해서 수행하게 된다.

우리가 우주 시나리오에 미리 알지를 못한 상태에서 엔트리봇이 목적지에 안전하게 도착하도록 블록 코딩을 하는 것은 복잡한 변수가 존재하기 때문에 다양하고 분석적인 사고력이 요구된다고 할 수 있다.

13.6 우주여행 6단계

우주여행 6단계를 통해 가장 기초적인 내용부터 설명하자. 그림 13.6에는 우주여행 6단계를 블록 코딩한 화면에 대해 표현하였다. 결론적으로 말하면 우주여행 6단계는 4단계와 5단계를 동시에 만족시키는 블록 코딩이라고 말할 수 있다. 그림 13.6에서 엔트리에서 블록 코딩을 수행하기 위해서 그림에 나와 있는 기본적인 사항부터 살펴보고 점검해 보자. 우주여행 6단계는 마찬가지로 3단계에 비해서는 우주 시나리오가 복잡하지는 않고 4, 5단계와 비교하여 블록의 종류가 두 개가 추가되어 블록 코딩 관점에서도 약간의 차이점이 존재한다. 단순히 목적지로 가기 위한 경로상에 돌들이 많이 존재하지만, 우주여행 1단계보다 블록 코딩의 수는 적다. 2단계에선 블록 코딩 수가 2개, 3단계에서는 블록 코딩 수는 하나만이 존재하게 된다. 물론 우주여행 3단계에서 최소한의 블록 수를 사용하지 않고 블록 수를 많이 사용하게 되면 블록 코딩 방법이 여러 가지가 되지만 성능과 효율성을 고려하는 경우 오직 한 가지 방식만이 존재한다. 우주여행 6단계도 5단계, 4단계, 3단계와는 다르게 블록 코딩 수는 여러 개가 존재하게 된다. 길이 있는 경우 앞쪽, 위쪽, 아래쪽 어느 쪽으로 먼저 가느냐에 따라 달라진다. 그림 13.6에서는 앞쪽, 위쪽, 아래쪽 순위로 길을 선택하도록 블록 코딩되어 있다.

우주여행 6단계는 블록 코딩 관점에서 우주여행 4, 5단계와 비교하면 한층 진화된 블록 코딩 방식이라고 할 수 있다. 우주여행 6단계는 만일 참이라면 블록을 하나만 사용하는 것이 아니라 두 개를 사용한다는 것이다. 즉 조건식을 2개를 사용하여 수행할 수 있는 선택 블록이 세 개가 된다는 것이다. 우주여행 6단계는 목적지에 도달할 때까지 반복하게 되는데 앞쪽에 돌이 없으면 앞으로 가기를 실행하고 약간 세부적으로 설명하면 앞쪽에 어떤 물체도 없으면 앞으로 가기를 실행한다. 우주여행 4, 5단계까지에는 물체를 돌로만 생각하지만, 나중에는 물체는 돌, 벽, 아이템으로 세 가지 종류가 있다. 추가로 물체에는 목적지도 있어야 하지만 우주여행에서는 물체에 목적지를 포함하지 않고 블록 코딩되고 있으며 엔트리봇이 목적지에 도착하면 자동으로 목적지를 인식되는 형태로 프로그램되어 있다. 이후에 다루게 될 실제 코딩에서는 목적지를 인식하는 부분도 코딩해야 정상적으로 동작할 수 있다. 엔트리봇 우주여행 6단계는 어느 방향 레이더를 사용하는지에 따라 여러 가지 블록 코딩 방식이 존재하게 된다. 즉 나아가는 방향을 결정하기 위한 우선순위 순서에 따라 다양한 블록 코딩 방식이 있으며 어느 쪽을 선택하게 되는 것에 대한 분석은 환경에 따라 변화하게 될 것이다.

만약 우리가 우주 시나리오에 미리 알지를 못한 상태에서 엔트리봇이 목적지에 안전하게 도착하도록 블록 코딩을 하는 것은 더욱 복잡한 변수가 존재하기 때문에 다양하고 분석적인 사고력이 요구된다고 할 수 있다. 우주여행 4단계와 5단계와 비교하면서 우주여행 6단계를 통해서 실제적인 블록 코딩에 대해 분석해 보기로 하자. 우주여행 6단계는 우주여행 4단계와 5단계와 비교하자면 점점 실제 블록 코딩 방법과 유사하게 진화하고 있다고 할 수 있다. 간단하게 설명하자면 우주여행 4단계와 5단계는 움직임을 결정할 수 있는 종류가 두 가지이지만 우주여행 6단계는 움직임을 세 가지 형태로 결정할 수 있게 된다. 나머지 부분은 우주여행 4, 5, 6단계의 블록 코딩이 유사한 형태를 가지고 있다. 물론 세부적인 분석은 이후에 이루어지게 되겠지만 현재 시점에서 어느 정도의 분석은 필요하다고 하겠다.

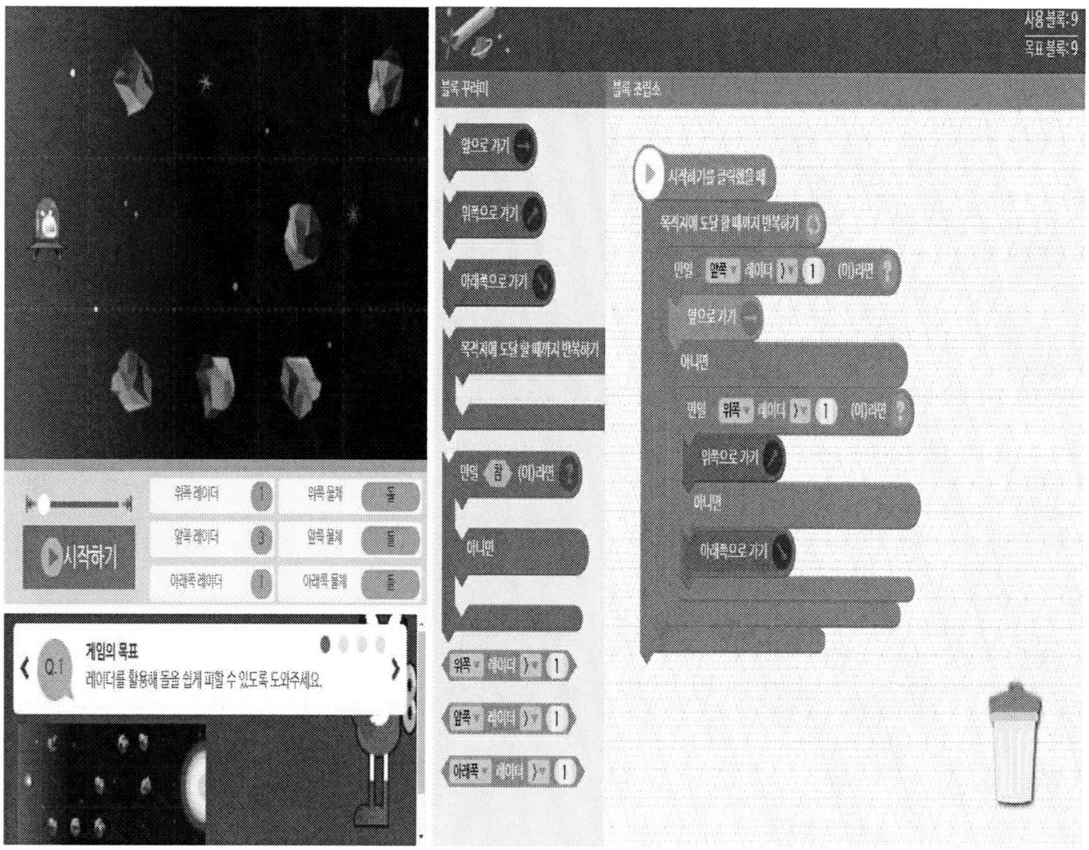

그림 13.6 우주여행 6단계

그림 13.6에서 블록 꾸러미에는 엔트리봇의 움직임을 결정하는 앞으로 가기, 위쪽으로 가기, 아래쪽으로 가기, 목적지에 도달할 때까지 반복하기, 만일 참이라면 아니면, 위쪽

레이더 >(>=, =, <, <=)1, 앞쪽 레이더 >(>=, =, <, <=)1, 아래쪽 레이더 >(>=, =, <, <=)1인 블록이 있다. 만일 참이라면 아니면 블록은 참인 부분에 어떤 조건식을 사용해서 조건식이 참이 되면 바로 아래 명령을 수행하고 거짓이 되면 아니면 다음 명령을 수행하는 선택 수행 명령어이며 거리 센서에 해당하는 기능을 수행하며 앞쪽 레이더 >1인 블록은 바로 앞에 설명했던 조건식으로 앞쪽 레이더를 통해 살펴본 앞쪽에 어떤 물체가 있는 장소까지의 거리가 1보다 큰지를 결정해서 참과 거짓을 판명하는 블록이다. 추가로 블록 꾸러미에는 없지만, 블록 조립소에서 미리 사용된 시작하기를 클릭했을 때 블록이 존재한다. 시작하기를 클릭했을 때 블록은 실행 화면에 있는 시작하기 버튼을 누르면 연결된 블록들을 순차적으로 실행할 수 있도록 한다.

블록 조립소에는 목적지에 도달하기 위해서 목적지에 도달할 때까지 반복하기 블록 안에 만일 참이라는 블록을 사용하면 되고 조건식은 앞쪽 레이더 >1인 블록을 사용하여 참의 경우 앞으로 가기를 수행하고 거짓이지만 위쪽 레이더 >1인 블록을 사용하여 참의 경우 위쪽으로 가기를 수행하고 거짓의 경우 아래쪽으로 가기를 수행하도록 블록 코딩이 이루어져 있다.

우리가 우주 시나리오에 미리 알지를 못한 상태에서 엔트리봇이 목적지에 안전하게 도착하도록 블록 코딩을 하는 것은 더욱 복잡한 변수가 존재하기 때문에 다양하고 분석적인 사고력이 요구된다고 할 수 있다.

좋은 아이디어를 사용해서 목표 블록보다 더 적은 블록을 사용할 수 있도록 끊임없이 분석하고 노력해야 한다. 블록 코딩에 따라 엔트리봇을 움직이게 하는 즉 실행하는 부분은 상단 왼쪽에 표시되며 시작하기를 누르면 우리가 블록 조립소에서 블록 코딩한 순서대로 실행된다. 실행 화면의 상황을 잘 파악해서 엔트리봇이 지구에 도착할 수 있도록 블록 꾸러미에 있는 블록을 이용해서 블록 조립소에서 조립하면 된다. 시작하기를 클릭했을 때 블록은 실행 화면에 있는 시작하기 버튼을 누르면 시작하기를 클릭했을 때 블록에 연결된 블록들을 순차적으로 실행할 수 있다. 블록 조립소에서 블록 코딩 후 실행 화면에서 시작하기 버튼을 누르게 되면 엔트리봇이 블록 코딩에 따라 이동하여 목적지에 안전하게 도착하게 된다.

블록 코딩 후 시작하기 버튼을 눌러 블록 코딩을 실행한 후 결과를 확인하면 된다. 결과를 통해서 실제 문제 해결에 대한 성공과 실패를 판단하여 성공한 후에는 다음 단계로 가고 실패를 한 경우에는 다시 블록 코딩을 수행하여 성공할 때까지 반복해서 수행하게 된다.

우리가 우주 시나리오에 미리 알지를 못한 상태에서 엔트리봇이 목적지에 안전하게 도착하도록 블록 코딩을 하는 것은 복잡한 변수가 존재하기 때문에 다양하고 분석적인 사고력이 요구된다고 할 수 있다.

우주여행의 목적은 기본적으로 돌을 피해 엔트리봇이 목적지에 안전하게 도착할 수 있도록 하는 것이며 또한 최소한의 블록 수를 가지고 효율적인 블록 코딩을 해야 한다는 것이다. 그런데 지금까지의 우주 시나리오는 단계별로 고정되어 있으며 또한 우리가 이미 우주 시나리오를 알고 있다는 전제하에서 블록 코딩을 진행한다는 것이다. 여러 가지 의문점이 생기게 된다. 우리가 우주 시나리오를 모른다면 즉 돌이 어디에 있는지 또는 목적지가 어디에 있는지를 모른다면 블록 코딩에 있어서 심각한 문제를 발생시키게 된다. 우리가 우주 시나리오를 안다고 전제해도 우주여행 1단계에서부터 6단계를 거치면서 우주 시나리오에 따라 블록 코딩이 여섯 개가 존재하게 된다. 만약 우주 시나리오가 100개라면 블록 코딩 역시 100개가 존재해야 한다는 것이다. 이런 상황에서 실제로 우리가 우주 시나리오 형태를 안다는 것은 있을 수 없는 일이 될 것이다. 따라서 블록 코딩은 어떤 우주 시나리오의 경우라도 오직 하나만이 존재해야 하며 이는 바로 적응적인 블록 코딩을 해야 한다는 것을 의미한다. 앞으로 우리는 이점에 집중하여 사고력과 창의력을 가지고 블록 코딩을 진행해야 한다.

13.7 우주여행 7단계

우주여행 7단계를 통해 가장 기초적인 내용부터 설명하자. 그림 13.7에는 우주여행 7단계를 블록 코딩한 화면에 대해 표현하였다. 결론적으로 말하면 우주여행 7단계 블록 코딩은 1단계부터 7단계를 동시에 만족시키는 블록 코딩이라고 말할 수 있다. 따라서 7단계 블록 코딩은 실제 코딩과 유사하다고 할 수 있다. 그림 13.7에서 엔트리에서 블록 코딩을 수행하기 위해서 그림에 나와 있는 기본적인 사항부터 살펴보고 점검해 보자. 우주여행 7단계는 6단계와 비교하여 블록의 종류가 3개가 추가되어 블록 코딩 관점에서도 상당히 많은 차이점이 존재한다. 우주여행 7단계도 5단계, 4단계, 3단계와는 다르게 블록 코딩 수는 여러 개가 존재하게 된다. 길이 있는 경우 앞쪽, 위쪽, 아래쪽 어느 쪽으로 먼저 가느냐에 따라 달라진다. 그림 13.7에서는 앞쪽, 위쪽, 아래쪽 순위로 길을 선택하도록 블록 코딩되어 있다.

우주여행 7단계는 블록 코딩 관점에서 우주여행 5, 6단계와 비교하면 한층 진화된 블록 코딩 방식이라고 할 수 있다. 우주여행 7단계는 만일 참이라면 블록을 하나만 사용하는 것이 아니라 두 개를 사용한다는 것이다. 즉 조건식을 2개를 사용하여 수행할 수 있는 선택 블록이 세 개가 된다는 것이다. 우주여행 7단계는 목적지에 도달할 때까지 반복하게 되는데 앞쪽에 돌이 없으면 앞으로 가기를 실행하고 약간 세부적으로 설명하면 앞쪽에 어떤 물체도 없으면 앞으로 가기를 실행한다. 우주여행 6단계까지에는 물체를 돌로만 생각하지만, 나중에는 물체는 돌, 벽, 아이템으로 세 가지 종류가 있다. 추가로 물체에는 목적지도 있어야 하지만 우주여행에서는 물체에 목적지를 포함하지 않고 블록 코딩되고 있으며 엔트리봇이 목적지에 도착하면 자동으로 목적지를 인식되는 형태로 프로그램되어 있다. 이후에 다루게 될 실제 코딩에서는 목적지를 인식하는 부분도 코딩해야 정상적으로 동작할 수 있다. 엔트리봇 우주여행 7단계는 어느 방향 레이더를 사용하는지에 따라 여러 가지 블록 코딩 방식이 존재하게 된다. 즉 나아가는 방향을 결정하기 위한 우선순위 순서에 따라 다양한 블록 코딩 방식이 있으며 어느 쪽을 선택하게 되는 것에 대한 분석은 환경에 따라 변화하게 될 것이다.

만약 우리가 우주 시나리오에 미리 알지를 못한 상태에서 엔트리봇이 목적지에 안전하게 도착하도록 블록 코딩을 하는 것은 더욱 복잡한 변수가 존재하기 때문에 다양하고 분석적인 사고력이 요구된다고 할 수 있다. 우주여행 6단계와 비교하면서 우주여행 7단계를 통해서 실제적인 블록 코딩에 대해 분석해 보기로 하자. 우주여행 7단계는 우주여행 6단계와 비교하자면 점점 실제 블록 코딩 방법과 유사하게 진화하고 있다고 할 수 있다. 간단하게 설명하자면 우주여행 7단계는 6단계와 같이 움직임을 결정할 수 있는 종류가 3가지지만 우주여행 7단계는 움직임을 좀 더 세부적으로 결정하게 된다. 즉 앞쪽에 길이 있으면 앞쪽으로 가기를 수행하지만, 위쪽과 아래쪽은 어느 쪽 길이 더 안전한지를 판단해서 결정하게 된다. 물론 세부적인 분석은 이후에 이루어지게 되겠지만 현재 시점에서 어느 정도의 분석은 필요하다고 하겠다.

그림 13.7에서 블록 꾸러미에는 엔트리봇의 움직임을 결정하는 앞으로 가기, 위쪽으로 가기, 아래쪽으로 가기, 목적지에 도달할 때까지 반복하기, 만일 참이라면 아니면, 위쪽 레이더 >(>=, =, <, <=)1, 앞쪽 레이더 >(>=, =, <, <=)1, 아래쪽 레이더 >(>=, =, <, <=)1, 위쪽 레이더, 앞쪽 레이더, 아래쪽 레이더인 블록이 있다. 만일 참이라면 아니면 블록은 참인 부분에 어떤 조건식을 사용해서 조건식이 참이 되면 바로 아래 명령을 수행하고 거짓이 되면 아니면 다음 명령을 수행하는 선택 수행 명령어이며 거리 센서에 해당하는 기능을 수행하며 앞쪽 레이더 >1인 블록은 바로 앞에 설명했던 조건식으로 앞쪽 레이더를 통해 살펴본 앞쪽에 어떤 물체가 있는 장소까지의 거리가 1보다 큰지를 결정해서 참과 거짓을 판명하는 블록이며 조건식으로서 연산식에 해당하는 위쪽 레이더>=아래쪽 레이더를 사용한다. 추가로 블록 꾸러미에는 없지만, 블록 조립소에서 미리 사용된 시작하기

를 클릭했을 때 블록이 존재한다. 시작하기를 클릭했을 때 블록은 실행 화면에 있는 시작하기 버튼을 누르면 연결된 블록들을 순차적으로 실행할 수 있도록 한다.

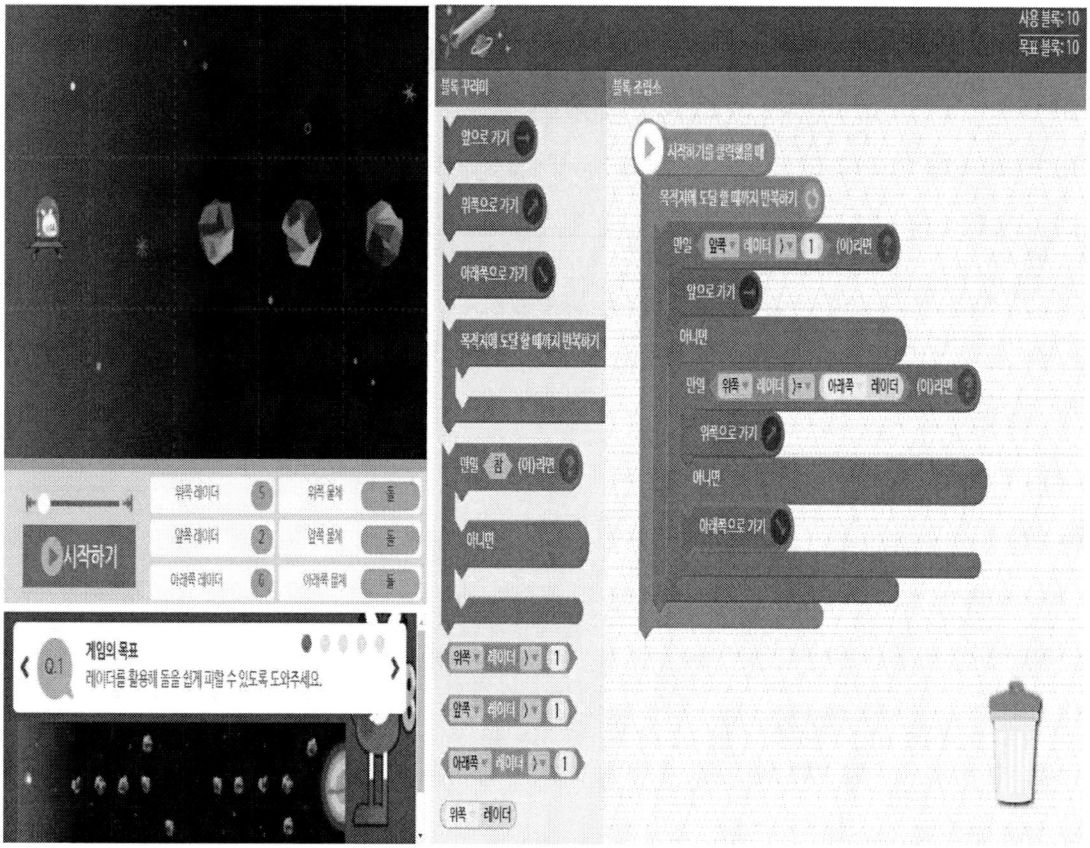

그림 13.7 우주여행 7단계

블록 조립소에는 목적지에 도달하기 위해서 목적지에 도달할 때까지 반복하기 블록 안에 만일 참이라는 블록을 사용하면 되고 조건식은 앞쪽 레이더>1인 블록을 사용하여 참의 경우 앞으로 가기를 수행하고 거짓이지만 위쪽 레이더>=아래쪽 레이더 블록을 사용하여 참의 경우 위쪽으로 가기를 수행하고 거짓의 경우 아래쪽으로 가기를 수행하도록 블록 코딩이 이루어져 있다.

우리가 우주 시나리오에 미리 알지를 못한 상태에서 엔트리봇이 목적지에 안전하게 도착하도록 블록 코딩을 하는 것은 더욱 복잡한 변수가 존재하기 때문에 다양하고 분석적인 사고력이 요구된다고 할 수 있다.

좋은 아이디어를 사용해서 목표 블록보다 더 적은 블록을 사용할 수 있도록 끊임없이 분석하고 노력해야 한다. 블록 코딩에 따라 엔트리봇을 움직이게 하는 즉 실행하는 부분은 상단 왼쪽에 표시되며 시작하기를 누르면 우리가 블록 조립소에서 블록 코딩한 순서대로 실행된다. 실행 화면의 상황을 잘 파악해서 엔트리봇이 지구에 도착할 수 있도록 블록 꾸러미에 있는 블록을 이용해서 블록 조립소에서 조립하면 된다. 시작하기를 클릭했을 때 블록은 실행 화면에 있는 시작하기 버튼을 누르면 시작하기를 클릭했을 때 블록에 연결된 블록들을 순차적으로 실행할 수 있다. 블록 조립소에서 블록 코딩 후 실행 화면에서 시작하기 버튼을 누르게 되면 엔트리봇이 블록 코딩에 따라 이동하여 목적지에 안전하게 도착하게 된다.

블록 코딩 후 시작하기 버튼을 눌러 블록 코딩을 실행한 후 결과를 확인하면 된다. 결과를 통해서 실제 문제 해결에 대한 성공과 실패를 판단하여 성공한 후에는 다음 단계로 가고 실패를 한 경우에는 다시 블록 코딩을 수행하여 성공할 때까지 반복해서 수행하게 된다.

우리가 우주 시나리오에 미리 알지를 못한 상태에서 엔트리봇이 목적지에 안전하게 도착하도록 블록 코딩을 하는 것은 복잡한 변수가 존재하기 때문에 다양하고 분석적인 사고력이 요구된다고 할 수 있다.

우주여행의 목적은 기본적으로 돌을 피해 엔트리봇이 목적지에 안전하게 도착할 수 있도록 하는 것이며 또한 최소한의 블록 수를 가지고 효율적인 블록 코딩을 해야 한다는 것이다. 그런데 지금까지의 우주 시나리오는 단계별로 고정되어 있으며 또한 우리가 이미 우주 시나리오를 알고 있다는 전제하에서 블록 코딩을 진행한다는 것이다. 여러 가지 의문점이 생기게 된다. 우리가 우주 시나리오를 모른다면 즉 돌이 어디에 있는지 또는 목적지가 어디에 있는지를 모른다면 블록 코딩에 있어서 심각한 문제를 발생시키게 된다. 우리가 우주 시나리오를 안다고 전제해도 우주여행 1단계에서부터 6단계를 거치면서 우주 시나리오에 따라 블록 코딩이 여섯 개가 존재하게 된다. 만약 우주 시나리오가 100개라면 블록 코딩 역시 100개가 존재해야 한다는 것이다. 이런 상황에서 실제로 우리가 우주 시나리오 형태를 안다는 것은 있을 수 없는 일이 될 것이다. 따라서 블록 코딩은 어떤 우주 시나리오의 경우라도 오직 하나만이 존재해야 하며 이는 바로 적응적인 블록 코딩을 해야 한다는 것을 의미한다. 앞으로 우리는 이점에 집중하여 사고력과 창의력을 가지고 블록 코딩을 진행해야 한다.

13.8 우주여행 8단계

우주여행 8단계를 통해 가장 기초적인 내용부터 설명하자. 그림 13.8에는 우주여행 8단계를 블록 코딩한 화면에 대해 표현하였다. 결론적으로 말하면 우주여행 8단계 블록 코딩은 1단계부터 7단계까지의 블록 코딩과는 다른 관점을 사용하는 블록 코딩이라고 말할 수 있다. 8단계는 블록 코딩 관점에서 우주여행 이전 단계와 비교하면 크게 연관성이 없는 블록 코딩 방식이며 이전까지는 언급되지 않던 물체인 아이템에 대해 다루게 된다. 이제까지는 언급되지 않았던 아이템은 모든 길이 막혀있는 경우 길을 뚫어 주는 무기와 같은 기능을 가지고 사용하게 된다. 이후에 다루겠지만 우주여행 시나리오에서 필요한 경우에 아이템을 적절하게 사용하기 위해서 최대한 아이템을 많이 취득할 필요가 있다. 하지만 엔트리에서는 프로그램상으로 아이템을 취득해 저장할 수 있는 수가 3개로 제한되어 있다. 우주여행 8단계는 움직임 선택이 4개인데 3개는 아이템을 취득하기 위한 움직임이고 1개는 위쪽, 앞쪽, 아래쪽 레이더를 통해서 아이템을 발견할 수 없을 때 목적지를 찾기 위한 움직임이다. 아이템 취득을 위한 움직임 방향은 우리가 임의로 선택하는 것이며 목적지를 찾기 위해서 움직임을 선택하는 것도 기본적으로 우리가 임으로 선택하는 것이다. 아이템 취득과 목적지 도착을 위한 움직임 방향을 주어진 정보를 활용해서 선택하기 위해서는 추가적인 블록 코딩이 필요하며 그러한 블록 코딩은 좀 더 진화된 블록 코딩 방식이라고 할 수 있다. 이후에 좀 더 세부적으로 다루어 보기로 하자. 추가된 3개의 블록은 실제로 물체를 확인하고 구별할 수 있는 이미지 센서로서 동작한다. 이전에 살펴본 거리 센서와 더불어 엔트리 우주여행에서는 두 가지 종류의 센서가 사용된다. 아이템을 취득하기 위해서 움직이거나 목적지에 도착하기 위해서 움직이는 방향을 결정하기 위한 우선순위 순서에 따라 다양한 블록 코딩 방식이 있으며 어느 쪽을 선택하게 되는 것에 대한 분석은 환경에 따라 변화하게 될 것이다. 물론 우주여행 8단계에서는 성능과 효율성을 고려하는 경우 가능한 블록 코딩 수는 오직 하나만이 존재하게 된다. 물론 약간의 우선순위를 변경하면 여러 개의 블록 코딩이 존재하지만 실제로는 같은 성능을 가지는 블록 코딩 방법이라고 생각할 수 있다.

8단계는 이동할 길이 없는 경우를 대비하여 길을 만들 수 있는 아이템을 취득하도록 하는 블록 코딩이다. 그림 13.8에서 엔트리에서 블록 코딩을 수행하기 위해서 그림에 나와 있는 기본적인 사항부터 살펴보고 점검해 보자. 우주여행 7단계와 비교하여 다른 블록 종류 3개가 추가되어 블록 코딩 관점에서도 상당히 많은 차이점이 존재한다. 추가된 블록은 위쪽 물체는 아이템인가?, 앞쪽 물체는 아이템인가?, 아래쪽 물체는 아이템인가?

블록이다. ,아이템이 있는 곳으로 이동하기 위해서 앞쪽, 위쪽, 아래쪽 어느 쪽으로 먼저 가느냐에 따라 블록 코딩은 달라진다. 그림 13.8에서는 위쪽, 앞쪽, 아래쪽 순위로 아이템을 취득하도록 블록 코딩되어 있다.

우주여행 8단계는 만일 참이라면 블록을 3개를 사용한다는 것이다. 즉 조건식을 3개를 사용하여 수행할 수 있는 선택 블록이 4개가 된다는 것이다. 우주여행 8단계는 목적지에 도달할 때까지 반복하게 되는데 위쪽에 아이템이 있으면 위쪽으로 가기를 실행하고 아니면 앞쪽에 아이템이 있으면 앞쪽으로 가기를 실행하고 아니면 아래쪽에 아이템이 있으면 아래쪽으로 가기를 실행하고 아니면 앞으로 가기를 수행한다. 추가로 물체에는 목적지도 있어야 하지만 우주여행에서는 물체에 목적지를 포함하지 않고 블록 코딩되고 있으며 엔트리봇이 목적지에 도착하면 자동으로 목적지를 인식되는 형태로 프로그램되어 있다. 이후에 다루게 될 실제 코딩에서는 목적지를 인식하는 부분도 코딩해야 정상적으로 동작할 수 있다. 엔트리봇 우주여행 8단계는 어느 방향 레이더를 사용하는지에 따라 여러 가지 블록 코딩 방식이 존재하게 된다. 즉 나아가는 방향을 결정하기 위한 우선순위 순서에 따라 다양한 블록 코딩 방식이 있으며 어느 쪽을 선택하게 되는 것에 대한 분석은 환경에 따라 변화하게 될 것이다.

만약 우리가 우주 시나리오에 미리 알지를 못한 상태에서 엔트리봇이 목적지에 안전하게 도착하도록 블록 코딩을 하는 것은 더욱 복잡한 변수가 존재하기 때문에 다양하고 분석적인 사고력이 요구된다고 할 수 있다.

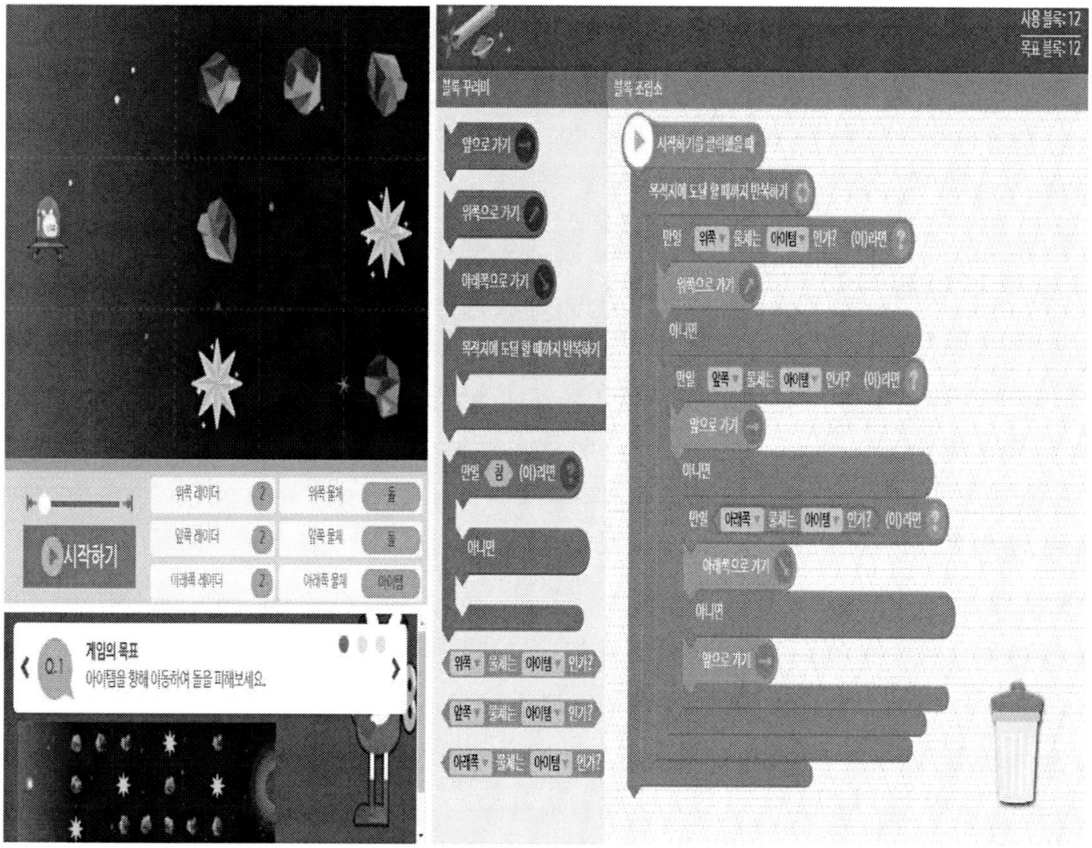

그림 13.8 우주여행 8단계

그림 13.8에서 블록 꾸러미에는 엔트리봇의 움직임을 결정하는 앞으로 가기, 위쪽으로 가기, 아래쪽으로 가기, 목적지에 도달할 때까지 반복하기, 만일 참이라면 아니면, 위쪽 물체는 아이템인가?, 앞쪽 물체는 아이템인가?, 아래쪽 물체는 아이템인가? 블록이 있다. 만일 참이라면 아니면 블록은 참인 부분에 어떤 조건식을 사용해서 조건식이 참이 되면 바로 아래 명령을 수행하고 거짓이 되면 아니면 다음 명령을 수행하는 선택 수행 명령어이며 위쪽 물체는 아이템인가? 블록은 조건식으로 앞쪽 레이더를 통해 살펴본 앞쪽에 아이템이 있는지를 결정해서 참과 거짓을 판명하는 블록이다. 추가로 블록 꾸러미에는 없지만, 블록 조립소에서 미리 사용된 시작하기를 클릭했을 때 블록이 존재한다. 시작하기를 클릭했을 때 블록은 실행 화면에 있는 시작하기 버튼을 누르면 연결된 블록들을 순차적으로 실행할 수 있도록 한다.

블록 조립소에는 목적지에 도달하기 위해서 목적지에 도달할 때까지 반복하기 블록 안에 만일 참이라는 블록을 사용하면 되고 조건식은 위쪽 물체는 아이템인가? 블록을 사용하여 참의 경우 위쪽으로 가기를 수행하고 거짓이지만 앞쪽 물체는 아이템인가? 블록을 사용하여 참의 경우 앞쪽으로 가기를 수행하고 거짓이지만 아래쪽 물체는 아이템인가? 블록을 사용하여 참의 경우 아래쪽으로 가기를 수행하고 거짓의 경우 앞으로 가기를 수행하도록 블록 코딩이 이루어져 있다.

우리가 우주 시나리오에 미리 알지를 못한 상태에서 엔트리봇이 목적지에 안전하게 도착하도록 블록 코딩을 하는 것은 더욱 복잡한 변수가 존재하기 때문에 다양하고 분석적인 사고력이 요구된다고 할 수 있다.

좋은 아이디어를 사용해서 목표 블록보다 더 적은 블록을 사용할 수 있도록 끊임없이 분석하고 노력해야 한다. 블록 코딩에 따라 엔트리봇을 움직이게 하는 즉 실행하는 부분은 상단 왼쪽에 표시되며 시작하기를 누르면 우리가 블록 조립소에서 블록 코딩한 순서대로 실행된다. 실행 화면의 상황을 잘 파악해서 엔트리봇이 지구에 도착할 수 있도록 블록 꾸러미에 있는 블록을 이용해서 블록 조립소에서 조립하면 된다. 시작하기를 클릭했을 때 블록은 실행 화면에 있는 시작하기 버튼을 누르면 시작하기를 클릭했을 때 블록에 연결된 블록들을 순차적으로 실행할 수 있다. 블록 조립소에서 블록 코딩 후 실행 화면에서 시작하기 버튼을 누르게 되면 엔트리봇이 블록 코딩에 따라 이동하여 목적지에 안전하게 도착하게 된다.

블록 코딩 후 시작하기 버튼을 눌러 블록 코딩을 실행한 후 결과를 확인하면 된다. 결과를 통해서 실제 문제 해결에 대한 성공과 실패를 판단하여 성공한 후에는 다음 단계로 가고 실패를 한 경우에는 다시 블록 코딩을 수행하여 성공할 때까지 반복해서 수행하게 된다.

우리가 우주 시나리오에 미리 알지를 못한 상태에서 엔트리봇이 목적지에 안전하게 도착하도록 블록 코딩을 하는 것은 복잡한 변수가 존재하기 때문에 다양하고 분석적인 사고력이 요구된다고 할 수 있다.

우주여행의 목적은 기본적으로 돌을 피해 엔트리봇이 목적지에 안전하게 도착할 수 있도록 하는 것이며 또한 최소한의 블록 수를 가지고 효율적인 블록 코딩을 해야 한다는 것이다. 그런데 지금까지의 우주 시나리오는 단계별로 고정되어 있으며 또한 우리가 이미 우주 시나리오를 알고 있다는 전제하에서 블록 코딩을 진행한다는 것이다. 여러 가지 의문점이 생기게 된다. 우리가 우주 시나리오를 모른다면 즉 돌이 어디에 있는지 또는 목적지가 어디에 있는지를 모른다면 블록 코딩에 있어서 심각한 문제를 발생시키게 된다. 만약 우주 시나리오가 100개라면 블록 코딩 역시 100개가 존재해야 한다는 것이다.

이런 상황에서 실제로 우리가 우주 시나리오 형태를 안다는 것은 있을 수 없는 일이 될 것이다. 따라서 블록 코딩은 어떤 우주 시나리오의 경우라도 오직 하나만이 존재해야 하며 이는 바로 적응적인 블록 코딩을 해야 한다는 것을 의미한다. 앞으로 우리는 이점에 집중하여 사고력과 창의력을 가지고 블록 코딩을 진행해야 한다.

13.9 우주여행 9단계

우주여행 9단계를 통해 가장 기초적인 내용부터 설명하자. 그림 13.9에는 우주여행 9단계를 블록 코딩한 화면에 대해 표현하였다. 결론적으로 말하면 우주여행 9단계 블록 코딩은 8단계 블록 코딩과는 다른 관점을 사용하는 블록 코딩이라고 말할 수 있다. 9단계는 블록 코딩 관점에서 우주여행 8단계와 비교하면 크게 연관성이 없는 블록 코딩 방식이다. 이전까지는 언급되지 않던 물체인 아이템에 대해 다루게 된다. 이제까지는 언급되지 않았던 아이템은 모든 길이 막혀있는 경우 길을 뚫어 주는 무기와 같은 기능을 가지고 사용하게 된다. 이후에 다루겠지만 우주여행 시나리오에서 필요한 경우에 아이템을 적절하게 사용하기 위해서 최대한 아이템을 많이 취득할 필요가 있다. 하지만 앞에서 언급했듯이 엔트리에서는 프로그램상으로 아이템을 취득해 저장할 수 있는 수가 3개로 제한되어 있다. 우주여행 9단계는 움직임 선택이 4개인데 3개는 아이템을 취득하기 위한 움직임이고 1개는 길이 없는 경우 아이템을 사용하는 위한 움직임이다. 아이템 취득을 위한 움직임 방향은 우리가 임의로 선택하는 것이며 목적지를 찾기 위해서 움직임을 선택하는 것도 기본적으로 우리가 임으로 선택하는 것이다. 아이템 취득과 목적지 도착을 위한 움직임 방향을 주어진 정보를 활용해서 선택하기 위해서는 추가적인 블록 코딩이 필요하며 그러한 블록 코딩은 좀 더 진화된 블록 코딩 방식이라고 할 수 있다. 이후에 좀 더 세부적으로 다루어 보기로 하자. 추가된 1개의 아이템 사용 블록이다. 아이템을 취득하기 위해서 움직이거나 목적지에 도착하기 위해서 움직이는 방향을 결정하기 위한 우선순위 순서에 따라 다양한 블록 코딩 방식이 있으며 어느 쪽을 선택하게 되는 것에 대한 분석은 환경에 따라 변화하게 될 것이다. 물론 우주여행 9단계에서는 성능과 효율성을 고려하는 경우 가능한 블록 코딩 수는 오직 하나만이 존재하게 된다. 물론 약간의 우선순위를 변경하면 여러 개의 블록 코딩이 존재하지만 실제로는 같은 성능을 가지는 블록 코딩 방법이라고 생각할 수 있다.

9단계는 이동할 길이 없는 경우를 대비하여 길을 만들 수 있는 아이템을 취득하고 아이템을 사용할 수 있도록 하는 블록 코딩이다.

우주여행 9단계는 만일 참이라면 블록을 3개를 사용한다는 것이다. 즉 조건식을 3개를 사용하여 수행할 수 있는 선택 블록이 4개가 된다는 것이다. 우주여행 9단계는 앞으로 가기 2번과 아이템 사용 블록을 사용한 후 목적지에 도달할 때까지 반복하게 되는데 앞쪽에 아이템이 있으면 앞쪽으로 가기를 실행하고 아니면 아래쪽에 아이템이 있으면 아래쪽으로 가기를 실행하고 아니면 위쪽에 아이템이 있으면 위쪽으로 가기를 실행하고 아니면 아이템 사용 블록을 수행한다. 추가로 물체에는 목적지도 있어야 하지만 우주여행에서는 물체에 목적지를 포함하지 않고 블록 코딩되고 있으며 엔트리봇이 목적지에 도착하면 자동으로 목적지를 인식되는 형태로 프로그램되어 있다. 이후에 다루게 될 실제 코딩에서는 목적지를 인식하는 부분도 코딩해야 정상적으로 동작할 수 있다. 엔트리봇 우주여행 9단계는 어느 방향 레이더를 사용하는지에 따라 여러 가지 블록 코딩 방식이 존재하게 된다. 즉 나아가는 방향을 결정하기 위한 우선순위 순서에 따라 다양한 블록 코딩 방식이 있으며 어느 쪽을 선택하게 되는 것에 대한 분석은 환경에 따라 변화하게 될 것이다.

만약 우리가 우주 시나리오에 미리 알지를 못한 상태에서 엔트리봇이 목적지에 안전하게 도착하도록 블록 코딩을 하는 것은 더욱 복잡한 변수가 존재하기 때문에 다양하고 분석적인 사고력이 요구된다고 할 수 있다.

그림 13.9에서 블록 꾸러미에는 엔트리봇의 움직임을 결정하는 앞으로 가기, 위쪽으로 가기, 아래쪽으로 가기, 아이템 사용, 목적지에 도달할 때까지 반복하기, 만일 참이라면 아니면, 위쪽 물체는 아이템인가?, 앞쪽 물체는 아이템인가?, 아래쪽 물체는 아이템인가? 블록이 있다. 만일 참이라면 아니면 블록은 참인 부분에 어떤 조건식을 사용해서 조건식이 참이 되면 바로 아래 명령을 수행하고 거짓이 되면 아니면 다음 명령을 수행하는 선택 수행 명령어이며 앞쪽 물체는 아이템인가? 블록은 조건식으로 앞쪽 레이더를 통해 살펴본 앞쪽에 아이템이 있는지를 결정해서 참과 거짓을 판명하는 블록이다. 추가로 블록 꾸러미에는 없지만, 블록 조립소에서 미리 사용된 시작하기를 클릭했을 때 블록이 존재한다. 시작하기를 클릭했을 때 블록은 실행 화면에 있는 시작하기 버튼을 누르면 연결된 블록들을 순차적으로 실행할 수 있도록 한다.

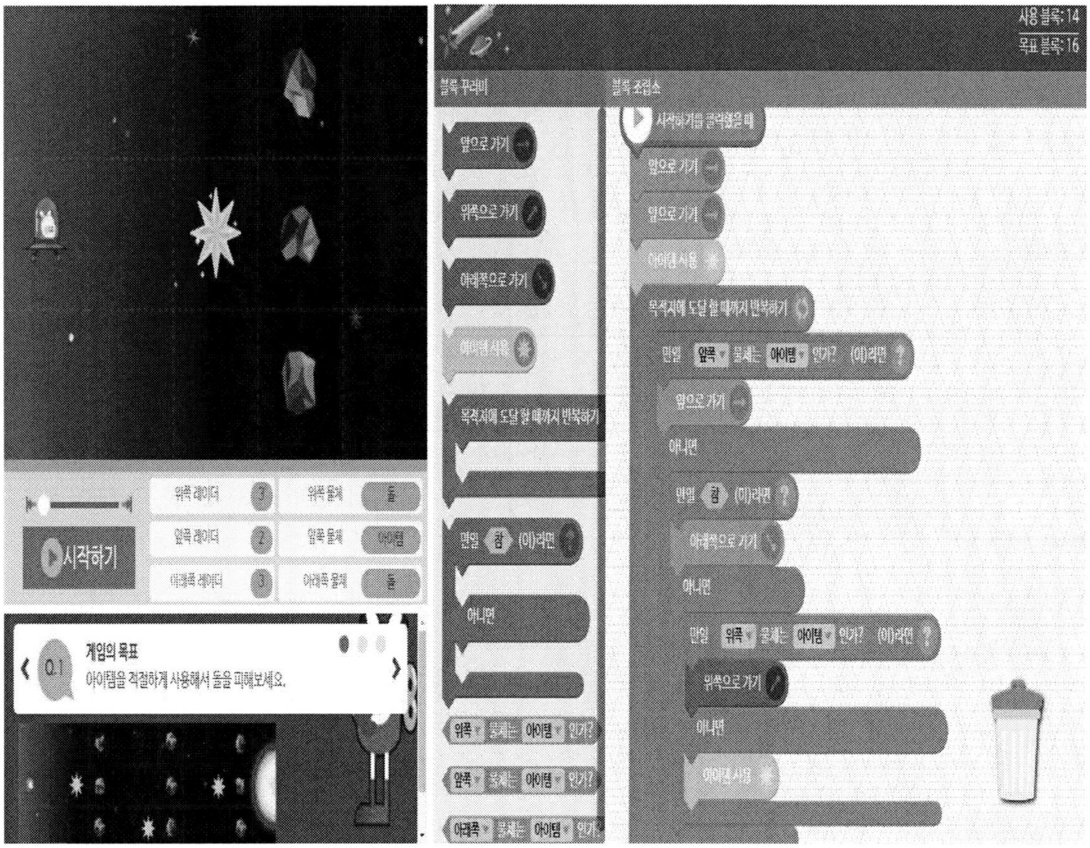

그림 13.9 우주여행 9단계

블록 조립소에는 목적지에 도달하기 위해서 앞으로 가기 2개, 아이템 사용 블록을 사용한 후 목적지에 도달할 때까지 반복하기 블록 안에 만일 참이라는 블록을 사용하면 되고 조건식은 앞쪽 물체는 아이템인가? 블록을 사용하여 참의 경우 앞쪽으로 가기를 수행하고 거짓이지만 아래쪽 물체는 아이템인가? 블록을 사용하여 참의 경우 아래쪽으로 가기를 수행하고 거짓이지만 위쪽 물체는 아이템인가? 블록을 사용하여 참의 경우 위쪽으로 가기를 수행하고 거짓의 경우 아이템 사용을 수행하도록 블록 코딩이 이루어져 있다.

우리가 우주 시나리오에 미리 알지를 못한 상태에서 엔트리봇이 목적지에 안전하게 도착하도록 블록 코딩을 하는 것은 더욱 복잡한 변수가 존재하기 때문에 다양하고 분석적인 사고력이 요구된다고 할 수 있다.

좋은 아이디어를 사용해서 목표 블록보다 더 적은 블록을 사용할 수 있도록 끊임없이 분석하고 노력해야 한다. 블록 코딩에 따라 엔트리봇을 움직이게 하는 즉 실행하는 부분은 상단 왼쪽에 표시되며 시작하기를 누르면 우리가 블록 조립소에서 블록 코딩한 순서대로 실행된다. 실행 화면의 상황을 잘 파악해서 엔트리봇이 지구에 도착할 수 있도록 블록 꾸러미에 있는 블록을 이용해서 블록 조립소에서 조립하면 된다. 시작하기를 클릭했을 때 블록은 실행 화면에 있는 시작하기 버튼을 누르면 시작하기를 클릭했을 때 블록에 연결된 블록들을 순차적으로 실행할 수 있다. 블록 조립소에서 블록 코딩 후 실행 화면에서 시작하기 버튼을 누르게 되면 엔트리봇이 블록 코딩에 따라 이동하여 목적지에 안전하게 도착하게 된다.

블록 코딩 후 시작하기 버튼을 눌러 블록 코딩을 실행한 후 결과를 확인하면 된다. 결과를 통해서 실제 문제 해결에 대한 성공과 실패를 판단하여 성공한 후에는 다음 단계로 가고 실패를 한 경우에는 다시 블록 코딩을 수행하여 성공할 때까지 반복해서 수행하게 된다.

우리가 우주 시나리오에 미리 알지를 못한 상태에서 엔트리봇이 목적지에 안전하게 도착하도록 블록 코딩을 하는 것은 복잡한 변수가 존재하기 때문에 다양하고 분석적인 사고력이 요구된다고 할 수 있다.

우주여행의 목적은 기본적으로 돌을 피해 엔트리봇이 목적지에 안전하게 도착할 수 있도록 하는 것이며 또한 최소한의 블록 수를 가지고 효율적인 블록 코딩을 해야 한다는 것이다. 그런데 지금까지의 우주 시나리오는 단계별로 고정되어 있으며 또한 우리가 이미 우주 시나리오를 알고 있다는 전제하에서 블록 코딩을 진행한다는 것이다. 여러 가지 의문점이 생기게 된다. 우리가 우주 시나리오를 모른다면 즉 돌이 어디에 있는지 또는 목적지가 어디에 있는지를 모른다면 블록 코딩에 있어서 심각한 문제를 발생시키게 된다. 만약 우주 시나리오가 100개라면 블록 코딩 역시 100개가 존재해야 한다는 것이다. 이런 상황에서 실제로 우리가 우주 시나리오 형태를 안다는 것은 있을 수 없는 일이 될 것이다. 따라서 블록 코딩은 어떤 우주 시나리오의 경우라도 오직 하나만이 존재해야 하며 이는 바로 적응적인 블록 코딩을 해야 한다는 것을 의미한다. 앞으로 우리는 이점에 집중하여 사고력과 창의력을 가지고 블록 코딩을 진행해야 한다.

13.10 우주여행 10단계

우주여행 10단계를 통해 가장 기초적인 내용부터 설명하자. 그림 1310에는 우주여행 10단계 초기화면에 대해 표현하였다. 결론적으로 말하면 우주여행 10단계 블록 코딩은 이전 9단계까지의 블록 코딩과는 다른 관점을 사용하는 블록 코딩이라고 말할 수 있다. 10단계는 블록 코딩 관점에서 1단계에서 9단계까지의 블록 코딩과 비교하면 완전히 다른 블록 코딩 방식이다. 가장 큰 차이점은 우주 시나리오가 시작하기를 눌러 실행할 때마다 변화한다는 것이다. 만약 우리가 우주 시나리오에 미리 알지를 못한 상태에서 엔트리봇이 목적지에 안전하게 도착하도록 블록 코딩을 하는 것은 더욱 복잡한 변수가 존재하기 때문에 다양하고 분석적인 사고력이 요구된다고 할 수 있다. 또한 아이템 취득과 목적지 도착을 위한 움직임 방향을 주어진 정보를 활용해서 선택하기 위해서는 추가적인 블록 코딩이 필요하며 그러한 블록 코딩은 좀 더 진화된 블록 코딩 방식이라고 할 수 있다. 이후에 좀 더 세부적으로 다루어 보기로 하자. 아이템을 취득하기 위해서 움직이거나 목적지에 도착하기 위해서 움직이는 방향을 결정하기 위한 우선순위 순서에 따라 다양한 블록 코딩 방식이 있으며 어느 쪽을 선택하게 되는 것에 대한 분석은 환경에 따라 변화하게 될 것이다. 물론 10단계에서는 최대 성능과 효율성을 고려하는 경우 가능한 블록 코딩 수는 오직 하나만이 존재하게 된다. 성능과 효율을 달리하면서 약간의 우선순위를 변경하면 여러 개의 블록 코딩이 존재한다. 가장 기본적인 성능과 효율성을 가지는 블록 코딩부터 천천히 시작해 보기로 하자.

추가로 물체에는 돌, 벽, 아이템만 있는 것이 아니라 목적지도 있어야 하지만 우주여행에서는 물체에 목적지를 포함하지 않고 블록 코딩되고 있으며 엔트리봇이 목적지에 도착하면 자동으로 목적지를 인식되는 형태로 프로그램되어 있다. 이후에 다루게 될 실제 코딩에서는 목적지를 인식하는 부분도 코딩해야 정상적으로 동작할 수 있다. 엔트리봇 우주여행 10단계는 어느 방향 레이더를 먼저 사용하는지에 따라 여러 가지 블록 코딩 방식이 존재하게 된다. 즉 나아가는 방향을 결정하기 위한 우선순위 순서에 따라 다양한 블록 코딩 방식이 있으며 어느 쪽을 선택하게 되는 것에 대한 분석은 환경에 따라 변화하게 될 것이다.

그림 13.10에는 우주여행 10단계 초기화면에 대해 표시하였으며 화면 확대를 위해서 블록 꾸러미에 있는 일부 블록들을 블록 조립소에 옮겨 표시하였다. 블록 꾸러미에는 엔트리봇의 움직임을 결정하는 앞으로 가기, 위쪽으로 가기, 아래쪽으로 가기, 아이템 사용, 목적지에 도달할 때까지 반복하기, 만일 앞에 돌이 있다면 아니면, 만일 참이라면 아

니면, 위쪽 레이더 > 1, 앞쪽 레이더 > 1, 아래쪽 레이더 > 1, 위쪽 물체는 아이템인가?, 앞쪽 물체는 아이템인가?, 아래쪽 물체는 아이템인가?, 참 그리고 참, 위쪽 레이더, 앞쪽 레이더, 아래쪽 레이더 블록이 있다. 만일 참이라면 아니면 블록은 참인 부분에 어떤 조건식을 사용해서 조건식이 참이 되면 바로 아래 명령을 수행하고 거짓이 되면 아니면 다음 명령을 수행하는 선택 수행 명령어이며 앞쪽 물체는 아이템인가? 블록은 조건식으로 앞쪽 레이더를 통해 살펴본 앞쪽에 아이템이 있는지를 결정해서 참과 거짓을 판명하는 블록이다. 추가로 블록 꾸러미에는 없지만, 블록 조립소에서 미리 사용된 시작하기를 클릭했을 때 블록이 존재한다. 시작하기를 클릭했을 때 블록은 실행 화면에 있는 시작하기 버튼을 누르면 연결된 블록들을 순차적으로 실행할 수 있도록 한다.

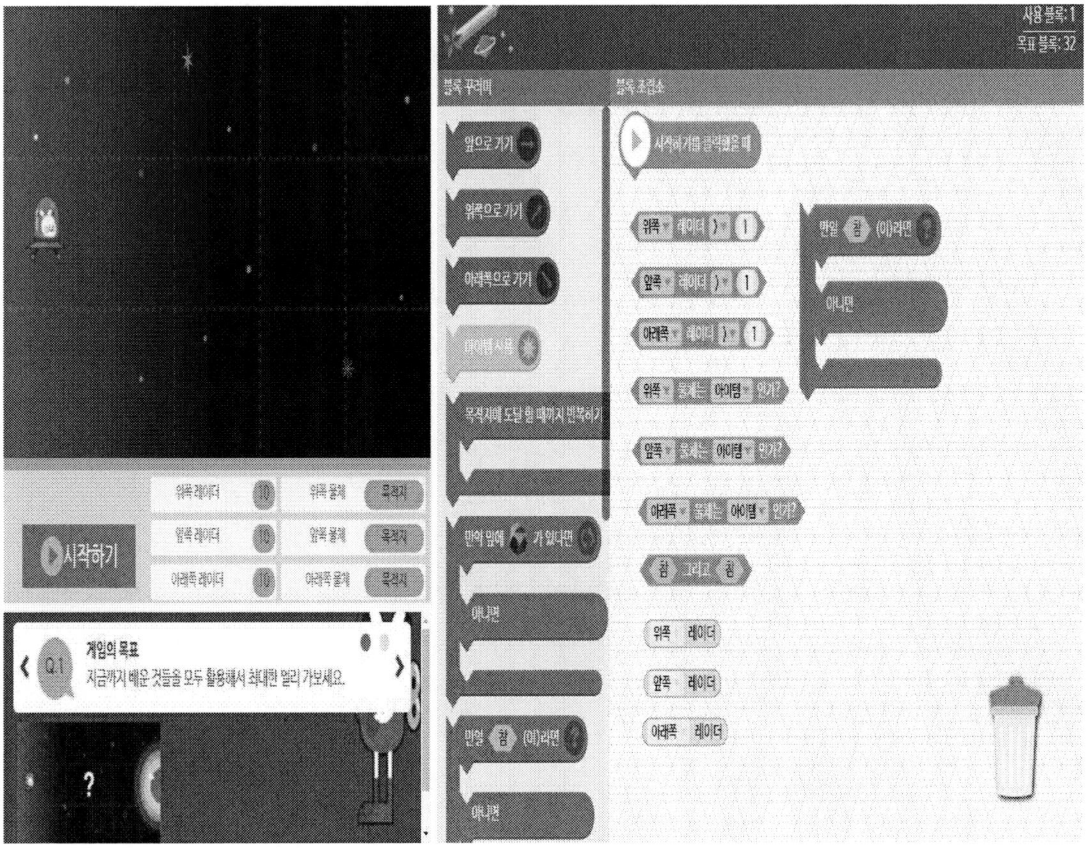

그림 13.10 우주여행 10단계 초기화면

우리가 우주 시나리오를 미리 알지를 못한 상태에서 엔트리봇이 목적지에 안전하게 도착하도록 블록 코딩을 하는 것은 더욱 복잡한 변수가 존재하기 때문에 다양하고 분석적인 사고력이 요구된다고 할 수 있다. 좋은 아이디어를 사용해서 최대의 성능과 효율성을 가지면서 목표 블록보다 더 적은 블록을 사용할 수 있도록 또는 최대의 성능과 효율성을 가지기 위해서 목표 블보다 더 많은 블록을 사용하는 것도 끊임없이 분석하고 노력해야 한다. 블록 코딩에 따라 엔트리봇을 움직이게 하는 즉 실행하는 부분은 상단 왼쪽에 표시되며 시작하기를 누르면 우리가 블록 조립소에서 블록 코딩한 순서대로 실행된다. 실행 화면의 상황을 잘 파악해서 엔트리봇이 지구에 도착할 수 있도록 블록 꾸러미에 있는 블록을 이용해서 블록 조립소에서 조립하면 된다. 시작하기를 클릭했을 때 블록은 실행 화면에 있는 시작하기 버튼을 누르면 시작하기를 클릭했을 때 블록에 연결된 블록들을 순차적으로 실행할 수 있다. 블록 조립소에서 블록 코딩 후 실행 화면에서 시작하기 버튼을 누르게 되면 엔트리봇이 블록 코딩에 따라 이동하여 목적지에 안전하게 도착하게 된다.

블록 코딩 후 시작하기 버튼을 눌러 블록 코딩을 실행한 후 결과를 확인하면 된다. 결과를 통해서 실제 문제 해결에 대한 성공과 실패를 판단하여 성공한 후에는 다음 단계로 가고 실패를 한 경우에는 다시 블록 코딩을 수행하여 성공할 때까지 반복해서 수행하게 된다.

우주여행의 목적은 기본적으로 엔트리봇이 돌을 피해 아이템을 취득하면서 목적지에 안전하게 도착할 수 있도록 하는 것이며 또한 최소한의 블록 수를 가지고 효율적인 블록 코딩을 해야 한다는 것이다. 그런데 지금까지의 우주 시나리오는 단계별로 고정되어 있으며 또한 우리가 이미 우주 시나리오를 알고 있다는 전제하에서 블록 코딩을 진행했다는 것이다. 그렇지만 10단계에서는 우주 시나리오가 변화하게 됨으로 블록 코딩은 최대한 성능과 효율성을 가지는 경우는 어떤 우주 시나리오의 경우라도 오직 하나만이 존재해야 하며 이는 바로 적응적인 블록 코딩을 해야 한다는 것을 의미한다. 앞으로 우리는 이점에 집중하여 사고력과 창의력을 가지고 블록 코딩을 진행해야 한다. 우주여행 10단계를 가장 기본적으로 수행할 수 있는 10-1단계 블록 코딩부터 천천히 시작해 보자.

1) 우주여행 10-1단계

우주여행 10-1단계는 블록 코딩 관점에서 9단계까지와 비교하면 아주 크게 차이점이 있는 블록 코딩 방식이며 특히 중요한 차이점은 시작하기 버튼을 눌렀을 때 우주 시나리오가 변화한다는 것을 앞에서 언급하였다. 우주여행 1단계에서 시작해서 9단계까지는 기본적인 학습을 위해 필요한 단계였으며 실제적인 블록 코딩이라고 말하기는 어려우며 실제 블록 코딩은 10-1단계부터 시작이라고 할 수 있다. 따라서 실행 시 변화하는 우주 시나리오에 적응하여 블록 코딩도 최적화되어야 한다. 그림 13.11에는 우주여행 10-1단계의 블록 코딩을 보여준다.

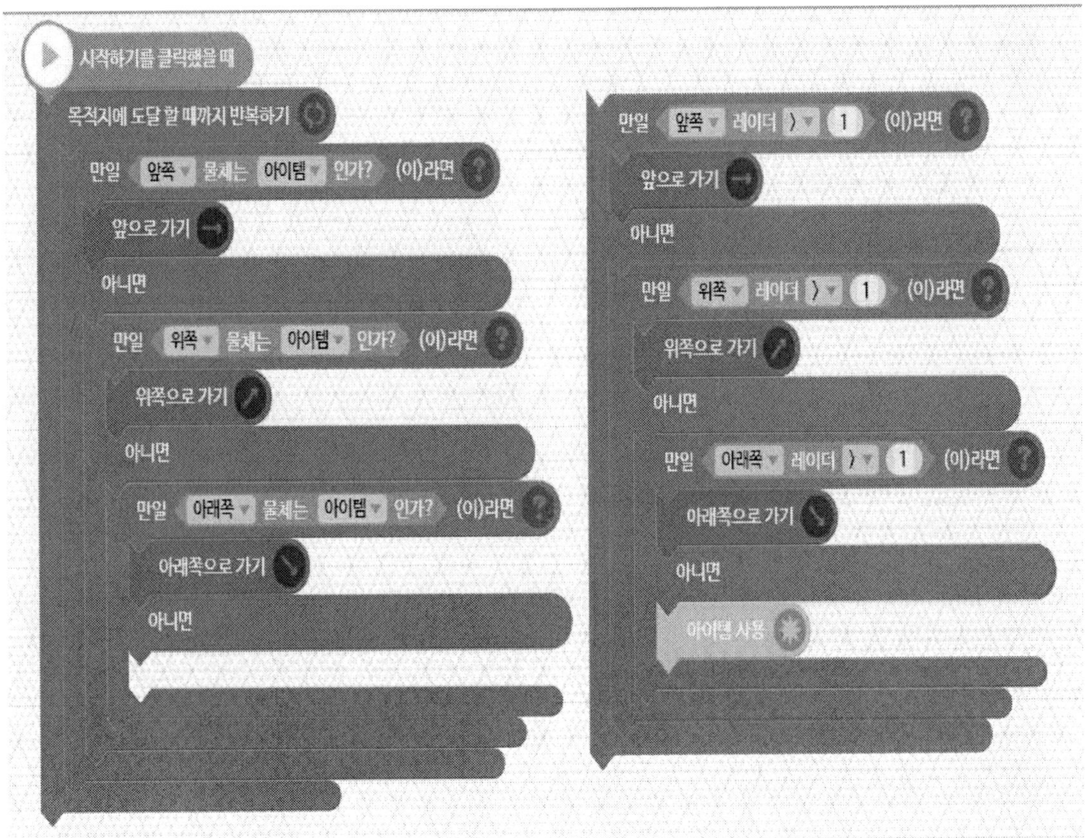

그림 13.11 우주여행 10-1단계

우주여행 10-1단계는 움직임 선택이 7개인데 아이템을 취득하기 위한 움직임 3개이고 길 찾는 움직임 3개와 나머지 1개는 움직일 수 있는 길이 없을 때 길을 만들기 위해서 아이템 사용을 하는 움직임이며 엔트리 프로그램에서 아이템 사용 블록은 아이템을 사용하고 동시에 1번 앞으로 가기를 포함하는 명령어로 해석된다. 아이템 취득을 위한 움직임 방향은 우리가 임의로 선택하는 것이며 목적지를 찾기 위해서 움직임을 선택하는 것도 기본적으로 우리가 임으로 선택하는 것이다. 우주여행 10-1단계에서의 아이템 취득의 우선순위와 움직임 우선순위는 앞쪽, 위쪽, 아래쪽 순서로 정했다. 아이템 취득과 목적지 도착을 위한 움직임 방향을 주어진 정보를 활용해서 선택하기 위해서는 추가적인 블록 코딩이 필요하며 그러한 블록 코딩은 좀 더 진화된 블록 코딩 방식이라고 할 수 있다. 이후에 좀 더 세부적으로 다루어 보기로 하자. 우주여행 10-1단계는 만일 참이라면 블록을 6개를 사용하며 즉 조건식을 6개를 사용하여 수행할 수 있는 선택 블록이 7개가 된다는 것이다. 우주여행 10-1단계는 목적지에 도달할 때까지 반복하게 되는데 동시에 가능하다면 아이템을 취득하고 필요할 경우 아이템을 사용하기 위한 목적을 가진 블록 코딩 방식이다. 10-1단계를 설명하면 목적지에 도착할 때까지 반복하기 블록 안에 앞쪽 물체가 아이템이면 앞쪽으로 가고 아니면 위쪽 물체가 아이템이면 위쪽으로 가고 아니면 아래쪽 물체가 아이템이면 아래쪽으로 가고 아니면 앞쪽에 길이 있으면 앞으로 가고 아니면 위쪽에 길이 있으면 위쪽으로 가고 아니면 아래쪽에 길이 있으면 아래쪽으로 가고 아니면 아이템을 사용하게 된다. 아이템을 취득하기 위해서 움직이거나 목적지에 도착하기 위해서 움직이는 방향을 결정하기 위한 우선순위 순서에 따라 다양한 블록 코딩 방식이 있으며 어느 쪽을 선택하게 되는 것에 대한 분석은 환경에 따라 변화하게 될 것이다. 물론 10-1단계에서는 최대 성능과 효율성에서 가능한 블록 코딩 수는 오직 하나만이 존재하게 된다. 물론 성능과 효율성을 달리하면서 약간의 우선순위 원칙을 변경하는 경우 여러 개의 블록 코딩이 존재한다.

블록 조립소에서 블록 코딩 후 실행 화면에서 시작하기 버튼을 누르게 되면 엔트리봇이 블록 코딩에 따라 목적지에 도달할 때까지 블록을 몇 번 사용하게 될지는 실행할 때 변화하는 시나리오 환경에 따라 변하게 된다. 블록 코딩을 위해 사용한 블록 수는 시작하기를 클릭했을 때 블록과 함께 21개가 된다. 우주여행 10-1단계는 이전 단계들과 다르게 항상 목적지에 도착하는 것이 아니라 우주 시나리오에 따라 성공할 수도 있고 실패할 수도 있다. 따라서 우리의 목적은 어떤 우주 시나리오에서도 가능한 성공 확률을 높이기 위해 블록 코딩을 수행해야 한다. 따라서 이제까지 학습한 것을 바탕으로 사고력과 창의력을 발휘하여 모든 문제에 대한 성공 확률을 높일 수 있는 블록 코딩 방법을 개발해야 할 것이다. 아마도 우주여행 10-1단계에서 목표 블록으로 정해놓은 32개 블록 수를 초과하더라도 성공 확률이 더 높다면 성능 면에서 효율적인 블록 코딩 방법으로 평가할 수 있다. 우주여행 10-1단계에서는 우리가 우주 시나리오에 미리 알지를 못한 상태에서 엔트리봇이 목적지에 안전하게 도착하도록 블록 코딩을 함으로써 여러 가지 복잡한 변수가 존재하기 때문에 다양하고 분석적인 사고력이 요구된다고 할 수 있다. 물론 세부적인 분석은 이후에 이루어지게 되겠지만 현재 시점에서 어느 정도의 분석은 필요하다고 하겠다. 우주여행의 목적은 기본적으로 돌을 피하며 가능하다면 아이템을 취득하고 필요한 경우 적절하게 아이템을 사용하면서 엔트리봇이 목적지에 안전하게 도착할 수 있도록 하는 것이며 또한 최소한의 블록 수를 가지고 효율적인 블록 코딩을 한다는 것이며 추가로 모든 우주 시나리오 환경에 따라 항상 성공할 수는 없지만 가능한 한 성공률을 높일 수 있는 방향으로 블록 코딩을 작성해야 한다. 따라서 블록 코딩은 어떤 우주 시나리오의 경우라도 최대 성능을 가지는 것은 오직 하나만이 존재해야 하며 이는 바로 적응적인 블록 코딩을 해야 한다는 것을 의미한다. 앞으로 우리는 이점에 집중하여 사고력과 창의력을 가지고 블록 코딩을 진행해야 한다. 결론적으로 우주여행 1단계에서부터 10단계까지의 학습을 통해 실제적인 블록 코딩을 위해서는 최우선으로 이미지 센서와 거리 센서를 활용하여 아이템을 취득하면서 움직이고 앞쪽, 위쪽, 아래쪽 방향 모두에 아이템이 보이지 않다면 다음 단계로 앞쪽, 위쪽, 아래쪽을 모두 비교해 안전한 길을 선택하며 길이 존재하지 않는 경우는 아이템을 적절하게 사용하는 블록 코딩이 필요하며 가능한 한 아이템을 최대한 취득하면서 모든 방향을 비교하여 움직임을 선택하고 적절한 아이템 사용을 위한 블록 코딩을 작성하기 위해서는 사용된 블록의 수가 증가하는 경우가 일반적이지만 효율적 관점에서는 우수하다고 평가할 수 있다.

(1) 실제 알고리즘

엔트리에서 제공하는 블록 코딩이 아니라 실제 알고리즘에 대해서 작성해 보자.

① 현재 위치가 목적지이며 정상 종료하고 아니면 아이템을 탐색한다.

② 앞쪽 물체가 아이템이면 앞쪽으로 가고 알고리즘의 처음으로 돌아간다.

③ 앞쪽 물체가 아이템이 아니고 위쪽 물체가 아이템이면 위쪽으로 가고 알고리즘의 처음으로 돌아간다.

④ 위쪽 물체가 아이템이 아니고 아래쪽 물체가 아이템이면 아래쪽으로 가고 알고리즘의 처음으로 돌아간다.

⑤ 아래쪽 물체가 아이템이 아니면 길을 탐색한다.

⑥ 앞쪽에 길이 있으면 앞으로 가고 알고리즘의 처음으로 돌아간다.

⑦ 앞쪽에 길이 없고 위쪽에 길이 있으면 위쪽으로 가고 알고리즘의 처음으로 돌아간

다.

⑧ 위쪽에 길이 없고 아래쪽에 길이 있으면 아래쪽으로 가고 알고리즘의 처음으로 돌아간다.

⑨ 아래쪽에 길이 없고 아이템이 있으면 아이템을 사용하고 알고리즘의 처음으로 돌아간다.

⑩ 아이템이 없으면 비정상 종료된다.

여기서 현재 위치가 목적지이면 정상 종료하고 아이템이 없으면 비정상 종료된다는 것은 엔트리 블록 코딩에서는 없는 내용이다. 잘 비교하고 분석해야 한다.

(2) 순서도

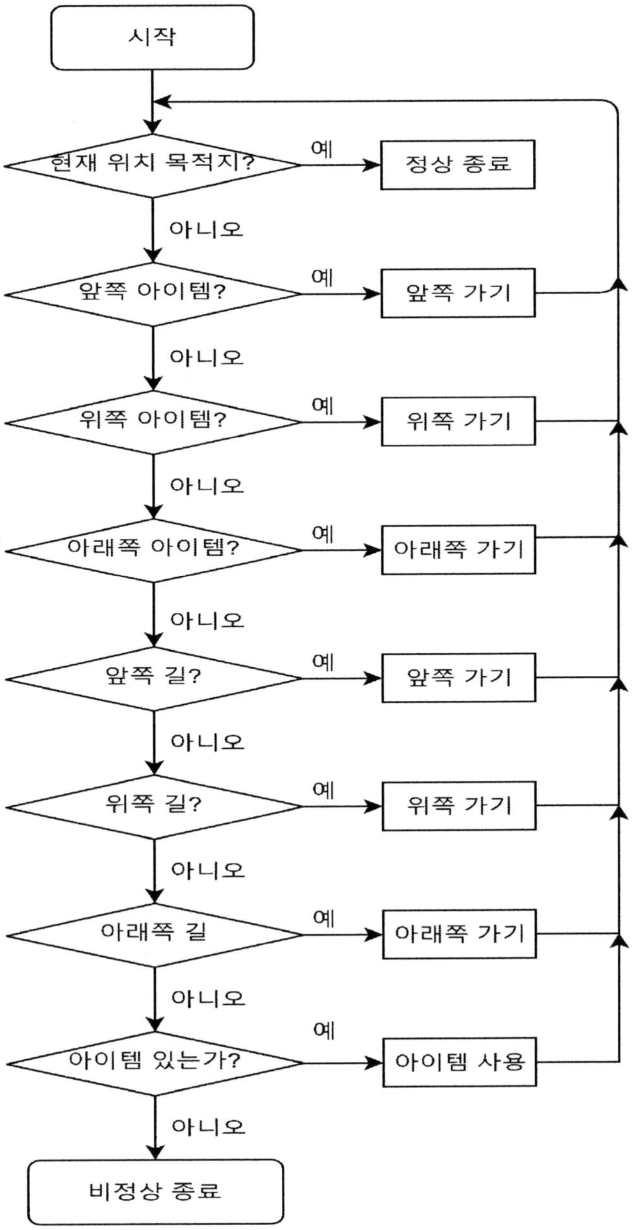

그림 13.12 우주여행 10-1단계

2) 우주여행 10-2단계

우주여행 10-2단계는 블록 코딩 관점에서 10-1단계와 비교하면 약간 차이점이 있는 블록 코딩 방식이다. 10-2단계는 실행 시 변화하는 우주 시나리오에 적응하여 블록 코딩도 조금 더 최적화되어야 한다. 10-1과 10-2단계의 차이점은 10-1단계는 길을 선택할 때 주어진 정보를 활용하지 않고 앞쪽, 위쪽, 아래쪽 우선순위를 사용한다는 것이고 10-2단계는 앞쪽은 우선순위를 가지고 위쪽과 아래쪽은 우선순위를 가지지 않고 정보를 활용하여 좀 더 안전한 길을 선택한다는 것이다. 즉 돌까지의 거리가 먼 쪽을 선택한다는 것이다. 그림 13.13에는 엔트리봇 우주여행 10-2단계의 블록 코딩을 보여준다.

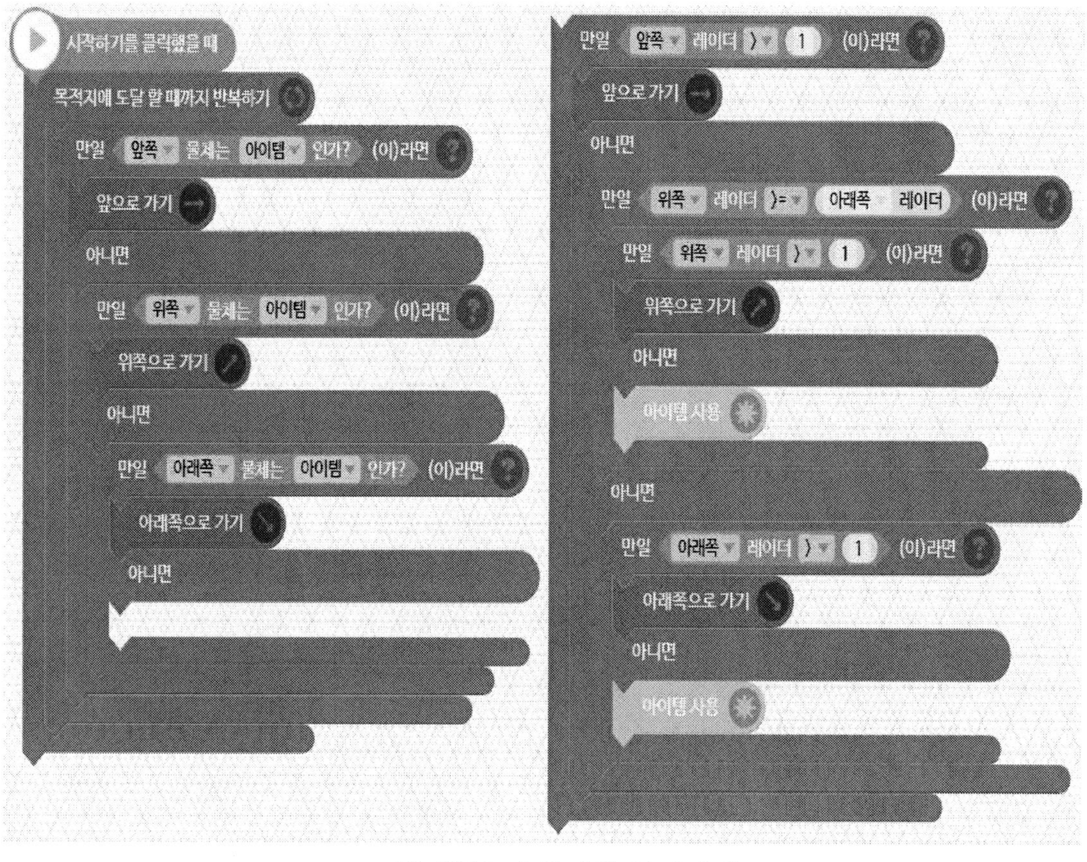

그림 13.13 우주여행 10-2단계

우주여행 10-2단계는 움직임 선택이 8개인데 아이템을 취득하기 위한 움직임 3개이고 길 찾는 움직임 3개와 나머지 1개는 움직일 수 있는 길이 없을 때 길을 만들기 위해서 아이템 사용을 하는 움직임 2개이며 엔트리 프로그램에서 아이템 사용 블록은 아이템을 사용하고 동시에 1번 앞으로 가기를 포함하는 명령어로 해석된다. 아이템 취득을 위한 움직임 방향은 우리가 임의로 선택하는 것이며 목적지를 찾기 위해서 움직임을 선택하는 것도 기본적으로 우리가 임으로 선택하는 것이다. 우주여행 10-2단계에서의 아이템 취득의 우선순위는 앞쪽, 위쪽, 아래쪽 순서로 정하고 앞에서 언급했듯이 움직임은 앞쪽은 우선순위를 가지고 위쪽과 아래쪽은 더 안전한 길을 선택하는 것으로 정했다. 아이템 취득과 목적지 도착을 위한 움직임 방향을 주어진 정보를 활용해서 선택하기 위해서는 추가적인 블록 코딩이 필요하며 그러한 블록 코딩은 좀 더 진화된 블록 코딩 방식이라고 할 수 있다. 이후에 좀 더 세부적으로 다루어 보기로 하자. 우주여행 10-2단계는 만일 참이라면 블록을 7개를 사용하며 즉 조건식을 7개를 사용하여 수행할 수 있는 선택 블록이 8개가 된다는 것이다. 우주여행 10-2단계는 목적지에 도달할 때까지 반복하게 되는데 동시에 가능하다면 아이템을 취득하고 필요할 경우 아이템을 사용하기 위한 목적을 가진 블록 코딩 방식이다. 10-2단계를 설명하면 목적지에 도착할 때까지 반복하기 블록 안에 앞쪽 물체가 아이템이면 앞쪽으로 가고 아니면 위쪽 물체가 아이템이면 위쪽으로 가고 아니면 아래쪽 물체가 아이템이면 아래쪽으로 가고 아니면 앞쪽에 길이 있으면 앞으로 가고 아니면 위쪽과 아래쪽을 비교하여 위쪽이 아래쪽보다 안전하고 위쪽에 길이 있다면 위쪽으로 가고 아니면 아이템을 사용하고 아니면 아래쪽이 위쪽보다 안전하고 아래쪽에 길이 있으면 아래쪽으로 가고 아니면 아이템을 사용하게 된다. 아이템을 취득하기 위해서 움직이거나 목적지에 도착하기 위해서 움직이는 방향을 결정하기 위한 우선순위 순서에 따라 다양한 블록 코딩 방식이 있으며 어느 쪽을 선택하게 되는 것에 대한 분석은 환경에 따라 변화하게 될 것이다. 물론 10-2단계에서는 최대 성능과 효율성에서 가능한 블록 코딩 수는 오직 하나만이 존재하게 된다. 물론 성능과 효율성을 달리하면서 약간의 우선순위 원칙을 변경하는 경우 여러 개의 블록 코딩이 존재한다.

블록 조립소에서 블록 코딩 후 실행 화면에서 시작하기 버튼을 누르게 되면 엔트리봇이 블록 코딩에 따라 목적지에 도달할 때까지 블록을 몇 번 사용하게 될지는 실행할 때 변화하는 시나리오 환경에 따라 변하게 된다. 블록 코딩을 위해 사용한 블록 수는 시작하기를 클릭했을 때 블록과 함께 25개가 된다. 우주여행 10-2단계는 항상 목적지에 도착하는 것이 아니라 우주 시나리오에 따라 성공할 수도 있고 실패할 수도 있다. 일반적으로 10-2단계가 10-1단계보다 성능 면에서 효율적이라고 할 수 있다. 따라서 우리의 목적은 어떤 우주 시나리오에서도 가능한 성공 확률을 높이기 위해 블록 코딩을 수행해야 한다. 따라서 이제까지 학습한 것을 바탕으로 사고력과 창의력을 발휘하여 모든 문제에 대한 성공 확률을 높일 수 있는 블록 코딩 방법을 개발해야 할 것이다. 아마도 우주여행 10-1단계에서 목표 블록으로 정해놓은 32개 블록 수를 초과하더라도 성공 확률이 더 높다면 성능 면에서 효율적인 블록 코딩 방법으로 평가할 수 있다. 우주여행 10-2단계에서는 우리가 우주 시나리오에 미리 알지를 못한 상태에서 엔트리봇이 목적지에 안전하게 도착하도록 블록 코딩을 함으로써 여러 가지 복잡한 변수가 존재하기 때문에 다양하고 분석적인 사고력이 요구된다고 할 수 있다. 물론 세부적인 분석은 이후에 이루어지게 되겠지만 현재 시점에서 어느 정도의 분석은 필요하다고 하겠다. 우주여행의 목적은 기본적으로 돌을 피하며 가능하다면 아이템을 취득하고 필요한 경우 적절하게 아이템을 사용하면서 엔트리봇이 목적지에 안전하게 도착할 수 있도록 하는 것이며 또한 최소한의 블록 수를 가지고 효율적인 블록 코딩을 해야 한다는 것이며 추가로 모든 우주 시나리오 환경에 따라 항상 성공할 수는 없지만 가능한 한 성공률을 높일 수 있는 방향으로 블록 코딩을 작성해야 한다. 따라서 블록 코딩은 어떤 우주 시나리오의 경우라도 최대 성능을 가지는 것은 오직 하나만이 존재해야 하며 이는 바로 적응적인 블록 코딩을 한다는 것을 의미한다. 앞으로 우리는 이점에 집중하여 사고력과 창의력을 가지고 블록 코딩을 진행해야 한다. 결론적으로 우주여행 1단계에서부터 10단계까지의 학습을 통해 실제적인 블록 코딩을 위해서는 최우선으로 이미지 센서와 거리 센서를 활용하여 아이템을 취득하면서 움직이고 앞쪽, 위쪽, 아래쪽 방향 모두에 아이템이 보이지 않다면 다음 단계로 앞쪽, 위쪽, 아래쪽을 모두 비교해 안전한 길을 선택하며 길이 존재하지 않는 경우는 아이템을 적절하게 사용하는 블록 코딩이 필요하며 가능한 한 아이템을 최대한 취득하면서 모든 방향을 비교하여 움직임을 선택하고 적절한 아이템 사용을 위한 블록 코딩을 작성하기 위해서는 사용된 블록의 수가 증가하는 경우가 일반적이지만 효율적 관점에서는 우수하다고 평가할 수 있다.

(1) 실제 알고리즘

엔트리에서 제공하는 블록 코딩이 아니라 실제 알고리즘에 대해서 작성해 보자.

① 현재 위치가 목적지이며 정상 종료하고 아니면 아이템을 탐색한다.

② 앞쪽 물체가 아이템이면 앞쪽으로 가고 알고리즘의 처음으로 돌아간다.

③ 앞쪽 물체가 아이템이 아니고 위쪽 물체가 아이템이면 위쪽으로 가고 알고리즘의 처음으로 돌아간다.

④ 위쪽 물체가 아이템이 아니고 아래쪽 물체가 아이템이면 아래쪽으로 가고 알고리즘의 처음으로 돌아간다.

⑤ 아래쪽 물체가 아이템이 아니면 길을 탐색한다.

⑥ 앞쪽에 길이 있으면 앞으로 가고 알고리즘의 처음으로 돌아간다.

⑦ 앞쪽에 길이 없으면 위쪽 레이더가 아래쪽 레이더보다 크거나 같고 위쪽 길이 있으면 위쪽으로 가고 알고리즘의 처음으로 돌아간다.

⑧ 위쪽 길이 없지만, 아이템이 있으면 아이템을 사용하고 알고리즘의 처음으로 돌아간다.

⑨ 아이템이 없으면 비정상 종료된다.

⑩ 아래쪽 레이더가 위쪽 레이더보다 크고 아래쪽 길이 있으면 아래쪽으로 가고 알고리즘의 처음으로 돌아간다.

⑪ 아래쪽에 길이 없고 아이템이 있으면 아이템을 사용하고 알고리즘의 처음으로 돌아간다.

⑫ 아이템이 없으면 비정상 종료된다.

여기서 현재 위치가 목적지이면 정상 종료하고 아이템이 없으면 비정상 종료된다는 것은 엔트리 블록 코딩에서는 없는 내용이다. 잘 비교하고 분석해야 한다. 그리고 엔트리 프로그램에서는 앞쪽 레이더 >= 1, 위쪽과 아래쪽 레이더 >=0이라는 것을 주의해야 하며 바로 앞에 돌이 있으면 앞쪽 레이더는 1이 되고 위쪽과 아래쪽에 벽이 있으면 위쪽과 아래쪽 레이더는 0이 된다.

(2) 순서도

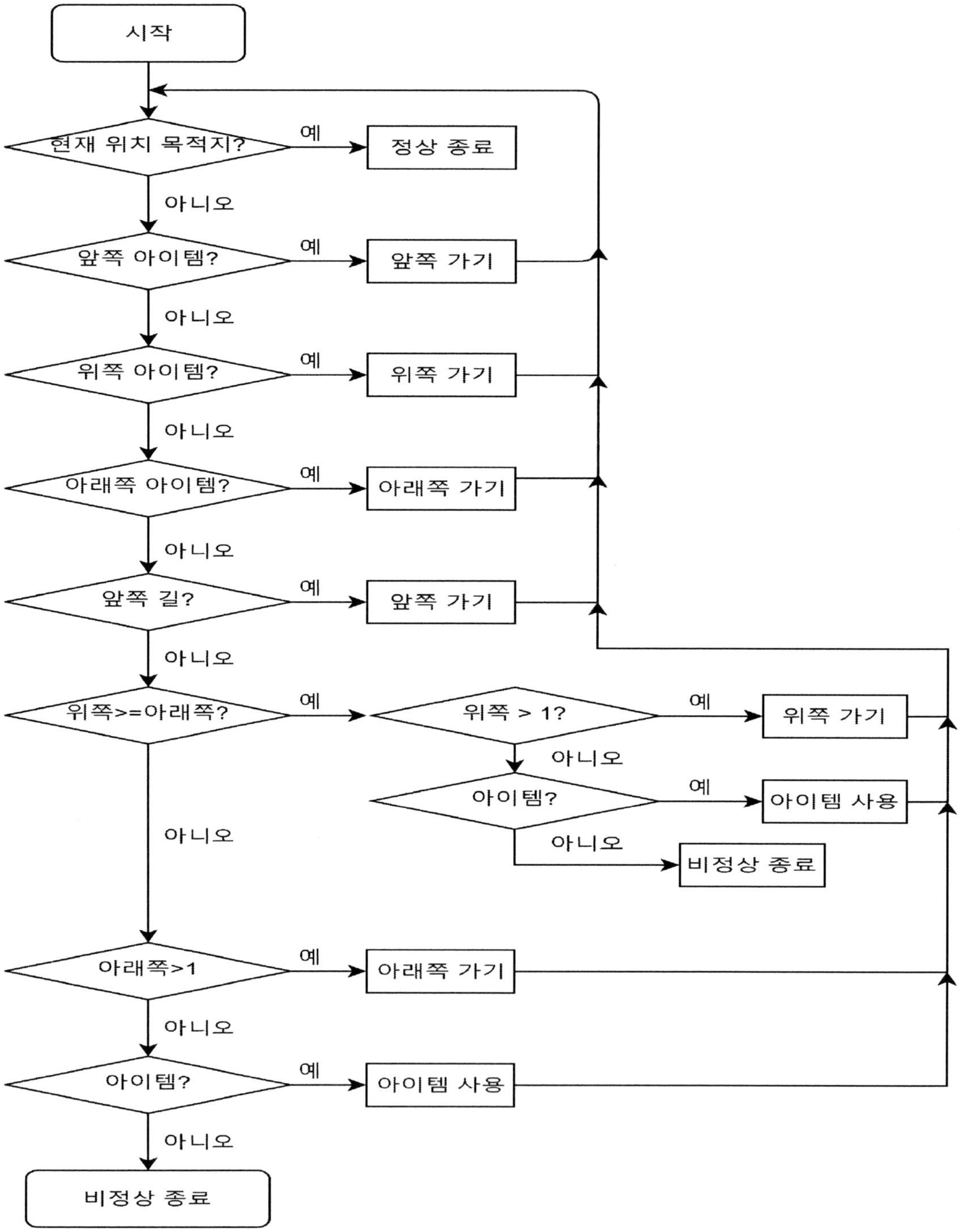

그림 13.14 우주여행 10-2단계

3) 우주여행 10-3단계

우주여행 10-3단계는 블록 코딩 관점에서 10-2단계와 비교하면 약간 차이점이 있는 블록 코딩 방식이다. 10-3단계는 실행 시 변화하는 우주 시나리오에 적응하여 블록 코딩도 조금 더 최적화되어야 한다. 10-2과 10-3단계의 차이점은 10-2단계는 길을 선택할 때 앞쪽은 우선순위를 가지고 위쪽과 아래쪽은 우선순위를 가지지 않고 정보를 활용하여 좀 더 안전한 길을 선택한다는 것이고 10-3단계는 앞쪽, 위쪽과 아래쪽은 우선순위를 가지지 않고 정보를 활용하여 좀 더 안전한 길을 선택한다는 것이다. 즉 돌까지의 거리가 먼 쪽을 선택한다는 것이다. 그림 13.15에는 엔트리봇 우주여행 10-3단계의 블록 코딩을 보여준다.

그림 13.15 우주여행 10-3단계

우주여행 10-3단계는 움직임 선택이 8개인데 아이템을 취득하기 위한 움직임 3개이고 길 찾는 움직임 4개와 나머지 4개는 움직일 수 있는 길이 없을 때 길을 만들기 위해서 아이템 사용을 하는 움직임 1개이며 엔트리 프로그램에서 아이템 사용 블록은 아이템을 사용하고 동시에 1번 앞으로 가기를 포함하는 명령어로 해석된다. 아이템 취득을 위한 움직임 방향은 우리가 임의로 선택하는 것이며 목적지를 찾기 위해서 움직임을 선택하는 것은 정보를 활용해 좀 더 안전한 길을 선택하는 것이다. 우주여행 10-3단계에서의 아이템 취득의 우선순위는 앞쪽, 위쪽, 아래쪽 순서로 정하고 앞에서 언급했듯이 움직임은 앞쪽, 위쪽과 아래쪽은 더 안전한 길을 선택하는 것으로 정했다. 아이템 취득과 목적지 도착을 위한 움직임 방향을 주어진 정보를 활용해서 선택하기 위해서는 추가적인 블록 코딩이 필요하며 그러한 블록 코딩은 좀 더 진화된 블록 코딩 방식이라고 할 수 있다. 이후에 좀 더 세부적으로 다루어 보기로 하자. 우주여행 10-3단계는 만일 참이라면 블록을 7개를 사용하며 즉 조건식을 7개를 사용하여 수행할 수 있는 선택 블록이 8개가 된다는 것이다. 우주여행 10-3단계는 목적지에 도달할 때까지 반복하게 되는데 동시에 가능하다면 아이템을 취득하고 필요할 경우 아이템을 사용하기 위한 목적을 가진 블록 코딩 방식이다. 10-3단계를 설명하면 목적지에 도착할 때까지 반복하기 블록 안에 앞쪽 물체가 아이템이면 앞쪽으로 가고 아니면 위쪽 물체가 아이템이면 위쪽으로 가고 아니면 아래쪽 물체가 아이템이면 아래쪽으로 가고 아니면 앞쪽을 위쪽과 아래쪽과 비교하여 더 안전한 길이며 동시에 앞쪽에 길이 있으면 앞으로 가고 아니면 아이템을 사용하고 앞쪽이 아래쪽보다 안전하지 않으면 아래쪽으로 가고 앞쪽이 위쪽보다 안전하지 않고 위쪽이 아래쪽보다 안전하면 위쪽으로 가고 아니면 아래쪽으로 간다. 아이템을 취득하기 위해서 움직이거나 목적지에 도착하기 위해서 움직이는 방향을 결정하기 위한 순서에 따라 다양한 블록 코딩 방식이 있으며 어느 쪽을 선택하게 되는 것에 대한 분석은 환경에 따라 변화하게 될 것이다. 물론 10-3단계에서는 최대 성능과 효율성에서 가능한 블록 코딩 수는 오직 하나만이 존재하게 된다. 물론 성능과 효율성을 달리하면서 약간의 우선순위 원칙을 변경하는 경우 여러 개의 블록 코딩이 존재한다.

블록 조립소에서 블록 코딩 후 실행 화면에서 시작하기 버튼을 누르게 되면 엔트리봇이 블록 코딩에 따라 목적지에 도달할 때까지 블록을 몇 번 사용하게 될지는 실행할 때 변화하는 시나리오 환경에 따라 변하게 된다. 블록 코딩을 위해 사용한 블록 수는 시작하기를 클릭했을 때 블록과 함께 27개가 된다. 우주여행 10-3단계는 항상 목적지에 도착하는 것이 아니라 우주 시나리오에 따라 성공할 수도 있고 실패할 수도 있다. 일반적으로 10-3단계가 10-2단계보다 성능 면에서 효율적이라고 할 수 있다. 따라서 우리의 목적은 어떤 우주 시나리오에서도 가능한 성공 확률을 높이기 위해 블록 코딩을 수행해야 한다. 따라서 이제까지 학습한 것을 바탕으로 사고력과 창의력을 발휘하여 모든 문제에 대한 성공 확률을 높일 수 있는 블록 코딩 방법을 개발해야 할 것이다. 아마도 우주여행 10-1단계에서 목표 블록으로 정해놓은 32개 블록 수를 초과하더라도 성공 확률이 더 높다면 성능 면에서 효율적인 블록 코딩 방법으로 평가할 수 있다. 우주여행 10-3단계에서는 우리가 우주 시나리오에 미리 알지를 못한 상태에서 엔트리봇이 목적지에 안전하게 도착하도록 블록 코딩을 함으로써 여러 가지 복잡한 변수가 존재하기 때문에 다양하고 분석적인 사고력이 요구된다고 할 수 있다. 물론 세부적인 분석은 이후에 이루어지게 되겠지만 현재 시점에서 어느 정도의 분석은 필요하다고 하겠다. 우주여행의 목적은 기본적으로 돌을 피하며 가능하다면 아이템을 취득하고 필요한 경우 적절하게 아이템을 사용하면서 엔트리봇이 목적지에 안전하게 도착할 수 있도록 하는 것이며 또한 최소한의 블록 수를 가지고 효율적인 블록 코딩을 해야 한다는 것이며 추가로 모든 우주 시나리오 환경에 따라 항상 성공할 수는 없지만 가능한 한 성공률을 높일 수 있는 방향으로 블록 코딩을 작성해야 한다. 따라서 블록 코딩은 어떤 우주 시나리오의 경우라도 최대 성능을 가지는 것은 오직 하나만이 존재해야 하며 이는 바로 적응적인 블록 코딩을 한다는 것을 의미한다. 앞으로 우리는 이점에 집중하여 사고력과 창의력을 가지고 블록 코딩을 진행해야 한다. 결론적으로 우주여행 1단계에서부터 10단계까지의 학습을 통해 실제적인 블록 코딩을 위해서는 최우선으로 이미지 센서와 거리 센서를 활용하여 아이템을 취득하면서 움직이고 앞쪽, 위쪽, 아래쪽 방향 모두에 아이템이 보이지 않다면 다음 단계로 앞쪽, 위쪽, 아래쪽을 모두 비교해 안전한 길을 선택하며 길이 존재하지 않는 경우는 아이템을 적절하게 사용하는 블록 코딩이 필요하며 가능한 한 아이템을 최대한 취득하면서 모든 방향을 비교하여 움직임을 선택하고 적절한 아이템 사용을 위한 블록 코딩을 작성하기 위해서는 사용된 블록의 수가 증가하는 경우가 일반적이지만 효율적 관점에서는 우수하다고 평가할 수 있다.

(1) 실제 알고리즘

엔트리에서 제공하는 블록 코딩이 아니라 실제 알고리즘에 대해서 작성해 보자.

① 현재 위치가 목적지이며 정상 종료하고 아니면 아이템을 탐색한다.

② 앞쪽 물체가 아이템이면 앞쪽으로 가고 알고리즘의 처음으로 돌아간다.

③ 앞쪽 물체가 아이템이 아니고 위쪽 물체가 아이템이면 위쪽으로 가고 알고리즘의 처음으로 돌아간다.

④ 위쪽 물체가 아이템이 아니고 아래쪽 물체가 아이템이면 아래쪽으로 가고 알고리즘의 처음으로 돌아간다.

⑤ 아래쪽 물체가 아이템이 아니면 길을 탐색한다.

⑥ 앞쪽 레이더가 위쪽 레이더와 아래쪽 레이더보다 크거나 같고 앞에 길이 있으면 앞으로 가고 알고리즘의 처음으로 돌아간다.

⑦ 앞쪽에 길이 없고 아이템이 있으면 아이템을 사용하고 알고리즘의 처음으로 돌아간다.

⑧ 아이템이 없으면 비정상 종료된다.

⑨ 앞쪽 레이더가 위쪽 레이더보다 크거나 같고 아래쪽 레이더보다 작으면 아래쪽으로 가고 알고리즘의 처음으로 돌아간다.

⑩ 앞쪽 레이더가 위쪽 레이더보다 작고 위쪽 레이더가 아래쪽 레이더보다 크거나 같으면 위쪽으로 가고 알고리즘의 처음으로 돌아간다.

⑪ 앞쪽 레이더가 위쪽 레이더보다 작고 위쪽 레이더가 아래쪽 레이더보다 작으면 아래쪽으로 가고 알고리즘의 처음으로 돌아간다.

여기서 현재 위치가 목적지이면 정상 종료하고 아이템이 없으면 비정상 종료된다는 것은 엔트리 블록 코딩에서는 없는 내용이다. 잘 비교하고 분석해야 한다. 그리고 엔트리 프로그램에서는 앞쪽 레이더 >= 1, 위쪽과 아래쪽 레이더 >=0이라는 것을 주의해야 하며 바로 앞에 돌이 있으면 앞쪽 레이더는 1이 되고 위쪽과 아래쪽에 벽이 있으면 위쪽과 아래쪽 레이더는 0이 된다.

(2) 순서도

순서도는 알고리즘을 참조해서 스스로 작성해 보자.

4) 우주여행 10-4단계

우주여행 10-4단계는 블록 코딩 관점에서 10-3단계와 비교하면 약간 차이점이 있는 블록 코딩 방식이다. 10-4단계는 실행 시 변화하는 우주 시나리오에 적응하여 블록 코딩도 조금 더 최적화되어야 한다. 10-3과 10-4단계의 차이점은 10-3단계는 길을 선택할 때 앞쪽, 위쪽과 아래쪽은 우선순위를 가지지 않고 정보를 활용하여 좀 더 안전한 길을 선택한다는 것이고 10-4단계는 길을 선택할 때 앞쪽, 위쪽과 아래쪽은 우선순위를 가지지 않고 정보를 활용하여 좀 더 안전한 길을 선택하면서 앞쪽이 가장 안전하면서 길이 있으면서 위쪽이 벽이고 동시에 아래쪽에 길이 있으면 아래쪽으로 가고 아니면 앞쪽으로 가고 아니면 앞쪽이 가장 안전하면서 길이 있으면서 아래쪽이 벽이고 동시에 위쪽에 길이 있으면 위쪽으로 가고 아니면 앞쪽으로 가고 앞쪽이 가장 안전하지만, 앞쪽에 길이 없으면 아이템을 사용하고, 앞쪽이 위쪽보다는 안전하지만, 아래쪽보다 안전하지 않으면 아래쪽으로 가고 앞쪽이 위쪽보다 안전하지 않고 위쪽이 아래쪽보다 안전하면 위쪽으로 가고 아니면 아래쪽으로 간다. 이유는 위쪽과 아래쪽에 치우쳐서 가는 경우보다는 가운데에서 가는 것이 확률로 안전한 길을 선택하는 것이 높다는 것이다. 그림 13.16에는 엔트리봇 우주여행 10-4단계의 블록 코딩을 보여준다. 블록 조립소에는 2개의 블록 코딩이 보이는 데 첫 번째 블록 코딩의 가장 아래쪽에 있는 아니면 자리에 두 번째 코딩을 붙이면 된다. 화면 크기 문제로 분리하여 블록 코딩하였다.

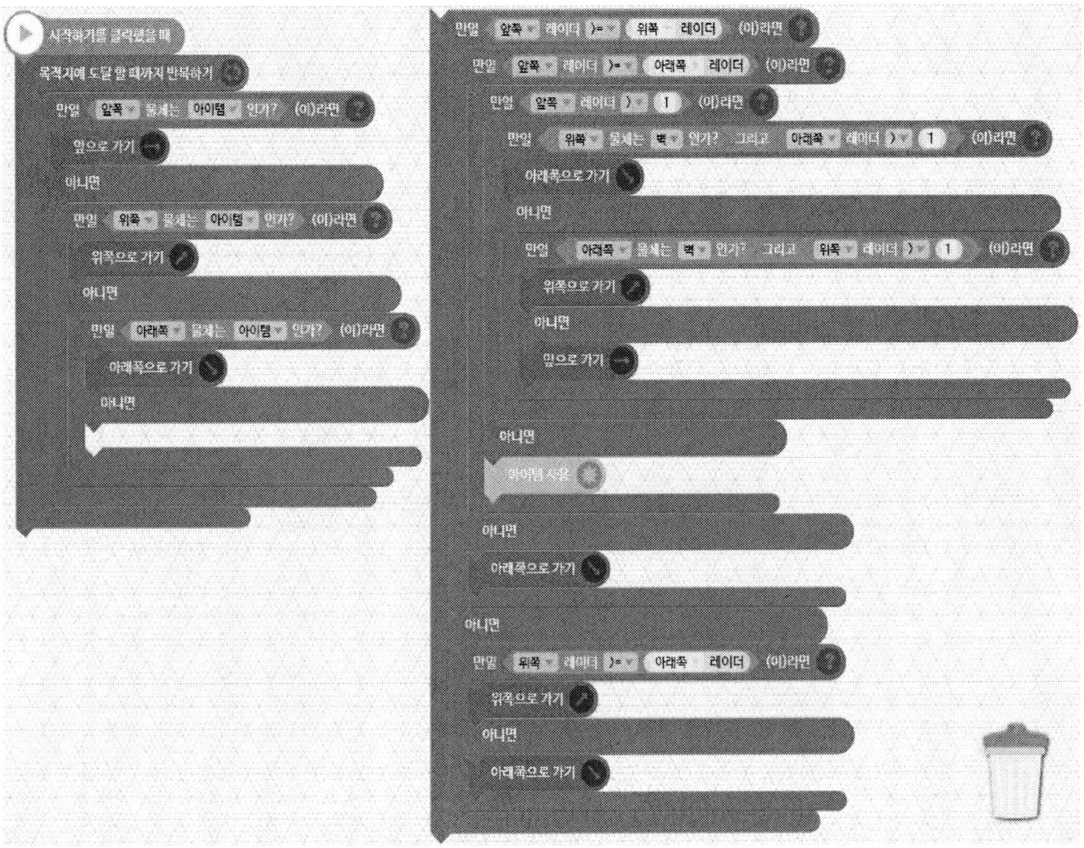

그림 13.16 우주여행 10-4단계

우주여행 10-4단계는 움직임 선택이 9개인데 아이템을 취득하기 위한 움직임 3개이고 길 찾는 움직임 6개와 나머지 1개는 움직일 수 있는 길이 없을 때 길을 만들기 위해서 아이템 사용을 하는 움직임 1개이며 엔트리 프로그램에서 아이템 사용 블록은 아이템을 사용하고 동시에 1번 앞으로 가기를 포함하는 명령어로 해석된다. 아이템 취득을 위한 움직임 방향은 우리가 임의로 선택하는 것이며 목적지를 찾기 위해서 움직임을 선택하는 것은 정보를 활용해 좀 더 안전한 길을 선택하는 것이다. 우주여행 10-4단계에서의 아이템 취득의 우선순위는 앞쪽, 위쪽, 아래쪽 순서로 정하고 앞에서 언급했듯이 움직임은 앞쪽, 위쪽과 아래쪽은 더 안전한 길을 선택하면서 가능하다면 가운데 길로 가는 것으로 정했다. 아이템 취득과 목적지 도착을 위한 움직임 방향을 주어진 정보를 활용해서 선택하기 위해서는 추가적인 블록 코딩이 필요하며 그러한 블록 코딩은 좀 더 진화된 블록 코딩 방식이라고 할 수 있다. 이후에 좀 더 세부적으로 다루어 보기로 하자. 우주여행

10-4단계는 만일 참이라면 블록을 9개를 사용하며 즉 조건식을 9개를 사용하여 수행할 수 있는 선택 블록이 10개가 된다는 것이다. 우주여행 10-4단계는 목적지에 도착할 때까지 반복하기 블록 안에 앞쪽 물체가 아이템이면 앞쪽으로 가고 아니면 위쪽 물체가 아이템이면 위쪽으로 가고 아니면 아래쪽 물체가 아이템이면 아래쪽으로 가고 아니면 앞쪽을 위쪽과 아래쪽과 비교하여 더 안전한 길이며 동시에 위쪽 물체가 벽이고 아래쪽에 길이 있으면 아래쪽으로 가고 아래쪽 물체가 벽이고 위쪽에 길이 있으면 위쪽으로 가고 아니면 앞쪽으로 간다. 앞쪽을 위쪽과 아래쪽과 비교하여 더 안전한 길이지만 앞쪽에 길이 없으면 아이템을 사용하고 앞쪽이 위쪽보다는 안전하지만, 아래쪽보다 안전하지 않으면 아래쪽으로 가고 앞쪽이 위쪽보다 안전하지 않고 위쪽이 아래쪽보다 안전하면 위쪽으로 가고 아니면 아래쪽으로 간다. 아이템을 취득하기 위해서 움직이거나 목적지에 도착하기 위해서 움직이는 방향을 결정하기 위한 순서에 따라 다양한 블록 코딩 방식이 있으며 어느 쪽을 선택하게 되는 것에 대한 분석은 환경에 따라 변화하게 될 것이다. 물론 10-4단계에서는 최대 성능과 효율성에서 가능한 블록 코딩 수는 오직 하나만이 존재하게 된다. 물론 성능과 효율성을 달리하면서 약간의 우선순위 원칙을 변경하는 경우 여러 개의 블록 코딩이 존재한다.

블록 조립소에서 블록 코딩 후 실행 화면에서 시작하기 버튼을 누르게 되면 엔트리봇이 블록 코딩에 따라 목적지에 도달할 때까지 블록을 몇 번 사용하게 될지는 실행할 때 변화하는 시나리오 환경에 따라 변하게 된다. 블록 코딩을 위해 사용한 블록 수는 시작하기를 클릭했을 때 블록과 함께 37개가 된다. 우주여행 10-4단계는 항상 목적지에 도착하는 것이 아니라 우주 시나리오에 따라 성공할 수도 있고 실패할 수도 있다. 일반적으로 10-4단계가 10-3단계보다 성능 면에서 효율적이라고 할 수 있다. 따라서 우리의 목적은 어떤 우주 시나리오에서도 가능한 성공 확률을 높이기 위해 블록 코딩을 수행해야 한다. 따라서 이제까지 학습한 것을 바탕으로 사고력과 창의력을 발휘하여 모든 문제에 대한 성공 확률을 높일 수 있는 블록 코딩 방법을 개발해야 할 것이다. 아마도 우주여행 10-1단계에서 목표 블록으로 정해놓은 32개 블록 수를 초과하더라도 성공 확률이 더 높다면 성능 면에서 효율적인 블록 코딩 방법으로 평가할 수 있다. 우주여행 10-4단계에서는 우리가 우주 시나리오에 미리 알지를 못한 상태에서 엔트리봇이 목적지에 안전하게 도착하도록 블록 코딩을 함으로써 여러 가지 복잡한 변수가 존재하기 때문에 다양하고 분석적인 사고력이 요구된다고 할 수 있다. 물론 세부적인 분석은 이후에 이루어지게 되겠지만 현재 시점에서 어느 정도의 분석은 필요하다고 하겠다. 우주여행의 목적은 기본적으로 돌을 피하며 가능하다면 아이템을 취득하고 필요한 경우 적절하게 아이템을 사용하면서 엔트리봇이 목적지에 안전하게 도착할 수 있도록 하는 것이며 또한 최소한의 블록 수를 가지고 효율적인 블록 코딩을 해야 한다는 것이며 추가로 모든 우주 시나리오 환경에 따라 항상 성공할 수는 없지만 가능한 한 성공률을 높일 수 있는 방향으로 블록 코딩을 작성해야 한다. 따라서 블록 코딩은 어떤 우주 시나리오의 경우라도 최대 성능을 가지는 것은 오직 하나만이 존재해야 하며 이는 바로 적응적인 블록 코딩을 한다는 것을 의미한다. 앞으로 우리는 이점에 집중하여 사고력과 창의력을 가지고 블록 코딩을 진행해야 한다. 결론적으로 우주여행 1단계에서부터 10단계까지의 학습을 통해 실제적인 블록 코딩을 위해서는 최우선으로 이미지 센서와 거리 센서를 활용하여 아이템을 취득하면서 움직이고 앞쪽, 위쪽, 아래쪽 방향 모두에 아이템이 보이지 않다면 다음 단계로 앞쪽, 위쪽, 아래쪽을 모두 비교해 안전한 길을 선택하며 길이 존재하지 않는 경우는 아이템을 적절하게 사용하는 블록 코딩이 필요하며 가능한 한 아이템을 최대한 취득하면서 모든 방향을 비교하여 움직임을 선택하고 적절한 아이템 사용을 위한 블록 코딩을 작성하기 위해서는 사용된 블록의 수가 증가하는 경우가 일반적이지만 효율적 관점에서는 우수하다고 평가할 수 있다.

(1) 실제 알고리즘

엔트리에서 제공하는 블록 코딩이 아니라 실제 알고리즘을 스스로 작성해 보자.

(2) 순서도

순서도는 알고리즘을 참조해서 스스로 작성해 보자.

5) 우주여행 10-5단계

우주여행 10-5단계는 블록 코딩 관점에서 10-4단계와 비교하면 약간 차이점이 있는 블록 코딩 방식이다. 10-5단계는 실행 시 변화하는 우주 시나리오에 적응하여 블록 코딩도 조금 더 최적화되어야 한다. 10-4와 10-5단계의 차이점은 10-4단계는 길을 선택할 때 앞쪽, 위쪽과 아래쪽은 우선순위를 가지지 않고 정보를 활용하여 좀 더 안전한 길을 선택하면서 앞쪽이 가장 안전하면서 길이 있으면서 위쪽이 벽이고 동시에 아래쪽에 길이 있으면 아래쪽으로 가고 아니면 앞쪽으로 가고 아니면 앞쪽이 가장 안전하면서 길이 있으면서 아래쪽이 벽이고 동시에 위쪽에 길이 있으면 위쪽으로 가고 아니면 앞쪽으로 가고 앞쪽이 가장 안전하지만, 앞쪽에 길이 없으면 아이템을 사용하고, 앞쪽이 위쪽보다는 안전하지만, 아래쪽보다 안전하지 않으면 아래쪽으로 가고 앞쪽이 위쪽보다 안전하지 않고 위쪽이 아래쪽보다 안전하면 위쪽으로 가고 아니면 아래쪽으로 간다. 10-5단계는 앞쪽, 위쪽과 아래쪽은 우선순위를 가지지 않고 정보를 활용하여 좀 더 안전한 길을 선택하면서 앞쪽이 가장 안전하면서 길이 있으면서 위쪽이 벽이고 동시에 아래쪽에 길이 있지만, 앞쪽에 돌까지의 거리가 2보다 크면 앞쪽으로 가고 아니면 아래쪽으로 가고 앞쪽이 가장 안전하면서 길이 있으면서 아래쪽이 벽이고 동시에 위쪽에 길이 있지만, 앞쪽에 돌까지의 거리가 2보다 크면 앞쪽으로 가고 아니면 위쪽으로 가고 앞쪽이 가장 안전하면서 길이지만 앞쪽에 길이 없으면 아이템을 사용하고, 앞쪽이 위쪽보다는 안전하지만, 아래쪽보다 안전하지 않으면 아래쪽으로 가고 앞쪽이 위쪽보다 안전하지 않고 위쪽이 아래쪽보다 안전하면 위쪽으로 가고 아니면 아래쪽으로 간다. 이유는 10-4단계가 위쪽과 아래쪽에 치우쳐서 가는 경우보다는 가운데에서 가는 것이 확률로 안전한 길을 선택하는 것이 높지만 너무 아래 위를 왔다 갔다 하는 것을 방지하는 것이 엔트리봇 이동의 효율성이 좋기 때문이다. 그림 13.17에는 엔트리봇 우주여행 10-5단계의 블록 코딩을 보여준다. 블록 조립소에는 3개의 블록 코딩이 보이는데 첫 번째 블록 코딩의 가장 아래쪽에 있는 아니면 자리에 오른쪽에 있는 코딩을 붙이면 되고 오른쪽 코딩의 가장 아래쪽이 있는 아니면 자리에 아래쪽 코디을 붙이면 된다. 화면 크기 문제로 분리하여 블록 코딩하였다.

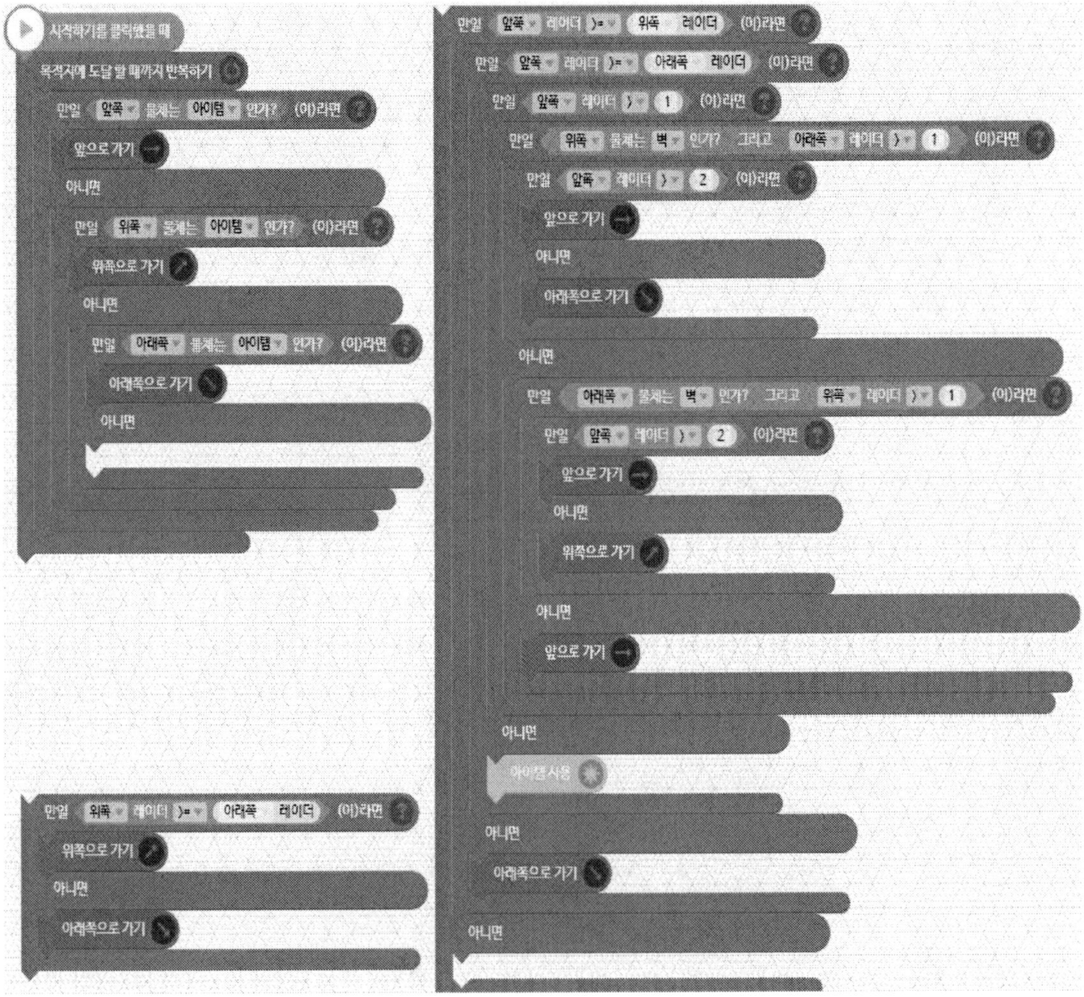

그림 13.17 우주여행 10-5단계

우주여행 10-5단계는 움직임 선택이 12개인데 아이템을 취득하기 위한 움직임 3개이고 길 찾는 움직임 8개와 나머지 1개는 움직일 수 있는 길이 없을 때 길을 만들기 위해서 아이템 사용을 하는 움직임 1개이며 엔트리 프로그램에서 아이템 사용 블록은 아이템을 사용하고 동시에 1번 앞으로 가기를 포함하는 명령어로 해석된다. 아이템 취득을 위한 움직임 방향은 우리가 임의로 선택하는 것이며 목적지를 찾기 위해서 움직임을 선택하는 것은 정보를 활용해 좀 더 안전한 길을 선택하는 것이다. 우주여행 10-5단계에서의 아이템 취득의 우선순위는 앞쪽, 위쪽, 아래쪽 순서로 정하고 앞에서 언급했듯이 움직임은 앞쪽, 위쪽과 아래쪽은 더 안전한 길을 선택하면서 가능하다면 앞쪽 또는 가운데 길로 가는 것으로 정했다. 아이템 취득과 목적지 도착을 위한 움직임 방향을 주어진 정보를 활용해서 선택하기 위해서는 추가적인 블록 코딩이 필요하며 그러한 블록 코딩은 좀 더 진화된 블록 코딩 방식이라고 할 수 있다. 이후에 좀 더 세부적으로 다루어 보기로 하자. 우주여행 10-5단계는 만일 참이라면 블록을 11개를 사용하며 즉 조건식을 11개를 사용하여 수행할 수 있는 선택 블록이 12개가 된다는 것이다. 우주여행 10-5단계는 목적지에 도착할 때까지 반복하기 블록 안에 앞쪽 물체가 아이템이면 앞쪽으로 가고 아니면 위쪽 물체가 아이템이면 위쪽으로 가고 아니면 아래쪽 물체가 아이템이면 아래쪽으로 가고 아니면 앞쪽, 위쪽과 아래쪽은 우선순위를 가지지 않고 정보를 활용하여 좀 더 안전한 길을 선택하면서 앞쪽이 가장 안전하면서 길이 있으면서 위쪽이 벽이고 동시에 아래쪽에 길이 있지만, 앞쪽에 돌까지의 거리가 2보다 크면 앞쪽으로 가고 아니면 아래쪽으로 가고 앞쪽이 가장 안전하면서 길이 있으면서 아래쪽이 벽이고 동시에 위쪽에 길이 있지만, 앞쪽에 돌까지의 거리가 2보다 크면 앞쪽으로 가고 아니면 위쪽으로 가고 앞쪽이 가장 안전하면서 길이지만 앞쪽에 길이 없으면 아이템을 사용하고, 앞쪽이 위쪽보다는 안전하지만, 아래쪽보다 안전하지 않으면 아래쪽으로 가고 앞쪽이 위쪽보다 안전하지 않고 위쪽이 아래쪽보다 안전하면 위쪽으로 가고 아니면 아래쪽으로 간다. 아이템을 취득하기 위해서 움직이거나 목적지에 도착하기 위해서 움직이는 방향을 결정하기 위한 순서에 따라 다양한 블록 코딩 방식이 있으며 어느 쪽을 선택하게 되는 것에 대한 분석은 환경에 따라 변화하게 될 것이다. 물론 10-5단계에서는 최대 성능과 효율성에서 가능한 블록 코딩 수는 오직 하나만이 존재하게 된다. 물론 성능과 효율성을 달리하면서 약간의 우선순위 원칙을 변경하는 경우 여러 개의 블록 코딩이 존재한다.

블록 조립소에서 블록 코딩 후 실행 화면에서 시작하기 버튼을 누르게 되면 엔트리봇이 블록 코딩에 따라 목적지에 도달할 때까지 블록을 몇 번 사용하게 될지는 실행할 때 변화하는 시나리오 환경에 따라 변하게 된다. 블록 코딩을 위해 사용한 블록 수는 시작하기를 클릭했을 때 블록과 함께 43개가 된다. 우주여행 10-5단계는 항상 목적지에 도착하는 것이 아니라 우주 시나리오에 따라 성공할 수도 있고 실패할 수도 있다. 일반적으로 10-5단계가 10-4단계보다 성능 면에서 효율적이라고 할 수 있다. 따라서 우리의 목적은 어떤 우주 시나리오에서도 가능한 성공 확률을 높이기 위해 블록 코딩을 수행해야 한다. 따라서 이제까지 학습한 것을 바탕으로 사고력과 창의력을 발휘하여 모든 문제에 대한 성공 확률을 높일 수 있는 블록 코딩 방법을 개발해야 할 것이다. 아마도 우주여행 10-1단계에서 목표 블록으로 정해놓은 32개 블록 수를 초과하더라도 성공 확률이 더 높다면 성능 면에서 효율적인 블록 코딩 방법으로 평가할 수 있다. 우주여행 10-5단계에서는 우리가 우주 시나리오에 미리 알지를 못한 상태에서 엔트리봇이 목적지에 안전하게 도착하도록 블록 코딩을 함으로써 여러 가지 복잡한 변수가 존재하기 때문에 다양하고 분석적인 사고력이 요구된다고 할 수 있다. 물론 세부적인 분석은 이후에 이루어지게 되겠지만 현재 시점에서 어느 정도의 분석은 필요하다고 하겠다. 우주여행의 목적은 기본적으로 돌을 피하며 가능하다면 아이템을 취득하고 필요한 경우 적절하게 아이템을 사용하면서 엔트리봇이 목적지에 안전하게 도착할 수 있도록 하는 것이며 또한 최소한의 블록 수를 가지고 효율적인 블록 코딩을 해야 한다는 것이며 추가로 모든 우주 시나리오 환경에 따라 항상 성공할 수는 없지만 가능한 한 성공률을 높일 수 있는 방향으로 블록 코딩을 작성해야 한다. 따라서 블록 코딩은 어떤 우주 시나리오의 경우라도 최대 성능을 가지는 것은 오직 하나만이 존재해야 하며 이는 바로 적응적인 블록 코딩을 한다는 것을 의미한다. 앞으로 우리는 이점에 집중하여 사고력과 창의력을 가지고 블록 코딩을 진행해야 한다. 결론적으로 우주여행 1단계에서부터 10단계까지의 학습을 통해 실제적인 블록 코딩을 위해서는 최우선으로 이미지 센서와 거리 센서를 활용하여 아이템을 취득하면서 움직이고 앞쪽, 위쪽, 아래쪽 방향 모두에 아이템이 보이지 않다면 다음 단계로 앞쪽, 위쪽, 아래쪽을 모두 비교해 안전한 길을 선택하며 길이 존재하지 않는 경우는 아이템을 적절하게 사용하는 블록 코딩이 필요하며 가능한 한 아이템을 최대한 취득하면서 모든 방향을 비교하여 움직임을 선택하고 적절한 아이템 사용을 위한 블록 코딩을 작성하기 위해서는 사용된 블록의 수가 증가하는 경우가 일반적이지만 효율적 관점에서는 우수하다고 평가할 수 있다.

(1) 실제 알고리즘

엔트리에서 제공하는 블록 코딩이 아니라 실제 알고리즘을 스스로 작성해 보자.

(2) 순서도

순서도는 알고리즘을 참조해서 스스로 작성해 보자.

6) 우주여행 10-6단계

우주여행 10-6단계는 블록 코딩 관점에서 10-5단계와 비교하면 약간 차이점이 있는 블록 코딩 방식이다. 10-6단계는 실행 시 변화하는 우주 시나리오에 적응하여 블록 코딩도 조금 더 최적화되어야 한다. 10-5와 10-6단계의 차이점은 10-5단계는 아이템을 취득할 때 앞쪽, 위쪽과 아래쪽은 우선순위를 가지면서 아이템을 취득하고 10-6단계는 아이템을 취득할 때 앞쪽, 위쪽과 아래쪽은 우선순위를 가지지 않고 정보를 활용하여 좀 더 가까운 아이템을 취득한다는 것이다. 앞쪽, 위쪽, 아래쪽 모두 아이템이 보이고 앞쪽이 가장 가까우면 앞쪽으로 가고 위쪽이 가장 가까우면 위쪽으로 가고 아래쪽이 가장 가까우면 아래쪽으로 간다. 앞쪽과 위쪽에 아이템이 보이고 앞쪽이 가까우면 앞쪽으로 가고 위쪽이 가까우면 위쪽으로 간다. 앞쪽과 아래쪽에 아이템이 보이고 앞쪽이 가까우면 앞쪽으로 가고 아래쪽이 가까우면 아래쪽으로 간다. 위쪽과 아래쪽에 아이템이 보이고 위쪽이 가까우면 위쪽으로 가고 아래쪽이 가까우면 아래쪽으로 간다. 앞쪽만 아이템이 보이면 앞쪽으로 가고 위쪽만 아이템이 보이면 위쪽으로 가고 아래쪽만 아이템이 보이면 아래쪽으로 간다. 앞쪽, 위

쪽, 아래쪽 모두 아이템이 보이지 않으면 길 선택을 한다. 이유는 10-6단계에서 필요한 아이템을 가능하면 빠짐없이 취득하기 위함이다. 엔트리에서는 아이템 취득이 3개로 제한되어 있지만 실제 코딩에서는 3개, 2개 이하, 4개 이상으로 필요한 경우 따라 코딩할 수 있어야 한다. 그림 13.17에는 우주여행 10-6단계의 블록 코딩 중에서 아이템 탐색 부분을 코딩했고 그림 13.18에는 우주여행 10-6단계의 블록 코딩 중에서 길 탐색 부분을 코딩했다. 화면 크기 문제로 분리하여 블록 코딩하였다.

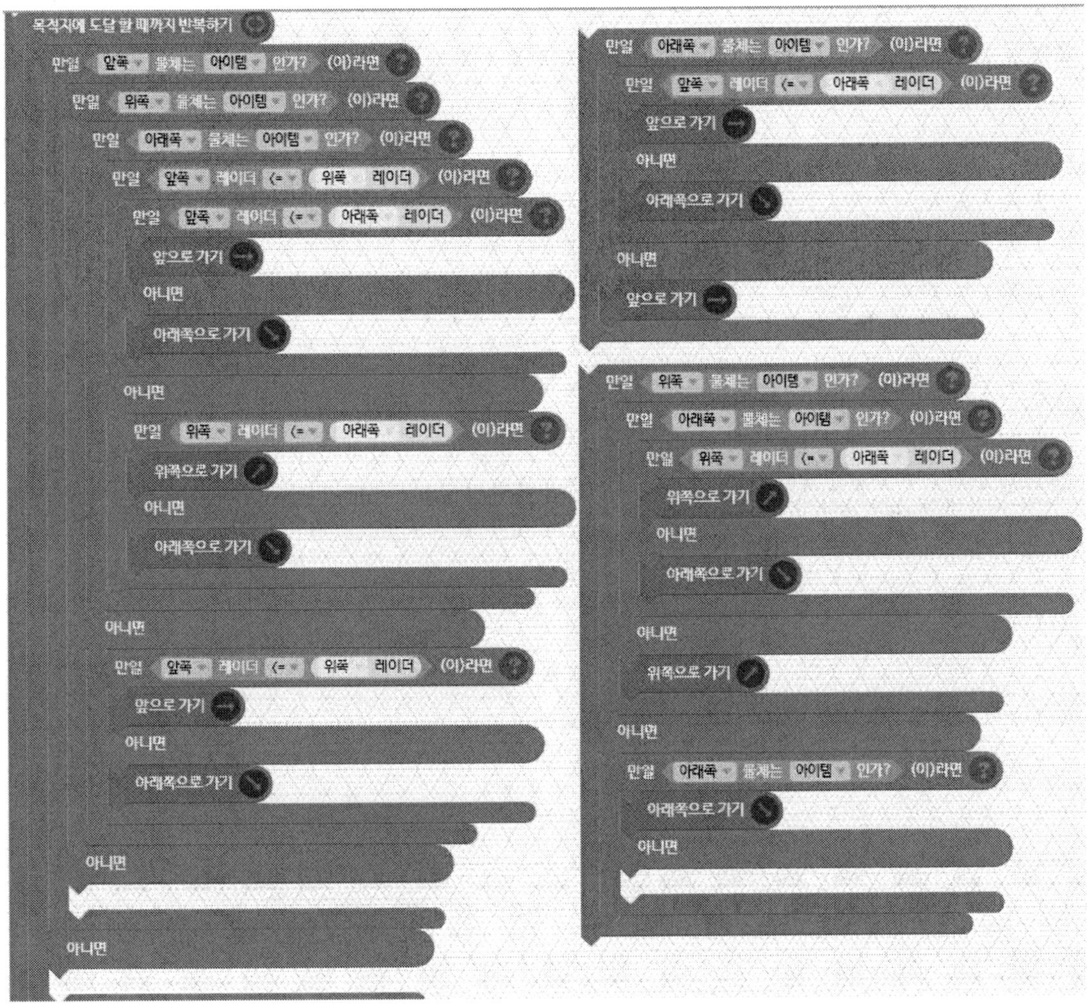

그림 13.17 우주여행 10-6단계 아이템 탐색

우주여행 10-6단계는 움직임 선택이 22개인데 아이템을 취득하기 위한 움직임 13개이고 길 찾는 움직임 8개와 나머지 1개는 움직일 수 있는 길이 없을 때 길을 만들기 위해서 아이템 사용을 하는 움직임 1개이며 엔트리 프로그램에서 아이템 사용 블록은 아이템을 사용하고 동시에 1번 앞으로 가기를 포함하는 명령어로 해석된다. 아이템 취득을 위한 움직임 방향은 우리가 임의로 선택하는 것이며 목적지를 찾기 위해서 움직임을 선택하는 것은 정보를 활용해 좀 더 안전한 길을 선택하는 것이다. 우주여행 10-6단계에서의 아이템 취득은 앞쪽, 위쪽과 아래쪽은 우선순위를 가지지 않고 정보를 활용하여 좀 더 가까운 아이템을 취득한다. 앞에서 언급했듯이 움직임은 앞쪽, 위쪽과 아래쪽은 더 안전한 길을 선택하면서 가능하다면 앞쪽 또는 가운데 길로 가는 것으로 정했다. 아이템 취득과 목적지 도착을 위한 움직임 방향을 주어진 정보를 활용해서 선택하기 위해서는 추가적인 블록 코딩이 필요하며 그러한 블록 코딩은 좀 더 진화된 블록 코딩 방식이라고 할 수 있다. 이후에 좀 더 세부적으로 다루어 보기로 하자.

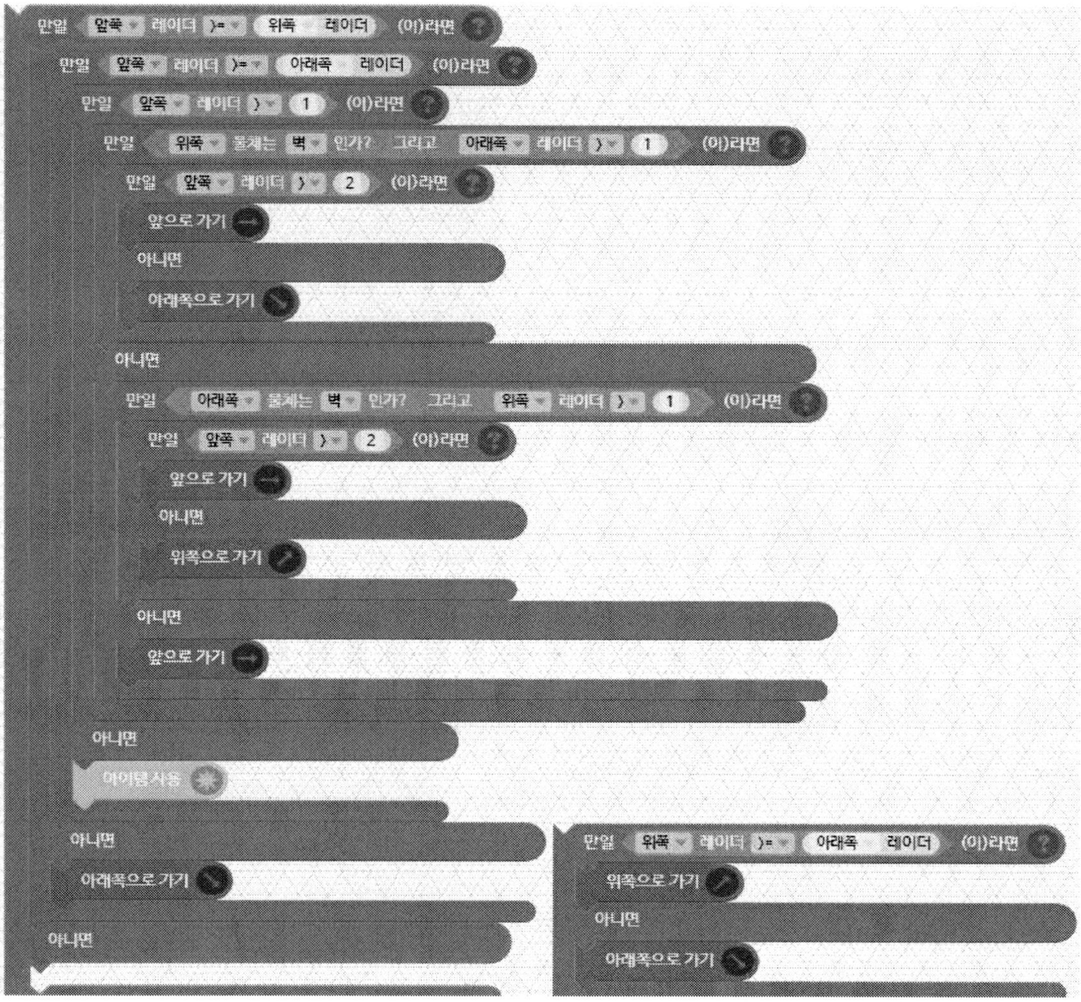

그림 13.18 우주여행 10-6단계 길 탐색

우주여행 10-6단계는 만일 참이라면 블록을 20개를 사용하며 즉 조건식을 20개를 사용하여 수행할 수 있는 선택 블록이 21개가 된다는 것이다. 우주여행 10-6단계는 목적지에 도착할 때까지 반복하기 블록 안에 아이템을 취득할 때 앞쪽, 위쪽과 아래쪽은 우선순위를 가지지 않고 정보를 활용하여 좀 더 가까운 아이템을 취득한다는 것이다. 앞쪽, 위쪽, 아래쪽 모두 아이템이 보이고 앞쪽이 가장 가까우면 앞쪽으로 가고 위쪽이 가장 가까우면 위쪽으로 가고 아래쪽이 가장 가까우면 아래쪽으로 간다. 앞쪽과 위쪽에 아이템이 보이고 앞쪽이 가까우면 앞쪽으로 가고 위쪽이 가까우면 위쪽으로 간다. 앞쪽과 아래쪽에 아이템이 보이고 앞쪽이 가까우면 앞쪽으로 가고 아래쪽이 가까우면 아래쪽으로 간다. 위쪽과 아래쪽에 아이템이 보이고 위쪽이 가까우면 위쪽으로 가고 아래쪽이 가까우면 아래쪽으로 간다. 앞쪽만 아이템이 보이면 앞쪽으로 가고 위쪽만 아이템이 보이면 위쪽으로 가고 아래쪽만 아이템이 보이면 아래쪽으로 간다. 아니면 앞쪽, 위쪽과 아래쪽은 우선순위를 가지지 않고 정보를 활용하여 좀 더 안전한 길을 선택하면서 앞쪽이 가장 안전하면서 길이 있으면서 위쪽이 벽이고 동시에 아래쪽에 길이 있지만, 앞쪽에 돌까지의 거리가 2보다 크면 앞쪽으로 가고 아니면 아래쪽으로 가고 앞쪽이 가장 안전하면서 길이 있으면서 아래쪽이 벽이고 동시에 위쪽에 길이 있지만, 앞쪽에 돌까지의 거리가 2보다 크면 앞쪽으로 가고 아니면 위쪽으로 가고 앞쪽이 가장 안전하면서 길이지만 앞쪽에 길이 없으면 아이템을 사용하고, 앞쪽이 위쪽보다는 안전하지만, 아래쪽보다 안전하지 않으면 아래쪽으로 가고 앞쪽이 위쪽보다 안전하지 않고 위쪽이 아래쪽보다 안전하면 위쪽으로 가고 아니면 아래쪽으로 간다. 아이템을 취득하기 위해서 움직이거나 목적지에 도착하기 위해서 움직이는 방향을 결정하기 위한 순서에 따라 다양한 블록 코딩 방식이 있으며 어느 쪽을 선택하게 되는 것에 대한 분석은 환경에 따라 변화하게 될 것이다. 물론 10-6단계에서는 최대 성능과 효율성에서 가능한 블록 코딩 수는 오직 하나만이 존재하게 된다. 물론 성능과 효율성을 달리하면서 약간의 우선순위 원칙을 변경하는 경우 여러 개의 블록 코딩이 존재한다.

블록 조립소에서 블록 코딩 후 실행 화면에서 시작하기 버튼을 누르게 되면 엔트리봇이 블록 코딩에 따라 목적지에 도달할 때까지 블록을 몇 번 사용하게 될지는 실행할 때 변화하는 시나리오 환경에 따라 변하게 된다. 블록 코딩을 위해 사용한 블록 수는 시작하기를 클릭했을 때 블록과 함께 79개가 된다. 우주여행 10-6단계는 항상 목적지에 도착하는 것이 아니라 우주 시나리오에 따라 성공할 수도 있고 실패할 수도 있다. 일반적으로 10-6단계가 10-4단계보다 성능 면에서 효율적이라고 할 수 있다. 따라서 우리의 목적은 어떤 우주 시나리오에서도 가능한 성공 확률을 높이기 위해 블록 코딩을 수행해야 한다. 따라서 이제까지 학습한 것을 바탕으로 사고력과 창의력을 발휘하여 모든 문제에 대한 성공 확률을 높일 수 있는 블록 코딩 방법을 개발해야 할 것이다. 아마도 우주여행 10-1단계에서 목표 블록으로 정해놓은 32개 블록 수를 초과하더라도 성공 확률이 더 높다면 성능 면에서 효율적인 블록 코딩 방법으로 평가할 수 있다. 우주여행 10-6단계에서는 우리가 우주 시나리오에 미리 알지를 못한 상태에서 엔트리봇이 목적지에 안전하게 도착하도록 블록 코딩을 함으로써 여러 가지 복잡한 변수가 존재하기 때문에 다양하고 분석적인 사고력이 요구된다고 할 수 있다. 물론 세부적인 분석은 이후에 이루어지게 되겠지만 현재 시점에서 어느 정도의 분석은 필요하다고 하겠다. 우주여행의 목적은 기본적으로 돌을 피하며 가능하다면 아이템을 취득하고 필요한 경우 적절하게 아이템을 사용하면서 엔트리봇이 목적지에 안전하게 도착할 수 있도록 하는 것이며 또한 최소한의 블록 수를 가지고 효율적인 블록 코딩을 해야 한다는 것이며 추가로 모든 우주 시나리오 환경에 따라 항상 성공할 수는 없지만 가능한 한 성공률을 높일 수 있는 방향으로 블록 코딩을 작성해야 한다. 따라서 블록 코딩은 어떤 우주 시나리오의 경우라도 최대 성능을 가지는 것은 오직 하나만이 존재해야 하며 이는 바로 적응적인 블록 코딩을 한다는 것을 의미한다. 앞으로 우리는 이점에 집중하여 사고력과 창의력을 가지고 블록 코딩을 진행해야 한다. 결론적으로 우주여행 1단계에서부터 10단계까지의 학습을 통해 실제적인 블록 코딩을 위해서는 최우선으로 이미지 센서와 거리 센서를 활용하여 아이템을 취득하면서 움직이고 앞쪽, 위쪽, 아래쪽 방향 모두에 아이템이 보이지 않다면 다음 단계로 앞쪽, 위쪽, 아래쪽을 모두 비교해 안전한 길을 선택하며 길이 존재하지 않는 경우는 아이템을 적절하게 사용하는 블록 코딩이 필요하며 가능한 한 아이템을 최대한 취득하면서 모든 방향을 비교하여 움직임을 선택하고 적절한 아이템 사용을 위한 블록 코딩을 작성하기 위해서는 사용된 블록의 수가 증가하는 경우가 일반적이지만 효율적 관점에서는 우수하다고 평가할 수 있다.

(1) 실제 알고리즘

엔트리에서 제공하는 블록 코딩이 아니라 실제 알고리즘을 스스로 작성해 보자.

(2) 순서도

순서도는 알고리즘을 참조해서 스스로 작성해 보자.

7) 우주여행 10-7단계

우주여행 10-7단계는 블록 코딩 관점에서 10-6단계와 비교하면 약간 차이점이 있는 블록 코딩 방식이다. 10-6단계는 실행 시 변화하는 우주 시나리오에 적응하여 블록 코딩도 조금 더 최적화되어야 한다. 10-6과 10-7단계의 아이템 취득은 서로 같고 길 탐색만 서로 다르다. 아이템을 취득할 때는 앞쪽, 위쪽과 아래쪽은 우선순위를 가지지 않고 정보를 활용하여 좀 더 가까운 아이템을 취득한다는 것이다. 앞쪽, 위쪽, 아래쪽 모두 아이템이 보이고 앞쪽이 가장 가까우면 앞쪽으로 가고 위쪽이 가장 가까우면 위쪽으로 가고 아래쪽이 가장 가까우면 아래쪽으로 간다. 앞쪽과 위쪽에 아이템이 보이고 앞쪽이 가까우면 앞쪽으로 가고 위쪽이 가까우면 위쪽으로 간다. 앞쪽과 아래쪽에 아이템이 보이고 앞쪽이 가까우면 앞쪽으로 가고 아래쪽이 가까우면 아래쪽으로 간다. 위쪽과 아래쪽에 아이템이 보이고 위쪽이 가까우면 위쪽으로 가고 아래쪽이 가까우면 아래쪽으로 간다. 앞쪽만 아이템이 보이면 앞쪽으로 가고 위쪽만 아이템이 보이면 위쪽으로 가고 아래쪽만 아이템이 보이면 아래쪽으로 가는 것으로 똑같고 길 탐색 부분에서 가장 위쪽에 앞쪽 레이더가 2보다 크다면 블록이 추가되었고 중간에 있는 앞쪽 레이더가 2보다 크다면 블록 2개가 삭제되었다는 것이다. 이 부분을 잘 분석해서 블록 코딩에서 수정할 수 있는 부분이 있는지를 생각해 보기 바란다. 그림 13.19에는 우주여행 10-7단계의 블록 코딩 중에서 아이템 탐색 부분을 코딩했고 그림 13.20에는 우주여행 10-7단계의 블록 코딩 중에서 길 탐색 부분을 코딩했다. 화면 크기 문제로 분리하여 블록 코딩하였다.

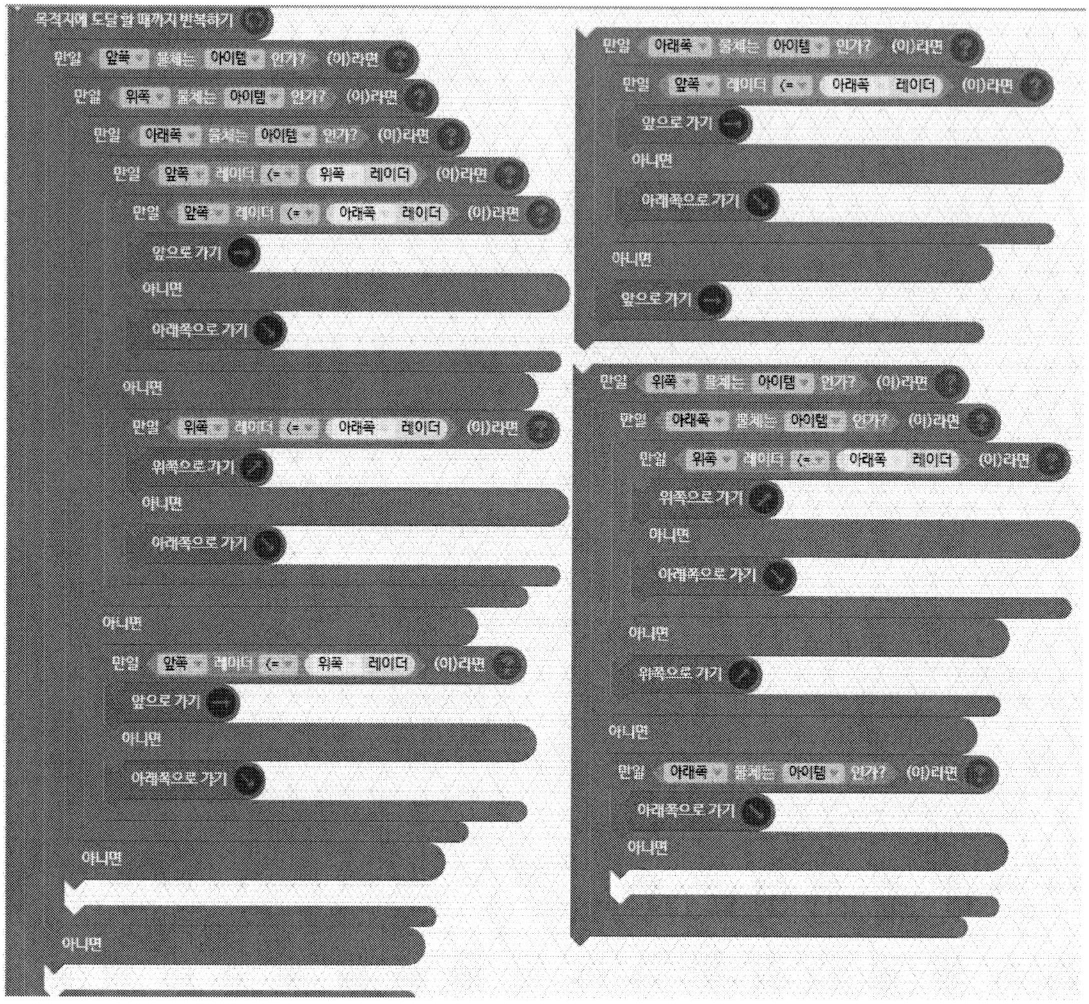

그림 13.19 우주여행 10-7단계 아이템 탐색

우주여행 10-7단계는 움직임 선택이 23개인데 아이템을 취득하기 위한 움직임 13개이고 길 찾는 움직임 9개와 나머지 1개는 움직일 수 있는 길이 없을 때 길을 만들기 위해서 아이템 사용을 하는 움직임 1개이며 엔트리 프로그램에서 아이템 사용 블록은 아이템을 사용하고 동시에 1번 앞으로 가기를 포함하는 명령어로 해석된다. 아이템 취득을 위한 움직임 방향은 우리가 임의로 선택하는 것이며 목적지를 찾기 위해서 움직임을 선택하는 것은 정보를 활용해 좀 더 안전한 길을 선택하는 것이다. 우주여행 10-7단계에서의 아이템 취득은 앞쪽, 위쪽과 아래쪽은 우선순위를 가지지 않고 정보를 활용하여 좀 더 가까운 아이템을 취득한다. 앞에서 언급했듯이 움직임은 앞쪽, 위쪽과 아래쪽은 더 안전한 길을 선택하면서 가능하다면 앞쪽 또는 가운데 길로 가는 것으로 정했다. 아이템 취득과 목적지 도착을 위한 움직임 방향을 주어진 정보를 활용해서 선택하기 위해서는 추가적인 블록 코딩이 필요하며 그러한 블록 코딩은 좀 더 진화된 블록 코딩 방식이라고 할 수 있다. 이후에 좀 더 세부적으로 다루어 보기로 하자.

그림 13.20 우주여행 10-7단계 길 탐색

우주여행 10-7단계는 만일 참이라면 블록을 21개를 사용하며 즉 조건식을 20개를 사용하여 수행할 수 있는 선택 블록이 22개가 된다는 것이다. 우주여행 10-6단계는 목적지에 도착할 때까지 반복하기 블록 안에 아이템을 취득할 때 앞쪽, 위쪽과 아래쪽은 우선순위를 가지지 않고 정보를 활용하여 좀 더 가까운 아이템을 취득한다는 것이다. 앞쪽,

위쪽, 아래쪽 모두 아이템이 보이고 앞쪽이 가장 가까우면 앞쪽으로 가고 위쪽이 가장 가까우면 위쪽으로 가고 아래쪽이 가장 가까우면 아래쪽으로 간다. 앞쪽과 위쪽에 아이템이 보이고 앞쪽이 가까우면 앞쪽으로 가고 위쪽이 가까우면 위쪽으로 간다. 앞쪽과 아래쪽에 아이템이 보이고 앞쪽이 가까우면 앞쪽으로 가고 아래쪽이 가까우면 아래쪽으로 간다. 위쪽과 아래쪽에 아이템이 보이고 위쪽이 가까우면 위쪽으로 가고 아래쪽이 가까우면 아래쪽으로 간다. 앞쪽만 아이템이 보이면 앞쪽으로 가고 위쪽만 아이템이 보이면 위쪽으로 가고 아래쪽만 아이템이 보이면 아래쪽으로 간다. 아니면 앞쪽, 위쪽과 아래쪽은 우선순위를 가지지 않고 정보를 활용하여 좀 더 안전한 길을 선택하면서 앞쪽 레이더가 2보다 크면 앞쪽으로 가고 아니면 앞쪽이 가장 안전하면서 길이 있으면서 위쪽이 벽이고 동시에 아래쪽에 길이 있지만, 앞쪽에 돌까지의 거리가 2보다 크면 앞쪽으로 가고 아니면 아래쪽으로 가고 앞쪽이 가장 안전하면서 길이 있으면서 아래쪽이 벽이고 동시에 위쪽에 길이 있지만, 앞쪽에 돌까지의 거리가 2보다 크면 앞쪽으로 가고 아니면 위쪽으로 가고 앞쪽이 가장 안전하면서 길이지만 앞쪽에 길이 없으면 아이템을 사용하고, 앞쪽이 위쪽보다는 안전하지만, 아래쪽보다 안전하지 않으면 아래쪽으로 가고 앞쪽이 위쪽보다 안전하지 않고 위쪽이 아래쪽보다 안전하면 위쪽으로 가고 아니면 아래쪽으로 간다. 아이템을 취득하기 위해서 움직이거나 목적지에 도착하기 위해서 움직이는 방향을 결정하기 위한 순서에 따라 다양한 블록 코딩 방식이 있으며 어느 쪽을 선택하게 되는 것에 대한 분석은 환경에 따라 변화하게 될 것이다. 물론 10-7단계에서는 최대 성능과 효율성에서 가능한 블록 코딩 수는 오직 하나만이 존재하게 된다. 물론 성능과 효율성을 달리하면서 약간의 우선순위 원칙을 변경하는 경우 여러 개의 블록 코딩이 존재한다.

블록 조립소에서 블록 코딩 후 실행 화면에서 시작하기 버튼을 누르게 되면 엔트리봇이 블록 코딩에 따라 목적지에 도달할 때까지 블록을 몇 번 사용하게 될지는 실행할 때 변화하는 시나리오 환경에 따라 변하게 된다. 블록 코딩을 위해 사용한 블록 수는 시작하기를 클릭했을 때 블록과 함께 83개가 된다. 우주여행 10-7단계는 항상 목적지에 도착하는 것이 아니라 우주 시나리오에 따라 성공할 수도 있고 실패할 수도 있다. 일반적으로 10-7단계가 블록 코딩을 약간 수정하는 경우 10-6단계보다 성능 면에서 효율적이라고 할 수 있다. 따라서 우리의 목적은 어떤 우주 시나리오에서도 가능한 성공 확률을 높이기 위해 블록 코딩을 수행해야 한다. 따라서 이제까지 학습한 것을 바탕으로 사고력과 창의력을 발휘하여 모든 문제에 대한 성공 확률을 높일 수 있는 블록 코딩 방법을 개발해야 할 것이다. 아마도 우주여행 10-1단계에서 목표 블록으로 정해놓은 32개 블록 수를 초과하더라도 성공 확률이 더 높다면 성능 면에서 효율적인 블록 코딩 방법으로 평가할 수 있다. 우주여행 10-7단계에서는 우리가 우주 시나리오에 미리 알지를 못한 상태에서 엔트리봇이 목적지에 안전하게 도착하도록 블록 코딩을 함으로써 여러 가지 복잡한 변수가 존재하기 때문에 다양하고 분석적인 사고력이 요구된다고 할 수 있다. 물론 세부적인 분석은 이후에 이루어지게 되겠지만 현재 시점에서 어느 정도의 분석은 필요하다고 하겠다. 우주여행의 목적은 기본적으로 돌을 피하며 가능하다면 아이템을 취득하고 필요한 경우 적절하게 아이템을 사용하면서 엔트리봇이 목적지에 안전하게 도착할 수 있도록 하는 것이며 또한 최소한의 블록 수를 가지고 효율적인 블록 코딩을 해야 한다는 것이며 추가로 모든 우주 시나리오 환경에 따라 항상 성공할 수는 없지만 가능한 한 성공률을 높일 수 있는 방향으로 블록 코딩을 작성해야 한다. 따라서 블록 코딩은 어떤 우주 시나리오의 경우라도 최대 성능을 가지는 것은 오직 하나만이 존재해야 하며 이는 바로 적응적인 블록 코딩을 한다는 것을 의미한다. 앞으로 우리는 이점에 집중하여 사고력과 창의력을 가지고 블록 코딩을 진행해야 한다. 결론적으로 우주여행 1단계에서부터 10단계까지의 학습을 통해 실제적인 블록 코딩을 위해서는 최우선으로 이미지 센서와 거리 센서를 활용하여 아이템을 취득하면서 움직이고 앞쪽, 위쪽, 아래쪽 방향 모두에 아이템이 보이지 않다면 다음 단계로 앞쪽, 위쪽, 아래쪽을 모두 비교해 안전한 길을 선택하며 길이 존재하지 않는 경우는 아이템을 적절하게 사용하는 블록 코딩이 필요하며 가능한 한 아이템을 최대한 취득하면서 모든 방향을 비교하여 움직임을 선택하고 적절한 아이템 사용을 위한 블록 코딩을 작성하기 위해서는 사용된 블록의 수가 증가하는 경우가 일반적이지만 효율적 관점에서는 우수하다고 평가할 수 있다.

(1) 실제 알고리즘

엔트리에서 제공하는 블록 코딩이 아니라 실제 알고리즘을 스스로 작성해 보자.

(2) 순서도

순서도는 알고리즘을 참조해서 스스로 작성해 보자.

8) 우주여행 10-8단계

우주여행 10-8단계는 블록 코딩 관점에서 10-7단계와 비교하면 많은 차이점이 있는 코딩 방식이다. 10-8단계는 실행 시 변화하는 우주 시나리오에 적응하여 블록 코딩도 조금 더 최적화되어야 한다. 10-8과 10-7단계는 아이템 취득은 아이템을 취득할 때 앞쪽, 위쪽과 아래쪽은 우선순위를 가지지 않고 정보를 활용하여 좀 더 가까운 아이템을 취득한다는 것이다. 앞쪽, 위쪽, 아래쪽 모두 아이템이 보이고 앞쪽이 가장 가까우면 앞쪽으로 가고 위쪽이 가장 가까우면 위쪽으로 가고 아래쪽이 가장 가까우면 아래쪽으로 간다. 앞쪽과 위쪽에 아이템이 보이고 앞쪽이 가까우면 앞쪽으로 가고 위쪽이 가까우면 위쪽으로 간다. 앞쪽과 아래쪽에 아이템이 보이고 앞쪽이 가까우면 앞쪽으로 가고 아래쪽이 가까우면 아래쪽으로 간다. 위쪽과 아래쪽에 아이템이 보이고 위쪽이 가까우면 위쪽으로 가고 아래쪽이 가까우면 아래쪽으로 간다. 앞쪽만 아이템이 보이면 앞쪽으로 가고 위쪽만 아이템이 보이면 위쪽으로 가고 아래쪽만 아이템이 보이면 아래쪽으로 가는 것으로 서로 같고 길 탐색 부분도 서로 같다. 10-8단계는 추가하여 아이템을 취득할 수 있는 개수를 정한다는 것이다. 예를 들어 우주여행에서처럼 아이템은 3개만 취득할 수 있고 4번째 아이템을 취득하더라도 총 취득 개수는 3개로 변함이 없다는 것이다. 그렇다면 아이템을 3개 취득했을 경우 아이템을 탐색할 필요 없이 목적지를 찾기 위한 길 탐색을 시작하면 된다는 것이다. 이것을 구현하기 위해서는 엔트리에서는 불가능하고 실제 코딩에서 구현해야 한다.

(1) 아이템을 3개까지만 취득할 수 있는 알고리즘

앞에서 배웠던 알고리즘을 잘 참조해서 엔트리에서 제공하는 블록 코딩이 아니라 실제 알고리즘을 스스로 작성해 보자.

(2) 아이템을 3개까지만 취득할 수 있는 순서도

앞에서 배웠던 알고리즘과 순서도를 잘 참조해서 순서도를 스스로 작성해 보자.

참고문헌

1. 기록으로 본 한국의 정보통신 역사 2, 2012, 진한엠앤비
2. 정보통신개론, 2011, 오성미디어
3. 정보통신망과 시스템, 2010, 오성미디어
4. 로봇제어코딩, 2019, 여주대학교
5. 블록코딩 엔트리, https://playentry.org
6. 이동통신공학, 2007, 도서출판 삼보
7. 4세대 이동통신, 2013, 복두출판사
8. 이동통신입문, 2008, 한빛아카데미
9. 이동통신공학, 2005, 생능출판사
10. 이동통신 알고리즘, 2010, 오성미디어
11. 이동통신시스템, 2015, 오성미디어
12. 이동통신 운용, 2017, 오성미디어
13. 이동통신망 관리, 2019, 오성미디어

블록과 로봇 코딩

2021년 2월 20일 인쇄
2021년 2월 25일 발행
저 자 강 경 인 저
편낸이 오 성 걸
펴낸곳 **오성미디어**
주 소 132-916 서울시 도봉구 창 3동 491-1
전 화 02)997-0136
FAX 02)997-0137
등 록 2000. 5. 12 제 7-212 호

ISBN 978-89-6628-587-7 값20,000원